新型柴油车结构与维修

底 盘（第2版）

王国荣　吴忠海　胡小兵　主编

SPM 南方出版传媒

广东科技出版社 ｜ 全国优秀出版社

·广 州·

图书在版编目（CIP）数据

新型柴油车结构与维修. 底盘/王国荣，吴忠海，胡小兵主编. —2版. —广州：广东科技出版社，2017.9
　ISBN 978-7-5359-6810-4

Ⅰ. ①新… Ⅱ. ①王…②吴…③胡… Ⅲ. ①柴油汽车—底盘—结构②柴油汽车—底盘—车辆修理 Ⅳ. ①U469.74

中国版本图书馆CIP数据核字（2017）第239698号

责任编辑：黄　铸
装帧设计：李康道
责任校对：黄慧怡　蒋鸣亚
责任印制：林记松
出版发行：广东科技出版社
　　　　　（广州市环市东路水荫路11号　邮政编码：510075）
http://www.gdstp.com.cn
E-mail: gdkjyxb@gdstp.com.cn（营销）
E-mail: gdkjzbb@gdstp.com.cn（编务室）
经　销：广东新华发行集团股份有限公司
印　刷：佛山市浩文彩色印刷有限公司
　　　　（南海狮山科技工业园A区　邮政编码：528225）
规　格：787mm×1 092mm　1/16　印张22.75　字数450千
版　次：2011年6月第1版　2017年9月第2版
　　　　2017年9月第2次印刷
定　价：56.00元

如发现因印装质量问题影响阅读，请与承印厂联系调换。

编写组名单

主　编：王国荣　吴忠海　胡小兵

副主编：陈安宇　周　瑛　杜　晶

编　写：唐兆强　常　敏　黄　鹏
　　　　李国宇　何雪松　王骏一
　　　　况　军　姚德义　李　勇
　　　　王　彪　郝志良　温建生
　　　　黄绍家　王　军　成　忠
　　　　邴卫东　李　京　刘　伟
　　　　宋　强　徐远波

前　言

随着我国国民经济的飞速发展，我国的现代物流业也得到了长足的发展。柴油车以其动力性和燃料经济性好、污染物排放小和运输成本低等优点，已成为现代物流业中不可或缺的主要运输工具。

柴油车维修行业每年需要新增数目庞大的从业人员，而图书市场上有关新型柴油车的结构和技术，以及维修方面的专业书籍也十分稀缺，为适应汽车维修行业对高素质柴油车专业维修人才的需要，让他们能够方便快捷地学会柴油车结构、工作原理，掌握和提高维修技能，我们结合军（队）、地（方）柴油车使用和维修的经验，并整合了大量的教学和维修实践经验，撰写了本书。

本系列书共分三册，分别为：发动机、底盘、电气。书中采用图文结合的形式，深入浅出地介绍了新型柴油车各主要总成和部件的结构、特点和工作原理，以及基本的维修方法和维修技术规范。各总成和零部件均有配图，机件内部结构、间隙尺寸的表达则配有装配剖面图，使读者更容易理解和学习，是汽车维修行业人员培训不可多得的技术参考资料。同时，也可作为汽车专业院校师生的学习或参考用书。

在本书的撰写过程中，我们还借鉴和参考了部分专家、学者的研究成果和著作，整合了部分军（队）、地（方）柴油车专业维修人员的经验和资料，在此一并表示衷心感谢！

由于篇幅所限，无法把所有车型都一一介绍。同时，也受撰写人员水平所限，书中难免会有疏漏之处，敬请专家、同行和广大读者批评指正。

本书编写组
2011 年 2 月

目 录

第1章 柴油车离合器结构与维修 (1)
  第一节 典型柴油车离合器结构 (1)
  第二节 离合器的维修与调整 (16)
  第三节 离合器常见故障诊断与维修 (25)
  第四节 离合器助力器结构与维修调整 (29)

第2章 柴油车变速器结构与维修 (40)
  第一节 典型柴油车变速器结构 (40)
  第二节 变速器维修与调整 (64)
  第三节 变速器常见故障诊断与维修 (92)
  第四节 分动器结构特点 (101)
  第五节 分动器调整与维护 (103)

第3章 柴油车传动装置结构与维修 (108)
  第一节 典型柴油车传动轴结构 (108)
  第二节 万向节功用与结构特点 (114)
  第三节 传动装置检查与维修 (120)
  第四节 传动装置常见故障诊断与维修 (124)

第4章 柴油车车桥结构与维修 (128)
  第一节 典型柴油车前桥结构 (128)
  第二节 驱动桥的结构与维修 (137)
  第三节 驱动双联桥结构与维修 (153)
  第四节 车桥常见故障诊断与维修 (164)

第5章 柴油车转向系结构与维修 (173)
  第一节 典型柴油车转向系结构特点 (173)
  第二节 转向系检查与维修 (184)
  第三节 转向系常见故障诊断与维修 (198)

第6章 柴油车车架与悬架系结构与维修 (208)
  第一节 车架结构特点 (208)
  第二节 悬架系的结构特点 (210)
  第三节 车架与悬架系维修 (213)
  第四节 车架与悬架系常见故障与维修 (215)

第7章 柴油车制动系结构与维修 (219)

第一节　典型柴油车制动系 ……………………………………… (219)
第二节　柴油车制动系组成与结构特点 ………………………… (225)
第三节　ABS 结构特点与维修 …………………………………… (255)
第四节　制动系检查调整与维修 ………………………………… (264)
第五节　制动系常见故障诊断与维修 …………………………… (283)

第8章　柴油车取力器和绞盘结构与维修 …………………………… (288)
第一节　取力器结构特点与使用维修 …………………………… (288)
第二节　绞盘结构特点与使用注意事项 ………………………… (294)
第三节　绞盘拆卸方法 …………………………………………… (299)
第四节　绞盘的装配、调整与维修 ……………………………… (302)

第9章　柴油自卸车举升系结构与维修 ……………………………… (306)
第一节　自卸车类型与举升系结构 ……………………………… (306)
第二节　柴油自卸车举升系检修与故障诊断 …………………… (326)
第三节　柴油自卸车日常维护与正确使用 ……………………… (334)

第10章　柴油车驾驶室结构与维修 ………………………………… (337)
第一节　驾驶室结构特点 ………………………………………… (337)
第二节　驾驶室使用与维修 ……………………………………… (346)

参考文献 …………………………………………………………………… (356)

第1章 柴油车离合器结构与维修

离合器位于发动机曲轴的后端,其基本功用如下:
1)使发动机与传动系能平顺地结合,保证汽车平稳起步。
2)暂时切断发动机与传动系的动力联系,保证变速器顺利换挡。
3)利用离合器的主、从动部分之间的滑磨来限制最大传递扭矩,防止传动系统过载。

柴油载重车采用的离合器有两种形式:
①膜片弹簧离合器;②单片干式、圆周均置螺旋弹簧离合器。

第一节 典型柴油车离合器结构

一、解放牌柴油车离合器

解放牌柴油车多采用膜片弹簧离合器,如CA1092K2型柴油车采用DS330型膜片离合器,CA1120PK2L2型柴油车采用单片干式DS350型膜片离合器。CA1120PK1L2型柴油车采用双片干式DS350型膜片弹簧离合器。它们的结构基本相同,只是双片离合器在主动部分多了一套压板总成,在从动部分多了一套从动盘总成。下面以DS330型离合器为例(如图1-1),介绍其结构特点。

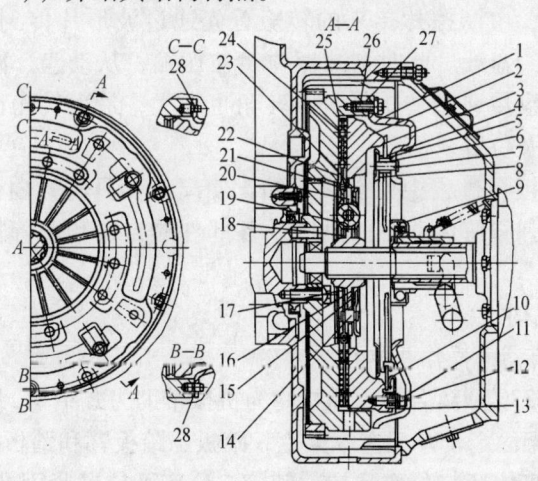

1-离合器盖 2-压盘 3-膜片弹簧 4-前支承环 5-后支承环 6-隔套 7、21、24-铆钉 8-支承圈 9-分离轴承 10-分离叉 11-螺栓 12-传动片座 13-传动片 14-止动销 15-碟形垫片 16-摩擦板 17-摩擦垫圈 18-从动片 19-减振弹簧 20-盘毂 22-波形片 23-减振盘 25-摩擦片 26-离合器盖总成固定螺栓 27-飞轮 28-定位销

图1-1 膜片离合器结构

1. 离合器盖总成

离合器盖总成是离合器的主要部件，通过固定螺栓和定位销与飞轮 27 连成一体。膜片弹簧 3 靠碟形部分产生压紧作用，其中心部位开有径向槽的部分形成 16 个分离指，使膜片弹簧在分离离合器时兼起分离杠杆的作用。膜片弹簧离合器两侧有支承环 4 和 5，借助于铆钉 7，隔套 6 连同支承圈 8 将它们固定在离合器盖 1 上。4 组切向布置的传动片座 13，一端铆接于离合器盖，另一端连同分离叉 10 一起固定于压盘 2 上。

当离合器盖总成固定到飞轮上时，离合器盖靠向飞轮，后支承环 5 压向膜片弹簧 3，使其产生弹性变形（锥顶角变大），同时在膜片弹簧外端对压盘产生压紧力而使离合器处于接合状态。发动机的转矩便可以从飞轮、离合器盖、传动片、压盘传递给从动盘总成，并由从动盘总成传递给变速器第 1 轴。

当离合器踏板被踏下时，分离轴承 9 被推向前，消除 3～4mm 的间隙后（相当于踏板 30～40mm 的自由行程）即压下分离指，使膜片弹簧以前支承环 4 为支点产生反锥形转变，于是膜片弹簧的外端翘起，分离叉向后拉动压盘使离合器分离。

DS350 型离合器分离轴承座的轴向间隙为 2.0～2.5mm，相当于踏板 35～45mm 的自由行程。离合器踏板的总行程为 160～180mm。

2. 离合器从动盘总成

离合器从动盘总成是离合器的从动部分。从动盘总成中的从动盘外缘周向铆接有 10 片由薄弹簧钢板制成的波形片，两摩擦片分别铆在波形片的两侧，从动盘通过 3 个止动销与减振盘铆接，使摩擦片、从动盘与减振盘合为一体。在从动盘和减振盘上，沿圆周切线方向开有 6 个均布的窗口。装在从动盘和减振盘之间的盘毂法兰上也有同样的窗孔，窗孔中装有减振弹簧。

当离合器接合时，由摩擦片传来的转矩首先通过波形片传到从动盘和减振盘上，再通过减振弹簧传递给盘毂。此时，减振弹簧被压缩，从动盘、减振盘与盘毂之间产生相对的转角。从动盘传递的转矩越大，转角也越大，最大转角由止动销及盘毂法兰上相应的窗孔的大小及位置来限定。

波形片在离合器接合过程中可以被压缩，使离合器具有轴向弹性，接合平稳，摩擦片磨损均匀。减振弹簧使传动系的刚度及各部件的自振频率降低，减少了汽车传动系的噪声。

3. 离合器操纵机构

(1) DS330 型离合器的操作机构

1) 工作过程。DS330 型离合器操纵机构为机械带助力式结构，如图 1-2 所示。

离合器踏板轴支架固定于车架左纵梁上，踏板、踏板臂和踏板拉臂与踏板轴连成一体。踏板拉臂又经分离拉杆与分离叉拉臂铰接。分离叉拉臂紧固在分离叉的伸出端上。球形调整螺母用作调整分离叉拉臂的位置，以保证分离轴承与分离拉杆之间必要的间隙。

离合器踏板回位弹簧兼起助力弹簧的作用。弹簧的一端挂在踏板臂上，另一端挂在调整螺杆的孔内。回位弹簧固定支架焊在驾驶室踏板托架上。为缓和放松踏板时踏板臂对驾驶室板的冲击和保证驾驶室的密封，安装了橡胶护套。

2) 离合器踏板自由行程的检查、调整，如图 1-3 所示。轻压离合器踏板，检查自

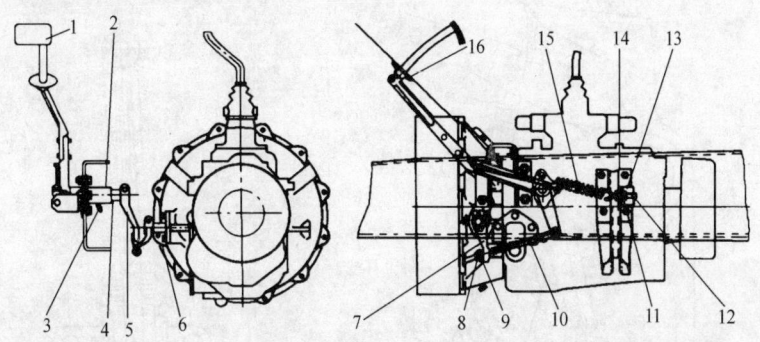

1—踏板及踏板臂 2—踏板轴支架 3—润滑油嘴 4—踏板轴 5—踏板拉臂 6—分离叉 7—分离叉拉臂 8、14—锁紧螺母 9—球形调整螺母 10—分离拉杆 11—调整螺母 12—调整螺杆 13—回位弹簧固定支架 15—踏板回位弹簧 16—橡胶护套

图 1-2 离合器操纵机构

由行程是否在 30～40 mm，若不在此范围，可松开球形螺母外面的锁紧螺母 2，再拧动球形调整螺母 4，拧进时踏板自由行程减小，反之自由行程增大，调好后拧紧锁紧螺母。

3）离合器踏板回位弹簧回动力的调整。当踏板的回动力不足或过大时（回动力不足时踏板回位不好，回动力过大时会使踏板过重），可通过改变调整螺杆的长度来解决。

首先松开锁紧螺母，再拧动调整螺母——拧紧调整螺母使螺杆后移，增大弹簧的预紧力；反之减小弹簧的预紧力。

调整后应使弹簧的钩环与水平面垂直，以免干涉，最后拧紧锁紧螺母。

（2）DS350 型单片膜片弹簧离合器液压操纵机构

图 1-4 所示为 DS350 型单片膜片弹簧离合器液压操纵机构，主要由离合器踏板 12、总泵 14、油管 15 和分泵 16 等所组成，总泵安装在驾驶人左脚上部的前围板外侧，分泵装在离合器总成左外侧，两者靠油管连接。

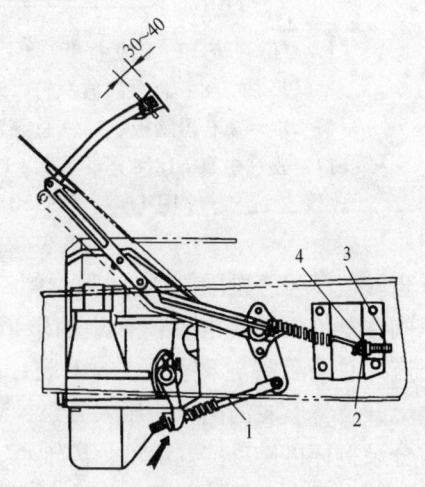

1—分离拉杆 2—锁紧螺母 3—调整螺杆 4—调整螺母

图 1-3 离合器踏板自由行程

1）工作过程。离合器踏板在抬起状态下，离合器总泵限位螺钉 8 将补偿阀打开（补偿阀出油口在活塞外），储油杯内的离合器油经总泵活塞 6、补偿阀 9 流入总泵活塞与泵体形成的下腔，进而通过管路流入分泵 16 的油腔中。

当离合器踏板被踩下时，踏板摇臂使总泵挺杆推动总泵活塞带动补偿阀一起下移，

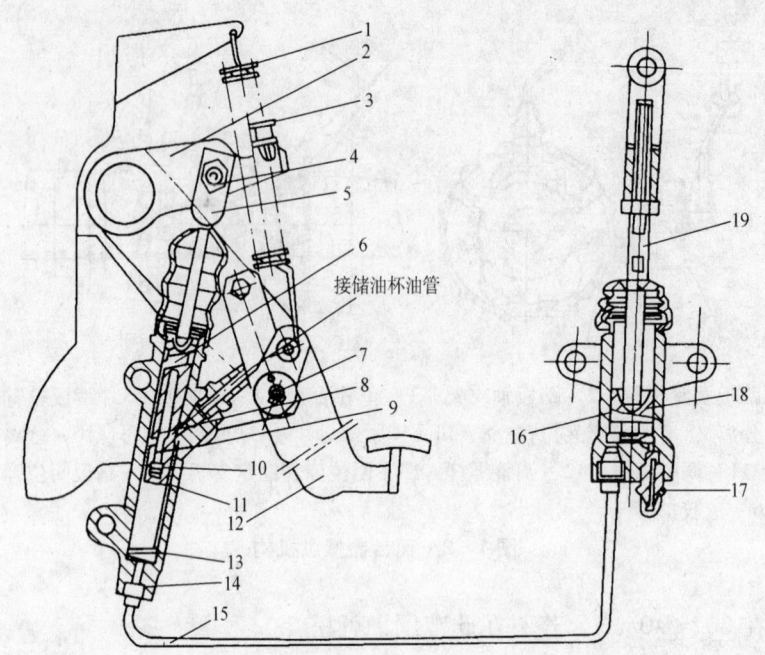

1—复位弹簧 2—踏板摇臂 3—限位螺钉 4—偏心螺栓 5—总泵挺杆 6—总泵活塞 7—轴 8—总泵限位螺钉 9—补偿阀 10—补偿阀出油口 11—补偿阀回位弹簧 12—离合器踏板 13—总泵活塞复位弹簧 14—总泵 15—油管 16—分泵 17—放气螺塞 18—分泵活塞 19—分泵挺杆

图 1-4 DS350 型单片膜片弹簧离合器液压操纵机构

当补偿阀与总泵限位螺钉(限位螺钉固定在泵体上,不随总泵活塞运动)脱离时,补偿阀在复位弹簧的作用下将阀关闭,即补偿阀出油口进入总泵活塞内部,离合器油不再流入总泵活塞与泵体形成的下腔;由于总泵活塞下移,下腔容积逐渐变小,油压不断上升,将形成的高压油压入分泵,高压油推动分泵活塞移动,分泵活塞推动分泵挺杆,分泵挺杆再推动推臂带动分离轴承,实现离合器的分离。

松开离合器踏板后,离合器总泵活塞在复位弹簧的作用下带动补偿阀一起上移,当补偿阀与总泵限位螺钉接触后,补偿阀被再次打开;由于油管和油孔的阻尼作用,分泵活塞缓慢后退,一方面使离合器能较柔和地接合,另一方面离合器油不能迅速从分泵流回总泵下腔,储油杯内的油再次经补偿阀补充至总泵下腔。当分泵内的油流回总泵下腔时,下腔多余的油便经补偿阀流回储油杯。

2)复位弹簧的助力作用。复位弹簧下端可绕轴 7 转动。踩下踏板初期,复位弹簧形成向左旋的力矩,对踏板起到阻力作用。踏板继续下移,复位弹簧下端固定点经过死点位置后形成向右旋的力矩,此时变为对踏板向下的推力,起到助力作用。

3)操纵机构的调整。

a. 调整离合器踏板限位螺栓,使踏板总行程为 160～180 mm;调好后,将限位螺栓用锁紧螺母锁紧。

b. 调整偏心螺栓，使总泵挺杆顶部与总泵活塞凹坑底部有 0～0.65 mm 的间隙，调好后将偏心螺栓锁紧。总泵挺杆与总泵活塞凹坑底部间隙的作用，是保证总泵活塞能够回到上限位置，使补偿阀打开后，储油杯与总泵下腔相通，这样当管路由泄漏或温度变化等因素造成缺油时，能及时得到补充。当离合器踏板总行程调好后，若通过调整偏心螺栓仍不能保证此间隙，可通过离合器踏板的限位螺栓来调整，但不能无限制上调，否则可能造成离合器踏板过高、自由行程过大、补偿阀常开、不能形成高压油等问题，造成离合器分离不彻底的故障。还应注意，在调整好总泵过油后，如果离合器踏板过高，需用调整离合器限位螺栓降低踏板高度时，必须保证总泵过油，否则将使补偿阀打不开，虽然此时离合器能正常分离、接合，但总泵下腔至分泵内只有开始时充入的油，当管路有泄漏时便得不到补充；当环境温度升高，离合器膨胀时，会因改变了自由行程而影响离合器的正常工作。

c. 调整离合器踏板自由行程。将分泵挺杆拧向分泵活塞，直至挺杆顶部顶住分泵活塞凹坑底部，再拧回1～2圈，即保证分泵挺杆与分泵活塞凹坑底部有1～2mm的间隙，通过该间隙保证离合器踏板有35～45mm的自由行程，调好后将挺杆螺母锁紧。当自由行程过大时，离合器便分离不彻底，此时应将调整螺母向外拧出，使推杆的有效长度增加，然后锁紧螺母；当自由行程过小时，离合器分离轴承就顶在膜片弹簧的分离指端，使分离轴承和分离指端早期磨损，并使离合器分离不彻底，此时可将锁紧螺母多向内拧，调整螺母也向内拧，以缩短挺杆的有效长度。

d. 液压系统的放气。当液压系统中有空气时，离合器就不能良好地工作，特别是使离合器踏板弹力过大，造成离合器抖动。当储油杯中的液面降得很低或拆装液压系统后，均要对系统放气。

放气时，先拧松液压操纵系统工作缸前端的锁紧螺母，拧动调整螺母使分离轴承与膜片弹簧分离指之间无间隙。踩几下离合器踏板，使操纵系统中充满制动液，并停留在踏板到底的位置，使操纵系统中的制动液保持一定的压力。取下放气螺塞帽，拧松放气螺塞，使系统中的空气随制动液一起排出，待再无空气排出时，迅速拧紧放气螺塞，放松离合器踏板，使其慢慢回位。如此重复进行3～5次，直至放气螺塞处无气泡时即告结束。装上放气螺塞后，重新调好调整螺母和拧紧锁紧螺母，调好自由行程，最后再调好离合器踏板总行程。

e. 调整后要对离合器进行检查，离合器应分离彻底，接合平稳；如果出现不能分离或分离不彻底，应重新进行调整。

(3) DS350 型双片膜片弹簧离合器液压操纵机构

图1-5所示为 DS350 型双片膜片弹簧离合器液压操纵机构，它的结构形式、工作过程与 DS350 型单片膜片弹簧离合器液压操纵机构基本相同。

1) 助力作用。如图1-5所示，离合器液压操纵机构中以气压助力泵代替原有的分泵。气压助力泵是一个将液压工作缸、助力气缸和气压控制阀三者组装在一起的一个总成，其中控制阀受液压主缸的油压控制。当踩下制动踏板时，制动主缸来的油压推开控制阀并由气推动挺杆 11 和分离叉推臂 9 动作，使离合器分离。解除踏板力后，挺杆和分离叉推臂在控制阀和复位弹簧作用下复位，从而起到助力作用，可以使踩踏板

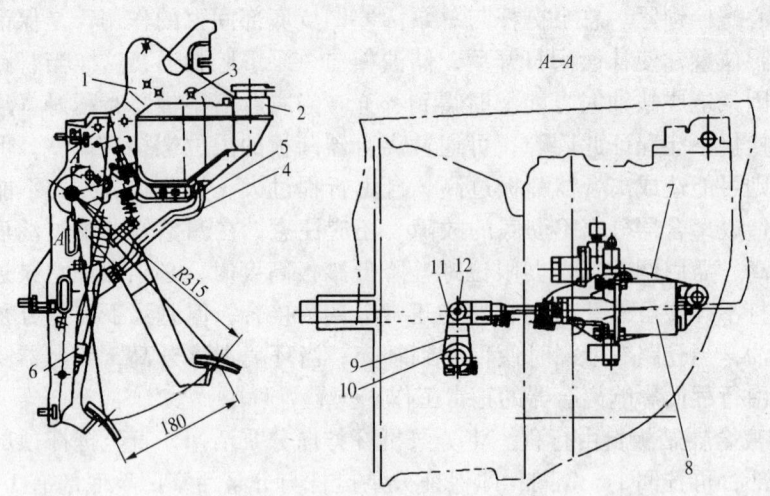

1—离合器踏板机构 2—储油杯 3—储油杯固定螺栓 4—总泵软管 5—弹性环箍 6—离合器总泵 7—助力泵支架 8—助力泵 9—分离叉推臂 10—半圆键 11—挺杆 12—平头销

图1-5 DS350型双片膜片弹簧离合器液压操纵机构

的力控制在160～210N范围内。

在助力系统中,一旦气压助力失效,只要加大踏板力使踏板行程稍为加大,增加主缸的供油量使进入液压工作缸的油量加大,消除气压控制阀活塞与进气阀座之间的间隙,再继续加大踏板力并建立足够的制动系统油压,便可直接推动液压工作缸活塞和挺杆移动,使离合器分离。

2) 操纵机构的调整。DS350型双片膜片弹簧离合器液压操纵机构的调整与单片的基本相同。

a. 调整离合器踏板限位螺栓,使总行程为160～180mm,调好后将限位螺栓用锁紧螺母锁紧。

b. 调整总泵活塞与挺杆端部之间的间隙。松开挺杆锁紧螺母,转动偏心螺栓,使挺杆端部与活塞凹坑底部有0～0.65mm的间隙,调好后拧紧锁紧螺母。

c. 调整离合器踏板自由行程。在踏板自由状态下,松开助力泵杆上的锁紧螺母(见图1-5),向前拧动调整杆,推动分离叉推臂9,直到离合器分离轴承与分离指相接触,再用手向回转动助力泵挺杆,直到助力泵挺杆与助力泵活塞凹坑处相接触后再退回1～3圈,使离合器分离轴承与分离指间有约2mm的间隙,此时踏板自由行程应为35～45mm,最后将已松开的助力泵挺杆用锁紧螺母锁紧。

d. 旋松放气塞,反复踩离合器踏板,对系统进行放气,当由放气孔流出的全是制动液后拧紧放气螺塞并装上保护帽。

e. 调整好后,启动发动机,在有气压的情况下检查离合器的工作情况,包括离合器踏板自由行程、总行程和踏板的助力情况。总的要求是,离合器分离应彻底,接合应平稳,如果出现分离不彻底和接合不平稳等异常现象,应找出原因并重新调整。

二、东风牌柴油车离合器

EQ1141G 载货汽车装配的是直径为 380 mm 的单片、干式螺旋弹簧离合器，EQ2100E6D、EQ2102 越野车装配的是直径为 350 mm 的单片、干式螺旋弹簧离合器，它们的结构特点基本相同，从动盘都有相同的三级扭转减振器，只是采用的零部件总成略有不同。EQ1108G6D 装配的是直径为 350 mm 的单片、干式膜片弹簧离合器，从动盘有一级扭转减振器。

1. ϕ380(ϕ350)离合器盖及压盘

ϕ380(ϕ350)离合器盖及压盘总成如图 1-6 所示，离合器压盘上装有 30 个压盘弹簧(ϕ350 离合器有 20 个压盘弹簧)，这 30(20)个压盘弹簧分成两组，两组弹簧的主要区别是弹簧的刚度不同，使离合器能适应不同的发动机扭矩，只要将 30(20)个压盘弹簧进行不同的组合，就可以达到不同的压紧力。6 个分离杠杆则利用圆柱销、调整螺钉和调整螺母支承在离合器盖上。需要分离时，通过操纵机构，推动分离轴承，消除 2～3 mm 的自由行程，推动分离杠杆垫环沿轴线向前运动 10 mm，使离合器分离。当松开脚踏板时，操纵机构对分离轴承的推力解除，压盘在压盘弹簧的作用下，又紧紧地

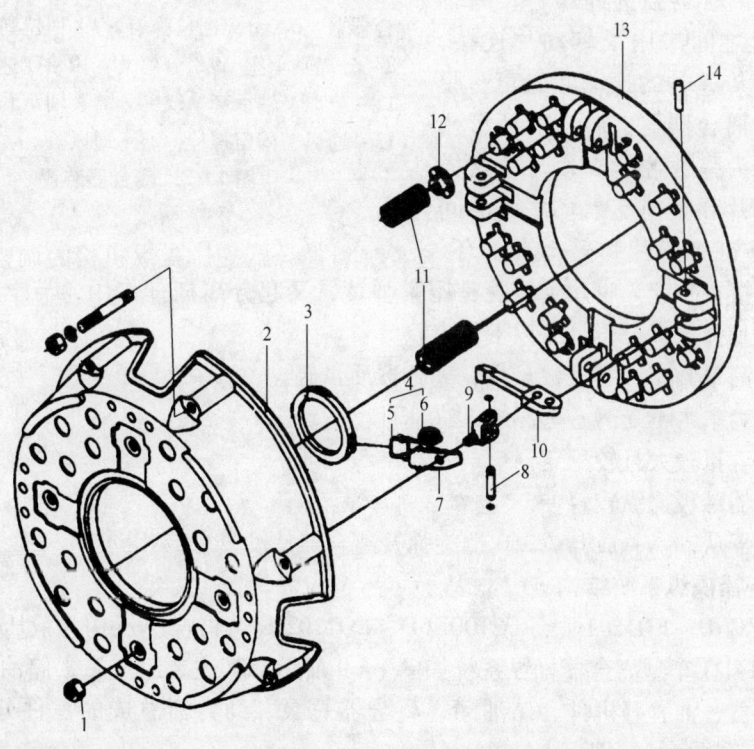

1-离合器分离杠杆调整螺母　2-离合器盖　3-离合器分离杠杆垫环　4-离合器分离杠杆弹簧总成　5-离合器分离杠杆弹簧挂钩　6-分离杠杆　7-调整螺钉弹簧片　8-圆柱销　9-分离杠杆调整螺钉　10-分离杠杆总成　11-压盘弹簧　12-压盘弹簧座　13-压盘　14-圆柱销

图 1-6　离合器盖及压盘总成

压在从动盘上。

2. φ380（φ350）离合器从动盘总成

离合器从动盘总成带有两级减振和怠速减振器。从动盘后表面和摩擦片之间铆装有8片波形片，沿圆周均匀地分布在从动盘和摩擦片之间。由于装有波形片，使离合器接合和分离比较柔和平稳。在使用过程中，具有接合好、摩擦片磨损均匀等优点。而且摩擦片表面开有径向凹槽，可以降低摩擦片的工作温度和起到排屑作用，从而大大提高了离合器从动盘总成和压盘的使用寿命（见图1-7所示）。

3. φ350单片膜片弹簧离合器

φ350单片膜片弹簧离合器如图1-8所示。离合器盖为冲压件，离合器盖和压盘之间采用了传动片连接，减少了扭矩传递时的振动和噪声。膜片后支承为离合器盖上冲出的环形凸台，前支承为弹性冲压支承环，这样可以消除膜片弹簧与支承环之间的间隙。12个铆钉将膜片弹簧、支承环、离合器盖铆接在一起。膜片弹簧既是压紧弹簧，又起分离杠杆作用，与螺旋弹簧离合器相比，膜片弹簧离合器具有以下优点：

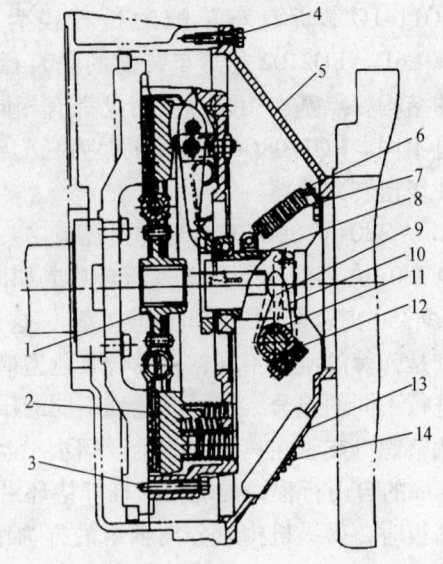

1—压盘　2—摩擦片　3、4—连接螺栓　5—离合器盖　6—分离回位弹簧　7—回位弹簧钩环　8—分离轴承座　9—分离叉　10—变速器第1轴　11—分离叉轴承套　12—分离叉轴承套紧固螺栓　13—通风盖固定螺栓　14—通风盖

图1-7　离合器装置

①结构简单紧凑，零件数量少，离合器质量轻。
②压紧力基本不受离心力影响，高速性能好。
③转矩容量较大且较稳定。
④离合器踏板操纵较轻便。

该离合器从动盘总成与φ350螺旋弹簧离合器从动盘总成相同。

4. 离合器操纵系统结构

EQ1108G6D、EQ1141G、EQ2100E6D、EQ2102离合器操纵机构为液压操纵气助力机构。EQ1141G车型离合器操纵系统如图1-9所示，其主要组成有：储油罐、离合器总泵、助力器、油管等机件。储油罐、离合器总泵、助力器总成的零件分解如图1-10、图1-11和图1-12所示。

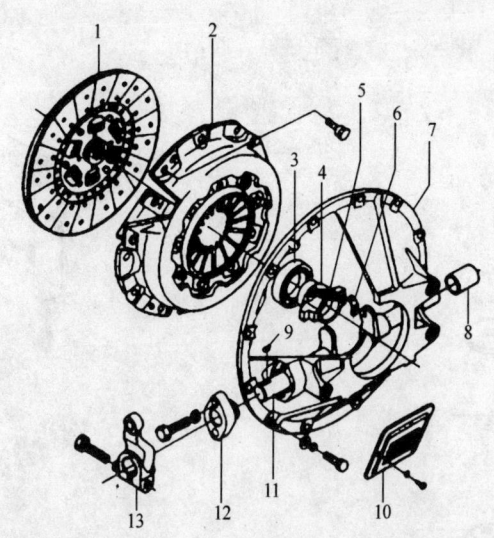

1—离合器从动盘 2—压盘 3—分离轴承 4—分离轴承座 5—回位弹簧
6—回位弹簧钩环 7—离合器壳 8—衬套 9—半圆键 10—通风盖
11—分离叉 12—分离叉凸缘 13—分离叉臂

图1-8 膜片弹簧离合器

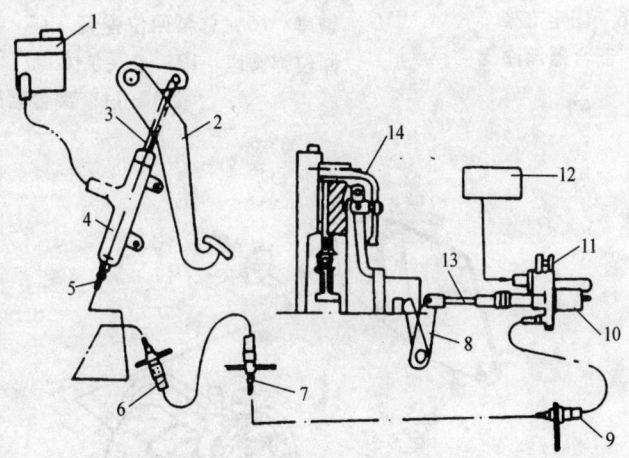

1—储油罐 2—离合器踏板 3—总泵推杆 4—离合器总泵 5—前钢管
6—前软管 7—后钢管 8—分离叉臂 9—后软管 10—助力器 11—放气
螺栓 12—储气筒 13—助力器推杆 14—离合器总成

图1-9 离合器操纵系统

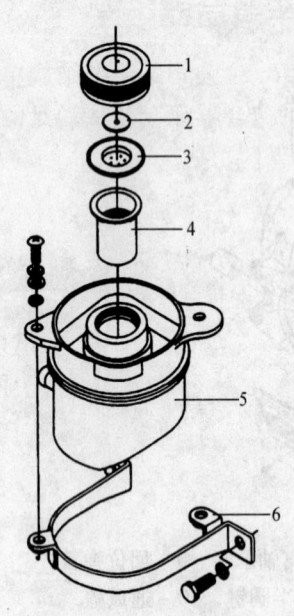

1-储油罐盖 2-橡胶垫圈 3-橡胶罩 4-储油罐过滤器 5-储油罐 6-固定支架

图1-10 离合器储油罐

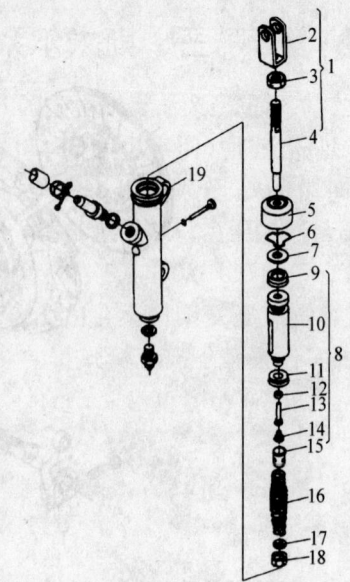

1-推杆总成 2-推杆螺纹叉 3-扁螺母 4-推杆 5-护罩 6-挡圈 7-垫圈 8-活塞总成 9-皮碗 10-活塞 11-皮圈 12-活塞进油周油封 13-活塞进油阀 14-回位弹簧 15-回位弹簧座 16-总泵回位弹簧 17-回位弹簧垫 18-回位弹簧座 19-总泵泵体

图1-11 离合器总泵

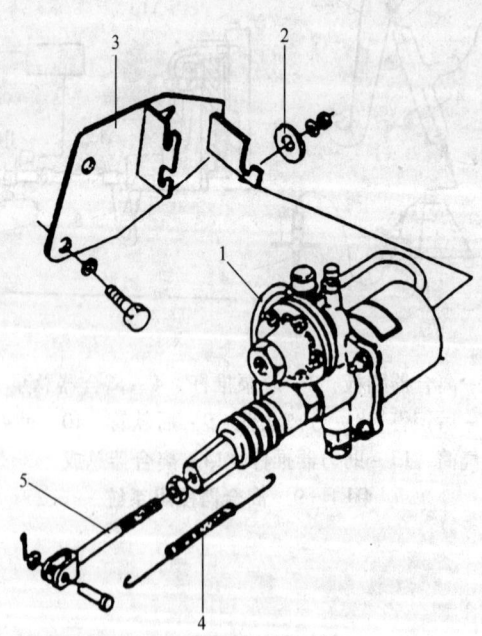

1-助力器总成 2-调整垫圈 3-支架 4-回位弹簧 5-推杆

图1-12 助力器机构

三、斯太尔系列重型柴油车离合器

斯太尔系列重型柴油车采用德国 Fichtel & Saclls（F & S）公司的传统结构单片干式离合器，型号分别为 GF380 和 GF420 两个系列。这两种离合器压盘及从动盘的直径为 380 mm 和 420 mm，分别装用 SAE2 号和 SAE1 号离合器壳。

1. 离合器的压盘、从动盘结构

如图 1-13，GF380 与 GF420 型离合器采用常规的压盘、从动盘周置螺旋压簧结构。它由离合器压盘、从动盘（离合器摩擦片）、压盘盖、离合器弹簧、分离杠杆（压爪）和分离环以及安装在变速箱分离滑套上的分离轴承及拨叉、拨叉轴等组成。离合器压盘通过分离杠杆（压爪）和分离拨叉与压盘盖连接。在压盘盖与压盘之间圆周布置有离合器弹簧（GF380 型有 30 个弹簧，GF420 型有 36 个弹簧），当把压盘总成与飞轮连接后，压盘将从动盘紧紧地与飞轮端面压紧，从而传递转矩。传递转矩的大小取决于离合器弹簧的总压缩力，当驾驶人踩下离合器踏板时，通过联动机构及分离拨叉推动分离轴承压下分离杠杆，从而使压盘轴向后移，离合器彻底分离。

离合器压盘盖周边连接凸缘上开有 6 个缺口用以通风散热的。在离合器压盘盖上铸有 6 个凸台平面，它是各部安装尺寸的测量基准，同时盖上有 36 个孔洞（GF380 型离合器有 30 个孔洞），是用作支承弹簧和通风散热的。离合器的结构如图 1-13 所示。

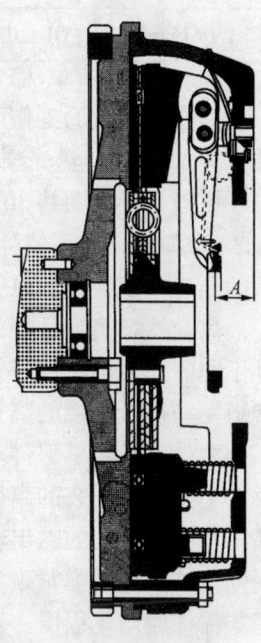

图 1-13 离合器结构

离合器压盘是离合器的关键部件。在压盘的非加工面上铸有 6 个销耳，用以连接分离杠杆（压爪）。压盘与飞轮的部分尺寸如图 1-14 和表 1-1。

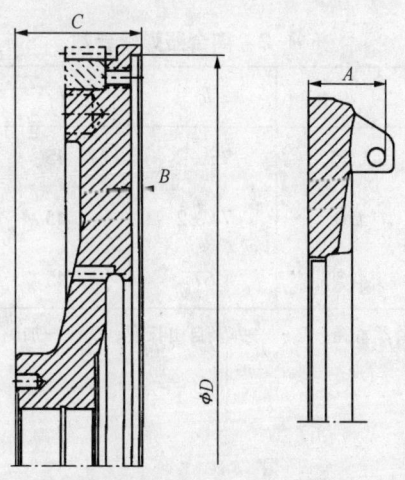

图 1-14 飞轮与压盘安装尺寸

表1-1 飞轮与压盘安装尺寸 (mm)

部位 机型	离合器型号	压盘直径	A	B	C	D
WD615.00	GF380	380	66	5.7	68.0	435.00
WD615.61 WD615.67	GF420	420	50	7.0	70.0	475～475.063
WD615.68	GF420X		51	7.0	70.7	475～475.063

离合器压盘的工作面可以进行光削,最大光削量为1mm,即尺寸A的使用极限为减少1mm。当压盘光削量超过0.5mm时,应在离合器弹簧座上加一相应厚度的垫片。

压盘上有3圈共36个凸台,供支承36个离合器弹簧之用,GF380型离合器仅安装有30个弹簧,为了使弹簧不致因高温而退火,使弹簧力减弱,在每个凸台上铸有梅花状的凸起,使弹簧仅以很小的接触面支承在压板上。

离合器弹簧为常规的螺旋压簧,有几种不同的弹力可供选择,不同功率、不同转矩发动机所配装的离合器,除弹簧弹力不同之外,其余零部件基本相同。换句话说,不同车型配装的离合器大部分零部件基本相同,不同的输出转矩是通过安装不同弹力的离合器弹簧来实现的,从而提高了零部件通用化程度。斯太尔系列重型柴油车用GF380与GF420型离合器弹簧,分别用红、绿和无色等颜色标记加以区

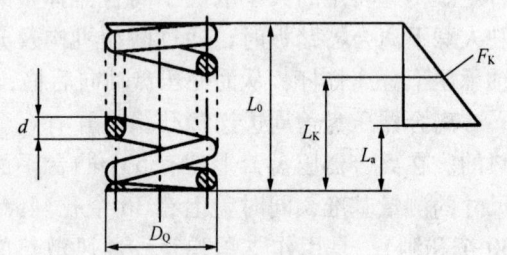

图1-15 离合器弹簧参数

别。各机型汽车所配装的离合器,其各种弹簧的性能参数见图1-15和表1-2,各型离合器装用的弹簧位置和数量见图1-16。

表1-2 离合器弹簧参数 (mm)

颜色标记	D_Q	d	L_0	L_K	F_K	L_a
无色	29.2	3.75	75±2	45	47.5±2.5	40
红色	29.2	4.0	74±2	45	58±3	40
绿色	29.2	4.3	67	45	67±3	40

注:D_Q——弹簧外径;d——簧丝直径;L_0——弹簧自由长度;L_k——加测试载荷的弹簧长度;F_k——测试加载值;L_a——极限压缩长度。

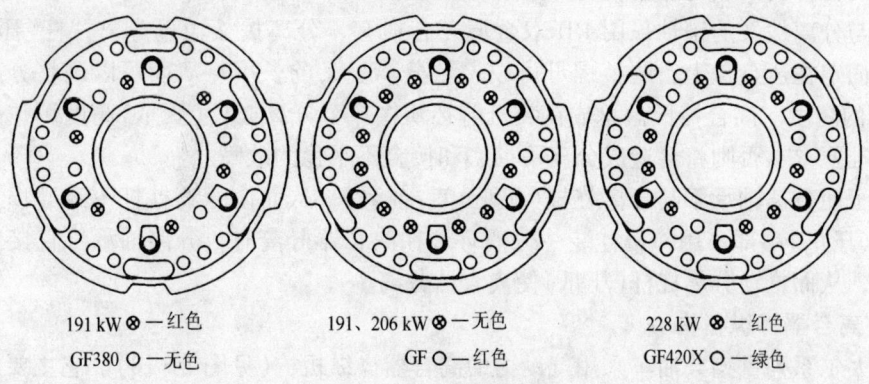

| 191 kW ⊗ — 红色 | 191、206 kW ⊗ — 无色 | 228 kW ⊗ — 红色 |
| GF380 ○ — 无色 | GF ─ 红色 | GF420X ○ — 绿色 |

图1-16　各型离合器弹簧装置位置

从图上可以看出：WD615.00型汽车装用的GF380型离合器安装6个红色和24个无色弹簧；WD615.64、WD615.61、WD615.67型汽车装用的GF型离合器安装有12个无色弹簧和24个红色弹簧；而WD615.68型汽车装用的GF420X型加强型离合器安装有9个红色弹簧和27个绿色弹簧。

离合器从动盘有两种：GF380型离合器装用 $\phi 380\ mm \times \phi 20\ mm \times 3.5\ mm$（外径×内径×厚度）摩擦片的 $\phi 380\ mm$ 从动盘；GF420型离合器装用 $\phi 20\ mm \times 4\ mm$，$220\ mm \times 3.5\ mm$ 摩擦片的 $\phi 420\ mm$ 从动盘，如图1-17所示。其各部位参数见表1-3。

表1-3　从动盘各部位参数　　（mm）

离合器从动盘厚度	从动盘最小厚度	摩擦片厚度
10 ± 0.3	7.0 ± 0.3	3.5
摩擦片每面允许磨损量	从动盘允许侧面跳动量	从动盘毂长（L）
1.5	0.5	45

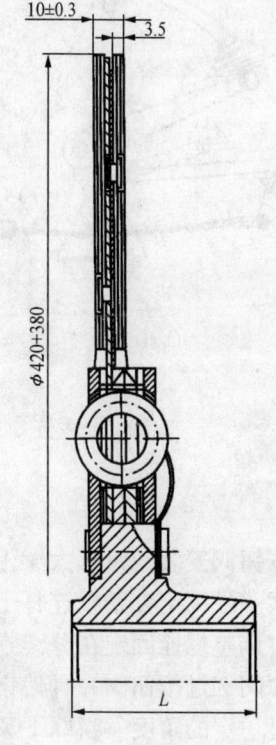

图1-17　离合器从动盘

从动盘的摩擦片与从动钢片间装有波形弹簧钢片，起缓冲作用，使离合器接合平稳。从动盘上安装有扭转减振器，从动盘的内毂之间装有预减振器，主要作用是消除发动机怠速时的扭振，外毂与从动钢片之间装有主减振器，主减振器由切向布置的螺旋弹簧和减磨装置组成。

离合器压盘上安装有6个分离杠杆（压爪），分离杠杆由模锻而成并经渗碳淬火处理,分离杠杆的一端与压盘销耳铰接,中间通过6个分离杠杆叉支承在压盘盖上。分离杠杆与分离拨叉的销轴采用DU双金属复合衬套,分离拨叉通过分离杠杆(压爪)调整螺母固定在压盘盖上,调整螺母可以调整分离拨叉的长度,从而可以调整分离杠杆(压爪)的高度。离合器压盘总成在装机前必须将6个分离杠杆(压爪)高度调整一致且符合标准要求,否则将会造成分离不彻底和接合不平稳的故障。

为了使分离轴承不与分离杠杆(压爪)直接接触,从而使分离杠杆不致磨损,在分离杠杆(压爪)端部,用弹簧挂装一分离环,在离合器分离时,分离轴承将直接压在分离环上,从而推动分离杠杆(压爪)使离合器分离。

2. 离合器操纵机构

斯太尔系列重型柴油车采用气助力的离合器操纵机构(见图1-18)。它主要由离合器踏板1、连杆2、钢索3、分离拐臂4、按钮阀5和助力缸6组成。

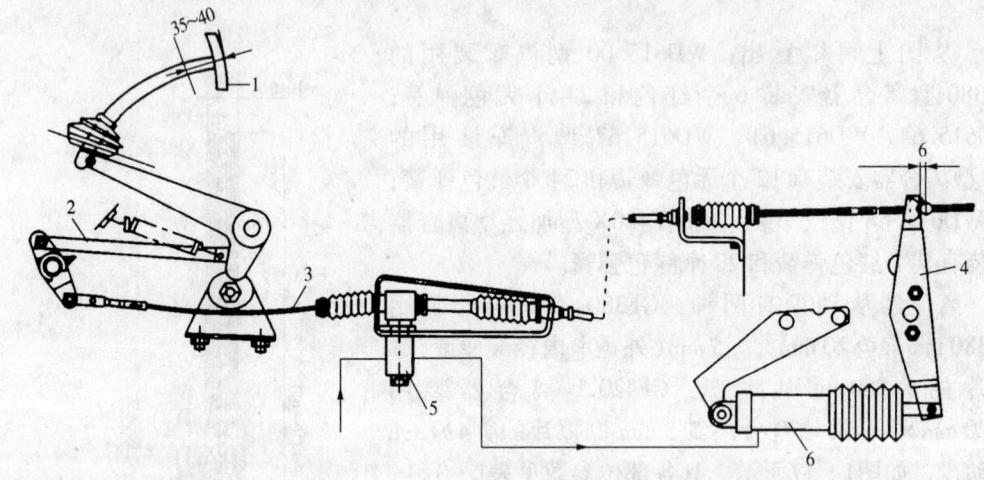

1-离合器踏板 2-连杆 3-钢索 4-分离拐臂 5-按钮阀 6-助力缸
图1-18 离合器操纵机构

按钮阀安装在汽车大梁上,离合器钢索一端固定在踏板连杆上,另一端通过调整螺栓固定在分离拐臂的上端,中间穿过按钮阀并且使钢索与按钮阀呈一定的角度。当踩下离合器踏板时,钢索受力绷直,一方面拉动分离拐臂上端向前移动,另一方面将按钮阀芯下压。

如图1-19(a),按钮阀实际上是一个三位四通阀。当踩下离合器踏板,钢索绷紧压下按钮阀时,阀芯下行将排气经按钮阀通向离合器助力

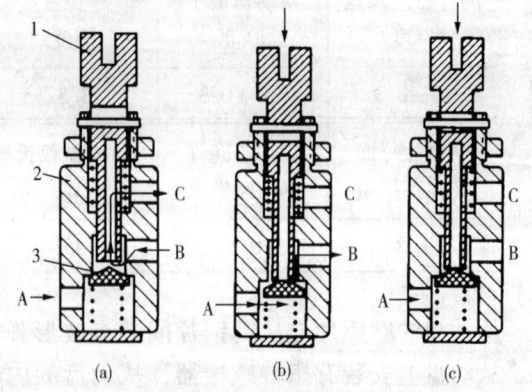

A-进气口 B-连接助力气缸 C-排气口
1-阀帽 2-阀体 3-进气门
图1-19 按钮阀工作原理

缸，推动分离拐臂的下端给离合器分离机构助力。此时分离拐臂上端钢索拉动，下端助力缸推动，通过分离轴和拨叉将分离轴承消除轴承间隙后压向分离环，从而压动分离杠杆(压爪)使离合器分离。当离合器踏板停止动作时，由于助力缸的作用仍会推动分离拐臂，而此时钢索却不再移动，从而助力缸推动分离拐臂松弛，此时按钮阀芯在回位弹簧的作用下向上移动到进气阀关闭、排气口没有打开的平衡位置，如图1-19(b)所示，此刻助力缸的气压不再增加，离合器操纵机构即刻停止在这一位置。当驾驶人抬起离合器踏板时，同样钢索松弛，按钮阀芯在回位弹簧作用下上移、打开排气口，见图1-19(c)，此时助力缸的气经按钮阀向外排放。

如此时踏板停止在某一位置，钢索停止移动而助力缸仍在放气，助力缸推力减小、分离拐臂下端继续左移，分离拐臂上端右移重新将钢索绷直，进而又将按钮阀芯下压至排气口关闭、进气口并未打开的位置，此时操纵机构也停止在这一平衡状态之下。这就是说，助力机构与踏板动作是同步的，助力是随踏板动作而随动的，有了这个随动特性，离合器才能达到分离彻底和接合平稳的目的。这种助力系统结构简单、维修方便。

当离合器踏板完全放松时，钢索完全松弛，按钮阀芯在回位弹簧的作用下完全回位，从而完全打开放气口，见图1-19(c)，助力缸的压缩空气由按钮阀完全放空，离合器拐臂在回位弹簧作用下回到不工作的初始位置，从而通过分离轴、拨叉将分离轴承拉回到初始位置、离合器完全接合。

为了保证在离合器完全接合时(没有踩离合器踏板时)，离合器分离轴承不至于贴在分离环上而长期跟随离合器旋转，在正常情况下分离轴承与分离杠杆(压爪)分离环间必须保持一定的间隙，这就是分离轴承间隙。斯太尔系列重型柴油车分离轴承间隙为3 mm。这一间隙值与离合器踏板对应的自由行程为35～40 mm。在正常情况下保证离合器踏板的自由行程，就保证了分离轴承的间隙。这一行程可通过分离拐臂上端的钢索调整螺栓进行调整。

图1-20所示为助力缸结构，表1-4给出离合器助力缸性能参数。

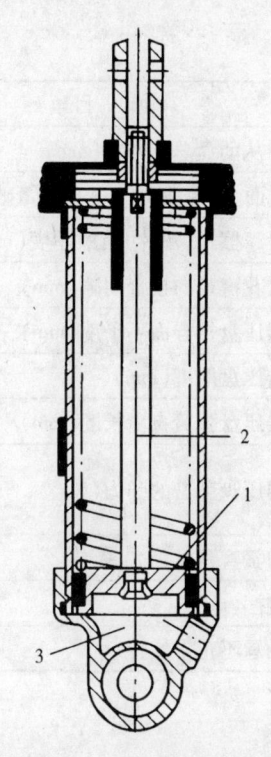

1—活塞 2—推杆 3—进气腔
图1-20 离合器助力缸结构

表1-4 离合器助力缸性能参数

工作温度	起始工作气压(kPa)	最大行程(mm)	工作气压为784 kPa时，推力(N)	工作气压为588 kPa时，推力(N)
-40～+80℃	98	105	1323	938
		120	659	470

第二节 离合器的维修与调整

一、维 修 标 准

以东风牌柴油车离合器为例，介绍柴油车离合器维修与调整的基本步骤。离合器维修标准见表1-5。

表1-5 离合器维修标准

项 目	标准尺寸	使用极限	备 注
离合器从动盘总成摆差(mm)	0～1.0	<1.0	更换
油污衬面、铆钉松动、减振弹簧破损或松动			更换衬面、片总成
从动盘摩擦片(单片)有效厚度(mm)	1.6	0.1	至铆钉头
从动盘花键径向接合间隙(mm)	0.05～0.15	0.3	更换离合器片或变速器输入油
离合器压盘接合面不平度(mm)	<0.1	0.3	研磨摩擦片或更换离合器盖总成
离合器压盘厚度(mm)	25	23	更换离合器盖总成
离合器压盘弹簧自由长度(mm)	74	70	更换
离合器压盘弹簧的弹力(N)	600 450	520 390	更换
压力弹簧直角度(°)		4.0	更换
飞轮偏摆(mm)		0.15	再研磨摩擦面或更换
导向轴承不正常旋转			必要时更换

二、拧 紧 力 矩

离合器拧紧力矩分别见表1-6。

表1-6 离合器拧紧力矩　　　　　　　　　　　　　　　　(N·m)

项 目	拧紧力矩
离合器总成与飞轮紧固螺栓	40～60
变速器与离合器壳紧固螺栓	140～170

三、螺旋弹簧总成的拆装、检查与调整

1. 离合器总成分解

在离合器总成分解开始之前，先要把启动钥匙开关拧到"OFF"位置，并楔住前后车轮，以保证安全。

1）拆下传动轴总成和中间支承轴承座。
2）在取力器的输出连接法兰上进行分解（按需要进行）。
3）拆下速度里程表软轴。
4）拆下变速箱操纵杆件。
5）拆下离合器操纵助力器和回位弹簧，并把助力器牢固地固定在车架上。
6）断开电路。
7）用天车吊下变速器总成。
8）拆下离合器压盘总成及从动盘摩擦片总成。

注意：在拆卸过程中，要防止从动盘摩擦片总成掉下。

（1）离合器压盘总成分解

1）在离合器压盘盖和压盘上做配合记号，见图1-21。

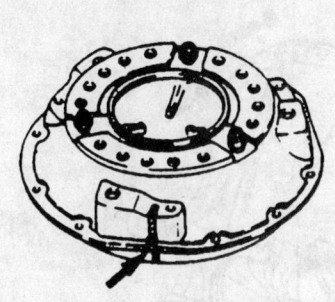

图1-21 做配合记号

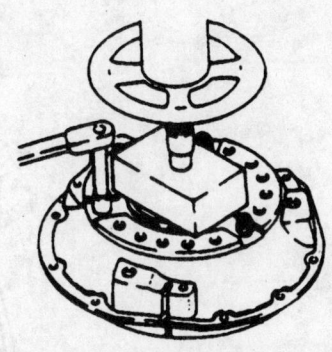

图1-22 给压盘盖施力

2）将离合器压盘总成放在压力机工作台上，利用导向杆给压盘盖施加一定的压力；再松开分离杠杆的调整螺母，松开螺母后再渐渐地卸去压力。见图1-22。

3）卸下离合器压盘盖及压盘弹簧，见图1-23。

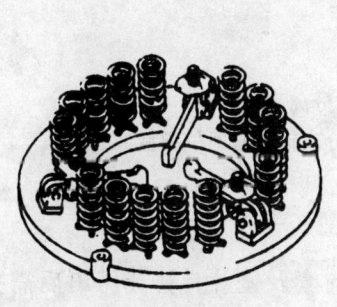

图1-23 卸下离合器压盘盖及压盘弹簧

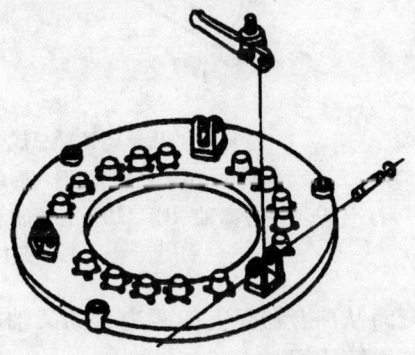

图1-24 拆除圆柱销

注意：拆下压盘弹簧时，应注意弹簧的装配位置。

4）拆除分离杠杆与压盘连接的圆柱销，见图1-24。

5)取下卡环,然后拆下分离杠杆支承叉的支承圆柱销,见图1-25。

6)将分离杠杆上的圆柱销孔中的复合轴承衬套压出,拆下不准再继续使用,需更换新件。

(2)离合器壳内部件拆解

离合器壳内部件拆解见图1-26。

1)拆除分离轴承润滑软管及管接头、密封垫圈和润滑脂杯座。

2)拆下分离叉与分离叉轴的紧固螺栓。

3)从分离叉轴带分离叉臂一端拔出分离叉轴。

4)从变速器第1轴轴承盖上取下分离轴承及分离叉。

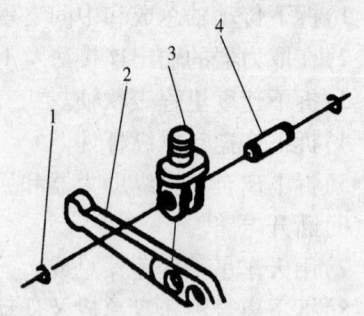

1—卡环 2—分离杠杆
3—支承 4—圆柱销

图1-25 拆下支承圆柱销

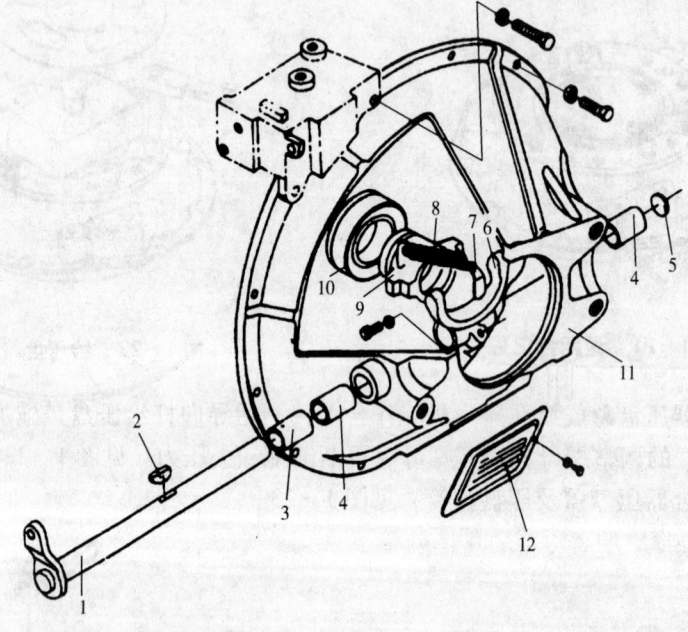

1—分离叉轴及分离叉臂总成 2—半圆键 3—分离叉轴隔套 4—衬套
5—塞片 6—分离叉 7—回位弹簧钩环 8—分离轴承座回位弹簧
9—分离轴承座 10—分离轴承 11—离合器壳 12—通风盖

图1-26 离合器壳

5)从离合器壳上的两边分离叉轴支承孔中压出衬套及塞片;衬套压出后需更换,不准继续使用。

2. 离合器检查

应使用专门的测量仪器或工具检查零件,根据指定的维修标准来断定零件可否继续使用。损坏零件按要求进行修理或更换。如果在配对零件中有一个被磨损,使间隙超出所规定的值,则应按有关要求来更换此零件以及其配对零件。

从预防维护的观点出发,某些仍可修理或在磨损极限内的零件,在超出极限之前就应更换。

通过肉眼或红色颜料渗透等指定的方法,仔细检查所有零件的外观。如果零件的外表面有以下异常现象,有关零件应按要求进行修理或更换。

(1)离合器常见异常现象

①不均匀磨损;②偏磨;③擦伤;④裂纹;⑤畸形;⑥失效或变弱(指弹簧而言);⑦弯曲变形;⑧松旷;⑨不正常噪声(对轴承而言);⑩变色或发卡;⑪锈蚀;⑫变质(对摩擦片而言)。

所有的橡胶件,如 O 形圈、油封、垫密片等,在拆下来之后应丢弃,不准再使用。

(2)离合器从动盘检查

1)检查离合器从动盘总成的摆差,见图 1-27。

维修标准:0~1.0mm;使用极限:1.0mm。

2)检查减振弹簧和波纹片是否有断裂的现象。如果有,须更换离合器从动摩擦片总成,见图 1-28。

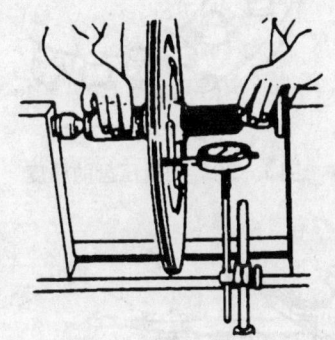

图 1-27 检查离合器从动盘总成摆差

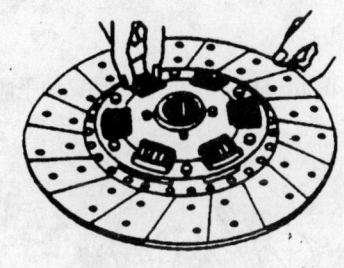

图 1-28 检查减振弹簧和波纹片

3)测量从动盘表面至铆钉头部的厚度 A,见图 1-29。

标准尺寸:1.6mm;使用极限:0.3mm。

4)测量从动盘花键毂与花键轴的花键侧隙,见图 1-30。

标准尺寸:0.05~0.15mm;使用极限:0.3mm。

(3)离合器压盘检查

1)测量离合器压盘的平面度,如图 1-31。

标准尺寸:0.1mm;使用极限:0.3mm。

2)测量压盘的厚度。当图 1-32 中尺寸 A 由于磨损或维修<2mm,应更换压盘。

标准尺寸:25mm;使用极限:23mm。

(4)飞轮检查

见图 1-33,测量飞轮偏摆。使用极限:0.15mm。

(5)压力弹簧

1)测量压力弹簧的自由长度,见图 1-34。

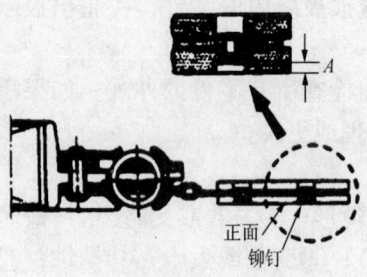

图1-29 测量从动盘表面至铆钉头部的厚度

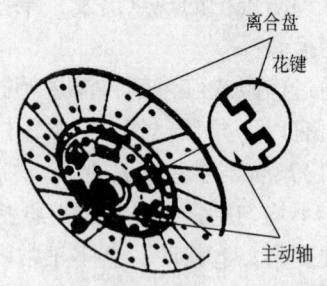

图1-30 测量从动盘花键毂与花键轴的花键侧隙

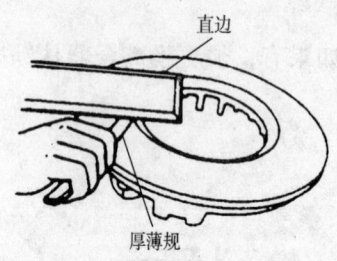

图1-31 测量离合器压盘的平面度

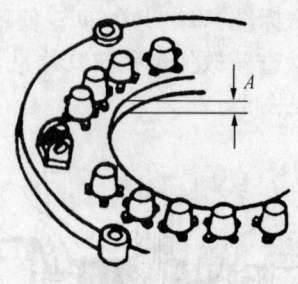

图1-32 测量压盘的厚度

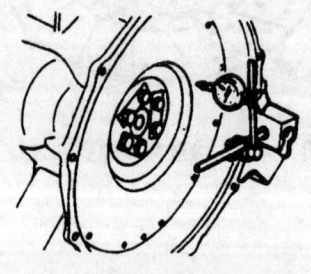

图1-33 测量飞轮偏摆

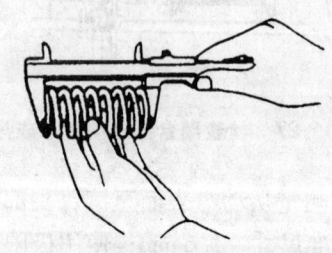

图1-34 测量压力弹簧的自由长度

标准尺寸:74 mm;使用极限:72 mm。

2)测量压力弹簧的张力,见图1-35。

标准尺寸:600 N、520 N;使用极限:450 N、390 N。

3)测量压力弹簧的直角度,见图1-36。

使用极限:4.0 mm。

(6)分离拨叉轴

测量拨叉轴的外径(与衬套配合部位)和衬套的内径,计算两者的配合间隙。

维修标准:0.15 mm;磨损极限:0.3 mm。

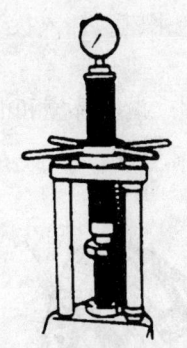

图1-35 测量压力弹簧的张力

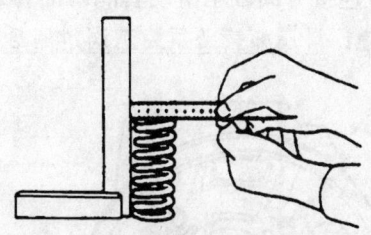

图1-36 测量压力弹簧的直角度

3. 重新装配

当进行重新装配时,要在轴和衬套之间的表面涂上一层润滑脂。

(1) 离合器压盘总成装配

1) 将分离杠杆衬套压入分离杠杆孔中,并在衬套内表面涂上一层薄薄的润滑脂,见图1-37。

2) 将分离杠杆支承叉和圆柱销装到分离杠杆的孔中,利用卡环将圆柱销两端固定。

3) 利用圆柱销将分离杠杆总成装到压盘上。

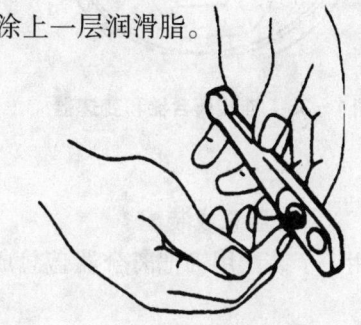

图1-37 在衬套内表面涂上润滑脂

4) 将压盘放到压力机上

5) 将两组压力弹簧装到压盘上。

6) 在分离杠杆上装上分离杠杆弹簧和调整螺钉弹簧片。

注意: 分离杠杆弹簧带分离杠杆垫环挂环的要间隔安装。

7) 将离合器盖放在压盘上,利用压力机进行加压。

注意: 当组装离合器盖和压盘时,对标准记。用一根圆棒校正压紧弹簧。

8) 利用压力机压压盘盖,直到支承叉螺纹端露出表面,拧上调整螺母。

注意: 支承压盘的工作平台不允许和离合器盖接触。在离合器盖和螺纹之间涂上重载轴承润滑脂。

9) 利用分离杠杆弹簧挂簧装上分离轴承垫环。

10) 离合器压盘总成装配完成后,需进行动平衡测试。

动平衡量:小于700 mg·m。

(2) 离合器壳组装

1) 连接离合器和变速器,见图1-38。

拧紧力矩:140～170 N·m。

2) 将离合器拨叉衬套和塞片压入离合壳的孔中,并在衬套内表面涂抹一层润滑脂。

3) 将分离轴承内腔(滑动孔)的储油腔装满润滑脂,再将拨叉及分离轴承装到第1轴轴承套管上。

4)将分离拨叉轴从离合器壳外面插进衬套内孔后,再装上平键,插入拨叉和衬套,拧紧拨叉紧固螺栓。

5)连接分离轴承滑动套润滑油管,装配管接头、密封垫圈、滑脂杯座和滑脂杯盖。

注意:滑脂杯盖必须装满润滑脂后,再拧到滑脂杯座上。

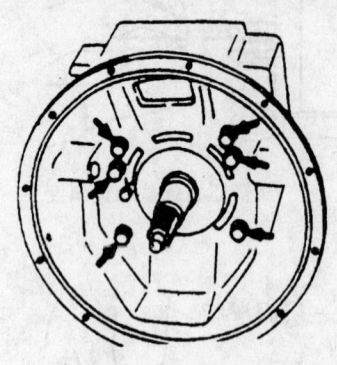

图1-38 连接离合器和变速器

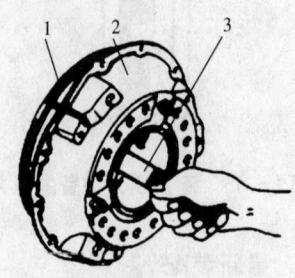

1-从动盘 2-离合器盖
3-装配用轴

图1-39 把离合器盖总成和从动盘装到飞轮上

(3)离合器总成装配

用一个装配用轴把离合器盖总成和从动盘装到飞轮上,并用连接螺栓拧紧,见图1-39。

拧紧力矩:32～52N·m。

注意:①在专用工具上,从动盘的凸面要对着压盘。
②离合器盖的连接螺栓要以交叉顺序拧紧。

4. 调整

1)调整垫环端面的高度和端面跳动,见图1-40。

分离杠杆垫环端面的高度:

相对分离轴承摩擦表面:(67±0.4)mm;分离杠杆垫环端面跳动:<0.4mm。

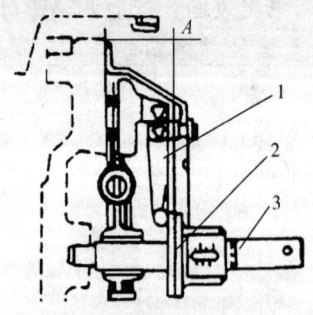

1-分离杠杆 2-分离轴承 3-轴

图1-40 调整分离杠杆垫环端面的高度和端面跳动

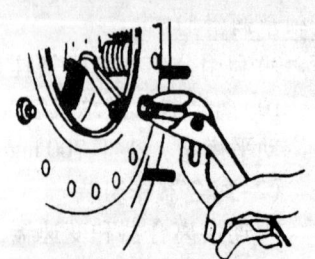

图1-41 锁死调整螺母

2)在高度调整适当后,用木槌轻敲几下分离杠杆和杠杆垫环,然后再重新检查杠杆垫环的高度及端面跳动,要保证在规定的范围内。

3)调整完成后,锁死调整螺母,见图1-41。

拧紧力矩:32～52 N·m。

5. 安装变速器

1)使用吊具装变速器,要第1轴与从动盘花键对准。

拧紧力矩:32～52 N·m。

2)装离合器助力器。

3)连接助力器的推杆和回位弹簧。

4)装变速器顶盖总成。

5)装传动轴。

拧紧力矩:33～44 N·m。

6)检查调整离合器脚踏板的总行程是否为175～185 mm。

7)调整助力器推杆长度,保证分离拨叉轴臂销孔处的游隙。先调整推杆长度使分离拨叉轴臂销孔处向前向后游隙渐渐变为零,然后向回拧两圈锁紧锁止螺母即可,如图1-42所示。

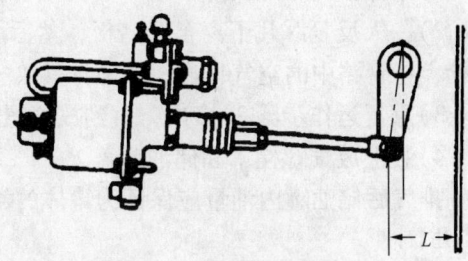

图1-42 调整助力器推杆

维修标准:3～4 mm。

8)检查助力器推杆向前的行程 L。

维修标准:21 mm。

9)通过以上检查后,再检查一下助力器推杆向前的游隙。

四、操纵机构拆装与调整

1. 拆装要点

(1)拆卸要点

用专用工具将离合器总泵和助力器总成上的孔用弹性挡圈拆下,总泵及助力器总成全部解体。

(2)装配要点

在装复时应更换所有的橡胶密封件(皮碗、皮圈等)。

将新的橡胶密封件浸入常温的合成制动液(719或8013B)中,按拆卸反程序装复离合器总泵及助力器总成。

注意:装配时切勿损伤皮碗和皮圈。

2. 操纵机构的调整

(1)总泵活塞与推杆的间隙

总泵活塞与推杆之间的间隙为0.2～0.7 mm,调整时松开推杆的锁紧螺母,旋转总泵推杆,先使总泵推杆顶住总泵活塞,然后将推杆退半圈即可。拧紧锁紧螺母。

（2）助力器推杆空行程

离合器助力器推杆的空行程为 3～5 mm，即用手能推动推杆向前的距离。调整时松开助力器推杆上的锁紧螺母，然后旋转助力器上的调整螺母，调整完毕后拧紧锁紧螺母。

3. 管路排气

（1）用排气机排气

1）打开储油罐盖，卸下助力器的放气螺栓罩，松开助力器的放气螺栓。

2）将排气机的油管与储油罐的加油口接通，并加压 0.2～0.3 MPa。

3）放气螺栓无气泡冒出时即停止加压排气。

4）拧紧放气螺栓，装上放气螺栓罩和储油罐盖。

（2）人工排气，需两人配合

1）给储油罐中加满 719 或 8013B 型合成制动液，同时取下放气螺栓罩。

2）一人反复踩几下离合器踏板，然后将离合器踏板踩到底停住，另一人松开放气螺栓，将管路中的空气排出，随即拧紧放气螺栓，松开踏板。

3）重复运作步骤 2）多次，直到放气螺栓流出的油无气泡冒出为止。

4）装上放气螺栓罩和储油罐盖。

排气后储油罐内油量应保证为罐体的 4/5。

注意：

①不要使用不同质量或者不同牌号、型号的制动液。

②绝不可使用矿物油作为制动液。

③不要将制动液接触到任何油漆表面或塑料装饰面板上，以免破坏油漆的漆膜和造成塑料件开裂。

④要保持储油罐内的清洁。

离合器操纵系统的调整与工作尺寸见表 1-7。

表 1-7 离合器操纵系统的调整与工作尺寸　　　　　　　　（mm）

项　目	尺　寸
离合器踏板自由行程	35～55
离合器踏板总行程	175～185
助力器推杆空行程	3～5
助力器推杆总行程	17～21
总泵推杆与活塞的间隙	0.2～0.7

五、操纵系统故障维修

离合器操纵系统常见故障与维修见表 1-8。

表1-8 离合器操纵系统常见故障与维修

可能原因	维 修
(1)助力器推杆总行程和空行程都正确时,离合器压盘或飞轮和从动盘不平或变形 (2)分离杠杆高低不平 (3)分离杠杆圆柱销脱落	(1)校正或更换有故障的零件 (2)重新调整 (3)重新装配
(1)助力器推杆总行程过小,管路有空气 (2)储油管无制动液或管路系统漏油 (3)总泵或助力器密封圈损坏 (4)总泵推杆与活塞间隙过大	(1)排气 (2)加注制动液或分解修理 (3)更换密封圈 (4)重新调整
助力器推杆总行程正确,空行程过大	重新调整
(1)助力器推杆空行程正确,离合器从动盘、压盘和飞轮粘油 (2)压紧弹簧疲劳或折断 (3)离合器盖螺栓松动	(1)清洁或更换零件 (2)更换零件 (3)按规定力矩拧紧螺栓
(1)助力器推杆没有空行程,总泵推杆与活塞无间隙 (2)总泵活塞进油阀油口堵塞 (3)助力器推杆不回位	(1)重新调整 (2)分解修理 (3)分解修理

第三节 离合器常见故障诊断与维修

柴油车离合器常见故障主要有:打滑、分离不彻底、发抖、异响和踏板脚感弹力大等。

一、打 滑

1. 故障现象

离合器打滑,发动机的动力不能可靠地传递,表现为车辆动力不足。

1)汽车起步时,已经抬起了离合器踏板,汽车却不能起步或起步迟缓。

2)行驶中,踏下加速踏板,汽车速度不能随着发动机转速增加而明显提高车速。

3)上坡时感到动力不足,离合器打滑甚至发出烧焦气味。

2. 故障原因

1)离合器操纵系统调整不当,离合器踏板没有自由行程,分离轴承与分离杠杆之间没有间隙,使压盘不能压紧从动盘。

2)离合器从动盘摩擦片不平、磨损、烧损、铆钉外露或摩擦片粘有油污。

3)离合器踏板不能可靠回位。

4)发动机飞轮、离合器压盘或从动盘变形,离合器盖与飞轮之间的固定螺栓松动。

5）从动盘盘毂花键与变速器输入轴卡滞。

3. 诊断与排除

1）调整离合器操纵系统，调好离合器踏板的自由行程和踏板的总行程。

2）磨平摩擦片，清除表面油污或更换新摩擦片。

3）检查离合器踏板助力机构和操纵机构，调好间隙，使离合器能可靠地分离和接合。

4）消除飞轮、离合器或从动盘的变形，将离合器盖可靠地固定在飞轮上。

5）维修从动盘盘毂花键或变速器输入轴花键轴，消除卡滞因素。

二、踏板沉重

1. 故障现象

装有离合器助力装置的柴油车，当助力装置出现故障时，会使离合器踏板沉重。

2. 故障原因

1）离合器操纵控制阀损坏。

2）离合器拉索安装或调整不当。

3）控制阀的排气口堵塞或杆件卡滞，助力缸工作不良。

4）离合器助力缸密封件损坏，活塞卡滞。

3. 诊断与排除

1）检查离合器助力系统的气路有无漏气，检查活塞和进气阀是否密封不严，或进气阀损坏。对上述部位进行拆检，排除故障。

2）检查调整离合器操纵连接杆件及拉索松紧，调整控制阀接触点安装平面高度。

3）检查各种阀的工作状况，必要时拆检、清洗阀内部零件。密封圈损坏、失效时应更换。

4）检查离合器助力缸活塞工作是否正常。活塞皮碗发胀，踩下踏板时皮碗胀死致阻力过大，应更换皮碗或更换助力缸。

5）检查压气机供气量是否充足，当气压过小时，不能起到助力作用。这时应用气压表分析检查供气压力情况，彻底排除供气压力低的故障。

三、分离不彻底

1. 故障现象

1）汽车起步时踏下离合器踏板，离合器分离不彻底，处于半分半合状态，挂挡困难，变速器齿轮有撞击声。

2）变速器挂挡后，还没有抬起离合器踏板，汽车就起步或发动机熄火。

2. 故障原因

1）离合器操纵系统调整不当，离合器踏板自由行程过大，使工作行程过小，离合器踏板踏到底还不能使离合器完全分离。

2）液压操纵系统中缺油或进入空气。

3)液压操纵系统元件损坏或漏油。
4)离合器扭转减振器损坏。
5)从动盘花键在花键轴上移动卡滞。
6)变速器输入轴损坏。
7)离合器摩擦片松动或表面不平或表面油污。
8)离合器分离叉座及球头磨损或变形。
9)离合器盖与飞轮之间固定螺栓松动。

3. 诊断与排除

1)重新调整操纵系统,调好离合器踏板自由行程和总行程,使离合器彻底分离。
2)向离合器操纵系统的储液罐中加油,排出液压操纵系统中的空气。
3)更换液压系统中损坏的零件;拧紧液压系统各管接头,消除漏油现象。
4)维修从动盘扭转减振器或更换从动盘总成。
5)维修从动盘盘毂或变速器输入轴花键,使两者滑动自如。
6)维修变速器输入轴。
7)磨光离合器从动盘不平整的摩擦片表面,更换摩擦片或更换从动盘;清除摩擦片上的油污。
8)更换离合器分离叉座。
9)离合器盖紧固在飞轮上。

四、抖　　动

1. 故障现象

汽车起步时,驾驶人按正常操作较平缓地放松离合器踏板,汽车不能平稳地起步加速,而是间断接通动力后汽车轻微抖动,有行进振动感。

2. 故障原因

1)摩擦片上有油污,从动盘翘曲不平,摩擦片铆钉外露或松动。
2)发动机飞轮、压盘、从动盘变形或表面不平,压紧时三者接触不良。
3)扭转减振器弹簧弹力不均或失去弹力。
4)离合器从动盘盘毂花键磨损,变速器输入轴花键轴磨损或轴变形,滑动不顺畅。
5)飞轮在曲轴上的固定螺栓松动、变速器壳在离合器上的固定螺栓松动、发动机在汽车底板上的支承松动或有部分丢失。

3. 诊断与排除

1)磨平摩擦片,磨去油污,更换摩擦片,更换从动盘。
2)消除飞轮、压盘和从动盘的变形,使离合器盖可靠地紧固在飞轮上。
3)更换扭转减振器弹簧或更换从动盘。
4)更换从动盘或维修变速器输入轴。
5)紧固飞轮固定螺栓,紧固变速器固定螺栓,紧固发动机支承或换新支承。

五、异　响

1. 故障现象

汽车在行驶中离合器发出异响，多为离合器零件严重磨损，造成配合件间的撞击发出声响；或某些零件脱落，卡滞在离合器中，发出不正常的声音。

2. 故障原因

1）离合器分离轴承缺油或损坏。

2）起步时离合器发抖且伴随响声，为摩擦片粘有油污，铆钉外露等，离合器从动盘中心偏斜。

3）换挡时操作不当或离合器分离不彻底。

4）行驶中由于摩擦片的原因使离合器处于半接合的状态。

5）从动盘盘毂花键磨损严重或变速器输入轴花键磨损，两者间隙过大。

6）扭转减振器弹簧脱落或移位。

7）有螺钉等异物进入离合器中。

3. 诊断与排除

1）更换损坏的离合器分离轴承。

2）更换摩擦片，更换从动盘。

3）消除离合器分离不彻底的因素。

4）清理花键和花键轴，在存在薄层润滑脂的条件下，用轻微的力就能使从动盘在花键轴上移动。

5）更换或调好扭转减振器弹簧。

6）清除离合器中的金属异物。

六、液压系统进气

1. 故障现象

离合器储液罐液面降低较多，或空气进入了液压系统，影响离合器工作。

2. 故障维修

1）将离合器储液罐装满制动液。

2）取下离合器分泵后部放气塞上的防尘帽，旋松放气螺塞，在分泵放气阀上安装一根长度合适的胶管，并把胶管的一头插入有制动液的容器中。反复踩离合器踏板，使储液罐中的制动液由总泵泵入管路和分泵中。

3）踩下离合器踏板不放松，拧松放气螺塞，将管路中的空气从放气塞中排出，直到制动液开始排出为止，再拧紧放气螺塞。在排气过程中，如果储液罐中制动液减少，应及时补充添加。

4）上述排气操作要进行多次，直到制动液中没有气泡、离合器踏板踩下感觉有力时为止。最后将放气螺塞拧紧，拔掉塑料管，装好防尘帽。

第四节 离合器助力器结构与维修调整

一、技术参数

离合器助力器技术参数，见表1-9。

表1-9 离合器助力器技术参数 （mm）

项目 \ 形式	气压伺服式	项目 \ 形式	气压伺服式
动力缸内径	70	推杆外径	8
液压缸内径	22.2	动力缸活塞行程	35
继动阀活塞外径	12.7	液压缸活塞行程	35
膜片有效直径	27		

二、结构特点

EQ1141G 8吨平头载货汽车、EQ2100E6D（EQ245）越野汽车、EQ2102（EQ246）越野汽车的离合器操纵系统都带有助力器。见图1-43所示。

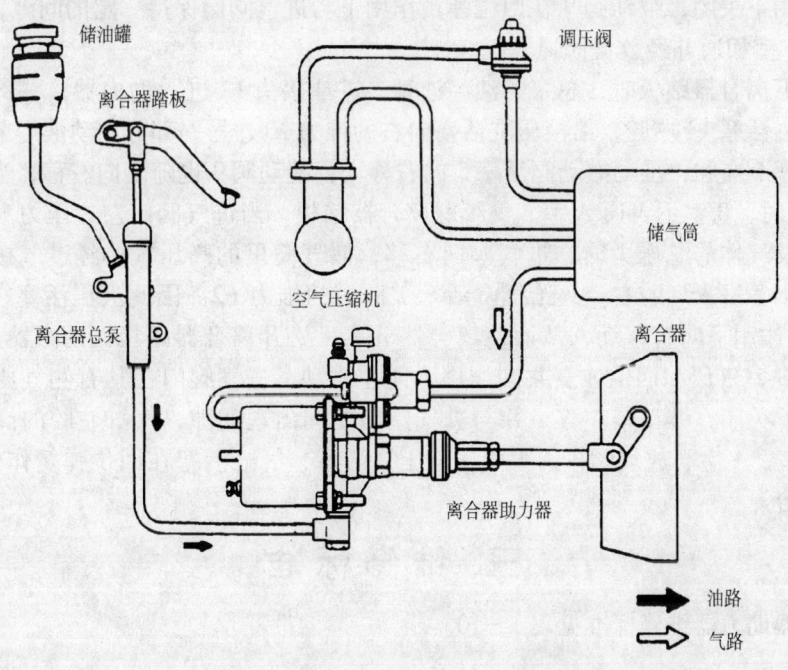

图1-43 带有助力器的离合器操纵系统

助力器的结构及工作原理见图1-44所示。

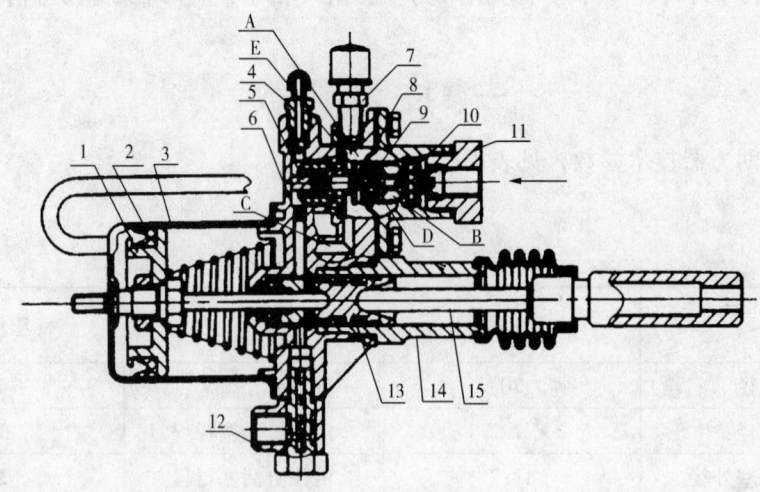

1、5、13—活塞 2—密封圈 3—气缸 4—排气阀 6—节流阀 7—放气阀 8—膜片 9—继动阀 10—进气阀门 11—进气接头 12—进油接头 14—液压缸 15—推杆

图1-44 助力器结构原理

助力器主要由液压缸、气缸和控制阀3部分组成。控制阀中的继动阀和膜片将气室分为A、B两室，气缸左腔通过钢管与B室连通，气缸右腔通过气路C与A室连通，并通过放气阀7通大气。未踩离合器踏板时，进气阀门10在回位弹簧及进气阀门右边气压的作用下关闭，继动阀9在回位弹簧作用下与进气阀门保持一定的间隙，B室经孔D、E与A室相通并经放气阀通大气。

当踏下离合器踏板时，总泵的油经油管、进油接头12进入助力器，一部分制动液进入液压缸活塞13左腔，给液压缸活塞向右的推力$F1$，另一部分制动液经节流阀进入继动阀活塞5左腔，推动继动阀活塞5向右移动，继动阀9也随之向右移，当它顶上进气阀门10时，B室不再通A室。继续踩离合器踏板，当进气阀门左边压力大于右边的回位弹簧及气体的总压力时，进气阀门右移，储气筒里的高压气体经进气接头进入B室，再经钢管进入气腔右腔，给气缸活塞1向右的推力$F2$。因此液压活塞在推力$F=F1+F2$的作用下向右移动，从而使离合器分离。松开离合器踏板，助力器油压下降，继动阀在B室气压和回位弹簧共同作用下向左移动，进气阀门在其右侧气压及回位弹簧的作用下关闭，继动阀左移，并与进气阀门之间出现间隙，气缸左腔的高压气体经钢管、B室、A室、放气阀排入大气，液压缸活塞、气缸活塞在回位弹簧作用下回位，离合器接合。

三、维修标准

离合器助力器维修标准见表1-10。

表1-10 离合器助力器维修标准

项 目		名义尺寸	维修标准	修理极限	磨损极限	备注
动力缸活塞与缸壁的间隙(mm)		0.3～0.52	—	—	1.5	
液压缸活塞与缸壁的间隙(mm)		0.02～0.08	—	—	0.08	
继动阀活塞与缸体的间隙(mm)		0.02～0.08	—	—	0.11	
推杆弯曲度(mm)			—	—	0.15	
活塞回位弹簧	自由长度(mm)	83	—	—	79	当压缩到55mm时
	压缩状态(N)	—	—	—	68	
阀弹簧	自由长度(mm)	18	—	—	16	当压缩到10mm时
	压缩状态(N)	—	—	—	12	
提升阀弹簧	自由长度(mm)	22	—	—	20	当压缩到13mm时
	压缩状态(N)	—	—	—	2.7	

四、拧紧力矩

离合器助力器拧紧力矩见表1-11。

表1-11 拧紧力矩　　　　　　　　　　(N·m)

拧紧位置		拧紧力矩
加油口螺塞(有润滑型)		10～20
管套螺母		8～10
壳体总成悬置螺母	有润滑型	15～20
	无润滑型	20～25
提升阀壳体总成悬置螺栓		4～6
膜片紧固螺母		5～8
管接头螺母		20～30
气缸活塞固定螺母		20～30
液压缸		30～40
阀座		15～25
放气螺钉		7～13
通气塞		10～15

五、拆装、检查与调整

离合器助力器的分解图见图1-45所示。

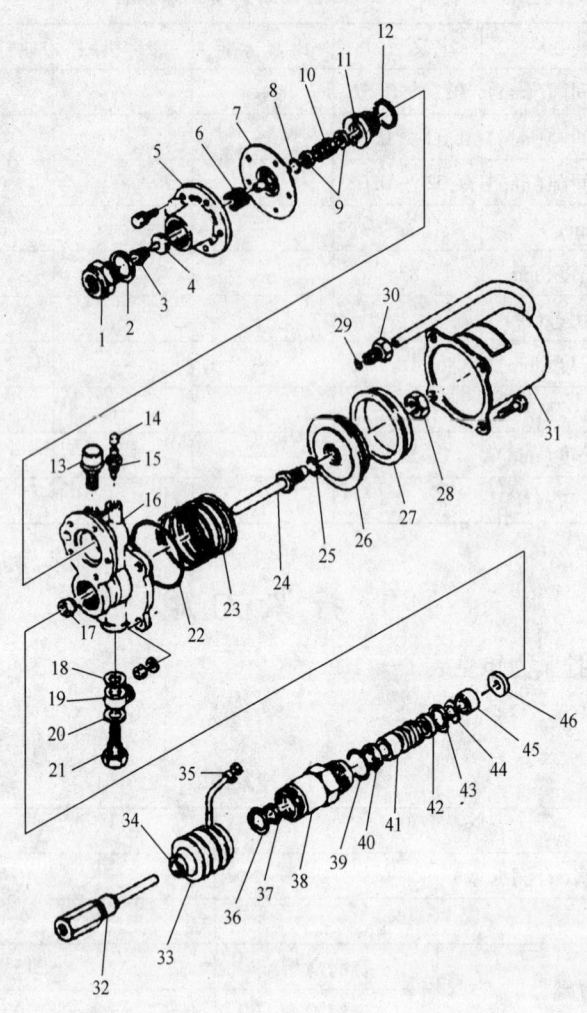

1、19—管接头 2、18、20、29—密封垫 3、6—弹簧 4—提升阀 5—提升阀壳体 7—垫片总成 8、34、42—挡圈 9、12、27、39、41、45—密封圈 10、40—活塞 11—阀套 13—通气塞 14、33—护套 15—气螺钉 16—壳体 17—油封 21—管接头螺栓 22、25、37—O形密封圈 23—锥形弹簧 24、32—推杆 26—动力活塞 28—螺母 30—管套 31—气缸 35—卡箍 36—垫圈 38—液压缸 43、46—垫片 44—限位块

图1-45 离合器助力器的分解

1. 拆除离合器助力器

1)拆掉回位弹簧。

2)将离合器分离杆外侧杆与推杆分开,见图1-46。

3)拆除油管和气管,如图1-47。

4)拆下离合器助力器总成。

注意: 为了防止灰尘进入,用布将管接头包住。

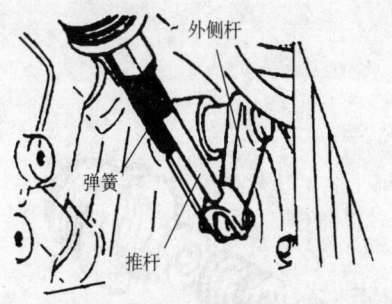

图 1-46 将离合器分离杆外侧杆与推杆分开

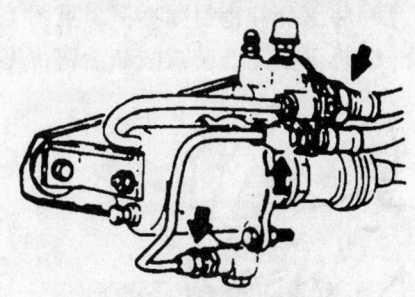

图 1-47 拆除油管和气管

2. 分解离合器助力器

(1) 控制阀

1) 拆下推杆和护套,并将护套与通气塞的连接软管分开,见图 1-48。
2) 拆下管接头,见图 1-49。

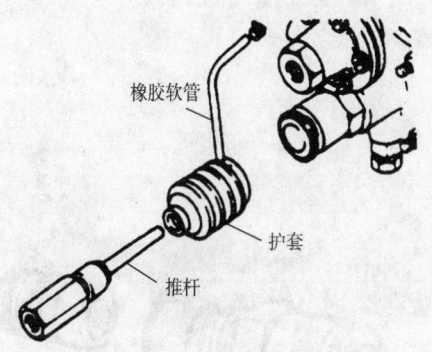

图 1-48 分开连接软管

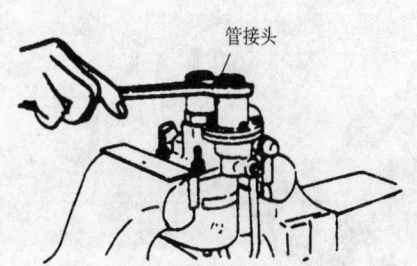

图 1-49 拆管接头

3) 拆下密封垫、弹簧和提升阀,见图 1-50。
4) 拆下阀壳体、弹簧和膜片,见图 1-51。

1-管接头 2-密封垫 3-弹簧 4-提升阀
图 1-50 拆下密封垫、弹簧和提升阀

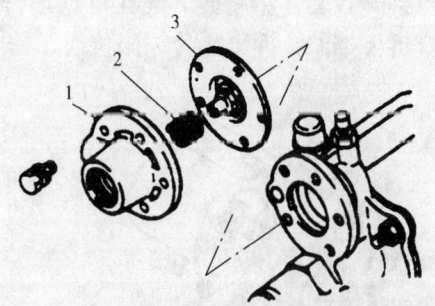

1-阀壳体 2-弹簧 3-膜片
图 1-51 拆下阀壳体、弹簧和膜片

5)将阀套和密封圈拆下,见图1-52。

6)拆下挡圈、密封圈和活塞,见图1-53。

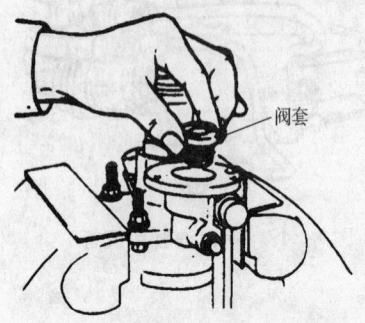

图1-52 拆下阀套和密封圈

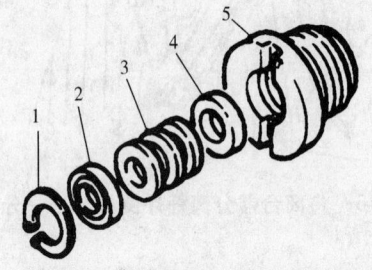

1-挡圈 2、4-密封圈 3-活塞 5-阀套

图1-53 拆下挡圈、密封圈、活塞

(2)液压缸

1)拆下挡圈、垫圈和液压缸,见图1-54。

2)拆下活塞总成,见图1-55。

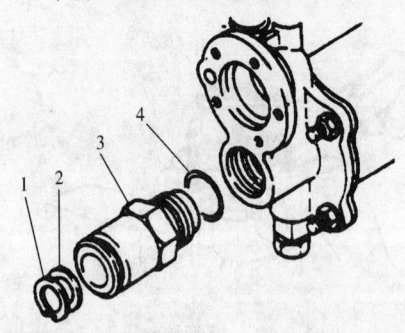

1-挡圈 2-密封圈 3-液压缸 4-垫圈

图1-54 拆下挡圈、垫圈和液压缸

图1-55 拆下活塞总成

3)拆开管套,然后拆下气缸和O形密封圈,见图1-56。

4)拆下挡圈,拆出垫片、限位块、密封圈和油封,见图1-57。

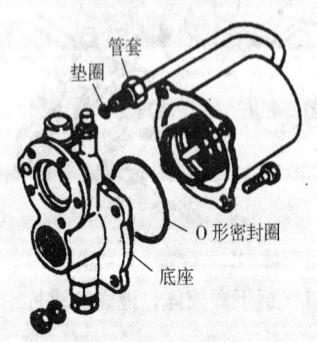

图1-56 拆开管套后拆下气缸和O形密封圈

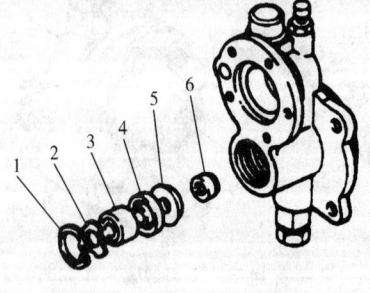

1-挡圈 2、5-垫片 3-限位块
4-密封圈 6-油封

图1-57 拆下挡圈等零件

5)拆下放气螺钉。
(3)动力活塞
1)拆下弹簧和活塞总成,见图1-58。
2)分解动力活塞,如图1-59。

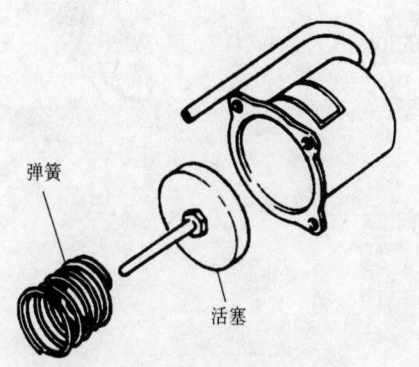

图1-58 拆下弹簧和活塞总成

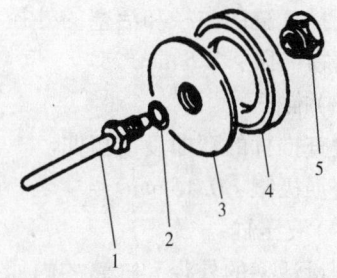

1—推杆 2—O形密封圈 3—活塞
4—密封圈 5—螺母

图1-59 分解动力活塞

3. 清洗

经长时间使用,部件会被脏油和淤泥所覆盖,所以必须进行清洗。清洗方法包括:蒸汽清洗、轻油清洗、酸或碱性溶液清洗、中性介质清洗、三氯乙烯蒸汽清洗和洗涤液清洗。在清洗过程中会露出损伤,因此在清洗时应注意检查。

(1)金属部件

1)轻油。轻油没有渗透或溶解污泥的能力,因此除精加工表面外,用金属丝刷子或其他工具除去污泥,并用上述方法刷洗两遍。

2)碱性溶液。如果部件为合金制品,则不能用碱性溶液清洗。但碱性溶液清洗钢和铸铁零件的效果是相当好的。

注意:如果使用碱性溶液清洗,应准备好中和介质,如硼酸溶液。如果皮肤或眼睛与碱性溶液相接触,应立即用中和介质清洗掉碱性溶液。

(2)橡胶部件

橡胶部件不要用矿物油清洗。可用酒精或干净的擦布抹掉油泥。

(3)油道

可用金属丝穿过油道,并确保油道畅通,也可用喷嘴将清洗液喷进油道加以清洗。

(4)防腐蚀

在零件的表面除掉旧的油脂之后,应涂上一层清洁油以防止锈蚀。

4. 检查

使用专门的测量仪器或工具来检查零件。根据指定的维修标准表来判定零件是否能继续使用。已损坏的零件应按要求进行修理或更换。如果在配对零件中有一个间隙超出规定值,应配对更换。

所有的橡胶件,如O形圈、油封、垫密片等,在拆下之后应抛弃,不准再使用。

(1)异常现象

离合器助力器常见异常现象有：①不均匀磨损；②偏磨；③擦伤；④裂纹；⑤畸形；⑥失效或变弱（指弹簧）；⑦弯曲变形；⑧松旷；⑨异响（轴承）；⑩变色或卡滞；⑪锈蚀；⑫变质（制动摩擦片）。

(2)气缸

测量气缸的内径和活塞的外径，计算两者的间隙。

磨损极限：1.5 mm。

(3)推杆

检查推杆的弯曲度或扭曲。

磨损极限：0.15 mm。

(4)液压缸

测量活塞的外径和缸筒的内径，计算间隙。

磨损极限：0.08 mm。

(5)继动阀

测量活塞的外径和阀套的内径，计算间隙。

磨损极限：0.11 mm。

(6)弹簧

测量弹簧的弹力：

活塞回位弹簧：68 N（当压缩到55 mm时）；

提升阀弹簧：2.7 N（当压缩到13 mm时）；

阀弹簧：12 N（当压缩到10 mm时）。

5. 重新组装

离合器助力器零部件，见图1-60所示。

(1)动力活塞

1)用台钳将推杆的六角边夹住。

2)在活塞的密封圈安装槽中涂上气动密封胶，然后装上密封圈。在密封圈的密封表面也均匀地涂上气动密封胶。

3)在推杆上安装O形密封圈、活塞和密封圈组件、螺母。

拧紧力矩：20～30 N·m。

安装完后，用凿子在螺母的螺纹部分，沿圆周均匀敲凿。

4)在气缸的内表面涂上一薄层气动密封胶。

5)在推杆上涂一薄层橡胶润滑脂。

6)安装活塞总成件。

7)安装弹簧（如果需要）。

(2)壳体

1)安装油封、垫片、密封圈、限位块和挡圈。

2)安装O形密封圈。

注意： O形密封圈在安装之前，应涂抹橡胶润滑脂。

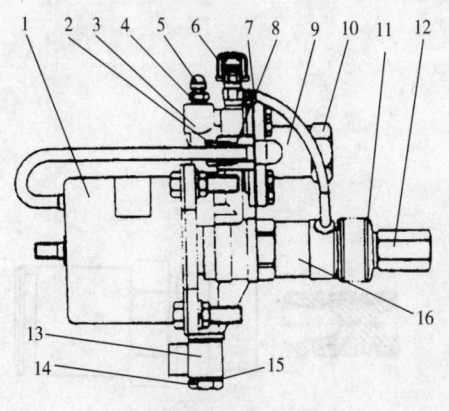
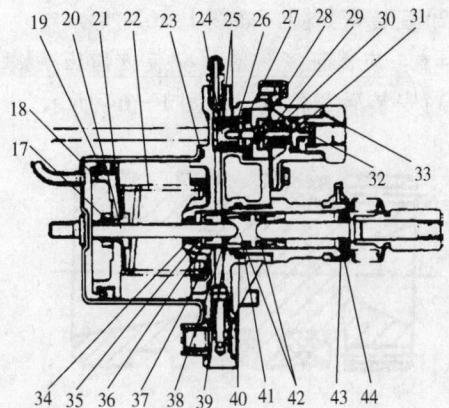

1-气缸 2-管套 3-壳体 4-排气螺钉 5、11-护套 6-通气塞 7-卡箍 8-密垫圈 9-提升阀壳体 10、13-管接头 12、20-推杆 14-管接头螺栓 15-密封垫 16-液压缸 17-螺母 18-动力活塞 19、25、28、33、36、42-密封圈 21、23、40-O形密封圈 22-锥形弹簧 24、41-活塞 26-阀套 27、39、44-挡圈 29-膜片总成 30、32-弹簧 31-提升阀 34-油封 35、38-垫片 37-限位块 43-垫圈

图1-60 离合器助力器零部件

3)安装管套和密封圈。
4)安装好壳体。
拧紧力矩：20～25N·m。
5)装上螺塞。
6)为了使动力活塞推起，将压缩空气吹入到壳体中的气缸，然后将气断开，看动力活塞是否迅速回位，见图1-61所示。

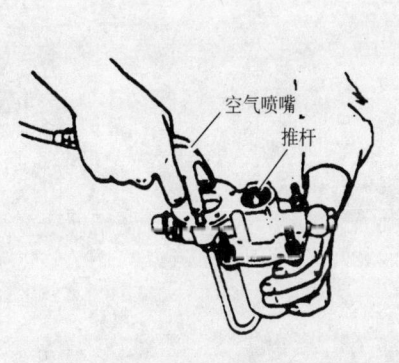

图1-61 压缩空气吹入到壳体中的气缸

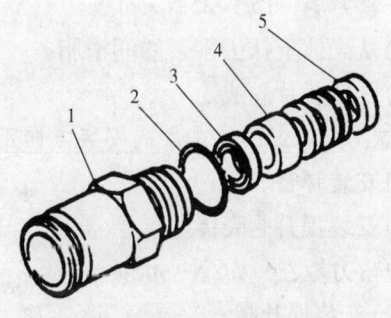

1-液压缸 2-O形密封圈
3、5-密封圈 4-活塞

图1-62 液压缸组件

如果活塞运动缓慢，松开安装螺母，然后操作活塞几次，重新拧紧螺母。
(3)液压缸
液压缸组件，见图1-62所示。

1）用橡胶润滑脂涂抹活塞密封圈。

2）安装密封圈，如图1-63所示。

注意： 应保证密封圈的安装方向正确。

3）安装活塞总成，见图1-64所示。

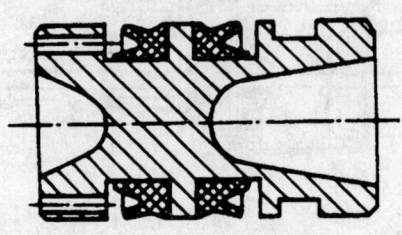

图1-63 安装密封圈

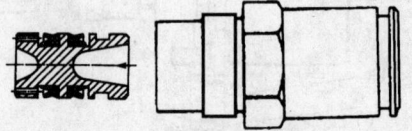

图1-64 安装活塞总成

4）慢慢地拧紧液压缸，注意不能损伤壳体上的O形密封圈，见图1-65所示。

拧紧力矩：30～40 N·m。

5）安装垫圈和挡圈。

（4）控制阀

1）用橡胶润滑脂涂抹密封圈。

2）将密封圈背对背装到活塞上。

3）安装活塞总成和挡圈。

4）将橡胶润滑脂涂到密封圈上，然后将密封圈放到阀套上。

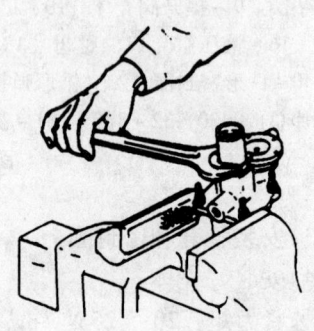

图1-65 拧紧液压缸

5）安装阀套。

拧紧力矩：15～25 N·m。

6）从壳体上抹去多余的润滑脂。

7）安装膜片总成。

注意： 应保证膜片总成的安装方向正确。

8）安装弹簧。

9）安装提升阀壳体。

拧紧力矩：4～6 N·m。

10）安装提升阀。

11）安装弹簧。

12）安装密封垫和管接头。

拧紧力矩：20～30 N·m。

13）安装排气螺钉。

14）装好排气螺钉护套。

15）安装好护套和推杆。

16）从台钳上拿下离合器助力器，用清洁布将各个孔堵上，以防灰尘进入。

（5）安装离合器助力器

1）安装离合器助力器总成。

2）接好气软管、油软管和钢管。

3）将推杆和离合器摇臂连接上，装好回位弹簧。

4）完成连接装配之后，应保证摇臂有适当的自由行程。

5）排掉油路中的空气。排气方法参考"油路系统排气"部分。

6）排完气后，保证踏板工作行程在规定的范围之内。

离合器踏板行程：185 mm。

6. 油路系统排气

将储气筒中的压缩空气排放干净，按下列步骤进行排除空气，见图1-66所示。

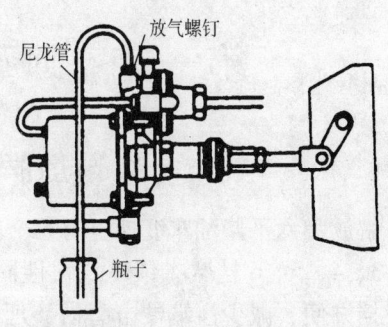

图1-66 油路系统排气

1）准备一根内径6 mm、长1 m的尼龙管。

2）将尼龙管的一端装在放气螺钉上，另一端插到一个瓶子里面。

3）往储油罐内倒入制动液。

4）踩下离合器踏板，然后拧松放气螺钉。

5）拧紧放气螺钉，松开离合器踏板。

6）重复进行第4）和第5）步，直到尼龙管中流出的油中不出气泡为止。

注意：按需要添加制动液，保持储油缸中的液面高度。

7）从助力器上拿掉尼龙管。

8）启动发动机对制动系进行充气，当气压达到规定值后，再踏下离合器踏板，观察气或油的泄漏情况。

7. 安装后试验

（1）气密性试验

当气压在600 kPa以上时，将固定在汽车上的离合器助力器的排气阀打开，检查是否有压缩空气泄漏。

（2）油密性试验

踏下离合器踏板，检查管路接头是否漏油。保持踏下的踏板固定在某个位置上，测定踏板力是否有较大的变化。也应检查助力器推杆是否移动。如果没有异常，皮碗和油封可以认为是正常的。

（3）操作试验

反复踏下离合器踏板，通过从排气口中的排出压缩空气的噪声，检查助力器推杆的运动情况。

（4）单个助力器试验

离合器助力器也可以在制动助力器试验台上进行严格的检查。

第2章 柴油车变速器结构与维修

变速器是汽车传动系中一个重要总成,其基本功用是:
1) 改变发动机传到汽车驱动轮上的扭矩和转速,以满足汽车各种行驶条件的需要。
2) 在发动机旋转方向不变的情况下,实现汽车倒向行驶。
3) 在离合器结合状态下,切断发动机与传动系的动力联系。

第一节 典型柴油车变速器结构

一、解放牌汽车变速器结构特点

解放牌六平柴油车变速器有6个前进挡和1个倒挡,其中2挡装有锁销式惯性同步器,3、4、5、6挡装有锁环式惯性同步器,1挡和倒挡为滑动齿套换挡。同步器可以使换挡方便,减少齿端冲击磨损,延长齿轮或结合齿的使用寿命,缩短换挡时间,迅速提高车速。

变速器的作用是根据汽车行驶条件,改变不同挡位,使发动机传给驱动轮的转速和扭矩也相应改变,以适应汽车行驶的需要。

变速器设有倒挡,可实现倒车,发动机不熄火可中断动力传递。

1. 结构特点

变速器外壳为整体式,其结构见图2-1所示。变速器盖分成两部分,即上盖和顶盖。上盖右侧装有倒车信号开关,左侧有通气塞。

变速器通过第1轴轴承盖的外止口和离合器外壳对中,并由6个螺栓将其固定在一起。

变速器左侧前端设有加油孔和放油孔,加油螺塞和放油螺塞分别用石棉垫片密封,放油螺塞带有磁芯,用以吸收润滑油中的金属粉末。左侧还设有取力孔,取力时将取力孔盖板拆掉,由8个螺栓固定取力器。取力孔后边的平台上标有变速器传动比及速度表传动齿轮传动比。

变速器后端装有直径为254 mm的鼓式手制动器,右后端装有速度表传动齿轮软轴。

变速器第1轴由2个轴承支承,前球轴承支承在发动机曲轴后端凸缘的轴承孔内,后圆柱滚子轴承支承在变速器外壳前端的轴承孔内,由卡环和第1轴轴承盖限制其轴向窜动。为防止漏油,第1轴轴承盖内装有油封。

第1轴齿轮和中间轴上的减速齿轮相啮合,将发动机的动力传至中间轴。中间轴上除减速齿轮和5挡主动齿轮单独制造并以半圆键固定在其上外,其余的1挡齿轮、倒挡齿轮、2挡齿轮、3挡齿轮和4挡齿轮都与中间轴制成一体。中间轴前后端分别支承在圆柱滚子轴承上,后圆柱滚子轴承由卡环和变速器后盖限制其轴向窜动,而前圆柱滚子轴承则可随热胀冷缩而轴向移动。中间轴前端以密封盖密封。

第 2 章 柴油车变速器结构与维修

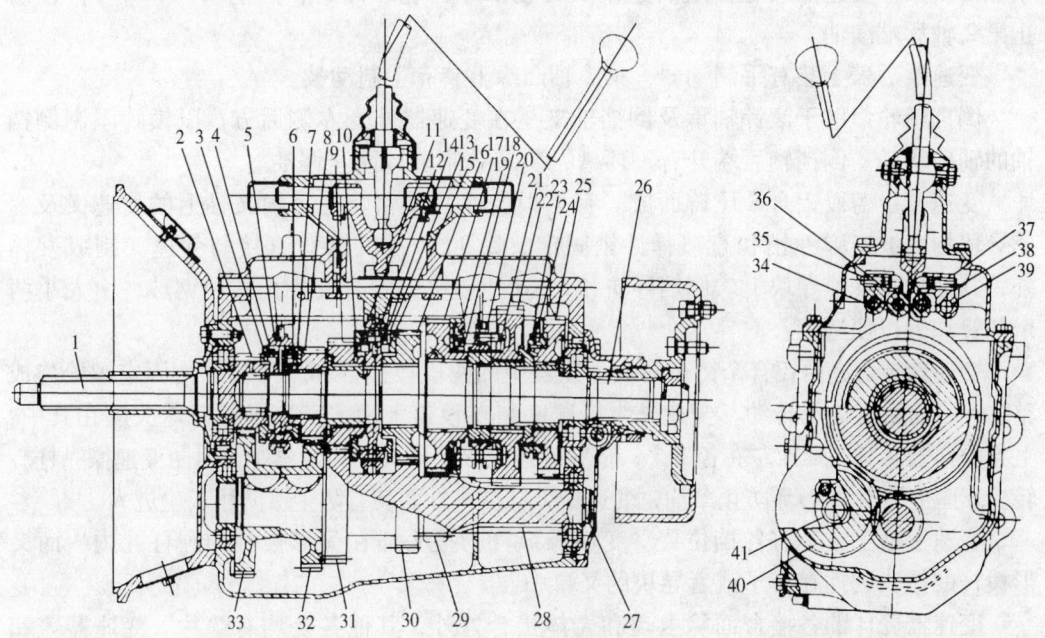

1—第1轴 2—第1轴常啮合传动齿轮 3—第1轴齿轮接合中齿圈 4—6挡同步器锁环 5、12、20、23—接合套 6—5挡同步器锁环 7—5挡齿轮接合中齿圈 8—第2轴5挡齿轮 9—第2轴4挡齿轮 10—4挡齿轮接合齿圈 11—4挡同步器锁环 13、27、28、40—花键毂 14—3挡同步器锁环 15—3挡齿轮接合齿圈 16—第2轴3挡齿轮 17—第2轴2挡齿轮 18—2挡齿轮接合齿圈 19—2挡同步器锁环 21—1挡齿轮接合齿圈 22—第2轴1挡齿轮 24—倒挡齿轮接合齿圈 25—第2轴倒挡齿轮 26—第2轴 27—中间轴 28—中间轴1挡齿轮 29—中间轴2挡齿轮 30—中间轴3挡齿轮 31—中间轴4挡齿轮 32—中间轴5挡齿轮 33—中间轴常啮合传动齿轮 34—倒挡拨叉轴 35—倒挡锁销 36—1、2挡拨叉轴 37—5、6挡拨叉轴 38—3、4挡拨叉轴 39—5、6挡拨叉轴 40—倒挡中间齿轮 41—倒挡轴

图 2-1 汽车 6 挡变速器结构

变速器第 2 轴（输出轴），上面装有 5 挡齿轮、4 挡齿轮、3 挡齿轮、2 挡齿轮、1 挡齿轮和倒挡齿轮。这些齿轮都分别以滚针轴承支承在第 2 轴上，其中 5 挡齿轮的滚针轴承为对分式，以便工作时相对于轴颈能周向轻微转动，以减少第 2 轴压痕。4 挡齿轮、1 挡齿轮和倒挡齿轮的滚针轴承分别通过衬套支承在第 2 轴上。4 挡齿轮衬套与第 2 轴轴颈为动配合。防转销和卡环用以防止衬套转动和轴向移动。1 挡齿轮衬套和倒挡齿轮衬套与第 2 轴相应轴颈为过盈配合。

第 2 轴上还装有倒挡齿座，1、2 挡齿座，3、4 挡同步器毂和 5、6 挡同步器毂，它们均以渐开线花键与第 2 轴相连。

第 2 轴前端以无保持架的圆柱滚子轴承（由 15 个滚子组成）支承在第 1 轴齿轮孔内，以隔环和卡环将其限位。第 2 轴后端借助于轴承（与第 1 轴后轴承型号相同）支承在变速器外壳上，并以卡环和后盖限制轴向窜动。

第 2 轴后轴承后面有速度表传动主动齿轮及第 2 轴凸缘，并以一个带垫圈的大锁

41

紧螺母锁紧。变速器后盖中装有速度表传动从动齿轮、油封、挡尘罩、O形环，以防止第2轴后端漏油。

变速器后盖上装有手制动器，第2轴凸缘上装有手制动鼓。

倒挡惰轮借助于滚针轴承及倒挡轴支承在变速器外壳左侧后方，以锁片限制倒挡轴的轴向窜动。倒挡轴后端开有一环槽，装入O形环以防止漏油。

变速器上盖以铝合金压铸而成。有4根变速叉轴和装在每根叉轴上的变速叉及变速导块均由波口弹性销和直口弹性销固定。除3、4挡的叉口直接与变速叉制成一体外，其他均在变速导块上。倒挡导块和5、6挡导块中装有安全止柱和钢球，由大小两个弹簧加力以便选挡。

变速器顶盖亦由铝合金铸造而成。顶盖中的两段换挡轴和叉形拨杆由固定螺栓连成整体，可前后滑动及转动。变速操纵杆球座装在顶盖上面，变速操纵杆球头座在其中，上方由弹簧压紧。螺栓左右各1个，插在变速操纵杆球头两边的槽中，以防变速操纵杆旋转。球座上装有O形环防止窜油，变速操纵杆球头外面装有防尘罩防止灰尘进入。

变速手柄上方标有各挡位置。变速操纵杆的拨头插在叉形拨杆的圆柱孔内，而叉形拨杆的拨头则插在叉子或者导块的叉口中。

变速器壳体的各接合面除上盖和壳体接合处外，其他各处均有垫片。变速器盖和变速器壳体之间由两个定位环定位，并用18个螺栓紧固。

2. 同步器的结构及换挡过程

变速器采用两种同步装置，即锁销式惯性同步器和锁环式惯性同步器。锁销式惯性同步器只用在2挡中，锁环式惯性同步器用在3、4、5、6挡中。

（1）锁销式惯性同步器的结构及换挡过程

锁销式惯性同步器见图2-2。定位销的两个端头与同步环和支承板之间有少许间隙，目的是要保证定位销能相对滑动。齿套在圆周方向作摆动，以利于滑动齿套上的锁止面 a 和锁销上的销止面 b 在工作时对准。

挂挡时，拨叉带动滑动齿套向左移动，此时滑动齿套通过定位弹簧和定位钢球、定位销带动同步环也向左移动，使之与摩擦锥盘的锥面相接触。由于锥盘和同步环之间有转速差，两锥面间的摩擦力矩使同步环连同锁销相对滑动齿套转过一个角度，使滑动齿套上的锁止锥面 a 和锁销上的锁止锥面 b 相接触，换挡力在锥面 a、b 间产生一阻碍滑动齿套进一步向左移动的力。这时滑动齿套继续接受拨叉来的换挡力，该力经锁销与滑动齿套互相抵住的锁止面 a 和 b 作用在同步环上，使之与锥盘压紧，从而使滑动齿套与2挡齿轮的花键结合齿逐渐同步。达到同步后，锁止锥面 a 和 b 之间的惯性压力消失，滑动齿套在拨叉力的作用下，轻松地与2挡齿轮上的花键结合齿进入啮合，完成了换挡过程。

（2）锁环式惯性同步器结构及换挡过程

锁环式惯性同步器如图2-3所示。本变速器中有两套锁环式惯性同步器，其结构原理均相同，某些零件尚可通用。现以3、4挡同步器为例，说明其结构和工作过程。

同步器毂以花键与变速器第2轴相连，3挡齿轮和4挡齿轮将其夹在中间，毂上开有3个槽，每个槽底都钻有1个孔，孔中装有同步器弹簧、同步器定位块和套在定位

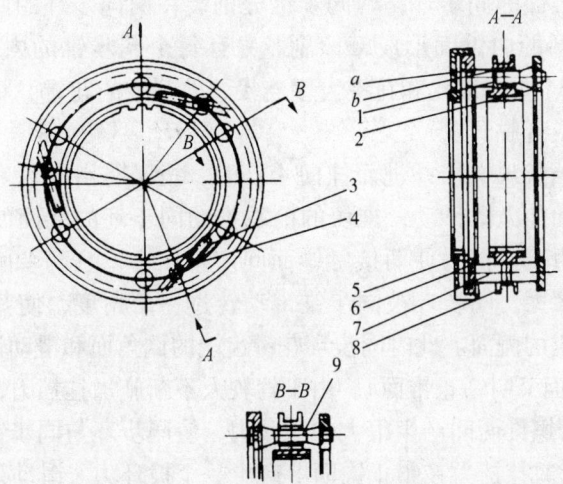

1-锁销 2-支承板 3-定位弹簧 4-定位钢球 5-锥盘 6-同步环 7-定位销 8-滑动齿套 9-夹紧销 a-滑动齿套上锁止面 b-锁销上的锁止面

图2-2 锁销式惯性同步器

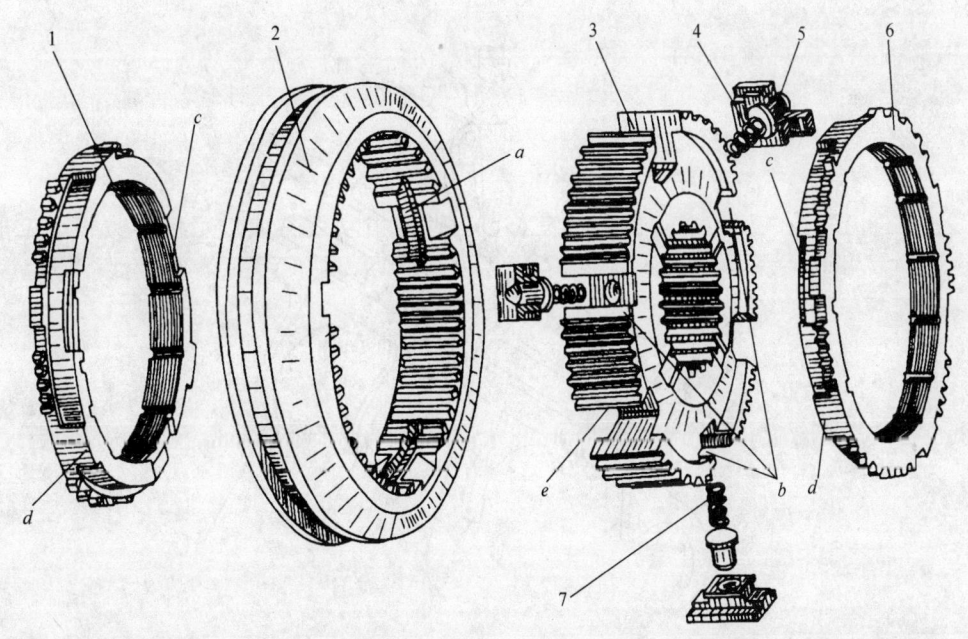

1、6-锁环(同步环) 2-接合套 3-花键毂 4-滑块 5-定位销 7-弹簧

图2-3 锁环式惯性同步器

块上的3个推块,定位块上端的半圆头在弹簧力作用下顶在滑动齿的凹槽内,推块的两端分别装有带内锥面的同步环,两同步锥分别装在两同步环的两侧,每个同步锥的外侧面分别与同步环的内锥面形成摩擦副。并且每个同步锥的内、外圆上均有花键,内圆上的键分别与3、4挡齿轮和花键齿座连接,外圆上的花键,将根据挂挡的需要分别与滑动齿套结合或者脱开。

当变速器由3挡换入空挡并进而挂向4挡时,拨叉将滑动齿套向前移动,并带动定位块及推块一起向前微微移动,推块的前端推动同步环的端面使同步环的锥面与同步锥的锥面接触。由于换挡力使两接触锥面间产生压力,且两者间又有转速差,因此在锥面间产生了摩擦力。同步环被同步锥带动转过一个角度,使其端面的3个凸台侧面分别靠住推块相应的侧面。此时同步环花键齿端的倒角面和滑动齿套花键齿端倒角面相抵触(这两个倒角面又叫锁止锥面)。由于驾驶人不断施加挂挡力,相抵触的锁止锥面不仅不能脱开反而摩擦锥面间产生很大的压紧力,使同步环与同步锥逐渐同步,同步后摩擦力随之消失。这时挂挡力在锁止锥面上产生一个拨环力。滑动齿套压下定位块顺利通过同步环上的花键齿和3挡齿轮结合进入啮合挂入第4挡,从而完成换挡过程。

3. 操纵机构

变速器机操纵机构的功用是使驾驶人根据使用条件的需要,将变速器挂上某个挡位或退到空挡。为保证在任何情况下都能正确可靠地工作,变速器操纵机构必须满足下列要求:能防止自动挂挡及自动脱挡,保证不会同时挂上两个挡,防止误挂倒挡。变速器操纵机构见图2-4所示。

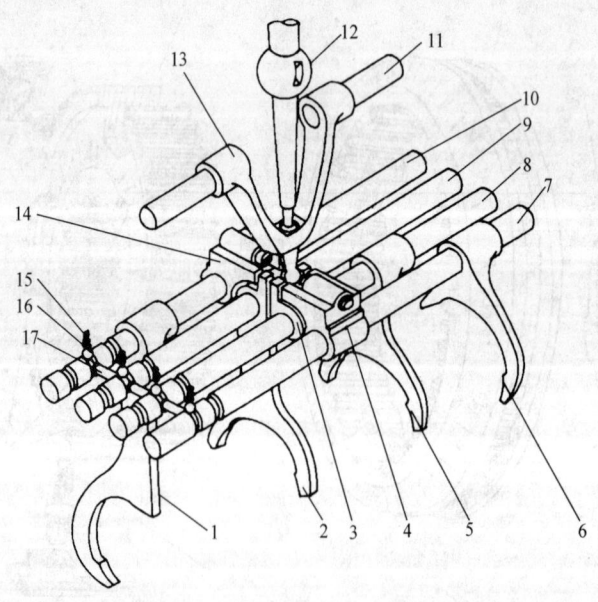

1-5、6挡拨叉 2-3、4挡拨叉 3-1、2挡拨块 4-倒挡拨块 5-1、2挡拨叉 6-倒挡拨叉 7-倒挡拨叉轴 8-1、2挡拨叉轴 9-3、4挡拨叉轴 10-5、6挡拨叉轴 11-换挡轴 12-变速杆 13-叉形拨杆 14-5、6挡拨块 15-自锁弹簧 16-自锁钢球 17-互锁柱销

图2-4 6挡变速器操纵机构

变速器拨叉轴的两端均支承于变速器盖的相应孔中,它可以轴向滑动。所有的拨叉和拨块都以弹性销固定于相应的拨叉轴上,3、4挡拨叉的上端具有拨块。拨叉和拨块的顶部制有凹槽。当变速器处于空挡时,各凹槽在横向平面内对齐。叉形拨杆下端的球头即伸入这些凹槽中。在选挡时可使变速杆绕其中部球形支点横向摆动,则其下端可推动叉形拨杆绕换挡轴的轴线转动,从而使叉形拨杆下端球头对准与所选挡位置相应的拨块凹槽,然后使变速杆纵向摆动,带动拨叉轴及拨叉向前或向后移动,即可实现挂挡。

二、东风牌汽车变速器结构特点

EQ1141G型载货汽车、EQ2100E6D型越野汽车、EQ2102型越野汽车采用的是5挡变速器,这种变速器有5个前进挡和1个倒挡,4、5挡装有锁环式惯性同步器,2、3挡装有锁销式惯性同步器,1挡和倒挡用滑动套换挡,上述3种车型的变速器都带有取力器,EQ1141G型载货汽车、EQ2102型越野汽车操纵机构与EQ2100E6D型越野汽车不一样,为机械式远距离杠杆操纵。

东风牌EQ1108G6D型载货汽车采用的是6挡变速器,东风牌EQ1141G型载货汽车可选装6挡变速器,这种变速器1挡和倒挡为滑动啮合套换挡,2~6挡装有锁销式惯性同步器。

1. 变速器技术参数

变速器技术参数见表2-1。

表2-1 变速器技术参数

变速器型号		A135		A148
适用车型		EQ2100E6D	EQ2102	EQ1141G
变速器结构形式		机械式,5个前进挡,1个倒挡,2~5挡带同步器		
操纵形式		直接操纵	远距离操纵	远距离操纵
中心距		135		148
输出扭矩(N·mm)		3 720		3 800
齿轮形式	1倒挡	直齿		直齿
	2~5挡	斜齿		斜齿
速比	1挡	6.602		6.540
	2挡	3.743		3.780
	3挡	2.130		2.168
	4挡	1.297		1.442
	5挡	1.000		1.000
	倒挡	6.659		6.553
润滑油	型号	APIGL—4级85W/90车用齿轮油		
	容量(L)	6		7.5

注:EO2100E6D和EQ2102型越野车变速器的齿轮形式与速比相同

2. 结构特点

(1) A148 系列变速器

EQ1141G 载货车的 A148 变速器采用传统的 3 轴式结构,变速器壳体是上下剖分式,所有齿轮均为斜齿常啮合圆柱齿轮,变速器结构如图 2-5 所示。

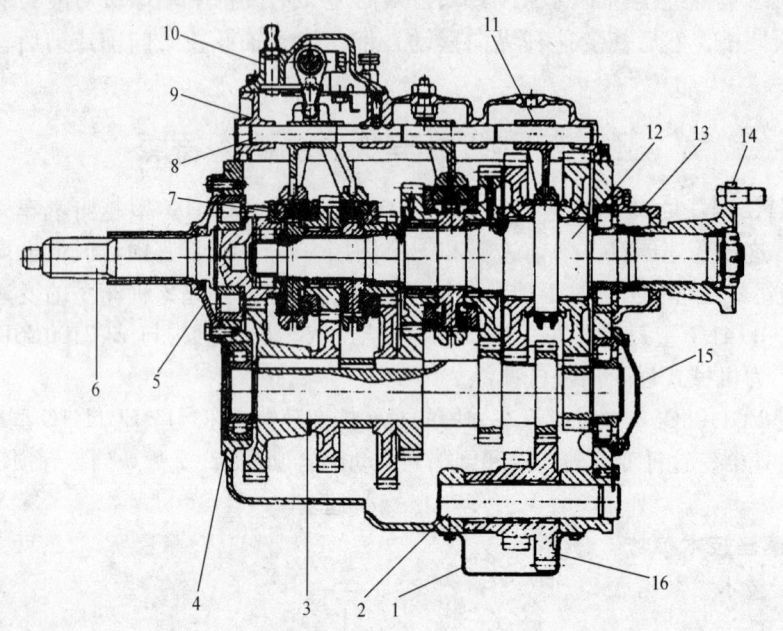

1-取力孔盖板 2-倒挡齿轮轴 3-中间轴 4-变速器壳体 5-轴承盖 6-轴 7-同步环 8-拨叉轴 9-上盖 10-顶盖 11-变速叉 12-第 2 轴 13-第 2 轴后轴承座 14-第 2 轴凸缘 15-后轴承盖 16-倒挡常啮合齿轮

图 2-5 A148 变速器结构

变速器第 1 轴和中间轴通过一对斜齿常啮合齿轮传递动力。中间轴 1 挡、倒挡、2 挡齿轮与轴制成一体,其余 3、4 挡齿轮及常啮合齿轮通过平键与中间轴相联接。第 2 轴上的齿轮与中间轴上相对应的齿轮常啮合着。但由于它们都通过带有保持架的滚针轴承浮套在第 2 轴上。因此,它们虽然被中间轴上相对应的齿轮驱动,却是在第 2 轴上浮转。

第 2 轴前端用一个大螺母拧紧定位,使轴向定位更加可靠合理。变速器的 2、3 挡和 4、5 挡采用同步器啮合换挡,驾驶人操作可以安全舒适,简单轻松。1 挡、倒挡由于不是常用挡,为了降低制造成本,因此采用滑动齿套啮合换挡。

变速箱动力传递路线是由第 1 轴(输入轴)与中间轴常啮合齿轮啮合再由中间轴上的齿轮传递到第 2 轴各挡相应的齿轮,当要挂某一挡时,同步器(2、3、4、5 挡)或啮合套(1 挡、倒挡)通过齿套和该挡齿轮的啮合齿圈相啮合,并把动力由该挡的齿圈传递到相应的齿座上,动力由第 2 轴输出。

该变速器的同步器有两种形式:2、3 挡采用锁销式惯性同步器,这种同步器可以布置较大的锥径,从而可以获得较大的同步扭矩,使换挡快速省力,比较适用于扭矩传递较大的低速挡;4、5 挡同步器采用锁齿式(也叫滑块式)惯性同步器,这种同步器轴向尺寸小,结构简单,工艺简单,但是受结构限制锥径较小,比较适用于传递扭矩较小的高速挡。

变速器第 1 轴后轴承、第 2 轴后轴承和中间轴后轴承采用球轴承支承,第 2 轴前轴承和中间轴前轴承采用短圆柱滚子轴承支承支撑,第 2 轴各挡从动齿轮和倒挡轴倒挡齿轮的轴承均为滚针轴承,这几种轴承具有工作可靠,传动效率高和磨损小的优点。轴承的润滑采用传统的飞溅润滑。

(2) A135 系列变速器

EQ2100E6D 和 EQ2102 越野车的 A135 变速器的结构基本相同。由于操纵方式的不同(分直接操纵和远距离操纵),因此顶盖有两种不同的结构。直接操纵方式的结构如图 2-6 所示。远距离操纵的顶盖与 A148 顶盖结构基本相同。

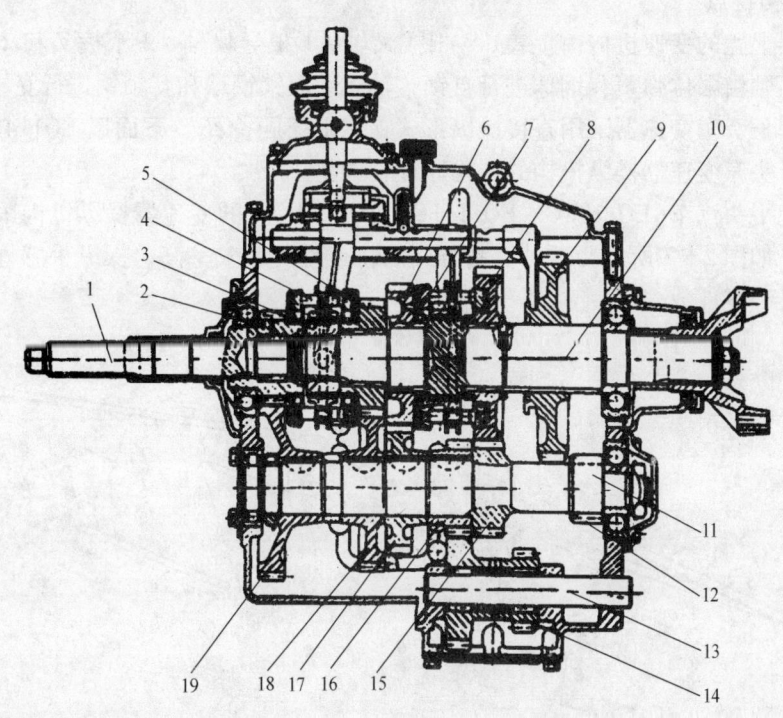

1—第 1 轴　2—常啮合主动曲轮　3—4、5 挡齿座　4—4、5 挡同步器　5—4 挡被动齿轮
6—3 挡被动齿轮　7—2、3 挡同步器　8—2 挡被动齿轮　9—倒挡被动齿轮　10—第 2 轴
11—中间轴　12—l挡主动齿轮　13—倒挡轴　14—倒挡齿轮　15—2 挡主动齿轮　16—倒挡主动齿轮　17—3 挡主动齿轮　18—4 挡主动齿轮　19—常啮合被动齿轮

图 2-6　A135 变速器结构

A135 变速器用一个精铸的"比目鱼"转换摇臂结构实现 1 挡、倒挡和 2、3、4、5 挡不同的杠杆比,以确保操纵手柄在驾驶室内的活动范围均衡。在变速机构上增加了

挡位平衡机构使操纵挡位清晰，手感明显。将变速叉的叉腿改为摆块式活动叉腿，可以适应滑动齿套的偏差而随机摆动，从而大大减轻了磨损，延长了变速叉的使用寿命。选挡时侧向力由平衡块承受，不由变速叉承受，消除了摩擦磨损和变速器的杂音源。该变速机构脱离了传统的变速器上盖，所有零件都装在一个铸造的框架上，装配、维修、检查都很方便。

(3) A130 6挡变速器

EQ1108G6D载货车的A130变速器共有6个前进挡和1个倒挡，所有前进挡均有同步器。其中1、2挡同步器是惯性锁销式，3、4、5、6挡同步器为惯性锁齿式(滑块式)同步器，倒挡采用滑动齿套换挡。

倒挡齿轮采用直齿圆柱齿轮传动，其余各挡均采用斜齿圆柱齿轮传动。基本结构与A148大致相同。

3. 变速器操纵机构

(1) 结构特点

变速器上盖的变速机构由上盖、3根拨叉轴、1根导块轴、3个拨叉和2个导块组成。变速叉则由限位弹簧和钢球进行自锁，轴间用联锁钢球和互锁销进行互锁。

东风牌长头车变速器采用直接操纵形式，在此不再介绍。下面以EQ1141G汽车为例，介绍平头车变速器操纵机构的结构原理和调整。

东风牌平头汽车(EQ1108G、EQ1141G、EQ2102等)的变速器操纵机构采用双杆式操纵形式，如图2-7所示。这种控制方式的特点是负载效率高，操纵手感好，但传动机构较复杂，零件数多。

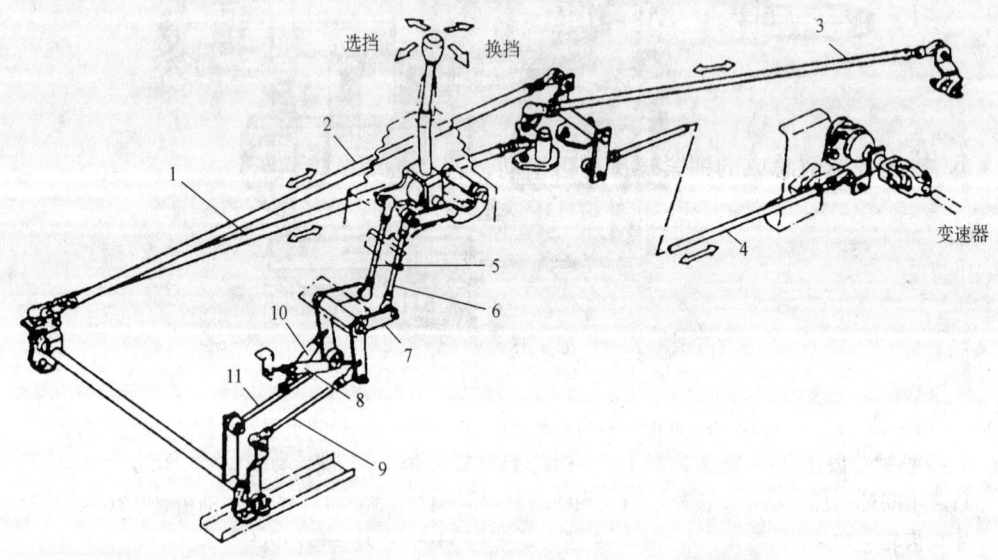

1-选挡拉杆3号 2-换挡拉杆3号 3-选挡拉杆4号 4-换挡拉杆4号 5-换挡拉杆1号 6-选挡拉杆1号 7-杠杆总成 8-选挡回位弹簧 9-选挡拉杆2号 10-换挡拉杆2号 11-换挡平衡弹簧

图2-7 双杆式变速器操纵机构

在传动杆系中，换挡与选挡分为2个系统各自成体系，选挡时通过来自变速器顶盖的平衡弹簧的平衡力作用，能自动回到空挡位置。选4、5挡时，有较轻的手感力，选1挡、倒挡时，有较大的手感阻力，以防止误挂倒挡。

（2）使用注意事项

由于双杆式操纵机构杆件多，中间转换支架多，因此装配、调整时须注意和检查的环节也多：

1）杆系拆卸后重新装配时，应注意各拉杆球节总成的装配位置和拉杆总成的长度，不能随意变更。

2）换挡支座的上摆臂应基本位于垂直方向，不能偏移太多（指空挡位置），否则应同时调整与之相连接的3号和4号换挡拉杆以达到要求。

3）驾驶室内的操纵杆防尘罩应拉直，不应折叠在一起。

4）整个杆系不能与其他系统挤靠在一起，甚至发生干涉。

5）在无选挡动作时，应翻起驾驶室，可以看见驾驶室地板上的变速操纵支座总成，在这个总成上有一个选挡球杆，球杆的球头一端伸在选挡臂里，球头上套着一个塑料球碗。如果这个塑料球碗损坏（或脱落）使球头在选挡臂的球碗座内空摆，会造成选挡行程过大，甚至球头摆出球碗座，此时无法实现选挡。

6）掉挡或操纵杆位置不理想，可调整操纵机构中的两根调整用拉杆总成，这两根拉杆两端的螺纹为左、右旋结构，只要松开球节的锁紧螺母，转动拉杆，即可达到调整目的，这两根拉杆的调整量均为10mm。其中3号换挡拉杆调整变速杆的前、后位置，3号选挡拉调整变速杆的左右位置。EQ1108G6D装的是6挡变速器，调整时应特别注意：当发现某一侧挡位选不到挡时，应借用3号选挡杆将变速杆往相反方向作适当调整，以保证选挡到位。

7）选挡、换挡困难。

a. 检查所有支架（或支座）的紧固螺栓是否松动或脱落。

b. 检查各球节总成的锁紧螺母是否松动，若有松动，应重新紧固。

c. 检查各球节总成的球头是否转向自如，有无卡死或严重磨损现象，润滑是否良好，否则应更换球节总成或在球节的防尘罩中再加入新的2号工业锂基润滑脂。

d. 检查各焊接件的焊缝是否有开裂现象。

e. 检查所有换挡、选挡支座中的塑料衬套是否润滑良好或损坏，否则会出现转动摩擦阻力过大或卡死现象，从而导致选挡、换挡不灵活。

三、斯太尔系列重型柴油车变速器结构特点

斯太尔系列重型柴油车装有德国ZF公司生产的ZFS6—90型和美国伊顿（Eaton）公司生产的富勒（Fuller）RT11509C型变速器。这两种变速器可与输出转矩为900～1 250 N·m的发动机匹配工作，目前已分别由綦江汽车齿轮厂和陕西汽车齿轮厂生产。

1. ZFS6—90型变速器

（1）ZFS6—90型变速器结构特点

ZFS6—90型变速器如图2-8所示。其主要结构是由输入轴经主动齿轮将动力传递

给副轴，通过常啮齿轮带动第2轴各挡齿轮旋转，当换挡机构挂某一挡位时，通过该挡齿轮将动力传递给第2轴输出，从而完成变速与传递动力的任务。它是一个具有6个前进挡(6挡为直接挡)和1个倒挡的齿轮变速器。其中第1轴主动齿轮、副轴从动齿轮以及副轴与第2轴的2、3、4、5挡的常啮合齿轮均为斜齿齿轮，而副轴与第2轴的1挡、倒挡齿轮以及倒挡中间齿轮为直齿齿轮。第2轴各挡齿轮均通过滚针轴承空套在第2轴上。变速器采取飞溅润滑。

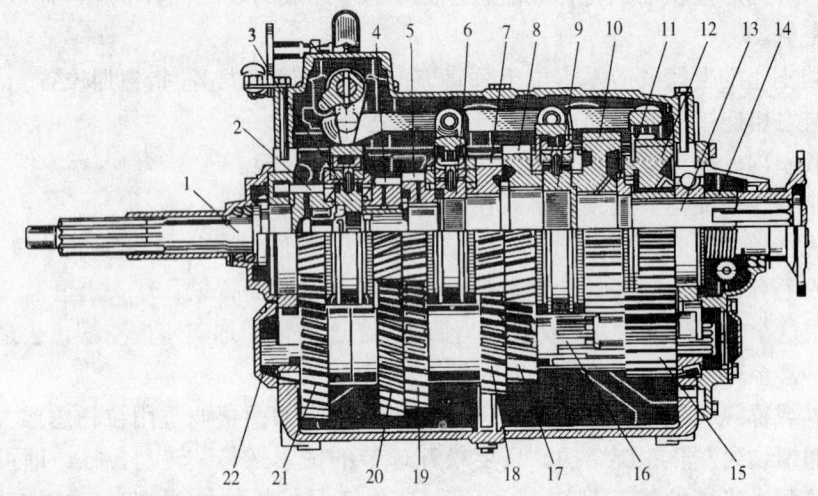

1－输入轴　2－输入轴主动齿轮　3－5、6挡同步器　4－第2轴5挡齿轮　5－第2轴4挡齿轮　6－3、4挡同步器　7－第2轴3挡齿轮　8－第2轴2挡齿轮　9－1、2挡同步器　10－第2轴1挡齿轮　11－倒挡拨叉　12－第2轴倒挡齿轮　13－输出第2轴　14－里程表蜗轮　15－倒挡中间齿轮　16－副轴1倒挡齿轮(与副轴一体)　17－副轴2挡齿轮　18－副轴3挡齿轮　19－副轴4挡齿轮　20－副轴5挡齿轮　21－副轴从动齿轮　22－副轴

图2-8　ZFS6—90型变速器结构

ZFS6—90型变速器采用锁环式惯性同步器换挡机构，结构先进、操作简便。这种变速器各挡位速比如表2-2。

表2-2　ZFS6—90型变速器基本参数

型　号	输入转矩（N·m）	各挡位速比 i						总长（mm）	总质量（kg）	配套离合器壳
		1挡	2挡	3挡	4挡	5挡	6挡	倒挡			
ZFS6—90	850	9.01	5.24	3.22	2.20	1.50	1.0	8.30	620	225	SAE1号或SAE号

变速器第1轴主动齿轮与第1轴制成一体，由圆柱滚针轴承悬臂支承在变速器输入轴座孔中，当变速器与发动机连接后，第1轴前端轴头将插在发动机曲轴中心轴承孔内，第1轴的花键轴将插入离合器从动盘，从而将离合器传递来的动力由第1轴、第1轴主动齿轮再传递给副轴被动齿轮。第1轴的轴向定位通过端盖上调整垫圈调整

后，使第1轴轴承外圈有0～0.05mm的预紧量。第1轴端盖内装有油封。端盖固定螺栓以49N·m的力矩将端盖固紧在变速器壳上。

如图2-9所示，该系列变速器副轴是由1个从动斜齿齿轮、5挡斜齿齿轮和1个3、4挡连体斜齿齿轮紧配合压入1根齿轮轴组成的。1挡和倒挡直齿齿轮与轴制成一体。轴的两端由圆锥滚柱轴承支承并固定，调整轴承垫圈使副轴轴向间隙保持在0.14～0.17mm范围内。

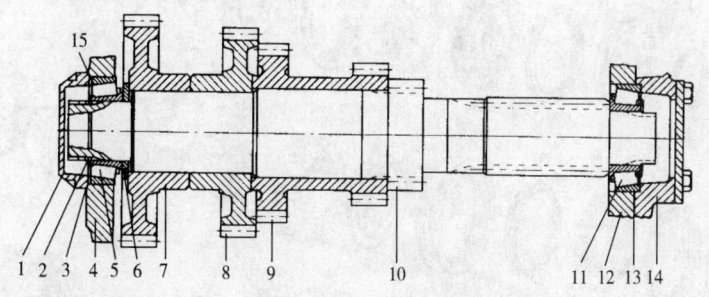

1-轴承盖　2-卡簧　3、6-垫圈　4、12-变速器壳　5、11-滚锥轴承　7-副轴从动斜齿齿轮　8-5挡斜齿齿轮　9-3、4挡连体斜齿齿轮　10-带1、2挡齿轮的副轴　13-垫片　14-里程表蜗轮壳

图2-9　ZFS6—90型变速器副轴总成

该系列变速器输出第2轴，如图2-10所示。是由1根输出轴和各挡常啮合齿轮组成。各挡齿轮都是通过滚针轴承空套在输出轴上。为了保证滚针轴承的润滑，在每个齿轮上均开有油孔，其2、3、4、5挡齿轮为斜齿齿轮，1挡、倒挡齿轮以及倒挡轴上的齿轮均为直齿齿轮。ZFS6—90型变速器的第2轴上固定有3个同步器和1个倒挡啮合套。第2轴的前端轴头上安装有一无外圈的圆锥滚柱轴承，此轴承由第2轴直接插入第1轴齿轮轴孔中，其输出端由一滚柱轴承支承在变速箱壳座孔中以定位第2轴。在第2轴输出端盖的轴承外圈上有一调整垫圈，通过调整垫圈使第2轴轴承外圈与壳体压紧并有一定的预紧度。在第2轴的输出端安装有里程表蜗轮和输出法兰。输出法兰由挡板和2个锁紧螺钉以60N·m的力矩固定在第2轴上。在输出端盖内有2个油封。两个油封的材质不同，里面的油封是氟橡胶制的，而外面的油封是丁腈橡胶制的。变速器的动力传递路线是：动力由第1轴输入，通过主、被动齿轮传递给副轴，当变速器挂某一前进挡位时，动力将由该挡位副轴齿轮传递给第2轴相应齿轮，再由与该挡齿轮相啮合的齿轮或齿套传递给第2轴，通过输出法兰将动力输出。当挂倒挡时，动力由第1轴传递给副轴，再由副轴倒挡齿轮经过倒挡中间齿轮传递给倒挡齿轮，然后通过啮合套将动力传递给第2轴输出。

该系列变速器的换挡操纵机构安装在变速箱盖内，是一种远距离操纵机构。它主要由换挡操纵机构和挡位锁止机构两大部分组成。图2-11是该操纵机构的分解图和剖面图。

如图2-11，安装在变速器盖内的换挡轴3可轴向移动和径向拨动，通过换挡拨块驱动销5分别拨动各挡的换挡拨块10，使换挡拨块10前后摆动，通过与换挡拨块联动

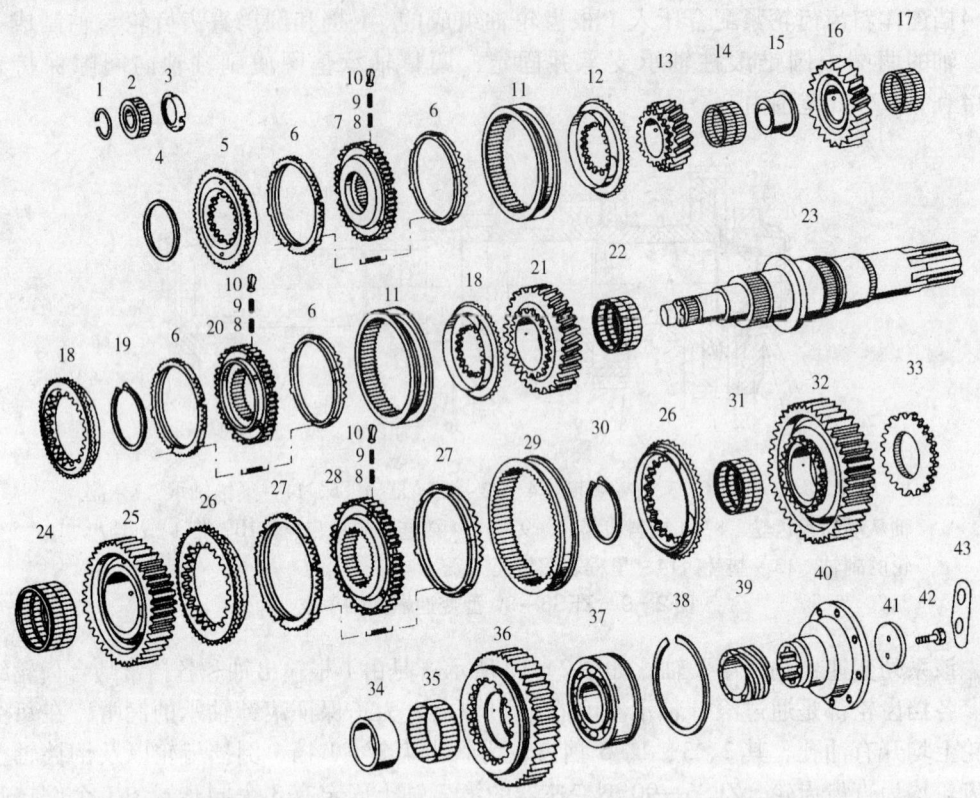

1、3、19、30-轴用弹性挡圈 2-短圆柱滚子轴承 4-调整垫圈 5-5、6挡同步锥毂 6-3、4、5、6挡同步环 7-5、6挡同步齿座 8-推块外弹簧 9-推块内弹簧 10-同步推块 11-3、4、5、6挡同步滑套 12-5挡同步锥毂 13-第2轴5挡齿轮 14-第2轴5挡滚针轴承 15-第2轴5挡轴承内座圈 16-第2轴4挡齿轮 17-第2轴4挡齿轮滚针轴承 18-3、4同步锥毂 20-3、4同步齿座 21-第2轴3挡齿轮 22-第2轴3挡滚针轴承 23-第2轴 24-第2轴2挡滚针轴承 25-第2轴2挡齿轮 26-1、2挡同步锥毂 27-1、2挡同步环 28-1、2挡同步齿座 29-1、2挡同步滑套 31-第2轴1挡滚针轴承 32-第2轴1挡齿轮 33-倒挡接合齿座 34-第2轴倒挡轴承座圈 35-第2轴倒挡滚针轴承 36-第2轴倒挡齿轮 37-向心球轴承 38-轴承止推环 39-里程表蜗杆 40-输出法兰 41-轴端挡板 42-螺栓 43-轴端板锁片

图2-10 ZFS6—90型变速器第2轴分解

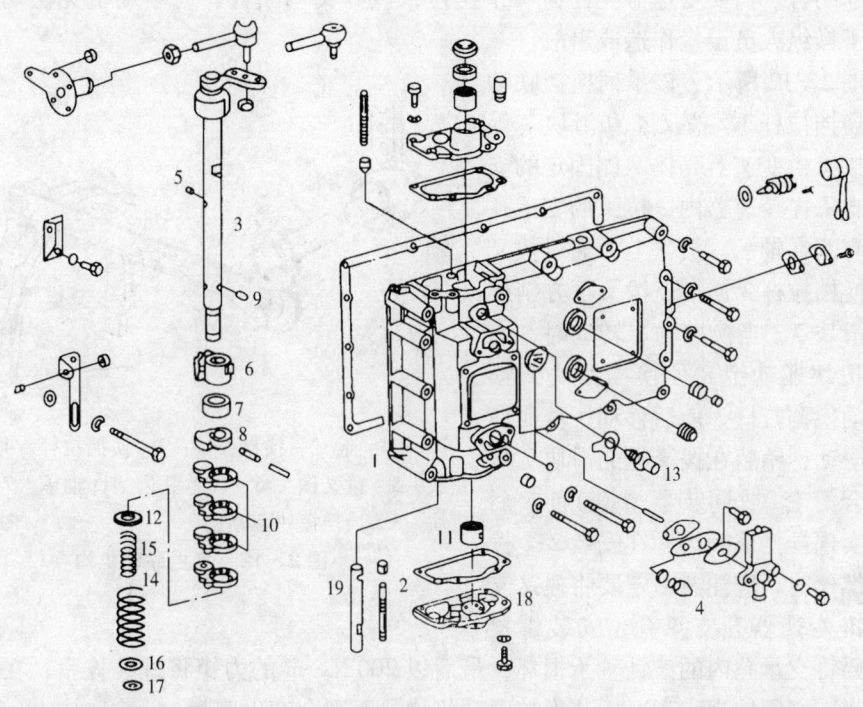

1—变速器盖 2—挡位锁弹簧与销 3—换挡轴 4—倒挡锁销 5、9—挡位拨块驱动销 6—挡位锁拨块 7—衬套 8—互锁拨块 10—各挡换挡拨块 11—滚针轴承 12、16—挡圈 13—通气孔 14—外弹簧 15—内弹簧 17—卡簧 18—端盖 19—互锁轴

图2-11 ZFS6—90型变速器换挡机构

的换挡拉杆操纵各挡的换挡拨叉,经过安装在拨叉上的滑块推动啮合滑套从而实现挂挡和摘挡。换挡拨块的驱动销有3个,在换挡轴上均布安装。换挡拨块共有4块,分别是1～2挡拨块、3～4挡拨块、5～6挡拨块和倒挡拨块。不同操纵形式的变速器(指换挡机构在变速器左侧或右侧),换挡拨块的排列顺序是不同的,在维修拆装时应予注意。为了确保当挂入某一挡位后而不至于再同时挂入另一个挡位,在换挡机构中设置互锁机构。互锁机构由互锁轴19和互锁拨块8组成。当换挡轴推到某一挡位时,互锁拨块将互锁轴19同时推到该挡换挡拨块对准的互锁轴缺口位置,使该挡拨块在换挡轴的转动下可以前、后摆动换挡,而其余所有换挡拨块都被互锁轴锁住而不能摆动换挡,从而保证了变速器不会乱挡。挡位锁拨块6内孔中有一键槽,换挡轴上固定了一个挡拉拨块驱动销5,因此在换挡轴来回转动时,驱动销带动挡位锁拨块6也同时来回摆动。在挡位锁拨块的侧端面有3个凹槽,分别被挡位锁弹簧与销2定位,中间凹槽定位在空挡,而两边凹槽分别定在两个相邻挡位,使变速器不掉挡。倒挡锁销4是一个刚度较大的弹簧销,当换挡轴推到倒挡拨块位置时,倒挡锁被换挡轴顶起,这一较大的阻力使操纵人员有一明显的感觉,从而避免误操作。

在变速器盖上还安装有2个电开关,一个是倒车灯开关,另一个是空挡开关。空挡开关是一个保护装置,它串联在启动机的按钮开关线路上,只有当变速器在空挡时,该开关才闭合。只要变速器挂任何一个挡位,该开关均断开,使发动机无法启动,从而避免了操纵人员误操作造成事故。

如图2-12所示,该系列换挡联动机构由换挡拉杆3、拨叉4和滑块7等组成。拨叉由变速器壳体两侧固定的支承螺栓支承在变速器内,拨叉的支承孔内安装有滚针轴承。拨叉上方通过拨叉销5与换挡拉杆3连接,拨叉下方销接有2个滑块7。当换挡轴1转动时,通过换挡拨块驱动销8使换挡拨块2摆动,带动换挡拉杆3前后移动,从而使拨叉4摆动,销装在拨叉上的滑块7将推动啮合滑套(或同步器滑套)前、后移动来实现挂挡或摘挡。在安装2个拨叉支承螺栓时,应注意一定要将拨叉支承孔对准变速器壳支承孔,安装螺栓

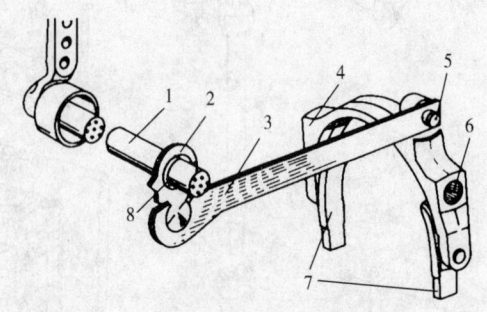

1—换挡轴 2—换挡拨块 3—换挡拉杆 4—拨叉 5—拨叉销 6—支承孔内滚针轴承 7—滑块 8—换挡拨块驱动销

图2-12 换挡联动机构

时,不要将支承孔内的滚针轴承损坏,最后以200 N·m的力矩将螺栓拧紧;在拆装变速器盖时,必须按规定程序拆装换挡联动机构,否则会产生麻烦。

(2)ZFS6—90型变速器同步器

ZFS6—90型变速器除倒挡采用啮合套换挡机构外,其余各挡均采用较先进和复杂的锁环式惯性同步器啮合机构。

图2-13和图2-14给出了锁环式惯性同步器的结构。每相邻2个挡位之间的第2轴上都固定着1个同步器齿座4,它与第2轴花键连接,并由卡簧或开槽螺母在轴上定位。在同步器齿座上开有6个缺口,其中3个对称的缺口上安装有3个同步器弹簧5与3个推块6。在同步器齿座4的外面以花键齿的形式套装着啮合滑套7,滑套内齿与推块6相对应3个位置上开3个凹槽,空挡时啮合滑套7与同步器齿座4对中安置,推块

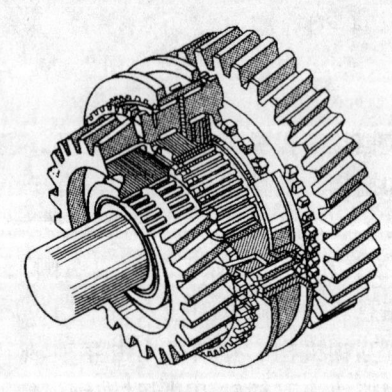

图2-13 ZF锁环式惯性同步器

被弹簧顶在滑套内齿凹槽中。在同步器齿座两侧放置有2个同步锥环3,同步锥环内环锥面上粘接着摩擦系数较高的材料。在同步锥体2的外侧有1个同步锥环3,同步器锥体2通过内齿与第2轴齿轮1的短齿相套合,在同步器锥体2与同步锥环相对应的位置有一锥度相同的外锥环面,在同步器锥体与同步锥环的圆周加工有花键短齿。当啮合滑套7推入挡位时,滑套内花键齿将同步器齿座4、同步锥环3和同步器锥体2套合在一起,从而使该挡齿轮传递的动力经啮合滑套7、同步器齿座4传递给2轴输出。

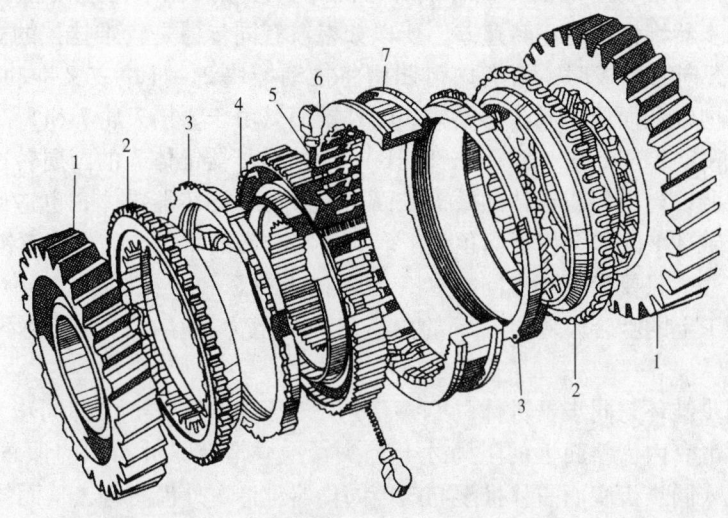

1—第2轴齿轮 2—同步器锥体 3—同步锥环 4—同步器齿座
5—同步器弹簧 6—推块 7—啮合滑套

图2-14 ZF锁环式惯性同步器分解

同步器的工作原理如图2-15所示,假设原来变速器是在4挡工况下运转。滑套5在左边与4挡同步锥环1和同步器锥体3相套合的位置上。此时动力将通过4挡齿轮6、同步器锥体3、滑套5和齿座4传递给第2轴输出。由于第2轴齿轮是常啮合齿轮,所以变速器在工作时所有齿轮都在旋转。这时变速器在4挡挡位,显然此刻4挡齿轮6的转速要高于3挡齿轮7的转速。换句话说此刻第2轴8的转速要高于3挡齿轮7的转

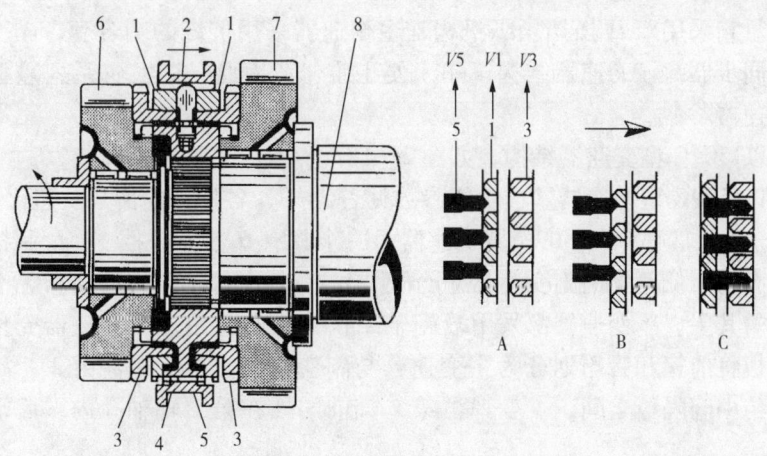

1—同步锥环 2—推块 3—同步器锥体 4—齿座 5—滑套 6—4挡
齿轮 7—3挡齿轮 8—第2轴

图2-15 ZF锁环式惯性同步器

速。当滑套 5 向右推动至空挡位置时，所有机件仍会按照原来转速惯性旋转，此刻滑套 5 与 3 挡同步器锥体 3 有一转速差，所以如果没有同步器是较难挂挡的。如图 2-15 (A)，当滑套 5 向右推拨时，滑套内齿凹槽将推动推块 2，推块 2 又推动同步锥环 1，使同步锥环的内锥环面压向同步器锥体 3 的外锥面。由于 3 挡齿轮 7 和 3 挡同步器锥体 3 的转速低于滑套 5 的转速，如图 2-15(B)，3 挡同步器锥体 3 的圆周转速低于滑套 5 的圆周转速，所以当锥环与锥体的摩擦锥面一旦接触，同步器锥体 3 也迫使同步锥环 1 减速，使同步锥环 1 的啮合齿斜面顶住滑套 5 内啮合齿的斜面，使滑套 5 锁止在该位置而不能继续右移。只要齿座 4 连同滑套 5 与 3 挡齿轮 7 和 3 挡同步器锥体 3 的转速不同，同步锥环 1 上的啮合齿对滑套 5 的内齿斜面的阻力就存在，滑套就不能与同步器锥体啮合。

只有在同步锥环与同步器锥体的摩擦作用下达到相同的转速(即同步)后，同步锥环啮合齿上对滑套内齿斜面上的阻力才会消失，这样滑套 5 才可以克服推块弹簧的作用力将推块压入同步齿座而右移推至与 3 挡同步器锥体 3 外齿套合，从而挂入 3 挡，如图 2-15(C)所示。

同步器锥体与同步锥环的摩擦锥面不能过度磨损，这可用同步器锥体与锥环间的间隙来检查。即将锥环外锥面紧套在锥体的内锥面上，确信锥面全部接触，用塞尺测量锥环与锥体端面间的间隙，此间隙值应大于 0.8 mm。如果间隙小于此值，可对锥环的大锥口平面进行磨削加工，但最大磨削量不能大于 0.3 mm。

为了保证齿座两侧的同步锥环与各自的同步器锥体保持间隙。在某些锁环式惯性同步器上用 3 根拉簧将两侧的同步锥环紧紧地拉靠在齿座的位置上。

2. 富勒 RT11509C 型变速器

美国伊顿(Eaton)公司制造的富勒(Fuller)变速器是一种大功率，多挡位，双副轴，主、副变速器组合式变速器。其主、副变速器均采用双副轴及第 2 轴与第 2 轴齿轮全浮动式结构。它采用双 H 换挡操纵机构，主变速器采用传统的啮合套，副变速器采用锁销式惯性同步器。该变速器结构简单、便于维修。因此，斯太尔系列重型柴油车普遍装用该变速器。

富勒 RT11509C 型变速器结构，如图 2-16 所示。

富勒 RT11509C 型变速器基本性能参数见表 2-3，各挡齿轮齿数及速比见表 2-4。

如图 2-16，富勒 RT11509C 型变速器由一个具有 5 个前进挡、1 个倒挡的主变速器和一个具有高、低两挡的副变速器组合而成的一个具有 9 个前进挡和 1 个倒挡的整体式变速器。其主、副变速器都采用双副轴结构，它们共用一个变速器壳体，壳体内有一中间隔板将前箱和后箱划分为主变速器与副变速器。主变速器由 2 个副轴支承在变速器前壳与中间隔板之间，主变速器第 2 轴前端插在第 1 轴轴孔内，后端支承在中间隔板上。

变速器输出端有 1 个整体式端盖与变速器壳体相连接，在变速器壳体后端面上有 2 个定位销钉，以确保后端盖与壳体的同轴度。副变速器 2 根副轴即支承在中间隔板与后端盖之间，副变速器输出轴 16 用两盘锥轴承悬臂支承在端盖上。

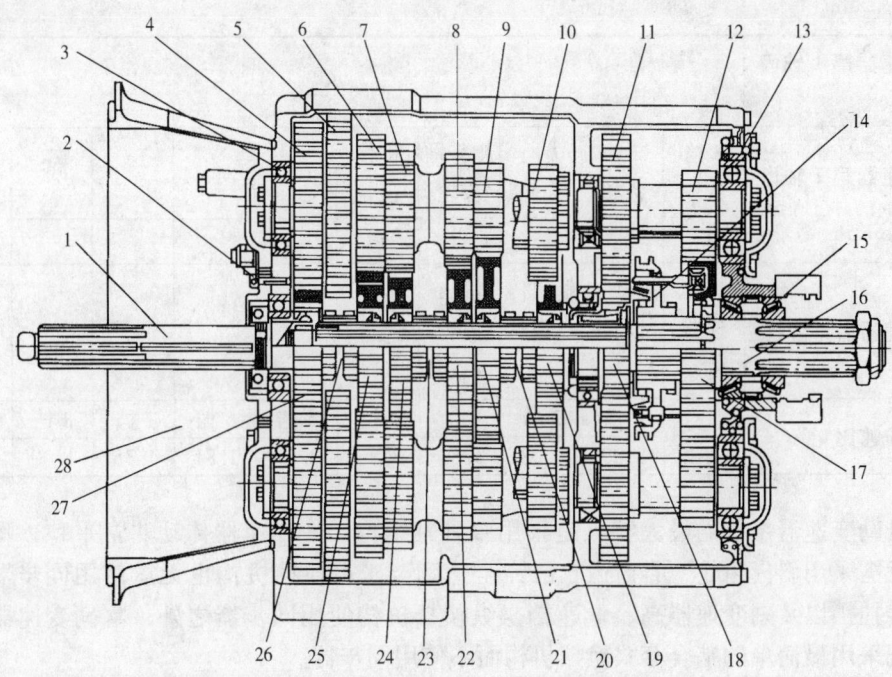

1—主箱第1轴 2—第1轴轴承 3—副轴轴承 4—右副轴被动齿轮 5—右副轴取力器齿轮 6—主变速器副轴3挡齿轮 7—主变速器副轴2挡齿轮 8—主变速器副轴1挡齿轮 9—主变速器副轴爬行挡齿轮 10—主变速器倒挡中间齿轮 11—副变速器被动传动齿轮 12—副变速器输出齿轮 13—副变速器副轴轴承 14—高、低挡换挡同步器 15—输出轴双联轴承 16—副变速器输出轴 17—副变速器输出齿轮 18—副变速器输入齿轮 19—主变速器第2轴倒挡齿轮 20—倒爬行挡换挡啮合套 21—主变速器第2轴爬行挡齿轮 22—主变速器第2轴1挡齿轮 23—主变速器1、2挡换挡啮合套 24—主变速器第2轴2挡齿轮 25—主变速器第2轴3挡齿轮 26—主箱3、4挡换挡啮合套 27—第1轴主动传动齿轮 28—离合器壳

图2-16 富勒RT11509C型变速器结构

表2-3 富勒RT11509C型变速器基本性能参数

型 号	RT11509C	型 号	RT11509C
最大输入转矩(N·m)	1 490	最高输入转速(r/min)	2 600
最大输入功率(kW)	265		

表2-4 富勒RT11509C型变速器各挡齿轮齿数及速比

主变速器第1轴齿轮齿数	28							
主变速器副轴齿轮齿数	被动传动齿轮	3挡齿轮	2挡齿轮	1挡齿轮	爬行挡齿轮	倒挡齿轮	左取力齿轮	右取力齿轮
	40	36	30	22	17	17	47	45

续表

主变速器第1轴齿轮齿数	28								
主变速器第2轴齿轮齿数	3挡齿轮	2挡齿轮	1挡齿轮	爬行挡齿轮	倒挡齿轮				
	34	38	38	44	46				
副变速器齿轮齿数	副变速器	被动传动齿轮	输出传动齿轮	输出齿轮					
	15	42	30	36					
各挡位速比	爬行挡	1挡	2挡	3挡	4挡	5挡	6挡	7挡	8挡	倒挡
	12.42	8.29	6.08	4.53	3.36	2.47	1.81	1.35	1.00	12.99

富勒变速器结构的最大特点是采用双副轴结构，使变速器传动非常平稳，噪声也低，无需采用斜齿齿轮，直齿齿轮已完全达到要求；换挡机构也无需使用同步器，除了起步挂挡以及副变速器高、低速挡操纵换挡机构使用同步器之外，富勒变速器主变速器仍采用最简单的啮合套式换挡机构而不使用同步器。

图2-17给出了富勒变速器的传动简图，其主变速器是一个具有5个前进挡（1~4挡和爬行挡）和1个倒挡的双副轴变速器。换挡机构是传统的啮合套而没有同步器。副变速器也是双副轴结构，高、低速挡换挡机构是由高、低速挡换挡气缸控制的锁销式惯性同步器来实现的。当操纵换挡杆在低速（1~4挡）区时，双H换挡阀（高、低速挡换挡气阀）通过气缸推动同步器啮合套向后与副箱输出齿轮挂合，此时主变速器输入的动力由副变速器输入轴主动传动齿轮18和副变速器副轴被动传动齿轮11将动力传递给2根副轴，再由副变速器副轴输出传动齿轮12将动力传递给副变速器输出齿轮17，通过同步器啮合套14再将动力传递给副变速器第2轴16输出。当换挡杆置高速挡（5~8挡）区域时，双H换挡阀通过换挡气缸推动同步器向前与副变速器输入第1轴啮合，此时由主变速器输入的动力直接由同步器啮合套传递给副变速器第2轴16输出，实现直接挡即高速挡。所谓双H换挡阀即是高、低速挡换挡阀。

由图2-17可以看出，主变速器第2轴30的前轴是插在第1轴主动齿轮轴孔内，这里没有支承轴承，这是与常规变速器不同的特点，而另一端是通过轴承支承在变速器壳体上。而副变速器的第2轴16完全是通过副变速器输出双联锥轴承15悬臂支承在副变速器后端盖上。

富勒RT11509C型变速器由于采用了双副轴传动，结构上的特点决定了使用及维修时应注意如下的问题。

首先，为了保证充分发挥双副轴传动的优点，第2轴上各挡齿轮不仅是空套在第2轴上，而且齿轮的轴孔与第2轴的径向还必须有1 mm多的径向间隙，即第2轴上各挡齿轮是极松散地套在第2轴上。这在结构上与常规结构的变速器完全不同，是确保双副轴同时传递动力所必需的。第2轴上的啮合套与第2轴是通过花键对中连接的，在挂挡后啮合套与齿轮咬合传力过程中，齿轮相对啮合套来讲是处于相对平面运动状态，

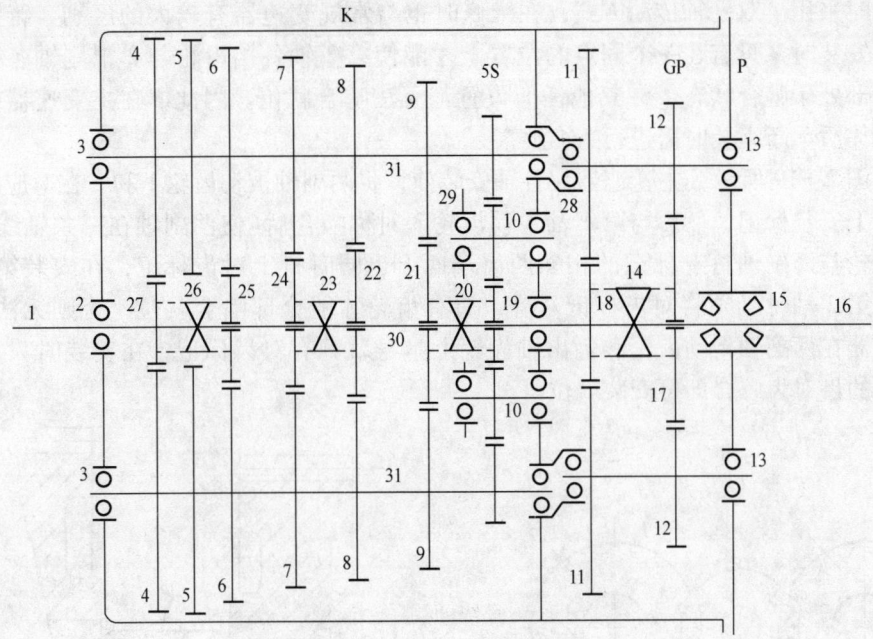

1—主变速器第1轴 2—第1轴轴承 3—主变速器副轴轴承 4—副轴被动传动齿轮 5—主变速器副轴取力齿轮 6—主变速器副轴3挡齿轮 7—主变速器副轴2挡齿轮 8—主变速器副轴1挡齿轮 9—主变速器副轴爬行挡齿轮 10—主变速器倒挡中间齿轮及轴 11—副变速器副轴被动传动齿轮 12—副变速器副轴输出传动齿轮 13—副变速器副轴轴承 14—副变速器高、低速挡同步器式挂挡装置 15—副变速器输出轴双联锥轴承 16—副变速器输出轴 17—副变速器输出齿轮 18—副变速器输入轴主动传动齿轮 19—主变速器第2轴倒挡齿轮 20—倒挡爬行挡啮合套 21—主变速器第2轴爬行挡齿轮 22—主变速器第2轴1挡齿轮 23—1～2(5、6)挡啮合套 24—主变速器第2轴2挡齿轮 25—主变速器第2轴3挡齿轮 26—3～4(7、8)挡啮合套 27—主变速器第1轴主动传动齿轮 28—主变速器倒挡中间轴后轴承 29—主变速器倒挡中间轴前轴承 30—主变速器第2轴 31—主变速器副轴(对称2根) K—变速器壳 P—副变速器后端盖

图2-17 富勒RT11509C型变速器传动简图

因此润滑条件必须严格保证。

为保证第2轴各挡齿轮均随时与2根副轴上所有齿轮同时啮合,第2轴所有齿轮与第2轴有一定的径向间隙。如图2-18所示,第2轴插入第1轴轴孔,不仅取消了支承轴承,而且有足够的径向间隙用以第2轴浮动。这也是与常规变速器的主要区别。

同理,副变速器的输出轴传动齿轮与输出轴之间也取消了滚针轴承,而且轴孔与轴颈有足够的径向间隙,副变速器输出轴采取双联锥轴承支承的悬臂式结构。

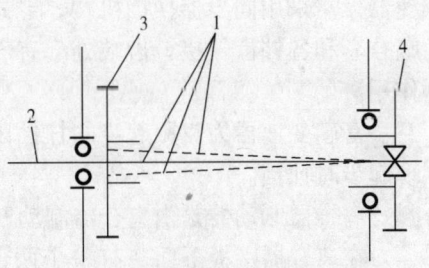

1—主轴 2—输入轴 3—输入轴齿轮 4—副变速器驱动齿轮

图2-18 变速器第2轴浮动式结构

同时采用了双副轴传动方式,在维修时也与常规变速器有较大的区别,特别是在解体后安装时,只有在一个固定的位置上才能使第2轴各挡齿轮与2根副轴各挡齿轮同时全部处于啮合状态,在其他任何位置都无法啮合就位。因此,在主变速器或副变速器解体后重新组装时需进行"对齿安装"。

如图2-19所示,主变速器在各轴安装前,将两副轴被动齿轮1和2在对应的齿端面上打上安装标记,然后与第1轴主动齿轮3对称啮合后(使两副轴在一条轴线上)在主动齿轮与两副轴打有标记的相邻两齿端面上也同时打上对齿标记,在安装第1轴、副轴和第2轴时必须将对齿标记对齐,所有齿轮才能全部啮合就位,否则无法就位。副变速器在两副轴传动齿轮和输出轴齿轮上本身就刻有对齿标记,在安装时只需将刻有标记的齿对齿咬合即可安装就位。

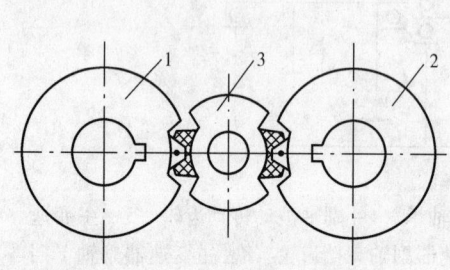

1-第4轴被动齿轮　2-隅轴被动齿轮
3-第1轴主动传动齿轮
图2-19　对齿安装

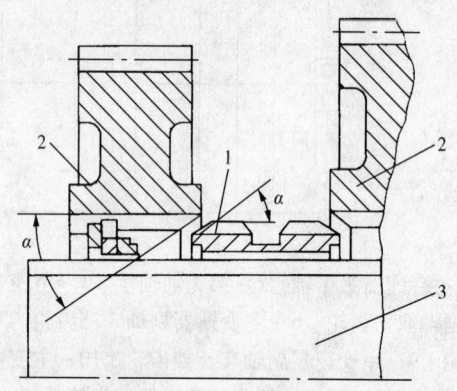

1-换挡啮合套　2-第2轴齿轮　3-第2轴
图2-20　主变速器换挡啮合套

在实际维修中往往发生这样的情况:安装时没有注意对齿标记,结果也将各轴、齿轮装就位了,只是变速器像"乱挡"一样不能旋转。这是由于变速器经长期使用后齿轮磨损,轴承松旷,使变速器虽然没有按"对齿安装"的程序安装,但偶尔也能装上,只是变速器各啮合挡齿轮咬合较劲而无法旋转。

由于双副轴传动平稳的特点,再加上挡位多、各挡位速比的级差较小,因此主变速器无需采用同步器换挡机构,老式啮合套换挡机构完全可以满足要求。如图2-20,啮合套和各挡齿轮接合齿端处都有35°锥角α,整个锥面能起到一定的自动定心和同步作用。

富勒变速器为克服起步的挂挡困难,借助一个称之为"离合器制动器"的机构来实现起步时挂挡。

离合器制动器是由离合器制动开关阀和离合器制动缸组成,如图2-21所示。

在离合器踏板下面装有一个两位三通气阀,这是离合器制动开关阀。当起步挂挡时,踩下离合器踏板有一个明显阻碍位置时,说明踏板臂已顶到了制动开关阀,若再向下踩踏板,此时踏板臂将开关阀顶开,来自储气筒的压缩空气经过开关阀通向图2-21所示安装在主变速器取力齿轮侧面窗口的制动缸。压缩空气进入制动缸推动活塞3,活塞3的前端有一与取力齿轮2外圆一样弧度的凹面,活塞3在气压的作用下紧压在取

第2章 柴油车变速器结构与维修

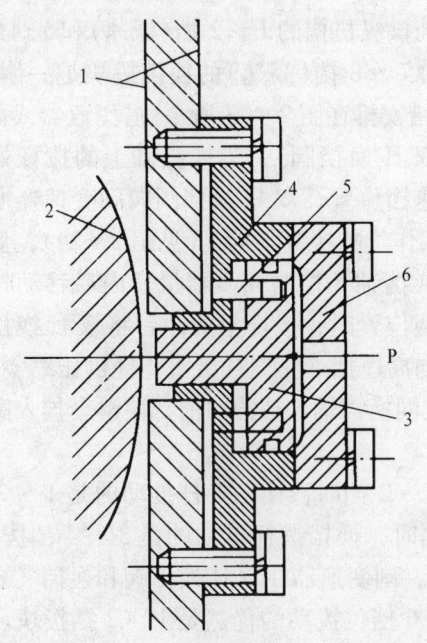

1-变速器壳 2-副轴取力齿轮 3-离合器制动缸活塞 4-离合器制动缸 5-导向销 6-端盖

图2-21 离合器制动缸

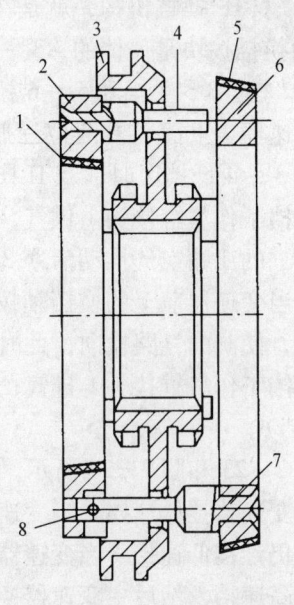

1-高速挡同步锥环上的盖伦材料 2-高速挡同步锥环 3-啮合滑套 4-锁销 5-低速挡同步锥环上的盖伦材料 6-低速挡同步锥环 7-锁销

图2-22 副变速器高、低速挡同步器

力齿轮2外圆面上，使取力齿轮连同副轴克服转动惯性迅速制动，第2轴上所有齿轮都停止旋转，起步挡则很轻便地挂挡。当离合器踏板松开时，制动开关阀芯在弹簧作用下完全回位，制动缸的空气经开关阀排掉，制动解除，变速器恢复正常运转。事实上，离合器制动器就是起到汽车起步时能顺利挂挡的作用。但因活塞3的行程是有限的，当活塞3的端面严重磨损时，显然离合器工作效果就会较差或完全失效，表现出起步不好挂挡的现象。

副变速器高、低挡换挡机构由丁是气控制换挡，因此采用锁销式惯性同步器。同步器结构如图2-22所示。

高、低挡同步器锥体均与副变速器输入轴齿轮和输出轴齿轮连成一体。

主变速器采用"双H"换挡操纵机构，配合副变速器高、低速挡气操纵换挡机构使变速器综合形成有9个前进挡和1个倒挡的变速器。

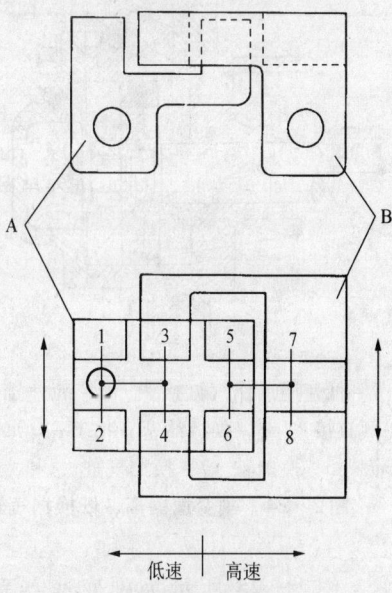

A-1～2(5～6)挡换挡拨块
B-3～4(7～8)挡换挡拨块

图2-23 "双H"换挡机构

所谓"双 H"换挡机构，就是在主变速器换挡操纵机构的 1～2 挡(低速)和 5～6 挡(高速)的换挡拨块是一体的，3～4 挡(低速)和 7～8 挡(高速)的换挡拨块是一体的，只是 1～2 挡、3～4 挡和 5～6 挡、7～8 挡交错安排在图 2-23 所示位置。

在变速器盖上面装有两位三通气阀(俗称双 H 换挡阀)，当换挡轴上的拨杆处于 1～2 挡、3～4 低挡区时，双 H 换挡阀处于低速挡位置，双 H 换挡阀向副变速器换挡气缸低速挡工作气缸接头 1 供气，而将高速挡工作气缸接头 2 排气(见图 2-24)，低速挡工作气缸的压缩空气推动活塞 3 向后拉动，换挡轴 5 控制同步器滑套向后移动挂合低速挡。当变速器盖上的换挡轴拨杆推向高速挡位置时，拨杆上的凸台将双 H 换挡阀阀芯顶进，使阀的气路换向，此时双 H 换挡阀向高速挡工作气缸接头 2 提供压缩空气，而将低速挡工作气缸接头 1 排气，此时活塞 3 连同换挡轴 5 被推向前，使滑套挂入高速挡(直接挡)。

如图 2-23 和图 2-24 所示，当变速器挂 1～2 挡时，换挡拨杆推动的是 1～2 挡拨块，副变速器挂低速挡。当变速器挂 3～4 挡时，换挡拨杆推动的是 3～4 挡拨块，副变速器仍然挂低速挡。当变速器挂 5～6 挡时，副变速器在双 H 换挡阀和换挡气缸作用下挂入高速挡，然后主变速器换挡拨杆在 5～6 挡位拨动的仍然是 1～2 挡拨块。换句话说：变速器由 4 挡换入 5 挡，副变速器由低速挡换入高速挡，主变速器由 4 挡推入 1 挡。同理，变速器挂 6 挡，副变速器挂高速挡，主变速器挂入 2 挡以此类推。如图 2-23 在换挡拨块的排列挡位上形成了 1～2、3～4 和 5～6、7～8 两个"H"形的高、低挡位，所以称其为"双 H"换挡机构。

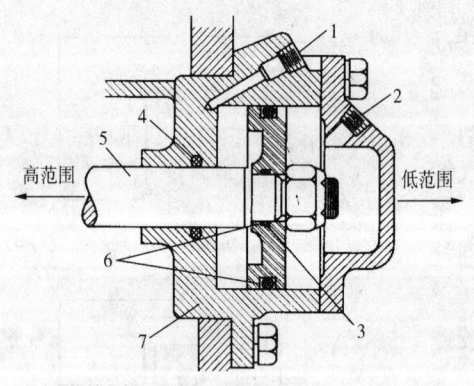

1-低速挡工作气缸接头 2-高速挡工作气缸接头 3-换挡活塞 4、6-O 形密封圈 5-换挡轴 7-换挡气缸

图 2-24 副变速器高、低换挡气缸

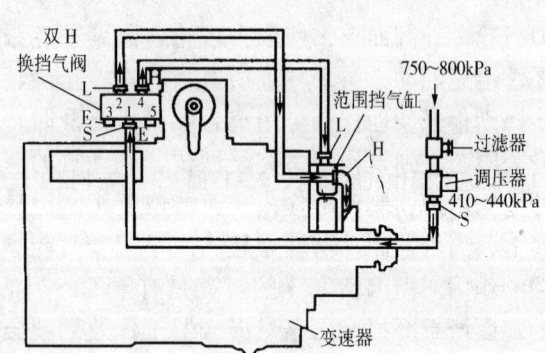

S-来自减压阀的压缩空气 E-双 H 换挡阀排气口 L-连接低速挡工作气缸的管路 H-连接高速挡工作气缸的管路

图 2-25 副变速器高、低挡换挡气路

图 2-25 所示为副变速器高、低挡换挡气路控制图，因全车正常气压 750～800 kPa，而高、低挡换挡气路不需如此高的气压。因此，储气筒经过一个过滤减压器将气压减低到 410～440 kPa 提供给双 H 换挡阀。

一般运输车辆上安装的富勒变速器副变速器没有空挡位置。工程车辆带有取力器的富勒变速器,由于采用的是副变速器副轴取力,因此主变速器必须挂某一前进挡位,取力器才能正常工作。因此在汽车停驶取力的工况下,富勒变速器副变速器必须设置空挡。

工程汽车的富勒变速器高、低挡换挡气缸结构如图2-26所示。这种换挡气缸还必须配合"空挡气阀"一起工作,空挡气阀是一个两位三通阀,安装在仪表盘上。

如图2-26(a)所示,当变速杆置低速挡(1～2挡、3～4挡)位置时,双H换挡阀将压缩空气通向低速挡工作气缸接头1,此时若空挡开关阀置"正常工作"位置,则空挡工作气缸接头6经空挡阀通向大气。此时高、低速挡换挡活塞8被低速挡工作气缸的压缩空气推向最右端,换挡拉动同步器滑套挂低速挡,如图2-26(b),当空挡阀拨至"空挡"位置时,压缩空气经空挡阀通向空挡工作气缸接头6,空挡工作气缸的压缩空气推动空挡活塞7至中间位置(被挡圈2限位),此时若变速器挂低速挡,则双H换挡阀将压缩空气输入低速挡工作气缸,从而推动低速挡换挡活塞8向右移动,但移动至中间位置时被空挡活塞7限位,此时副变速器同步器滑套在空挡位置。

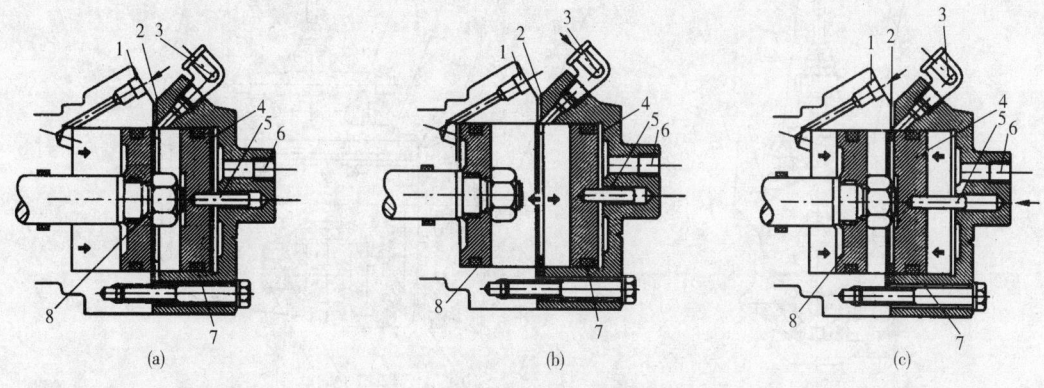

1-低速挡工作气缸接头 2-挡圈 3-高速挡工作气缸接头 4、7-空挡活塞 5-空挡活塞导杆
6-空挡工作气缸接头 8-低速挡换挡活塞

图2-26 具有空挡位置的高、低速挡换挡气缸

一般工程用汽车取力有两种工况:一种在取力器工作时需要汽车停驶不动,例如自卸车在原地起、落翻斗时。此工况的操作程序是:踩下离合器踏板,按下取力器电开关,当取力器开关内指示灯点亮时表示取力器已接合到位,这时再将"空挡开关阀"旋至"空挡"位置,将变速杆推入前进2挡,抬起离合器踏板,此时操纵翻斗、落手柄,就可完成原地起、落翻斗的任务。

另一种工况是要求在汽车行进间取力,例如混凝土搅拌车。此工况的操作程序比较简单:将离合器踏板踩下,按下取力器电开关,当指示灯亮时表示取力器已接合到位,将空挡开关阀仍保持在原"正常工作"位置不动,挂前进挡,当抬起离合器踏板时汽车将以该挡时速向前行驶,同时取力器动力输出。

富勒变速器主变速器副轴上专门设置有取力齿轮。因此它可以在主变速器取力窗口上安装取力器,这时取力工况的操作与常规变速器没有多大的差别。斯太尔工程汽车上常采用的取力方式是从副变速器副轴上取力，这种取力方式在取力器工作时，主变速器必须挂低速前进挡，这是与常规变速器操作不同之处。

四、变速器的外形

6挡变速器外形如图2-27所示。变速器结构为传统式，外壳为整体式，变速器盖分为两部分，即上盖和顶盖，上盖右侧装有倒车信号开关，左侧有通气塞。

变速器左侧前端设有加油孔和放油孔。加油螺塞和放油螺塞分别用石棉垫片密封；放油螺塞带有磁芯，用以吸附润滑油中的金属粉末。左侧有取力孔，取力时将取力孔盖板拆下，由8个螺栓固定取力器。变速器第2轴（输出轴）凸缘上，装有驻车制动鼓。速度表软轴的接头在变速器的后右方。

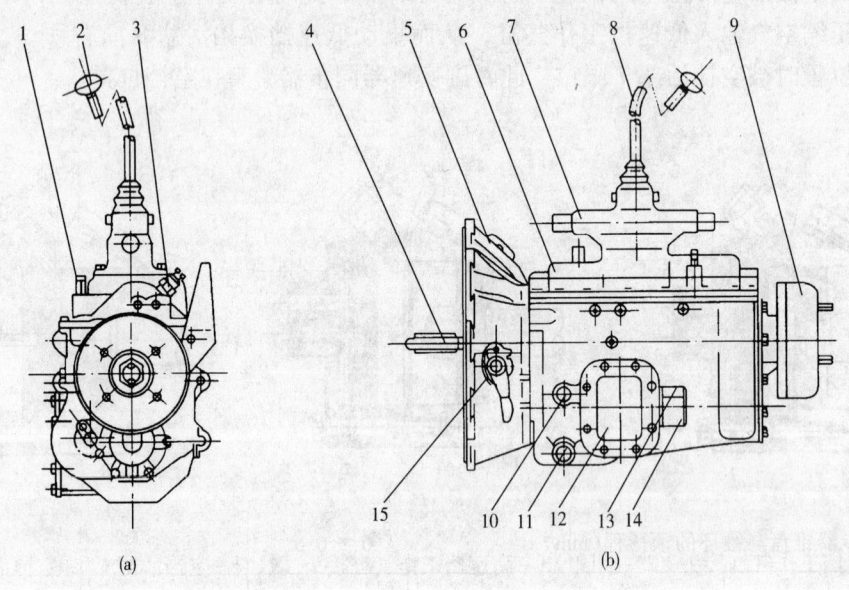

1-通气塞　2-变速手柄　3-倒车信号开关　4-第1轴　5-离合器外壳　6-变速器上盖　7-变速器顶盖　8-变速操纵杆　9-驻车制动鼓　10-加油螺塞　11-放油螺塞　12-取力孔盖板　13-速度表传动齿轮　14-变速器速比标牌　15-离合器分离叉

图2-27　6挡变速器外形

第二节　变速器维修与调整

一、维修标准

以东风系列柴油车变速器为例，A148变速器维修标准见表2-5，A135变速器维修标准见表2-6，A130变速器维修标准见表2-7。

表2-5 A148变速器的维修标准

项目		维修标准	磨损极限	备注
顶盖部分	换挡杆与选挡杆之间的间隙(mm)	0.1～0.4	0.8	
	操纵轴与换挡杆花键之间的径向间隙(mm)	0.05～0.11	0.5	
	换挡杆与导块之间的间隙(mm)	0.1～0.4	1.0	
上盖部分	4、5挡转换臂与销之间的间隙(mm)	0.04～0.08	0.2	
	1挡、倒挡转换臂与销之间的间隙(mm)	0.04～0.08	0.2	
	换挡拨叉与滑动齿套槽之间的间隙(mm)	0.1～0.18	1.0	
	拨叉轴自锁弹簧 自由长度(mm)	41.0～44.0		
	拨叉轴自锁弹簧 压紧力(N)	160～2 000	130	压缩到27mm时
变速器部分	第2轴齿轮的轴向间隙(mm)	0.3～0.5	0.7	
	齿轮间隙(mm)	0.15～0.25	0.5	
	倒挡惰轮轴向间隙(mm)	0.3～0.6	1.0	
	接合齿与滑动齿套花键间的径向间隙(mm)	0.45～0.55	1.0	
	球轴承轴向间隙(mm)		0.5	
	固定齿座与滑动齿套花键的径向间隙(mm)	0.2～0.3	0.5	
锁销式同步器	同步器锥盘与锥环的预行程(mm)	0～0.5	2.0	
	同步环与同步器锥环的径向间隙(mm)	1.5～2.5	0	
	同步环与同步器止动环轴向间隙(mm)	大于0.5		
	同步环与固定齿座之间径向间隙(mm)	5.3～5.7		
	固定齿座与同步器止动块的轴向间隙(mm)	0.05～0.35		
	止动块弹簧 自由长度(mm)	15		
	止动块弹簧 压紧力(N)	6～10	4	压缩到12.5mm时

表2-6 A135变速器(直接操纵)维修标准

	项　　目	名义尺寸	维修标准	修理极限	磨损极限	备注
变速器本体部分	变速器外壳各轴承孔椭圆度(mm)			0.015	0.015	
	第1轴、第2轴各轴承与外壳孔间隙(mm)			-0.013～0.037	0.005	
	中间轴前轴承座孔与轴承间隙(mm)			-0.009～0.0026	0.01	
	中间轴后轴承座孔与轴承间隙(mm)			-0.013～0.037	0.05	
	倒挡轴与倒挡轴孔间隙(mm)			-0.049～0.002	0.05	
	倒挡轴与倒挡轴承间隙(mm)			-0.005～0.042	0.08	
	第2轴与1挡、倒挡齿轮花键侧隙(mm)			0.055～0.175	0.30	
	各运转齿轮啮合齿隙(mm)			0.15～0.26	0.50	
	接合齿的啮合齿隙(mm)				不掉挡	
	接合齿与相配合滑动齿轮齿长磨损(%)				<15	
	所有滚针轴承与轴颈和齿轮内孔的间隙(mm)			0.049	0.30	
	中间轴前轴承轴颈与前轴承间隙(mm)			-0.003～0.03	0.05	
	中间轴后轴承轴颈与后轴承间隙(mm)			-0.002～0.03	0.01	
	第1轴后轴承轴颈与后轴承间隙(mm)			-0.002～0.036	0.01	
	第2轴后轴承轴颈与后轴承间隙(mm)			-0.003～0.033	0.01	
变速机构支架	变速叉轴孔与变速叉轴间隙(mm)			0.04～0.101	0.30	
	变速叉轴上的自锁和互锁球槽的间隙(mm)			10.6(参考)	<10.70	
	1挡、倒挡拨叉与齿轮环槽间隙(mm)			0.30～0.60	不掉挡	
	其他各挡齿轮环槽与换挡滑块的间隙(mm)			0.10～0.40	不掉挡	
同步器	锥环端面与锥盘端面间隙(mm)			3.0	0	单面
	锥环端面最大车削量(mm)				1.0	
	锥环工作面沟槽深度(mm)			0.40	<0.10	
止推环	第2轴的2挡齿轮止推环端隙81(mm)			0.05～0.37	0.40	
	第2轴的4挡齿轮止推环端隙62(mm)			0.1～0.35	0.40	

表2-7　A130变速器维修标准

项　目		维修标准	使用极限
顶盖部分	换挡杆与选挡杆之间的间隙(mm)	0.1～0.4	0.8
	操纵轴与换挡杆花键之间径向间隙(mm)	0.05～0.11	0.5
	换挡杆与导块之间的间隙(mm)	0.1～0.4	1.0
上盖部分	换挡拨叉与滑动齿套槽之间的间隙(mm)	0.1～0.29	1.0
	拨叉轴自锁弹簧　自由长度(mm)	34.0～36.0	25
	拨叉轴自锁弹簧　压紧力(N)	140～190	110
变速器部分	第2轴齿轮的轴向间隙(mm)	0.3～0.5	0.7
	第2轴与中间轴齿轮间隙(mm)	0.15～0.25	0.5
	倒挡惰轮轴间隙(mm)	0.3～0.6	1.0
	接合齿和滑动齿套花键径向间隙(mm)	0.45～0.55	1.0
	球轴承的轴向间隙(mm)		0.5
	第2轴固定齿座与轴的径向间隙(mm)	0.2～0.3	0.5
锁销式同步器	同步器锥盘与锥环的行程(mm)	0～0.5	2.0
滑块式同步器	同步环与同步器锥环的径向间隙(mm)	1.5～2.5	0
	同步环与同步器止动环的轴向间隙(mm)	>0.5	
	同步环与固定齿座之间的径向间隙(mm)	5.3～5.7	
	固定齿座与同步器止动块轴向间隙(mm)	0.05～0.35	
	止动块弹簧自由长度(mm)	15	12.5
	压紧力(N)	6～10	4

二、拧紧力矩

以东风系列柴油车变速器为例,变速器的拧紧力矩见表2-8、表2-9和表2-10。

表2-8　A148变速器拧紧力矩

项　目	拧紧力矩(N·m)
离合器壳与气缸体连接螺栓	33～44
变速器与离合器壳连接螺栓	145～190
第2轴凸缘紧固螺母	200～250
变速器上盖固定螺栓	33～44
变速器顶盖固定螺栓	33～44
倒车灯开关及空挡开关	20
中间轴后轴承锁紧螺母	200～250

续表

项　目	拧紧力矩(N·m)
倒挡惰轮轴锁片螺栓	20～26
放油螺塞和加注口螺塞	120～140
传动轴连接螺栓螺母	220～250
中间支承螺栓螺母	100

表2-9　A135变速器(直接操纵)拧紧力矩

项　目	拧紧力矩(N·m)
离合器壳与飞轮壳连接螺栓	32～52
变速器与离合器壳连接螺栓	140～170
第2轴凸缘叉锁紧螺母	250～300
变速器上盖固定螺栓	33～44
变速器顶盖固定螺栓	33～44
中间轴后轴承锁紧螺母	200～250
倒挡惰轮轴锁片螺栓	20～26
放油螺塞和加注口螺塞	120～140
传动轴十字轴轴承盖螺栓螺母	33～44

表2-10　A130变速器拧紧力矩

项　目		拧紧力矩(N·m)
离合器壳连接螺栓		142～186
传动轴连接法兰紧固螺母		333～549
变速器上盖固定螺栓及螺母		32～42
变速器顶盖固定螺栓		20～26
倒车灯开关及空挡开关		20
取力箱壳体连接螺栓	标准型	47～63
中间轴后轴承盖固定螺栓		59～79
第2轴后轴承座固定螺栓	M12	59～79
	M14	93～124
第1轴轴承盖固定螺栓		33～44
倒挡惰轮轴锁片螺栓		20～26
第2轴前锁紧螺母		300
放油螺塞和加注口螺塞		120～140
换挡导向螺栓		40
中间轴后锁紧螺母		300

三、拆装注意事项

1) 第1轴和第2轴后轴承由于尺寸规格一样,应注意轴承内挡圈不能搞错,必须做上识别标记。

2) 锁环式同步器总成拆卸如图 2-28 所示。压下同步器滑动齿套,将同步推块和定位块从同步器毂的槽内抽出,同时要防止同步器弹簧射出而丢失,最后将同步器弹簧从孔中取出。安装时要注意同步锥及同步环的装配位置,最好打上标记,以免弄错,影响两锥面的接触面积。

3) 速度表传动的从动齿轮偏心套和后盖之间拆卸前必须打上标记,以防装配时弄错,影响速度表传动齿轮的正常工作或者装不进去。

4) 装配第2轴总成时,要保证1挡及2挡同步器固定齿座有标记号"IST"的一侧朝向1挡齿轮,后端的

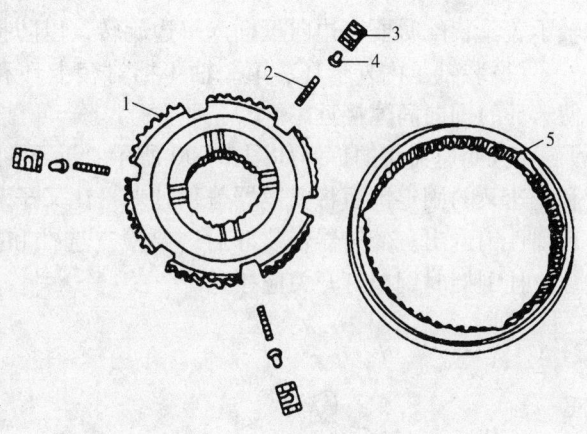

1-同步器毂 2-弹簧 3-推块 4-定位块
5-滑动齿套

图2-28 同步器

止推垫圈的小平面朝向轴承。装同步器时必须根据拆卸时的标记装配同步环和同步锥。装配1挡和倒挡滚针轴承衬套时,将衬套加热至85℃,再套到第2轴上。

5) 中间轴总成及倒挡惰轮轴等零件的拆卸。

首先将中间轴后端轴承内圈卡环拆下,然后将后轴承外圈卡环也拆下,用铜棒将中间轴向后敲打使其后窜一点距离,再用拉轮器将中间轴后轴承拆下,从外壳内将中间轴总成取出。中间轴前轴承压入变速器外壳孔中后,要保证距外壳前端面的尺寸为 1.5~2.0mm,前端密封盖压入到和外壳前端面平齐为止。

6) 拆下惰轮轴锁片螺栓并拆下锁片,再利用专用工具从壳体中拔出惰轮轴,取出惰轮和两个止推垫圈。惰轮轴各件如图 2-29 所示。安装倒挡惰轮时,要注意齿毂突出的一侧朝向前方。

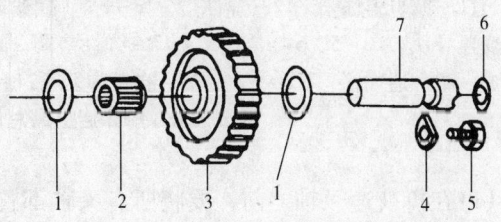

1-止推垫圈 2-滚针轴承 3-惰轮 4-锁片
5-螺栓 6-O形环 7-惰轮轴

图2-29 惰轮轴零件

7) 装各轴承时,只许压内圈不许压外圈,应使用专用工具垂直压入,不许施加冲击负荷。对于有内挡圈的滚柱轴承,装配时应将圆角大的一面朝向齿轮。第2轴前轴承的15只滚子,均需在同一尺寸范围内(即按尺寸分组的同一组),不许装错别组的滚子。

8）速度表传动从动齿轮偏心套装入后盖时必须对准标记，对正后要拧紧固定螺钉。

9）装油封时必须垂直压入，注意装配方向并要在唇口处涂上润滑脂，以防损坏唇口。

10）装前后密封垫片时必须将回油孔对准。

11）装第1轴轴承盖总成时，在第1轴花键处涂以润滑脂并将其盖住后再装第2轴轴承盖。装配时要一边向里插入一边旋转，以防损坏油封。

12）装轴承内外卡环、第2轴4挡衬套卡环和中间轴前卡环时，要选择合适尺寸，使卡环的轴向间隙接近零。

13）变速器盖的拆卸如图2-30所示。拆下倒挡开关总成和通气孔。拆下变速导块和变速叉的固定销后将变速器盖翻过来，让叉子和导块朝上，用φ5 mm的圆柱销将所有弹性销退出。变速器盖装好后，要检查选挡和换挡是否灵活及互锁装置动作的准确性。挂倒挡时倒挡灯开关应接通。

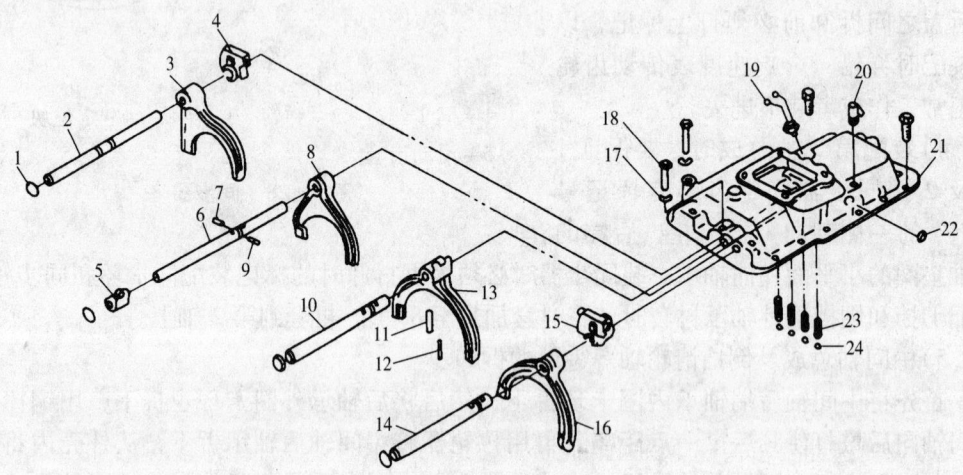

1、22－塞片　2－倒挡变速叉轴　3－倒挡变速叉　4－倒挡变速导块　5－1、2挡变速导块　6－1、2挡变速叉轴　7－互锁块　8－1、2挡变速叉　9－互锁销　10－3、4挡变速叉轴　11－波口弹性销　12－弹性销　13－3、4挡变速叉　14－5、6挡变速叉轴　15－5、6挡变速导块　16－5、6挡变速叉　17－弹性垫圈　18－上盖固定螺栓　19－倒挡信号开关总成　20－通气塞　21－上盖　23－自锁弹簧　24－自锁钢球

图2-30　解体后上盖总成各件及装配关系

14）在拆变速叉轴之前，要将所有叉轴都置于空挡位置；用铜棒在叉轴的端头上轻轻敲打，使其推向一方，连同塞片一并顶出。注意：不要损坏叉轴孔表面。同时取下自锁弹簧和自锁钢球，互锁销和互锁块不要丢失。在安装变速叉及导块弹性销时，应将两个销的开口相反再打入。

15）解体变速器顶盖如图2-31所示，旋下变速手柄，拆下防尘套。拆下变速操纵杆的两只固定螺栓，拔下变速操纵杆，从变速操纵杆上退下球形帽、弹簧座、弹簧等零件，卸掉O形环和球座。

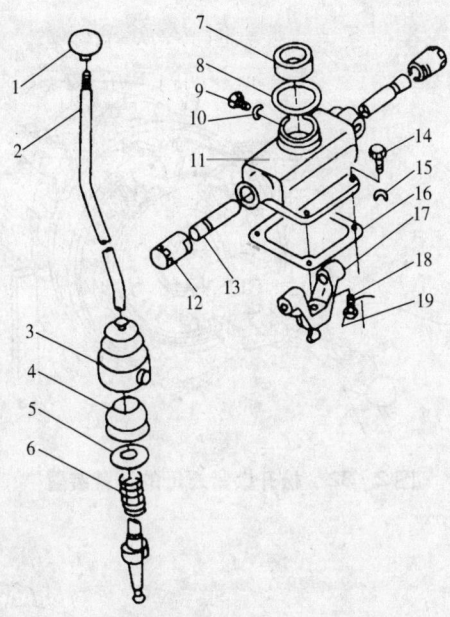

1—变速操纵杆手柄头 2—变速操纵杆 3—防尘套 4—球形帽 5—弹簧座
6—压紧弹簧 7—球座 8—O形环 9、14、18—螺栓 10、15—垫圈 11—顶盖
12—端盖 13—换挡轴 16—密封垫片 17—叉形拨杆 19—钢丝锁线

图2-31 变速器顶盖

16)装前后盖密封垫片、取力孔盖板密封垫片和顶盖密封垫片时,要在密封垫片两面涂密封胶。变速器上盖和外壳之间只以密封胶密封,所以,首先将两个接合面清洗干净,再涂密封胶,胶呈 $\phi 4 \sim 6 \mathrm{~mm}$ 条形,首尾必须相连且不许中断或落入壳中。装上盖时不许大幅度移位,按规定力矩拧紧螺栓,然后将挤到外面的密封胶清除干净。

17)该变速器要求按规定标准和牌号加注齿轮油,油应加到加油塞的平面为止,走合期行驶 1 000 km 后应更换一次。变速器后部的通气塞应经常保持畅通。

四、拆 卸

以 6 挡变速器为例。

1)将固定变速器盖总成的 18 只螺栓拆下,然后用专用工具撬动变速器盖总成(因接合面上有密封胶)。撬时切勿损伤上、下接合表面(上盖材料是铝合金)。松动后,将变速器盖总成取下。

2)将变速器同时挂上两个挡,防止第 2 轴转动。然后,将铆在第 2 轴末端沟槽中锁紧片完全敲出沟槽(见图 2-32)。再用加长的扳手,将锁紧螺母拧下。

拧下锁紧螺母后,将凸缘从第 2 轴上拔出。不能损伤 O 形环和凸缘上的挡尘罩(见图 2-33)。

3)拧下驻车制动器底板的 4 个固定螺栓,取下驻车制动器底板总成。

4)拧下变速器后盖的 10 个固定螺栓,将后盖取下(见图 2-34)。不能将后盖中的橡胶油封损坏。

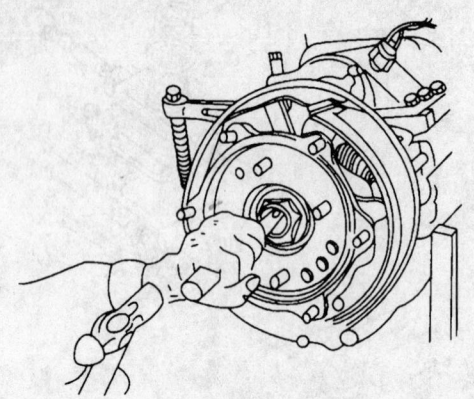

图 2-32 松开锁紧螺母的锁紧装置

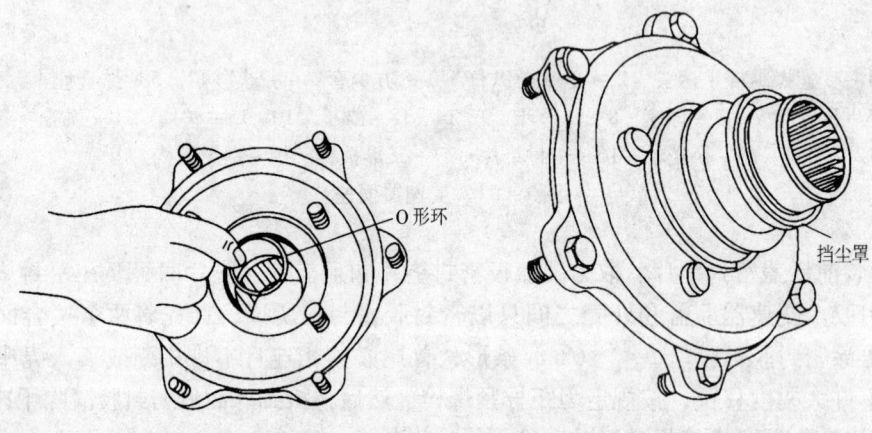

图 2-33 第 2 轴凸缘的附件

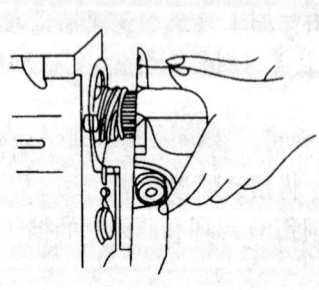

图 2-34 拆下变速器后盖

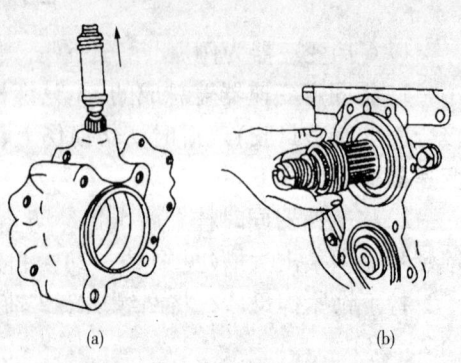

图 2-35 拆下偏心套及蜗杆

5)拧下变速器后盖上偏心套的固定螺栓,抽出带车速表从动齿轮的偏心套,同时将车速表从动齿轮从偏心套中抽出,如图2-35(a),从第2轴上拆下速度表蜗杆,如图2-35(b)。

6)拆下第1轴轴承盖的6只固定螺栓,取下轴承盖。在取出轴承盖时,应将第1轴花键用塑料布包住,防止花键损伤轴承盖内油封的唇口。

7)拆下第1轴并分解。

a. 用一个带活锤的第1轴拉力器,夹住第1轴花键,将第1轴总成拉出,见图2-36(a)所示。

b. 用卡环钳子拆下轴承的内外卡环,如图2-36(b)所示。

c. 用压力机或其他工具拆下第1轴圆柱滚子轴承。

d. 利用螺丝刀,将第1轴孔中的卡环、滚子及垫圈拆下,见图2-36(c)。分解后的第1轴零件如图2-36(d)所示。

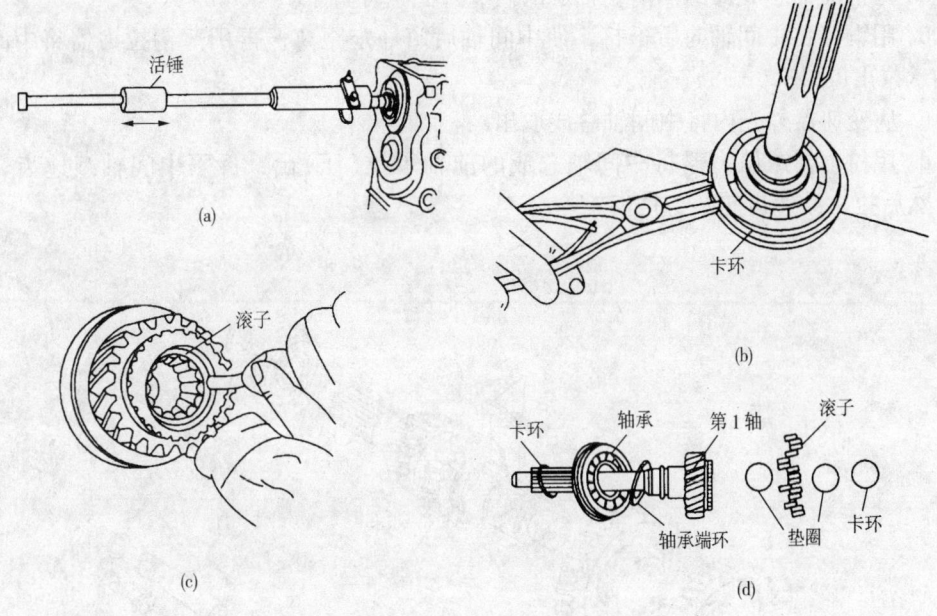

图2-36 拆卸第1轴

8)用卡环钳将第2轴后轴承外圈卡环拆掉,并用铜棒轻轻打第2轴前端,使之向后窜动一定距离,再利用带薄钩的拉力器,将第2轴后轴承从第2轴上取下。一定要使卡环槽受力均匀,以免损坏轴承。

9)拆下第2轴总成。

a. 将第2轴前端的第5、6挡同步环和同步锥取下。

b. 用一个夹紧装置,将第2轴后端顶住(见图2-37),以免第2轴总成从后端取出时,倒挡齿轮从后端滑出砸伤操作人员。

c. 一手托住第2轴总成前端,另一手托住第2轴总成后端,慢慢将第2轴总成取出。

10) 拆下中间轴总成及倒挡惰轮轴与齿轮。

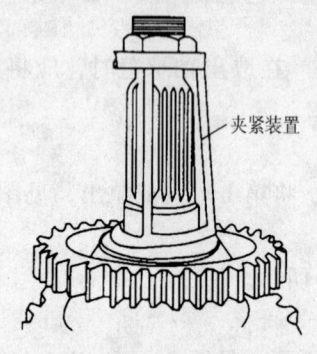

图2-37 第2轴总成夹紧装置

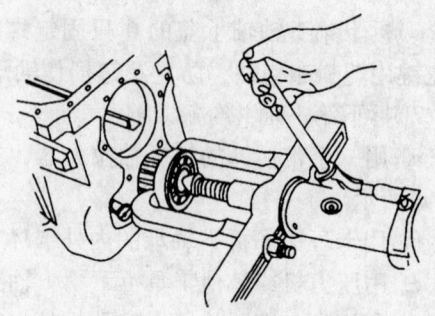

图2-38 拆下中间轴后轴承

a. 将中间轴总成及倒挡惰轮轴承的内、外圈卡环拆下。

b. 用铜棒将中间轴向后敲打，使中间轴后窜一定距离，再用薄钩拉力器将中间轴后轴承拉出(如图2-38)。

c. 从变速器外壳内将中间轴总成取出。

d. 用拉力器或压力器将中间轴总成的前轴承拉(压)出，拆下中间轴减速齿轮卡环，然后拉出减速齿轮及5挡齿轮。

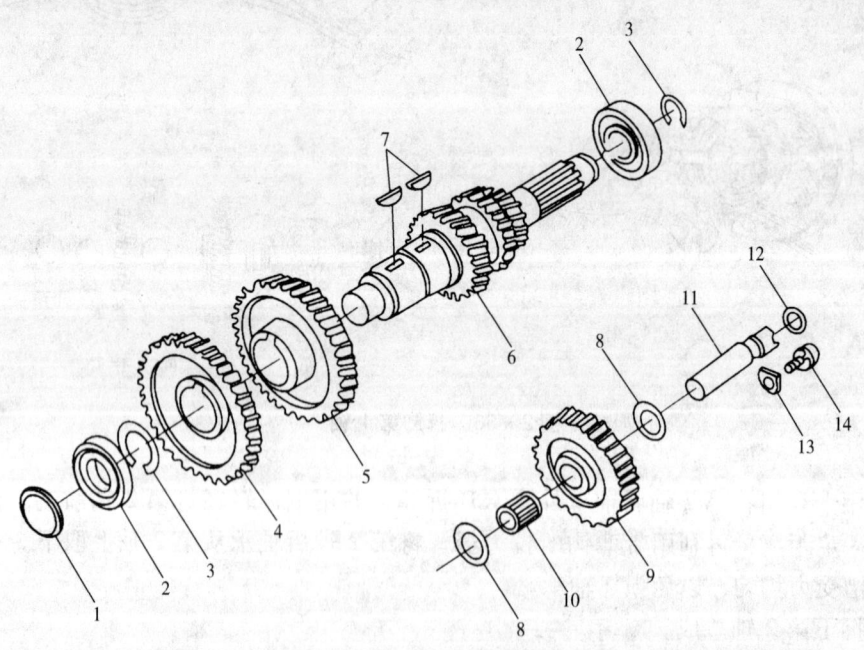

1-前密封盖 2-轴承 3-卡环 4-减速齿轮 5-第5挡齿轮 6-中间轴 7-半圆键 8-止推垫圈 9-惰轮 10-惰轮轴承 11-惰轮轴 12-O形环 13-锁片 14-螺栓

图2-39 中间轴和惰轮轴的零件

e. 拧下外壳后端的惰轮轴锁片螺栓,并拆下锁片。用专用工具从外壳上拔出惰轮轴,取出惰轮和两个止推垫圈。中间轴及惰轮轴零件如图2-39所示。

f. 如果中间轴前轴承密封盖已损坏,可从变速器外壳内部向外打出中间轴前轴承的外圈,将前轴承密封盖顶出,进行修理或更换。

11) 第2轴总成的分解。

a. 卸下夹紧装置,从第2轴后端拆下倒挡止推垫片、倒挡齿轮和滚针轴承后,拆下倒挡滑动齿套(见图2-40)。

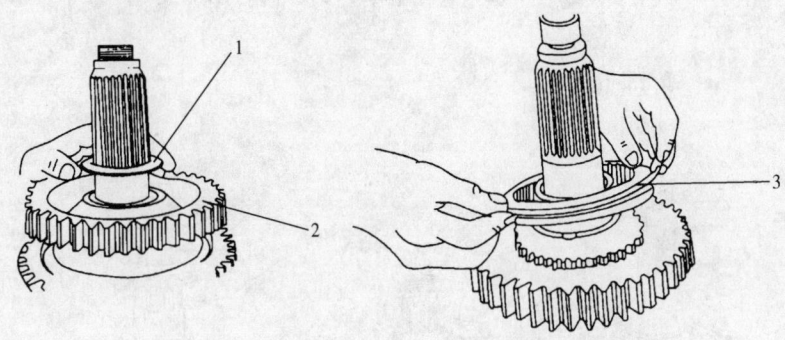

1-倒挡止推垫片　2-倒挡齿轮　3-倒挡滑动齿套

图2-40　第2轴总成后端零件

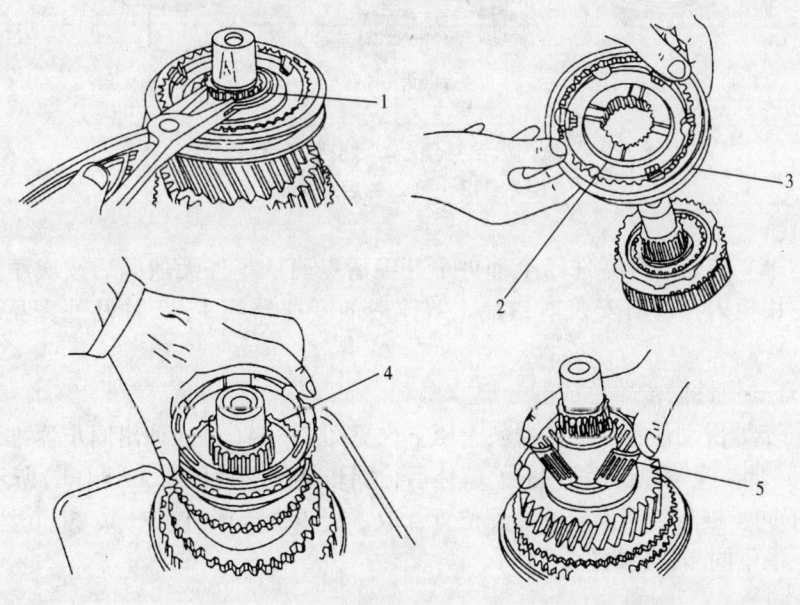

1-卡环　2-5、6挡同步器毂　3-5、6挡滑动齿轮
4-5挡同步锥　5-5挡齿轮滚针轴承

图2-41　第2轴前端的拆卸

b. 从第2轴前端拆下5、6挡同步器毂卡环,5、6挡同步器毂及滑动齿套,5挡同步锥,5挡齿轮滚针轴承(见图2-41)。拆卸时应防止分开型滚针轴承掉出。

c. 拆下4挡齿轮衬套卡环及衬套,取下4挡齿轮总成及滚针轴承,并用尖嘴钳子取下衬套的防转销。

d. 拆下3、4挡同步器毂,滑动齿套总成及3挡齿轮总成、滚针轴承和轴承隔套。

e. 将第2轴倒置,即后端朝上,见图2-42(a),以2挡齿轮为支撑,压第2轴,依次拆倒挡齿轮衬套、倒挡固定齿座、1挡齿轮、滚针轴承、1挡齿轮衬套、2挡同步器总成和1、2挡固定齿座,最后拆下2挡齿轮总成、滚针轴承及轴承隔套,见图2-42。

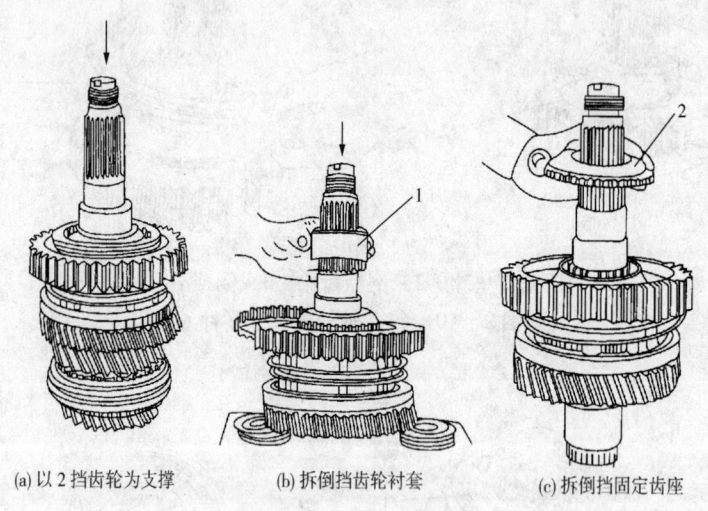

(a) 以2挡齿轮为支撑　　(b) 拆倒挡齿轮衬套　　(c) 拆倒挡固定齿座

1-倒挡齿轮衬套　2-倒挡固定齿座

图2-42　第2轴后端拆卸

到此,第2轴上所有零件已全部拆下。经清点确认零件无遗漏后按次序清洗,最后放置于专用柜内,以防安装时错乱。解体后的变速器第1、2轴及外壳见图2-43所示。

12)锁环式惯性同步器总成的分解。

a. 将同步器滑动齿轮从同步器毂上压下,见图2-44(a),抽出同步器推块、定位块(不要让同步器弹簧弹出而丢失)。解体后,同步器各零件如图2-44(b)所示。

b. 记下同步锥与各挡齿轮的装配位置,取下同步锥卡环(仅3、4、5、6挡有),然后从齿轮上取下同步锥(如图2-45)。

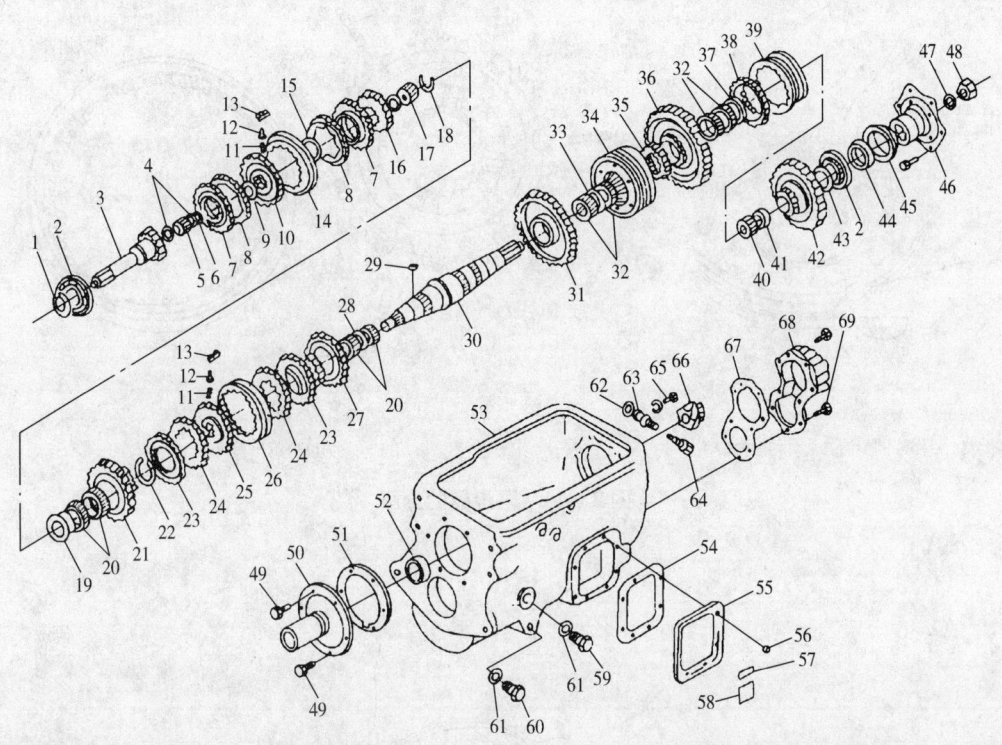

1—第1轴轴承内圈卡环 2—滚柱轴承及卡环 3—第1轴 4—隔环 5—滚子 6—固定滚子卡环 7—5、6挡同步环 8—5、6挡同步锥 9、15、18、22—卡环 10—5、6挡同步器毂 11—同步器弹簧 12—定位块 13—推块 14—5、6挡滑动齿套 16—5挡齿轮 17—5挡齿轮滚针轴承 19—4挡齿轮衬套 20、28、32、40—滚针轴承 21—4挡齿轮 23—3、4挡同步锥 24—3、4挡同步环 25—3、4挡同步器毂 26—3、4挡滑动齿套 27—3挡齿轮 29—防转销 30—第2轴 31—2挡齿轮 33—隔套 34—2挡同步器总成 35—2挡固定齿座 36—1挡齿轮 37—1挡齿轮衬套 38—倒挡固定齿座 39—倒挡滑动齿套 41—倒挡齿轮衬套 42—倒挡齿轮 43—倒挡齿轮止推垫 44—后盖油封总成 45—挡尘罩总成 46—第2轴凸缘 47、62—O形环 48—锁紧螺母 49—第1轴轴承盖螺栓 50—第1轴轴承盖 51、54、67—密封垫片 52—第1轴油封总成 53—外壳 55—取力孔盖板 56—取力孔盖板螺钉 57—速度表铭牌 58—变速器铭牌 59—加油螺塞 60—放油螺塞 61—密封垫圈 63—偏心套 64—速度表从动齿轮 65—偏心套固定螺钉 66—蜗杆 68—后盖 69—后盖螺栓

图2-43 解体的变速器第1、2轴及外壳总成

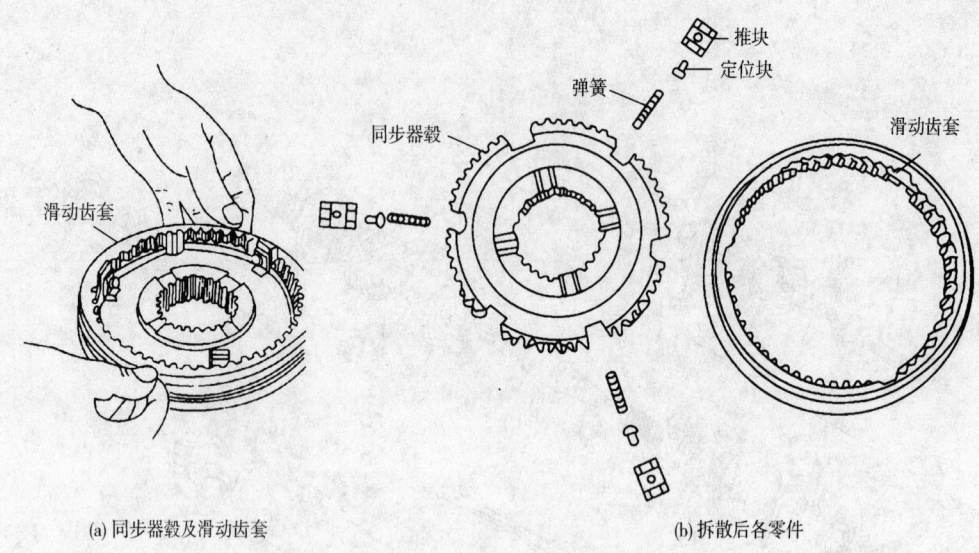

图2-44 同步器的分解

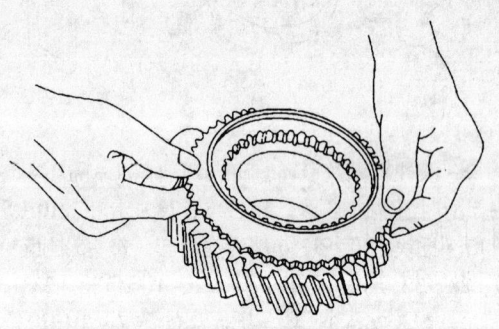

图2-45 拆同步锥

13)变速器盖总成的分解。变速器上盖分解后,各零件的相互位置如图2-46所示。拆卸前应根据各零件的装配位置做好标记。

①拆下倒挡信号开关和通气塞。②拆下变速导块和变速叉的固定销,并将上盖翻过来,让拨叉和导块向上,见图2-47所示。用5mm的圆柱销将所有的弹性销捅出。③拆掉变速叉轴,将变速叉都置于空挡位置;用铜棒在叉轴的端头轻轻敲打,使之推向一方,并逐个顶出上盖的塞片,切不可将轴孔表面损坏。同时,取下自锁弹簧和自锁钢球、互锁销和互锁块,并妥善保管,不能丢失。

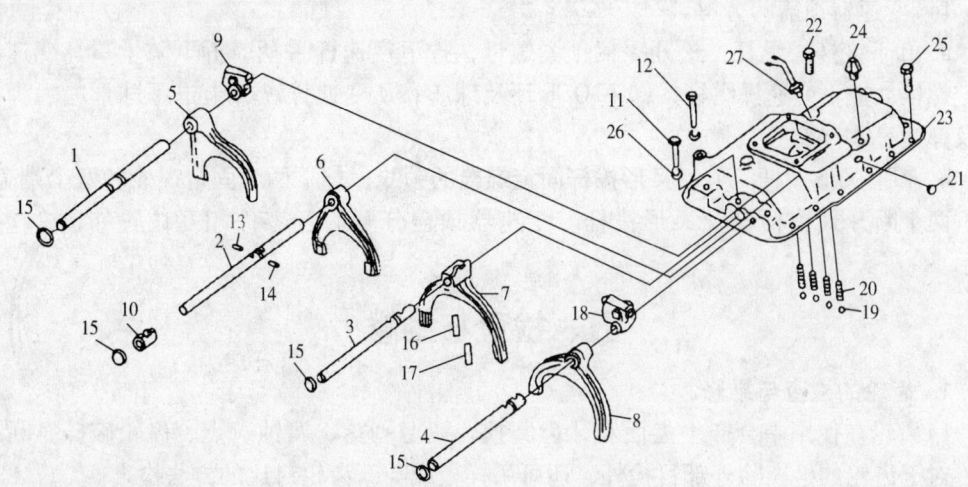

1-倒挡变速叉轴 2-1、2挡变速叉轴 3-3、4挡变速叉轴 4-5、6挡变速叉轴 5-倒挡变速叉 6-1、2挡变速叉 7-3、4挡变速叉 8-5、6挡变速叉 9-倒挡变速导块总成 10-1、2挡变速导块 11、12、22、25-上盖固定螺栓 13、14-互锁销 15、21-塞片 16、17-弹性销 18-5、6挡变速导块总成 19-自锁钢球 20-自锁弹簧 23-上盖 24-通气塞 25-弹簧垫圈 26-倒挡信号开关

图2-46 变速器上盖零件

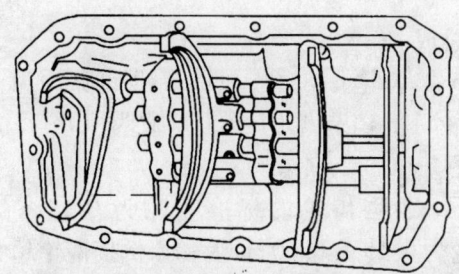

图2-47 上盖中变速叉与导块位置

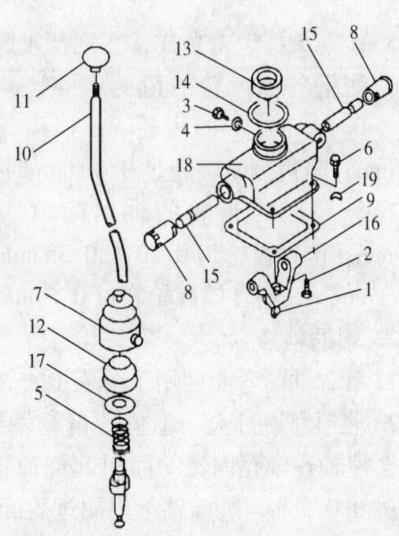

1-叉形杆拨头 2-紧固螺栓 3-固定螺栓 4、19-弹簧垫圈 5-压紧弹簧 6-螺栓 7-防尘罩 8-端盖 9-密封垫片 10-变速操纵杆 11-手柄头 12-球形帽 13-球座 14-O形环 15-拨杆轴 16-叉形拨杆 17-弹簧座 18-顶盖

图2-48 变速器顶盖各零件

14)变速器顶盖的分解。

a. 卸下变速操纵杆。松开手柄锁紧螺母,拧下变速杆手柄,拆下防尘罩、变速杆固定螺栓,拔下变速操纵杆,卸下 O 形环及球座;从变速操纵杆上退下球形帽、弹簧座及弹簧等零件。

b. 卸下叉形拨杆。剪断叉形拨杆固定螺栓的锁线,拧下两个固定螺栓和两个端盖,取下两个断开式拨杆轴及叉形拨杆。变速器顶盖分解后各零件相互位置如图 2-48 所示。

五、检查与维修

1. 齿轮的检查与维修

1)齿轮在使用中会产生齿面和牙齿磨损、疲劳剥落、腐蚀斑点、齿轮破碎、断裂等。对于齿轮的检查除外部目检外,还可用样板或与新齿轮对比的方法检查。

2)齿面有轻微斑点、剥落或边缘略有破损时,均可用油石或砂轮修磨后,继续使用。

3)当齿轮磨损超过下列标准时,不能继续使用:轮齿磨损超过原齿长的30%(在齿高2/3处测量);齿厚的磨损很不均匀,两齿啮合间隙已超过标准;齿面有较为严重的剥落,其剥落面积总和超过该单面积的1/4;有严重的裂纹,应修复或更换。

4)检查各齿轮内孔表面、两端面和齿面是否有裂纹或其他缺陷,发现问题及时更换。

5)检查2挡齿轮总成,发现严重磨损应更换总成。

6)测量各挡齿轮的齿侧间隙,减速齿轮、5挡齿轮、4挡齿轮的标准间隙均为0.04~0.12mm;1挡齿轮、2挡齿轮、3挡齿轮、倒挡齿轮的标准间隙为0.08~0.16mm。当齿侧间隙超过0.40mm时,应成对更换。

7)测量各挡齿轮的轴向间隙,1、2、3、4、5挡齿轮的标准间隙为0.15~0.30mm;倒挡齿轮为0.20~0.35mm;倒挡惰轮为0.15~0.60mm。如果倒挡惰轮超过0.7mm、其他各挡齿轮超过0.5mm时,则应更换齿轮。

2. 轴的检修

1)第2轴的弯曲度用千分表检查,摆差超过0.07mm时,应用冷压校正。

2)轴颈磨损过大,不但使齿轮轴线偏移,齿轮啮合间隙增大,传动时噪声增大,而且会使轴在轴孔内转动而引起烧蚀轴颈。因此,装圆柱滚子轴承的间隙配合轴颈磨损超过0.07mm、装球轴承内圈过盈配合的轴颈产生0.02mm以上间隙时,均应将轴承镀铬、焊修或更换新件。

3)花键磨损在受力一面较为严重,可用与其结合的零件配合检查。变速器第2轴的键齿宽度磨损不得超过0.2mm;与齿轮配合间隙最大不得超过0.45mm;与后凸缘配合间隙不得超过0.3mm。第1轴上键齿宽度的磨损最大不得超过0.25mm;与离合器从动盘毂键槽配合间隙最大不得超过0.60mm。当花键磨损超过上述限度时,应更换或堆焊修复。

4)第2轴凸缘盘油封颈磨损出现明显沟槽或其深度超过0.35mm时,应焊修后进行车削磨光或镶套修复。

3. 同步器的检修

(1)锁环式惯性同步器的检修

1)锁环式惯性同步器,当齿圈锥面和同步环圆锥面磨损后,会使齿圈和同步环端面的间隙减小,此间隙小于 0.3 mm 时,应更换同步环。

根据接触斑痕检查同步环的锥面与接合齿锥面的总接触面积,如未达到出厂标准(>80%)时,应用研磨剂轻轻研磨接触面,直至达到标准为止。

2)锁环式惯性同步器,3、4挡和5、6挡同步器总成解体后,应仔细检查每个零件是否有严重磨损或损坏,发现问题及时更换。

3)检查同步器的后备行程,见图 2-49 所示。将同步锥和同步环放在一起后,使之靠紧,此时用塞尺测量同步器后备行程。同步器的后备行程为 1.2～1.8 mm,当后备行程小于 0.2 mm 时,则应更换同步锥或同步环或两者同时更换。

4)检查3、4挡和5、6挡同步环内锥面与同步锥外锥面间的接触面积,接触面积小于80%时则应更换。

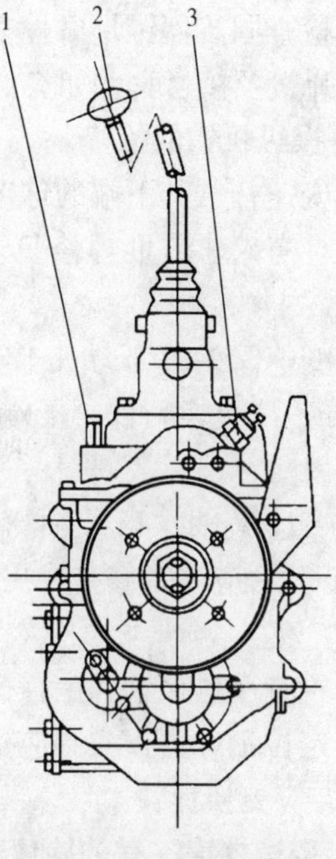

5)检查同步环内锥面细螺纹的磨损情况。当这个螺纹磨损后同步环端面和结合齿端面间隙变小,当间隙为零时,同步器就失去作用,造成挂挡困难或有响声。检查同步环端面和结合齿端面之间的间隙,当小于 0.2 mm 时,应更换同步环。

图 2-49 检查2挡同步器的后备行程

6)当定位块和推块严重磨损时,滑动齿套不能通过定位块和推块与同步环正确的接触造成换挡困难,应更换磨损严重的零件。

(2)锁销式惯性同步器的检修

1)锁销式惯性同步器,2挡中用的锁销式惯性同步器总成是不可拆卸的,应仔细检查总成中各零件是否有损坏、松动现象,以及锥环端面是否有擦痕。也可测量锥盘大端和同步环大端面的高度差(后备行程),其标准值为 0.5 mm,见图 2-50

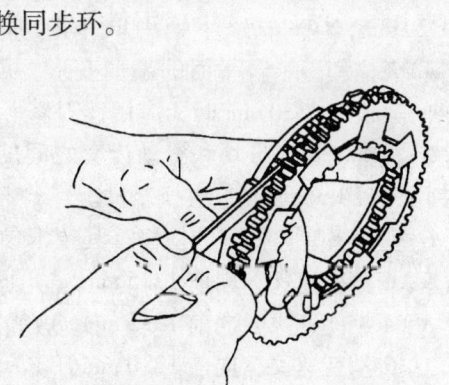

图 2-50 测量检查锁销式惯性同步器后备行程

所示。如果发现其中一个零件需要更换,则应更换整个同步器总成。

2)锁销式惯性同步器,检查接合套的牙齿是否磨损,锁销是否松动。当摩擦锥面与锥盘端面接触,有严重磨损,同步器失效,必须进行修理(允许将锥环端面车削

1.00 mm)。

3)当锥环斜面的沟槽磨损超过 0.1 mm 时,应更换锥环零件或同步器总成。更换同步器总成后,如仍用原锥盘,应检查锥环端面和锥盘端面间隙,其间隙值应在使用范围内。

4)检查同步器锥形摩擦表面,如有阶梯形磨损,应更换磨损零件。检查锁销、定位锁、弹簧及接合套,如有磨损或破裂,应更换新件。

4. 操纵机构的检修

1)变速杆,其下端的球节磨损超过 0.40 mm,与换挡叉槽的配合间隙超过 1.00 mm,可分别对槽或球节堆焊修复。其中部球节上的定位槽磨损变形超过 0.40 mm,应堆焊修复。

2)变速叉,其下端工作面磨损超过 0.50 mm,或下齿轮上环槽的配合间隙超过 1.00 mm,应更换新件。下端的平面与叉轴的轴线应互相垂直,如弯曲或扭曲应冷压校正。

3)变速叉轴,当叉轴弯曲超过 0.10 mm、磨损超过 0.15 mm,或配合间隙超过 0.25 mm 时,应镀铬修复或更换新件。定位球槽、互锁球槽磨损超过 0.70 mm,应更换新件。

4)检查变速叉轴和上盖叉轴孔。如果磨损严重,其配合间隙过大,应更换新件。

5)定位钢球磨损失圆应更换。钢球弹簧过软或折断以及钢球装入后露出孔面少于 3/4 时,应更换弹簧。

5. 变速器壳、盖的检修

1)壳体与盖上裂纹凡没有延伸到轴承处,均可用环氧树脂胶黏结或焊补修复。

2)变速器盖球节座孔严重磨损,可采用堆焊或镶套修复。

3)壳体上轴承孔与轴承外座圈的配合间隙超过 0.10 mm、中间轴与孔的配合间隙超过 0.20 mm,应对轴承外座圈和中间轴加粗修复。

4)壳体和盖结合平面的翘曲变形,可用平板或将两者扣合在一起用厚薄规检查。如果间隙超过 0.30 mm 时,应用锉刀修平或刨平。

5)检查变速叉导块和滑动齿套之间的间隙,标准间隙为 0.20～0.45 mm,如果超过使用极限 1.0 mm,应更换新件。

6)变速叉变速行程的检修,其技术参数如下:

5、6 挡变速叉,向前 12.5 mm(A),向后 12.5 mm(A);

3、4 挡变速叉,向前 12.5 mm(A),向后 12.0 mm(A);

1、2 挡变速叉,向前 12.0 mm(B),向后 12.0 mm(B);

倒挡变速叉,向前 12.0 mm(B)。

6. 轴承的检修

1)检查轴承内外圈滚道上是否有剥落、严重斑点或烧蚀变色,如有应更换新件。

2)轴承架有缺口、裂纹、铆钉松动或滚珠(柱)脱出,应更换新件。

3)检查轴承的轴向和径向间隙,用手推动试验时应无明显间隙感觉,转动时应灵活无尖锐杂音而且旋转均匀,否则应更换新件。用千分表检查,其轴向间隙超过

0.50 mm、径向间隙超过 0.30 mm 时应更换新件。

4) 检查 4 只圆柱滚子轴承是否有严重磨损,如有应更换新件。

5) 检查滚针轴承,是否有严重磨损,如有应更换新件。

6) 检查速度表主、从动齿轮,如果严重磨损,应更换新件。

7. 油封的检修

1) 检查油封轴颈,如有划伤、磨损沟槽应进行修磨或镶套。

2) 检查第 1 轴轴承盖油封和变速器后盖油封,唇口不得有缺陷。

3) 检查各部位的 O 形环是否完好,如有缺陷,应更换新件。

六、装　配

1. 同步器总成的装配

1) 将同步器弹簧装入 3、4 挡和 5、6 挡同步毂内,见图 2-51(a) 所示。

2) 把定位块从小面装入推块的孔中,如图 2-51(b) 所示。

3) 用旋具将同步器弹簧压下,从一端将带有定位块的推块插入同步毂槽中,如图 2-51(c) 所示。

4) 将滑动齿套对准同步毂,套上齿套,如图 2-51(d) 所示。

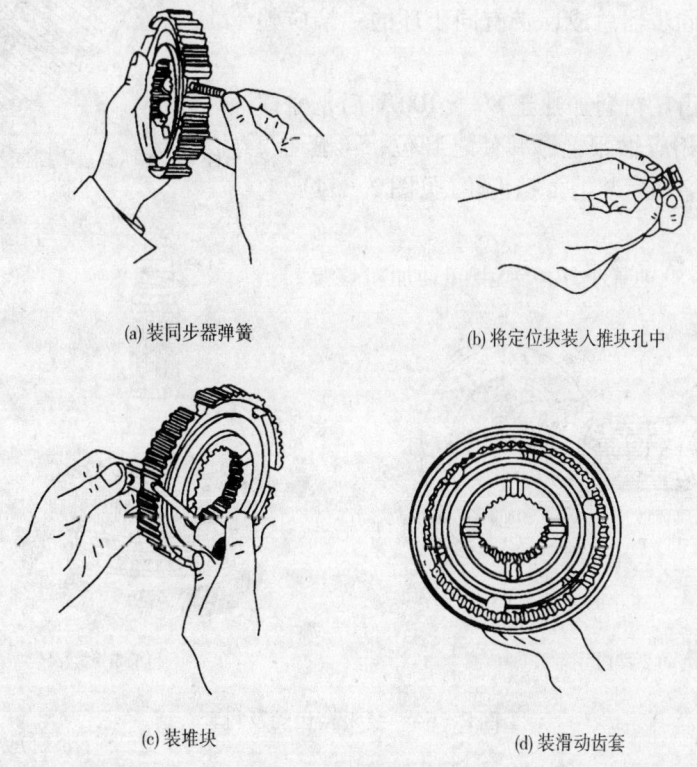

(a) 装同步器弹簧　　　　　　(b) 将定位块装入推块孔中

(c) 装堆块　　　　　　　　　(d) 装滑动齿套

图 2-51　同步器装配

2. 同步锥的装配

1）根据标记将同步锥装在相应（3、4挡为一组，5、6挡为一组）的齿轮上后，检查锥面的径向跳动量（见图2-52）。若径向跳动量超过0.1 mm，则用调整两者装配位置的方法，使锥面的径向跳动量在0.1 mm内。

2）将固定同步锥的卡环可靠地置于卡环槽内。

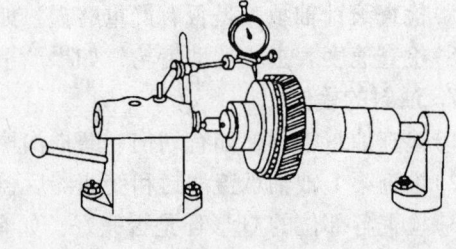

图2-52　检查同步锥的径向跳动量

3. 第2轴总成的装配

1）将第2轴后端向上并垂直，依次套上2挡齿轮的滚针轴承、隔套及2挡齿轮总成。滚针轴承应涂以少量的齿轮油。

2）装1挡及2挡固定齿座，若较紧可用铜棒轻轻敲入。

注意：将齿轮上外齿较薄的一端朝上（见图2-53），即朝向变速器后方。

3）装2挡同步器总成，带有同步环的一端应朝向2挡齿轮。

4）将1挡齿轮衬套加热至80～100℃后，立即套在第2轴的相应轴颈上，并使之到位；再套上2只滚针轴承，涂油后装上1挡齿轮（见图2-54）。

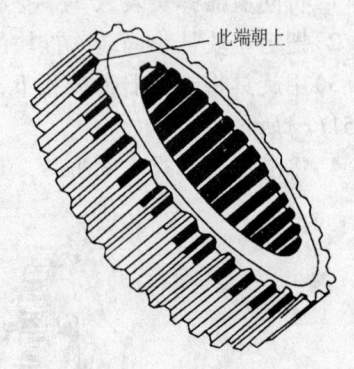

图2-53　1、2挡同步器固定齿座

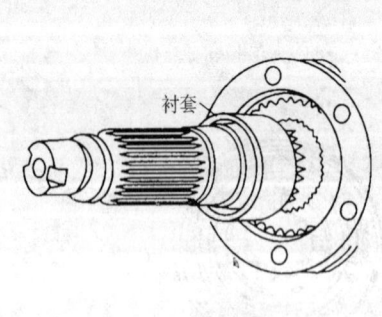
(a) 热装1挡齿轮衬套

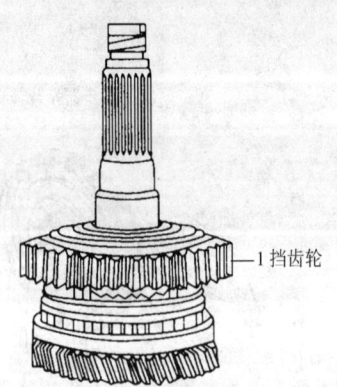
(b) 装1挡齿轮

图2-54　装1挡齿轮及衬套

5）装倒挡固定齿座时，固定齿座的凹面应朝下（见图2-55），套在第2轴的相应花键上。

6)将倒挡齿轮衬套加热至80～100℃后,立即套在第2轴的相应位置上(见图2-55)并使之到位;套上倒挡固定齿轮座,再将倒挡滑动齿套装于倒挡固定齿座上;在滚针轴承上涂润滑油后,将其装在第2轴的相应位置上;最后装上倒挡齿轮。

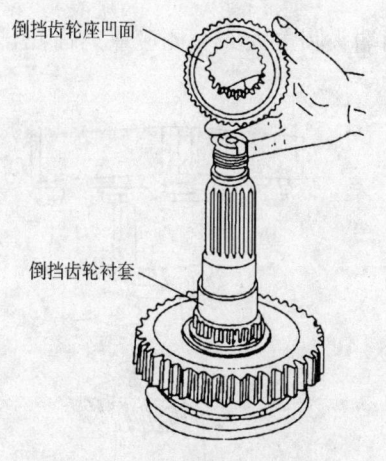

图2-55 倒挡固定齿轮的装配

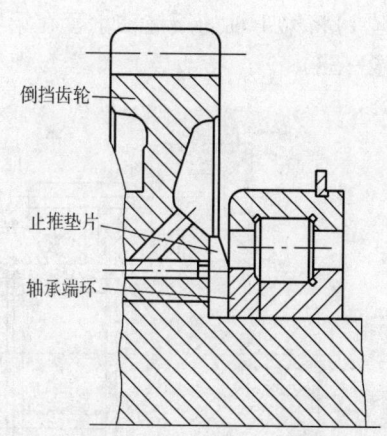

图2-56 止推片安装方向

7)装倒挡齿轮止推垫片,有倒角的一侧朝上,见图2-56。

8)用专用夹具将第2轴总成的零件夹住,避免后部零件滑落。然后将夹紧的第2轴倒过来(前端向上),依次套上3挡齿轮的滚针轴承、隔套,涂油后套上3挡齿轮总成,见图2-57(a),再将3挡同步环装入同步锥上,使两者锥面吻合。

9)装3、4挡同步器总成,再将4挡齿轮衬套防转销装入第2轴的孔中,见图2-57(b)。

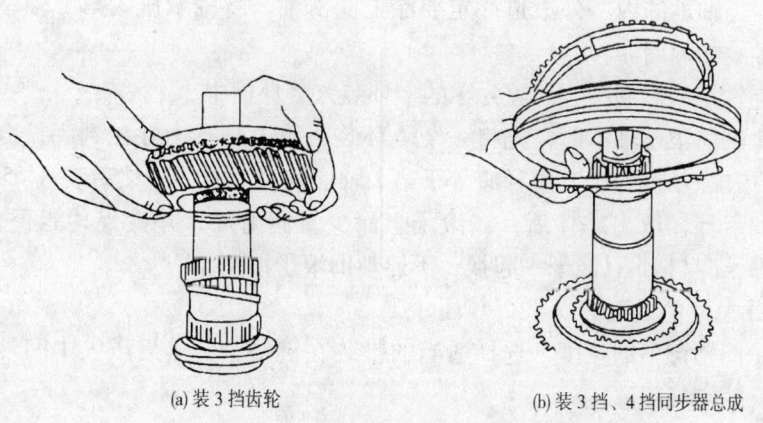

图2-57 装3挡齿轮及3、4挡同步器总成

10)将4挡同步环、4挡齿轮总成、两只滚针轴承及4挡齿轮衬套内孔的缺口对准防转销同时装入。然后,选择一只卡环放入卡环槽中,使其与衬套之间的间隙为零。

11)将5挡滚针轴承涂油后装入5挡齿轮孔内,然后装5挡齿轮及5挡同步锥。注意：装配标记。

12) 装 5、6 挡同步器总成，选择使其与同步器毂的间隙为零的卡环，装入卡环槽中。至此，第 2 轴总成装配完毕。

4. 第 1 轴总成的装配

1) 将第 1 轴的滚柱轴承套在第 1 轴上，轴承内圈端头圆角大的一侧应靠向齿轮（见图 2-58）。

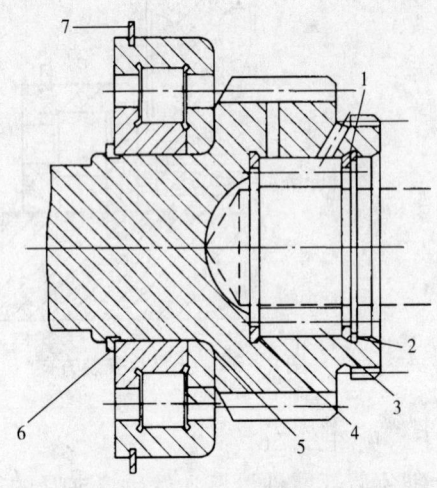

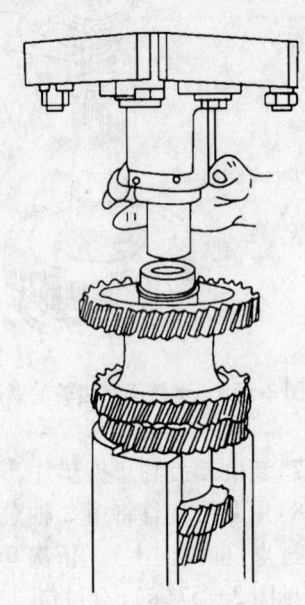

1、4-隔环　2-卡环　3-滚子　5-大圆角（端环）
6-内圈卡环　7-轴承端环

图 2-58　滚柱轴承装配方向　　图 2-59　装中间轴前轴承内圈

在装配前，轴承的内、外滚道一定要涂上润滑油，将轴承压入第 1 轴轴颈处。压轴承时要压轴承的内圈。

2) 选择与轴承内圈的配合间隙为零的卡环装入卡环槽中。

3) 装第 2 轴前滚子轴承时，先将一个隔环装入第 1 轴孔内并压到底，再插入芯棒（如图 2-58 中虚线所示），其直径应等于第 2 轴前轴颈的直径。然后装入 15 只滚子及另一个隔环和卡环。取出芯棒后，在滚子上涂少量润滑油，并检查其能否平滑转动，如需更换新件，应与 15 只滚子一起换，不能新旧滚子混用。

5. 中间轴总成的装配

1) 根据中间轴键槽的宽度，选择适当的键装在键槽中，然后压入中间轴 5 挡齿轮和减速齿轮，并使其到位。

2) 选择适当厚度的卡环，装在减速齿轮前端的卡环槽中，使卡环与减速齿轮的轴向间隙为零。

3) 如图 2-59 所示，将中间轴前轴承内圈压到中间轴轴颈上，到达轴肩为止。

6. 变速器后盖总成的装配

1) 将速度表从动齿轮油封按图 2-60 所示方向装入偏心套内，**注意：不能装反**。然后将O形环装在偏心套上,在O形环和油封唇口上涂上润滑油,再将速度表从动齿轮装在偏心套内。

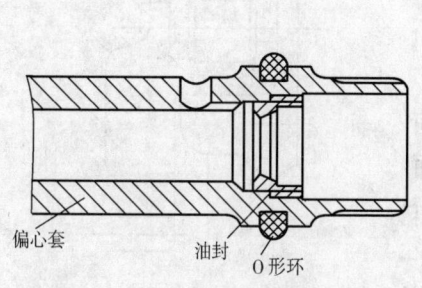

图2-60 油封的装配方向

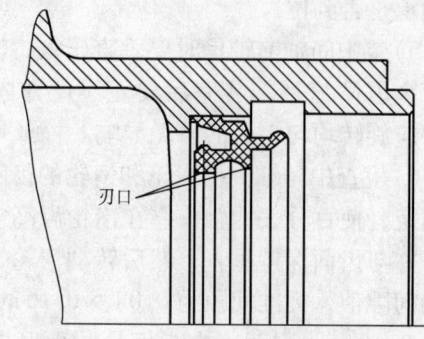

图2-61 后盖油封装配方向

2)将带有速度表从动齿轮的偏心套装入变速器后盖内,使偏心套上的中间孔与后盖上的螺孔对准,并以8～11N·m的力矩拧紧紧固螺栓。

3)用专用工具将后盖油封压入后盖,油封的方向应如图2-61所示,并在油封唇口涂以上润滑油,安装时不能损坏唇口。

7. 变速器本体的装配

(1)惰轮轴及有关零件的装配

1)将滚针轴承装进惰轮孔中,两只止推垫片分别放在惰轮的两侧,并使惰轮轮毂凸出的一侧朝向前方(见图2-62),然后将上述零件放入变速器外壳。安放前,滚针轴承及垫片应涂上润滑油。

2)将O形环装入惰轮轴的槽中,从外壳的外端打入惰轮轴。

3)装惰轮轴锁片,并以19～20N·m力矩拧紧锁片的紧固螺栓。

(2)中间轴总成的装入

1)将中间轴总成放入变速器外壳。

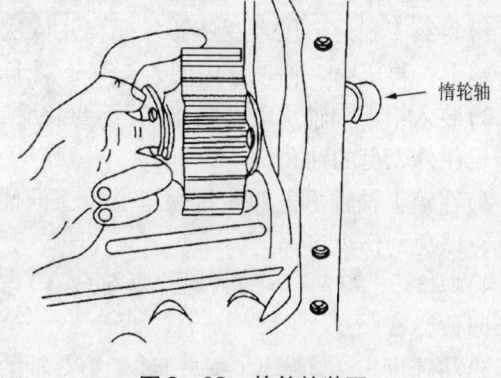

图2-62 惰轮的装配

2)在轴承内、外圈上涂上润滑油,并将轴承及外圈装上。

3)装配后轴承时,首先将轴承外圈卡环放入轴承的卡环槽中,再将轴承端环套入轴上,应将圆角大的一面朝前,即靠向齿轮侧。同时,将轴承内、外圈涂上润滑油后装入。装轴承内圈卡环时,应选择厚度合适的,以使卡环的轴向间隙最小(标准间隙为零)。

4）检查轴承前端面与外壳前端面之间的距离（见图 2-63），A 值应为 $1.6\sim 2.1$ mm，否则应检查轴承是否到位。

5）装中间轴前轴承时要垂直压入，切勿用锤子敲打，以防变形。装完后要正、反方向转动中间轴，应旋转均匀、灵活、无异响。

6）检查中间轴倒挡齿轮和惰轮的齿隙。将中间轴固定，使百分表的触头靠在惰轮齿高中部的齿面上，并与齿面保持垂直，然后转动惰轮，测得的值即为间隙值，标准间隙为 $0.08\sim 0.16$ mm，维修极限为 0.4 mm。同时，检查惰轮端面间隙，标准间隙为 $0.16\sim 0.60$ mm，维修极限为 0.7 mm。

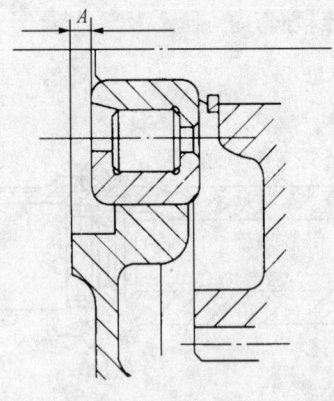

图 2-63 轴承前端面与外壳前端面之间的距离

(3) 变速器第 2 轴总成的装入

1）将第 2 轴总成后端插入轴承孔内，再将 6 挡同步锥及同步环装在第 2 轴总成的前端。然后，使第 2 轴上的齿轮分别与中间轴上相应的齿轮相啮合。

2）拆下第 2 轴总成固定夹具，套上第 2 轴后轴承的端环，大圆角侧应靠向倒挡齿轮止推垫片；在轴承内、外圈滚道上涂少量润滑油，并套上外圈卡环，装到第 2 轴轴承孔内。装配时要均匀压入，切不可压轴承外圈和施以冲击负荷。

(4) 变速器第 1 轴总成的装入

1）将第 1 轴总成压入变速器外壳，并依次将 6 挡同步锥及同步环套在第 1 轴的接合齿端上；再压第 1 轴轴承内圈，至其外圈卡环接触壳体前端面为止。

2）装入第 1 轴轴承盖密封垫片（不要装反）。装前应在垫片两侧涂胶，装时要摆正，不能盖住外壳上的油孔。

3）在第 1 轴轴承盖的油封唇口上涂上润滑油，安装时一边旋转轴承盖，一边向内推进，以免刮伤刃口。

4）以 $38\sim 50$ N·m 的力矩拧紧 6 只第 1 轴轴承盖固定螺栓，并装上离合器分离轴承座回位弹簧。

5）将速度表主动齿轮（蜗杆）装于第 2 轴的后端。

6）装变速器后盖总成。在后盖密封垫片两侧涂胶，对准螺孔后，贴在变速器外壳的相应位置；装上后盖总成，并以 $38\sim 50$ N·m 力矩拧紧 10 个固定螺栓。装螺栓前，应在螺纹尾端涂胶。

8. 变速器上盖总成的装配

(1) 变速叉轴、变速叉及变速导块的装配

1）变速叉轴的装配。在变速叉轴上涂以少量润滑油，按照拆卸前的标记，将变速叉轴、变速叉及变速导块装入相应的轴孔中，切勿装错。

2）自锁弹簧及自锁钢球的装配。先将倒挡自锁弹簧及钢球放入自锁弹簧孔中，见图 2-64(a)。

用专用工具压下钢球,将倒挡叉轴插入叉轴孔内,装上倒挡导块总成和倒挡叉,并使叉轴处于空挡位置,再将互锁块放入上盖的倒挡互锁孔中。装1、2挡叉轴时,先放1、2挡自锁弹簧和钢球于自锁弹簧孔中,再放互锁销于1、2挡叉轴的小孔内,插叉轴于叉轴孔内,再将1、2挡导块及变速叉装在1、2挡叉轴上,并使叉轴处于空挡位置,然后将互锁块装入互锁孔中。依次将3、4挡及5、6挡的变速叉轴,变速叉,导块,自锁弹簧,钢球,互锁销,互锁块装上。装配后,自锁钢球、自锁弹簧、互锁块、互锁销的位置应符合图2-64(b)所示。在装配互锁销和互锁块时,应涂上润滑油。

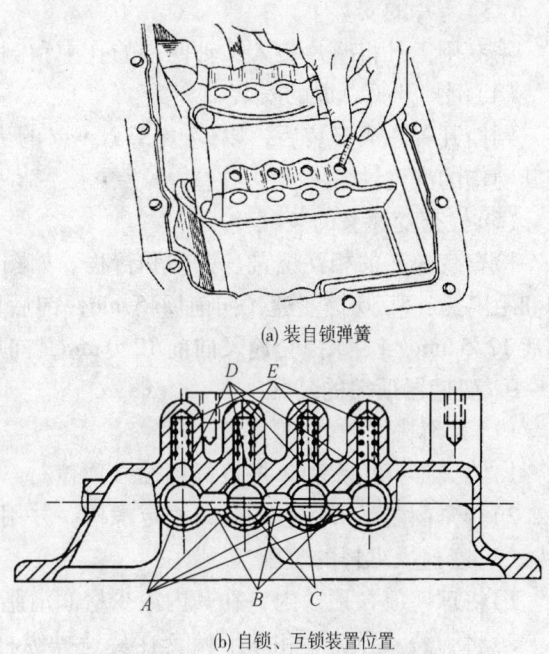

图2-64 装配自锁及互锁装置

(2)变速叉及导块的固定

先将较粗的弹性销打入已对准的变速叉与变速轴的销孔中,再将较细的弹性销打入,并使两个销的开口方向相反(见图2-65),为弹性销位置,为粗、细弹性开口的相对位置。同时,检查装配位置的正确性。

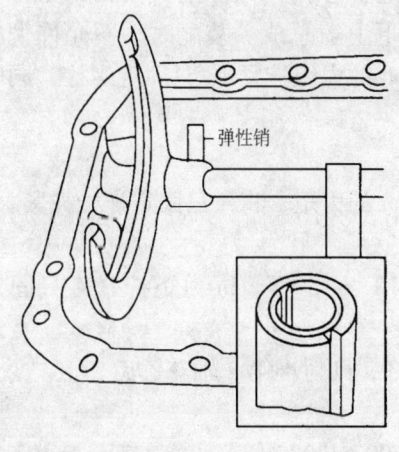

图2-65 固定销的安装

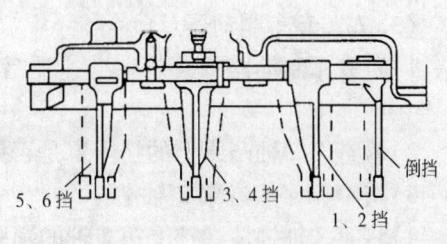

图2-66 变速叉在各挡的位置

(3)塞片的安装

用专用工具将塞片装入叉轴两端的孔中和侧端互锁孔中,并涂以少量的密封胶。

(4)倒挡开关总成的安装

倒挡开关总成安装后,以 27～32 N·m 的力矩拧紧。待变速器顶盖装上后,再检查其动作的准确性。

(5)检查变速叉的装配

检查变速叉的相互位置、方向和行程。如图 2-66 所示,各变速叉在各挡的运动方向和距离为:5、6 挡变速叉向前 12.5 mm,向后 12.5 mm;3、4 挡变速叉向前 12.5 mm,向后 12.5 mm;1、2 挡变速叉向前 12.0 mm,向后 12.0 mm;倒挡变速叉向前 12.0 mm。

9. 变速器顶盖的装配

(1)叉形拨杆的装配

1)将叉形杆拨头和 2 根拨杆轴插入顶盖。

2)拧紧固定叉形拨杆的 2 只固定螺栓,并用锁线将 2 只螺栓锁紧。

(2)变速操纵杆的装配

1)将球座放在顶盖内,在其内涂少量润滑脂,并将 O 形环套在顶盖的环槽中。

2)将弹簧、弹簧座和球形帽套在变速操纵杆上,压下球形帽,拧上固定变速操纵杆的螺栓,套上防尘罩。

3)拧上换挡轴两端的端盖,需涂以密封胶。

10. 变速器总成的总装

(1)变速器上盖的安装

1)定位环的安装。将变速器外壳的上表面擦干净,装上 2 个定位环,在外壳上表面涂密封胶。胶条直径为 $\phi 4 \sim 6$ mm,胶条应首尾相接,不能中断,也不能掉入变速器外壳中。

2)将变速器上盖总成安装在本体总成上,使变速器各挡齿轮和上盖拨叉都处于空挡位置,将拨叉对准相应挡位滑动齿套的槽中,放下上盖总成。装配时,不允许大幅度错动,以免破坏密封状态。然后,以 38～50 N·m 的力矩拧紧 18 只固定螺栓,同时清理被挤出的密封胶。

(2)变速器顶盖的安装

在密封垫片的两面涂密封胶,并以 38～50 N·m 的力矩,将 4 只固定螺栓拧紧。

(3)安装驻车制动器总成

1)将驻车制动器总成装到变速器后盖上,以 110～150 N·m 力矩拧紧 4 只固定螺栓。

2)检查第 2 轴凸缘上的挡尘罩是否完好;若完好,则对准第 2 轴花键后套上。

3)将 O 形环套在第 2 轴上。

4)将第 2 轴锁住,拧上第 2 轴的锁紧螺母,以 600～800 N·m 力矩拧紧。**注意:不要损坏 O 形环**。用扁铲将锁紧螺母的尾端凿靠在第 2 轴尾端的 2 个槽内,进入槽的深度为 1.5 mm 以上,不能有裂纹。

5)将驻车制动鼓安装在第 2 轴凸缘上,以 65～87 N·m 的力矩拧紧 6 个固定螺母。

6）装好驻车制动操纵杆及其全部零件，包括与驻车制动器连接的零件。

（4）安装离合器外壳

1）用6只螺栓将离合器外壳固定在变速器壳体的前端，拧紧力矩为250～330 N·m。安装离合器外壳的通风盖，固定螺栓的拧紧力矩为8～10 N·m。安装离合器外壳的检查孔盖板，固定螺栓的拧紧力矩为18～23 N·m。

2）在离合器外壳右边的分离叉轴孔内涂润滑脂，将分离叉轴从壳体内插入叉轴孔的大端，再将叉轴另一端插入复合衬套中。

3）装离合器外壳凸缘总成，用2只螺栓以35～45 N·m的力矩拧紧。

4）装离合器分离轴承座总成，并挂上回位弹簧。

5）装分离叉轴承座半圆键、分离叉拉臂和分离拉杆总成。

11. 往车上装变速器总成

1）在变速器第1轴花键上及第1轴前轴承中涂少量润滑脂。

2）将变速器总成放在驾驶室底下的起重小车上并逐渐升高，至变速器第1轴与离合器从动盘花键孔对齐为止。

3）向前推变速器及小车，将第1轴插进离合器从动盘的花键孔，并使离合器外壳的制口与飞轮壳制口吻合。

4）拧上飞轮壳与离合器外壳的固定螺栓，拧紧力矩为38～50 N·m。落下起重小车退出车底外。

5）装好传动轴，拧紧4个连接螺母。如果拆下传动轴中间支承，则应装好中间支承。

6）将里程表软轴连接上，并拧上接头螺母。

7）将倒挡警报开关的电线束连接好。

8）将离合器分离拉杆与分离叉拉臂连上。

9）装上驾驶室内的变速器盖板。

10）装上变速杆手柄和锁紧螺母。

七、磨合与试验

变速器装配后，应按规定进行变速器的磨合与试验，以改善零件摩擦表面的接触状况，检查变速器的修理和装配品质。

虽然变速器的零件经过机加工，但由于设备、夹具或其他原因，加之形位误差和装配的影响，零件的实际接触面积远小于理论值。磨合的目的就是通过在各转速和负荷下，使工作表面逐渐加载，从而改善零件的接触状况，为零件正常承载做好准备。

变速器的磨合应在试验台上进行，进行无负荷和有负荷条件下的各种转速的运转。

磨合前，应按规定向变速器加注清洁的润滑油。磨合时，第1轴转速为1 000～2 000 r/min，各挡磨合时间的总和不得少于1 h。变速器进行有负荷试验时，负荷为最大传递转矩的30%，严禁加入研磨用的磨料进行磨合。

在变速器磨合的过程中，油温应在15～65℃。变速器的变速机构和操纵机构轻便、灵活、迅速、可靠，不允许有自动脱挡现象；运转和换挡时不得有异响；变速杆不得有明显的抖动现象；所有密封部位不得有漏油现象。

变速器经磨合和试验后，应认真进行清洗，并按原厂规定加注润滑油。

第三节　变速器常见故障诊断与维修

一、易发故障部位

现以解放牌 CA1092K2 型柴油车使用的 6 挡变速器为例，说明机械式变速器容易产生故障的部位。易发故障部位如图 2-67 所示，排除方法见表 2-11。

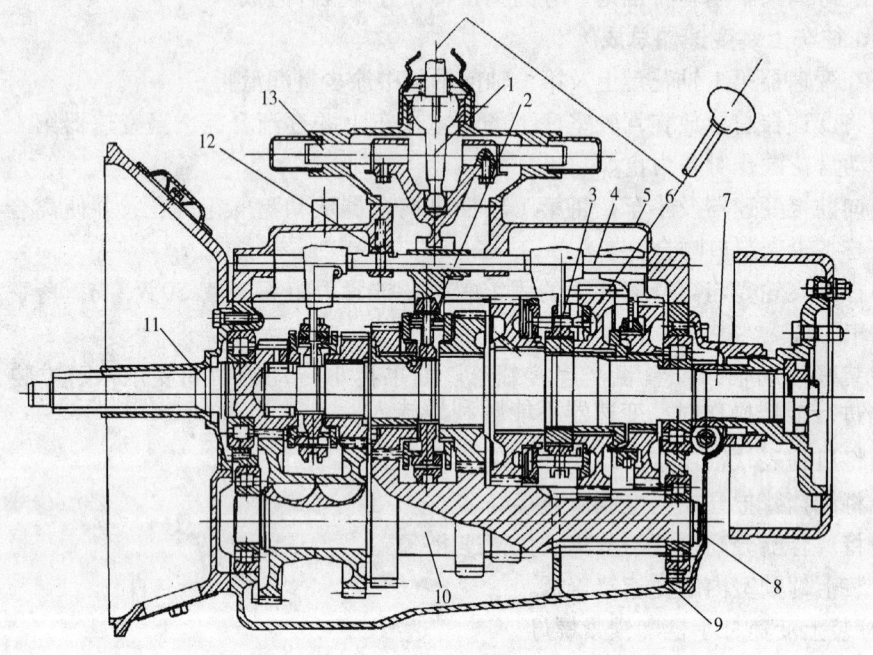

1-变速杆　2-锁环式同步器　3-锁销式同步器　4-变速叉及叉轴　5-变速器盖　6-各变速齿轮　7-第 2 轴轴承　8-倒挡轴轴承　9-壳体　10-中间轴轴承　11-第 1 轴油封、轴承　12-自锁装置及互锁装置　13-换挡轴

图 2-67　变速器易发故障部位

表 2-11　变速器易发故障部位及排除方法

名　称	故障原因	故障排除
变速杆	变形、球头失圆、限位槽太深	更换新件
锁环式同步器	磨损过度	更换新件
锁销式同步器	锥形环磨损、啮合齿套磨损	更换新件

续表

名　　称	故　障　原　因	故　障　排　除
变速叉及叉轴	弯曲变形、齿轮叉槽磨损	更换新件
变速器盖	裂纹、变形	更换新件
变速齿轮	啮合间隙过大	更换新件
第 2 轴轴承	松旷、常啮合齿轮衬套及止推环磨损	更换新件
倒挡轴轴承	松旷	更换或调整
变速器壳体	裂纹	更换新件
中间轴承	松旷	更换或调整
第 1 轴油封、轴承	油封损坏、轴承松旷、第 1 轴、第 2 轴与中间轴不平行	更换油封、轴承
自锁装置及互锁装置	磨损过度	更换新件
换挡轴	松旷、固定螺钉松脱	更换或调整

二、换挡困难

1. 故障现象

当进行换挡操作时，变速器不能顺利地挂入所需挡位或者摘掉困难就称为换挡困难。

2. 故障原因

变速器出现换挡困难的主要原因如下：

1）换挡叉轴变形、卡滞、叉轴与叉轴孔配合过紧，使轴润滑困难。

2）换挡拨叉弯曲变形，接合套与接合齿圈不同心。

3）接合套与接合齿圈接合齿端面损坏。

4）同步器磨损过度。

5）互锁装置弹簧弹力过大。

6）变速器第 1 轴弯曲变形或花键损坏。

3. 故障诊断与维修

1）不能挂挡。变速器操纵机构失调导致不能挂挡，应检查操纵机构的各连接部件工作是否灵活、各连接部件磨损是否严重。找到原因后应酌情维修或更换新件。不能挂挡的另一原因可能是使用了劣质齿轮油，在高温下齿轮油分解、结胶严重，使各挡齿轮移动困难，导致换挡困难。解决办法是解体变速器并清理油污，装合后添加原厂规定牌号的齿轮油，故障会彻底排除。

2）能挂上挡，但挂挡困难。故障原因是拨叉轴变形、卡滞，应拆开变速器检查拨叉轴的移动情况，若还是卡滞应进行修理或更换新件。对于刚刚维修过的变速器，应使拨叉轴与孔的配合不能过紧，更换的互锁弹簧弹力不能过大，应进行调整或更换合适的零件。

3)在挂挡困难的同时,又有齿轮的撞击声,故障原因是接合套或接合齿圈的接合齿端面损坏造成。另外,拨叉弯曲变形也会造成此故障。

4)同步器锁环内锥面螺旋槽磨损严重,使同步器锁环内锥面和齿轮外锥面间隙变小,锥面间的摩擦力减小,制动作用减弱,当间隙为零时,制动作用消失。检查同步器时,应检查此间隙。检查时,在齿轮内斜锥面上涂上齿轮油,再将它与锁环配合面接触,与两者压紧并用手相对转动时,锁环不从齿轮的斜面滑出为正常,如图2-68所示。

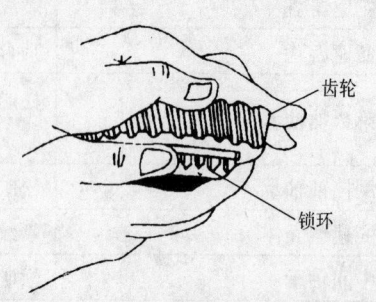

图2-68 锁环内锥面螺旋槽的检查

5)检查同步器滑块在花键毂内的滑动情况。对于锁环式同步器,滑块中部凸起嵌在接合套中部内环槽中,接合套轴向移动带动滑块在花键毂轴向槽中滑动伸入锁环槽(缺口)中,这样才能顺利挂挡。如果滑块与槽磨损严重,滑块就难以和锁环正常咬合而导致挂挡困难。所以必须用游标卡尺测量滑块与锁环槽和花键毂槽的配合间隙,其间隙大小必须符合原厂规定。

6)检查同步器花键毂与接合套的轴向移动情况。轴向移动应无卡滞现象。如果同步器技术状况良好而仍存在挂挡困难,则应检查变速器的其他机构。其他引起挂挡困难的因素是:

a. 拨叉轴弯曲、锁紧弹簧过硬、钢球损伤。

b. 第1轴花键损伤或第1轴弯曲变形。

c. 变速器操纵机构调整不当或损坏。

d. 齿轮油不足或过量,齿轮油质量低劣、结胶严重,导致换挡阻力过大。

e. 在运行中,空挡滑行,变速器内有"咯咯"异响,在挂挡的瞬间也有"咯咯咯"的异响,并且挂挡困难,这是由同步器散架所引起。

三、乱　　挡

1. 故障现象

变速器乱挡有3种情况:

1)挂入的挡位不是所需要的挡位。

2)同时挂入2个挡位,造成齿轮损坏,同步器损坏,甚至使变速器壳体破裂。

3)挂上挡不能起步,也不能退回空挡。

2. 故障原因

造成乱挡的故障原因是:

1)互锁装置失效。互锁装置的锁球或变速叉轴上凹槽磨损,锁止能力减弱,失去互锁作用。

2)操纵机构磨损。由于换挡频繁和振动,变速杆下端磨损严重,变速杆球节与配合副磨损，使变速杆上移或拨块缺口工作面磨损。这些均可能造成挂挡时变速杆下端脱出拨块的缺口，再将该挡拨回空挡位置时，变速杆下端难以再进入原拨块的缺口，而造成盲拨。如果互锁装置良好，容易挂错挡；如果互锁装置失效，容易同时挂上2个挡。

3）变速杆定位销失效。由于变速杆球节定位销磨损严重而松旷，变速杆任意摆动，所以不能挂入所需挡位。

4）变速器第2轴前端滚针轴承烧损，使第1轴和第2轴连为一体。

3. 故障诊断与维修

1）检查互锁装置。进行挂挡试验时，如果能同时挂入2个挡位，表明互锁装置失效，这时应更换互锁装置。

2）检查操纵机构。挂挡后手感觉到变速杆下端脱出拨块的缺口，说明变速杆摆动下，所挂挡不能退回空挡，说明乱挡是由于变速杆球节、变速杆下端工作面及拨块缺口磨损过度，应进行修复。

3）检查变速杆球节定位销。摆动变速杆，若变速杆任意摆动，且能转圈，说明定位销失效；如果摆动量很大，说明定位销磨损。上述情况均会引起挂错挡，即挂入的不是所需的挡位，这时应更换定位销。

4）只有在挂入直接挡或空挡能行驶，而挂其他挡均不能正常行驶，这时应检查第2轴前端的滚针轴承是否烧损而使第1轴和第2轴连成了一体。

四、脱挡（跳挡）

1. 故障现象

汽车在某一挡位行驶时，变速杆自行跳回空挡，接合齿脱离啮合位置，使动力传递中断。

2. 故障原因

1）齿轮或啮合齿套齿磨损后呈锥形，在传递力矩时会产生轴向力，当轴向力增大到足以克服锁止装置中弹簧压紧力时，传递扭矩的啮合套与齿轮便脱开，形成脱挡。

2）由于齿轮与轴承的磨损，使齿轮的轴向间隙变大。

3）变速器自锁装置磨损松旷，弹簧弹力过小，钢球和换挡叉轴上的凹槽磨损，使换挡叉轴不能牢固定位。

4）换挡叉弯曲变形，磨损过度，使换挡叉与接合套的配合间隙增大，变速杆下端与换挡叉导块的磨损间隙过大。由于齿轮与啮合齿套上牙齿磨损，使齿啮合长度变短，自锁装置的钢球不能完全卡在换挡叉轴的凹槽内。

5）同步器接合套和变速齿轮侧面短齿磨损严重。

3. 故障诊断与维修

1）检查齿轮与啮合齿套的磨损情况。检查齿轮与啮合套牙齿是否磨成锥形，若磨损过度，一般情况需要更换新件。

2）检查换挡叉是否磨损过度或变形，若磨损过度或变形也容易使齿轮与啮合齿套不能完全接合而导致脱挡。这时应焊修换挡叉或更换新件。

3）检查易脱挡位的自锁装置，钢球和换挡叉轴上的凹槽是否磨损过度，弹簧弹力是否足够。若磨损过度或弹簧变软，一般应更换新件。

4）东风牌 EQ1092 汽车装用锁销式同步器，如果出现跳挡，应检查同步器锁销是否松动，同步器是否散架。对于装用锁环式同步器的变速器，如果出现跳挡，应检查锁环牙齿和内锥面的螺纹槽磨损是否过度。否则，应更换同步器组件。

5）在 4 挡行驶时，如果变速杆振动并有异响，松开加速踏板出现跳挡现象，故障产生的原因多为第 2 轴齿轮的衬套及止推环磨损严重或破损造成。这时应更换已损坏的零件。

6）检查变速器固定螺栓是否松动。当变速器壳与飞轮壳之间的连接螺栓松动、第 1 轴和第 2 轴轴承松旷时，会使第 1 轴与第 2 轴的同轴度变差，在挂直接挡时，容易脱挡。这时应紧固变速器固定螺栓。

五、异　　响

1. 故障现象

变速器工作时发出不正常的声音，称为变速器异响。一般异响是随挡位、载荷、车速及损坏机件的不同和损坏的程度不同而变化的，另外异响也随传递媒介变化而变化。

2. 故障原因

（1）轴承响

变速器轴承长期在高速、重载条件下工作，承受着很大的交变载荷，尤其是装在壳体上半部的第 1、2 轴上靠飞溅润滑的轴承，当缺油或油质变坏润滑条件变差时，滚动体与滚道常处在半干状态下摩擦，容易产生烧蚀、疲劳剥落及过度磨损等，严重时，滚动体破碎。另外轴承内（外）座圈与轴颈（孔）相互配合松动，使轴承轴向和径向间隙过大，这样当速度、负荷发生变化时，就会使滚动体在滚道进行不规则的滚动而与滚道撞击产生不正常的响声。

（2）齿轮发响

齿轮轮齿啮合时为线接触，相对运动时应为滚动摩擦，由于制造误差、润滑不良及重载传动等因素，引起轮齿磨损和变形，使齿廓失去标准渐开线形状。相对运动时滑动摩擦增多，滚动摩擦减少，加速了齿面的磨损，使齿侧间隙增大，出现了传动不平稳、冲击等现象，噪声也就随之产生。

（3）第 2 轴花键与配合花键槽磨损

由于变速器花键齿与配合花键槽不断地受转矩变化的影响，容易引起磨损。花键齿与配合花键槽磨损后，增大了齿轮的径向位移量，在高速转动时会产生周向和径向振动或轴向窜动。这些振动经轴、轴承、变速器壳体使各部件产生振动，同时产生噪声。

（4）变速器壳前端面与第 1、2 轴轴心线垂直度不同心，或第 1、2 轴与发动机曲轴不同心。

（5）变速器同步器锁环磨损过度或同步器滑块磨损过度而发响。

3. 故障诊断维修

1）如果路试时，挂入任何挡位都有异响，说明变速器第 2 轴的动力输出端轴承损坏，应进一步查明原因更换损坏的零件。若行车时除直接挡外其他挡位均有异响，说明变速器第 2 轴前端轴承损坏，应更换新件。

2）汽车行驶时，变速器各挡均有杂乱噪声，车速越高响声越大，说明各挡齿轮啮合不良。若第 2 轴与各滑动齿轮花键配合松旷，应解体查明过度磨损的零件，并予以更换。

3）若挂入某挡位时有不正常的齿轮啮合声，说明该挡位齿轮技术状况不佳或维修时没有成对更换齿轮，而是新旧齿轮搭配使用，则说明该齿轮副啮合不良，应更换齿轮。若某挡更换新齿轮，恰好该挡位声响显著，则说明该齿轮副啮合不良，磨合后会有好转。

4）若挂挡时有异响，挂挡后异响消失，多是变速器盖螺钉松动或拨叉弯曲变形，造成换挡时发响，应紧固变速器盖螺钉或校正变速叉。

5）换挡时变速器齿轮发响往往与离合器工作状况有关，应先按一定的方法和顺序检查离合器是否出现故障及故障的具体部位。如果离合器工作良好，应检查同步器锁环内锥面螺纹槽是否磨平，同步器滑块中间凸起部分是否磨损出槽，滑块弹簧弹力是否符合标准等。

六、变速杆抖动

1. 故障现象

汽车在行驶当中变速杆抖动有 2 种情况：一种是操作不当，换挡不及时而拖挡，引起变速杆短时间抖动；另一种是在行车全过程中或加速时，变速杆抖动。

2. 故障原因与维修

引起变速杆抖动的原因：

1）换挡叉与滑动齿套不垂直，配合不正或无间隙，在齿套旋转时，换挡叉与齿套环槽碰擦导致变速杆抖动。故障排除是检查或更换挡叉或滑动齿套。

2）同步器齿毂与轴松旷，径向和轴向间隙大，在传力时引起变速杆抖动。故障排除是调整径向和轴向间隙。

3）锁止定位装置与变速器盖孔间隙大或弹簧太软，变速器工作时，定位球或定位销随换挡叉轴在盖内前后窜动，导致变速杆抖动。故障排除是检查调整或更换磨损了的部件。

4）变速器与离合器壳体连接螺栓松动，或者是变速器第 1 轴、第 2 轴和中间轴的各轴承松旷，传动部分同轴度超差，所以变速杆抖动。故障排除：紧固螺栓、调整轴承松紧或更换轴承。

七、高挡区与低挡区不能互换

斯太尔系列重型柴油车采用 2F5S111GP 型或富勒 RT11509C 型变速器，这两种变速器各具有 6 个或 9 个前进挡和 1 个倒挡，分低挡区和高挡区。

汽车在使用中出现只有高速挡而没有低速挡，或者只有低速挡而没有高速挡的故障诊断与维修的步骤如下：

1）出现这种故障一般是副变速器高、低挡换挡阀操纵系统出了问题。这时应停车检查全车气压是否符合要求，然后将变速杆置于空挡，在高、低挡区来回拨动，观察变速器上盖的双 H 换挡阀有没有放气声。

2）如果没有放气声，通常是换挡减压阀堵塞或经减压阀输出的气压太低，必要时清洗或更换减压阀。

3）如果故障现象为：

a. 变速杆由低挡拨入高挡时，双 H 换挡阀排气口向外排气，而汽车行驶时只有低速挡而没有高速挡。

b. 变速器由高挡拨至低挡时，双 H 换挡阀排气口向外排气，汽车行驶时有高速挡而无低速挡。则排除上述故障的方法是将变速杆置于空挡位置左、右反复拨动，故障即会排除。造成这种故障的原因是双 H 换挡阀 O 形密封圈密封不严而漏气。

4）如果反复拨动变速杆无效，则说明双 H 换挡阀漏气或高、低挡换挡气缸漏气。如果变速器只有低速挡而无高速挡，则可将变速杆由低挡推入高速挡，然后拆下低速挡换挡气缸进气接头，如果气缸接头漏气，说明换挡气缸漏气。如果由双 H 换挡阀排气口排气，说明双 H 换挡阀漏气。如果是双 H 换挡阀的故障，一般更换换挡阀总成部件。如果是高、低挡气缸故障，则需要更换活塞上的 O 形密封圈。

八、锁环式同步器

在换挡过程中，为避免齿轮轮齿间的冲击，使将要进入啮合的一对齿轮圆周速度相同，即达到所谓同步，这种无撞击的换挡装置称为同步器。不论是锁环式同步器还是锁销式同步器，同步的基本原理都是通过同步器摩擦来使啮合与被啮合的两齿轮由圆周速度不等变为相等，即达到同步。

1. 故障现象

由于同步器长期使用而失效，因此在换挡时感到困难或发响。

2. 故障原因

（1）锁环内锥面磨损

锁环内锥面的作用是用来摩擦被啮合齿轮，使之转速与啮合套的转速尽快一致，以便啮合套在短时间内顺利啮合（挂入挡）。由于使用过久，锁环的内锥面环形螺纹牙顶磨损，对被啮合齿轮外锥面的油膜难以切破，从而降低摩擦力矩，则同步器的可靠性变差。另外，锁环内锥面磨损后，径向尺寸增大，工作时易靠贴被啮合齿轮的端面，使锥面的摩擦作用减小或消失。因此，难以起到同步作用。

（2）锁环与啮合套的锁止面磨损

锁环与啮合套的齿端均有 45°斜面。作用是挂挡时，啮合套未与被啮齿轮同步时，则转速差仍存在，使啮合套与锁环的锁止面（即齿端 45°的斜面）相抵紧而不滑动（即锁止）。直至啮合套与被啮齿轮转速差消除（即同步），锁止作用消失而顺利啮合。如果长期使用频繁换挡，锁止面磨损。当锁止角磨损成锐角时，锁止作用变小，未等两齿轮同步便会进行啮合，不仅造成挂挡不顺利，同时还会使齿轮撞击发响。

（3）滑块端面磨损

滑块的作用是挂挡时拨叉推动啮合套,并通过定位销带动滑块一起靠近被啮合齿轮。滑块先顶动锁环与被啮齿轮外锥面摩擦,使具有转速差的被啮合齿轮直至与啮合同步为止。如果滑块端磨损,则与锁环的缺口内端面间隙增大。换挡时,滑块尚未与锁环内端面接触,锁环内锥面与被啮合齿轮外锥面还未产生摩擦力矩,啮合套便已越过锁止与尚未同步的齿轮啮合,即不同步。

另外,滑块的压紧弹簧失效,当挂挡时,滑块不起作用,其结果与上相同。

(4) 锁环缺口变宽

由于同步器工作时,滑块侧面与锁环缺口的侧面相抵而产生磨损,当磨损量增大后,使缺口变宽与滑块的侧隙增大,锁环产生摩擦力矩时被齿轮相对啮合套超前的角度也相应增大,当啮合套与锁环齿端磨损变钝后,即使啮合套与被啮齿轮同步,但因啮合套与锁环两齿相抵而没有锁止,影响了换挡时机,使换挡不顺利。

3. 故障诊断与维修

1) 如果挂挡时不同步并有齿轮轮齿撞击声,表明锁环内锥面磨损过度使摩擦力矩减小,或压紧弹簧折断所致,应进一步解体查明。检查锁环内螺纹的牙顶宽应不大于 0.15 mm,否则,便是故障所在,应更换。此外还应检查锁环与被啮齿端面的距离,该距离在 0.8~1.6 mm,为正常。如果两者之间距离小于规定值,应更换。如果滑块压紧弹簧,弹力减小或完全失效,使同步器失效,应更换。

2) 如果感到挂挡困难,表明锁环缺口变宽,锁止角变钝所致。进一步拆下变速器盖观察。若锁止角变钝,可通过钳工修磨,使之恢复原有功能即可,严重损坏时应更换。

滑块与锁环缺口配合检验。拆下变速器盖,将啮合套放入空挡位置,使第1、2轴不要转动,滑块处于槽的中间位置。轻轻拨动同步器任一锁环,当锁环与滑块消除间隙时,再轻轻拨动啮合套。当看到啮合套上的内齿,若恰好与锁环上的牙齿相抵,说明锁环上的槽与滑块配合间隙正常。若锁环槽与滑块配合间隙过大,说明滑块与槽均有磨损严重,应更换新件。

九、锁销式同步器

1. 故障现象

锁销式同步器也是依靠摩擦使啮合套与被啮合齿轮转速一致,达到同步。锁销式同步器经长期使用而失效,在换挡时困难或发响。

2. 故障原因

(1) 锥盘与锥环磨损

锥盘与锥环磨损后,会导致锥盘的压紧力减小,同步的摩擦力也减小,造成换挡困难。

(2) 锁销、定位销磨损

锁销用于换挡时,在啮合套与被啮合齿轮未同步前起锁止作用,锁止其未同步时不得换挡。如果锁销、定位销与接合套上的孔磨损,配合松旷,会导致锁止能力下降,使锁止机构对锥盘的压紧力减小,延长同步时间。同时,由于锁止能力下降,接合套容易在与被啮齿轮未同步时进行啮合，造成挂不上挡和响齿。

3. 故障诊断与维修

1）在换挡时，不能在短时间内同步，换挡时间拖长，说明锥盘与锥环的工作面磨损。若磨损不严重可对锥环加工修理，即把锥环车去 0.5～1.00 mm，锥盘可继续使用。若磨损严重，应更换同步器总成或更换锥环。维修后的同步器，要求锥环与锥盘相接触的锥面间的间隙小于 0.3 mm。

2）在换挡时，手推变速杆阻力较小，进入啮合前有响齿，说明同步器锁止机构有故障，这时应更换锁止机构或同步器总成。

十、漏 油

1. 故障现象

变速器齿轮油从上壳、前后轴承盖或其他部位渗漏。

2. 故障原因

1）变速器上、下壳之间，壳体与延伸壳之间或延伸壳和换挡壳之间的连接螺栓松动，接合部位密封不严。

2）油封磨损过度或油封损坏，造成齿轮油渗漏。

3）加油螺塞或放油螺塞没有拧紧。

4）壳体出现裂纹。

3. 故障诊断与维修

1）变速器有漏油现象时，应按油迹对漏油部位进行检查，找出原因予以排除。

2）如果连接部位的螺栓松动，应予拧紧；若油封磨损或损坏，应更换新件。若加油或放油螺塞处有渗油，应将螺塞拧紧；若壳体有裂纹，应更换新件。

十一、过 热

1. 故障现象

变速器正常的工作温度 120℃以上，如果温度过高，会使齿轮油变质，润滑性能变坏。

2. 故障原因

1）变速器油面过高或过低，齿轮油质量差。

2）轴承过紧或齿轮啮合间隙过小。

3）汽车长时间超载低速或超速行驶，使变速器重负荷长时间工作，产生的热量不能及时散发。

3. 故障诊断与维修

1）按原厂规定使用齿轮油，并按规定进行里程检查，定期更换齿轮油，油品质量要保证。

2）不得超载、超速运行，以减少变速器热量的产生。

3）检查轴承的紧度，必要时调整或更换新件。

4）检查齿轮的啮合间隙，必要时予以调整。

第四节　分动器结构特点

东风牌军用高通过性越野牵引汽车 EQ2100E6D 和 EQ2102 是 6×6 驱动方式，它是利用传统分动器的结构把从变速器传来的旋转动力，分别传递到前、中、后驱动桥。

一、技术参数

分动器技术参数见表 2-12。

表 2-12　分动器技术参数

适用车型		EQ2100E6D	EQ2102
变速器结构形式		机械式，分高、低 2 挡，2 根输出轴	
操纵形式		机械式操纵	远距离电控气操纵
齿轮形式		斜齿	
速比	高挡	1.20	1.348
	低挡	2.05	2.41
润滑油	型号	APIGL—4 级 85W/90 车用齿轮油	
	容量(L)	4	
	润滑方式	飞溅式	

二、结构特点

东风牌汽车的分动器是传统的多轴平行轴式外啮合齿轮传动箱，设有常用高挡和加力用低挡，有 2 根输出轴可以同时向前桥和中、后桥输出动力，同时可以方便地分离或接合前驱动桥。在分动器上部还设置有供取力用的窗口，以便能安装专用的动力输出装置。

我们以 EQ2100E6D 分动器为例，介绍分动器的基本工作原理。

该车分动器由左、右 2 个凸缘轴吊置于车架上，并在壳体上方设置有止推支承，以承受产生于汽车行驶方向的推力。

如图 2-69 所示，分动器由壳体和盖、齿轮传动机构、换挡操纵机构 3 部分组成。

主动轴 6，中间轴 5，中、后桥驱动轴 14 各通过一对圆锥滚柱轴承支承于分动箱壳 7 和分动箱盖 8 上。前桥驱动轴 3 的前端通过单列向心球轴承支承于轴承座内，后端通过带保持架的滚针轴承浮套于中后桥驱动轴的前端孔内。

为提高齿轮强度、减小噪声和换挡轻便，全部采用常啮合斜齿圆柱齿轮传动。驱动齿轮与主动轴制成一体，中间轴上用半圆键固定有高挡主动齿轮、低挡主动齿轮与中间轴制成一体，中后桥驱动轴上装有高挡从动齿轮 2 和低挡从动齿轮 1。低挡从动齿轮通过一对并列的带保持架的滚针轴承浮套于轴上，而高挡从动齿轮则直接浮套于轴

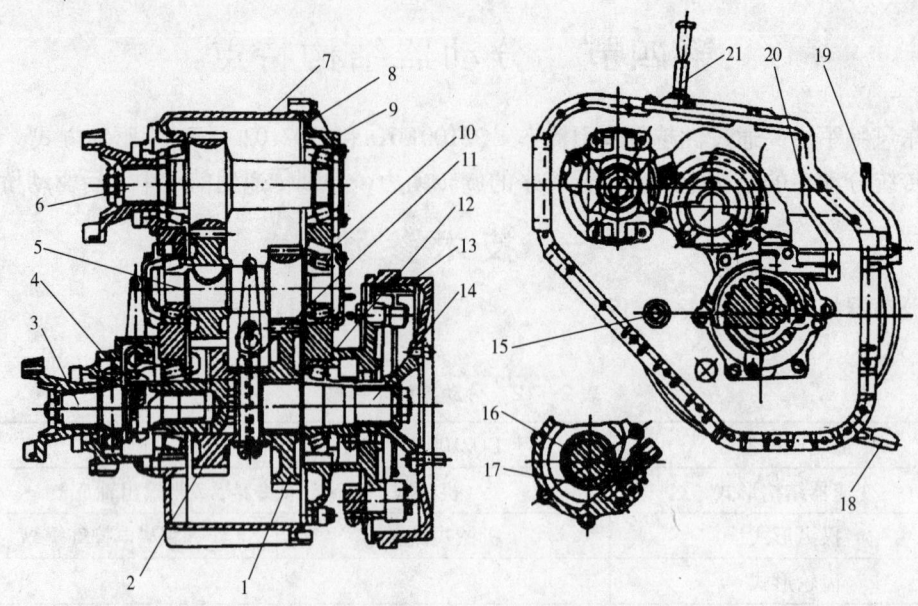

1—低挡从动齿轮 2—高挡从动齿轮 3—前桥驱动轴 4—前桥接合齿套 5—中间轴 6—主动轴 7—分动箱壳 8—分动箱盖 9—轴承盖 10、12—调整垫片 11—高、低挡换挡接合齿套 13—手制动总成 14—中、后桥驱动轴 15—加油孔 16—里程表主动齿轮 17—里程表从动轮 18—手制动拉臂 19—高、低挡换挡摇臂 20—前桥换挡摇臂 21—通气塞

图 2-69 分动器结构

上,没有装用轴承(因高挡时齿轮与轴同步,而低挡使用机会又少),但相应轴颈上加工成可供润滑槽用的多棱面,表面又经磷化处理,以提高初期磨合性能和耐磨性能。

分动器的操纵机构为机械式,其高、低挡的变换和前驱动桥的接合、分离皆采用啮合套和转动换挡叉式结构,换挡轻便灵活。高、低挡换挡接合齿套和前桥接合齿套4分别装在中后桥驱动轴和前桥驱动轴的齿座上,每个齿座上都均布有3个钢球和3个弹簧,当钢球分别落于啮合套中间的V形环槽和啮合套端部的3个半球形槽后,啮合套就被定位于空挡或其他工作位置上。

另外,分动器还采用了如图2-70所示的防跳挡结构。在高、低挡的换挡啮合套的接合齿和2个从动齿轮的接合齿加工成"倒锥形"的齿形(同变速器),而接合前桥驱动

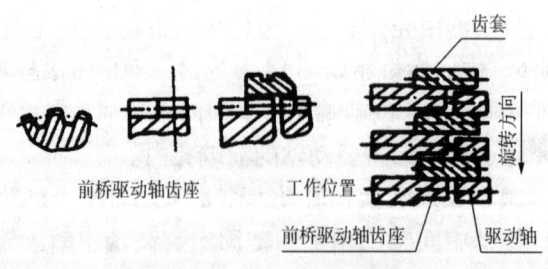

图 2-70 双边减薄齿形

的防跳挡结构则不同,是把前桥驱动轴的接合齿加工成两部分,在用于前桥驱动的接合齿段其齿厚双边减薄(称"双边减薄齿形")。

壳体为开式结构,图2-69中分动箱壳7和分动箱盖用2个定位销和23个螺栓连成一体。直壳体上部装置有3个集油槽,以供在分动器运转时,收集飞溅起的部分齿轮油,并通过外壳和盖上的油道孔来保证油面以上的圆锥滚柱轴承的润滑。

壳体前面中部和盖的下部各装有1个锥形螺塞,前螺孔为加油用和油面检视用,后螺孔为放油用。为防止分动器运转时内部压力增高而引起漏油,在壳体顶部取力孔盖板上装有通气塞21。

第五节 分动器调整与维护

一、维修标准

分动器的维修标准见表2-13。

表2-13 分动器的维修标准 （mm）

	项 目	维修标准	磨损极限
1	所有轴承外圈与壳体座孔配合	-0.026～0.024	0.05
2	主动轴前轴承内圈与主轴轴颈	-0.039～-0.009	0.02
	主动轴后轴承内圈与主动轴轴颈	-0.047～-0.018	0.03
3	中间轴前、后轴承内圈与中间轴轴颈	-0.047～-0.018	0.03
4	所有滚针轴承与轴、齿轮配合	0.024～0.084	0.30
5	高、低速挡从动齿轮与总成上的轴向间隙	-0.36～-0.175	0.40
6	高、低速挡换挡接合齿套与中、后桥驱动轴花键齿隙	-0.22～-0.05	0.35(参考)掉挡
7	接合齿套环槽与高、低速挡换挡拨叉块端隙	-0.05～-0.20	掉挡
8	前桥接合齿套与中、后桥驱动轴花键齿隙	-0.29～-0.60	0.35(参考)掉挡
9	前桥驱动接合叉与啮合套环槽间隙	-0.50～-0.20	掉挡
10	叉形凸缘与轴的花键齿隙	-0.20～-0	0.50

二、拧紧力矩

分动器的拧紧力矩见表2-14。

表2-14 分动器的拧紧力矩　　　　　　　　　　　　　　　　　　(N·m)

项　目	拧紧力矩	项　目	拧紧力矩
凸缘叉锁紧螺母	250～300	传动轴与分动器凸缘	90～110
中间轴锁紧螺母	200～250	分动箱外壳与支承轴紧固螺栓	50～70
分动器与分动器外壳紧固螺栓	30～40		

三、分解和装复

1. 概要

1）在主动轴、前桥驱动轴的前端和中后桥驱动轴的后端装有不同形状和尺寸的叉形凸缘，其中前桥驱动轴上的为小尺寸凸缘，其余为大尺寸凸缘。叉形凸缘由4片碟形弹簧垫片和锁紧螺母紧固，各垫片凹面须朝向箱体，且片数不得少装。

2）中后桥驱动轴后部装有车速里程表传动齿轮副，主动齿轮装于轴上，并通过凸缘压紧；从动齿轮装于里程表软轴接头内，软轴接头用螺钉固定在手制动器支座上。分动器解体维护时，应先拆卸里程表接头，取出从动齿轮后，方可拆卸手制动器支座，在装复时应按相反顺序进行。

3）分动器拆装时，应注意各圆锥滚柱轴承的内外圈保持原配成套，不得混乱，更换新件时也必须成套更换。

4）分动器组装前，应仔细清洗外壳及盖上的油道孔，装配时各轴承盖和调整垫片的油道缺口应对准外壳或盖上的油道孔。

5）由于轴承和轴的配合多为过盈配合，所以在没必要拆卸时，最好不要拆卸。齿轮和半圆键的连接也不宜常拆卸。

2. 装配的主要步骤

（1）先组装好各分总成或组合件

1）组装好前桥驱动轴和外壳总成。如图2-71，在拧紧接合叉止动螺栓12后，应在接合叉螺纹处冲铆两点将螺钉锁住。

2）装好中间轴总成。如图2-72，按规定力矩拧紧中间轴锁紧螺母8后将螺母锁片9折弯2个边，将螺母锁住。

3）安装中、后桥驱动轴总成。高、低速挡齿轮应能在轴上自由转动，不得有卡滞现象。高、低挡换挡接合套应能在轴上自由滑动，挂挡自如，不得有卡滞现象。

4）安装分动器盖及中、后桥驱动轴总成。先不装主动轴后轴承盖、中间轴轴承盖，在中、后驱动轴总成上装上手制动器的甩油环和凸缘，并拧紧螺母以便装好分动器各分总成后，调整中、后桥驱动轴轴承的预紧度。切记里程表被动齿轮也要同时装入。

（2）总成装配（如图2-71、图2-72）

1）将分动箱外壳开口的一面朝上，装入主动轴总成和中间轴总成。

2）装入分动箱盖及中、后桥驱动轴总成，同时连同换挡叉及拨块装入接合齿套的环槽中,并在环槽中涂适量润滑油,并装好换挡叉轴及换挡臂。

3)将分动器平放,装复中间轴前、后轴承盖和调整垫片及衬垫,调整好轴承预紧度。

4)装复主动轴轴承盖和调整垫片及衬垫,调整好轴承预紧度后,再装复叉形凸缘总成。

5)装好前桥驱动轴及外壳总成。

6)调整好中、后桥驱动轴轴承的预紧度后,装复手制动器各零部件。

7)所有齿轮副在装入时均应涂以适量润滑油。

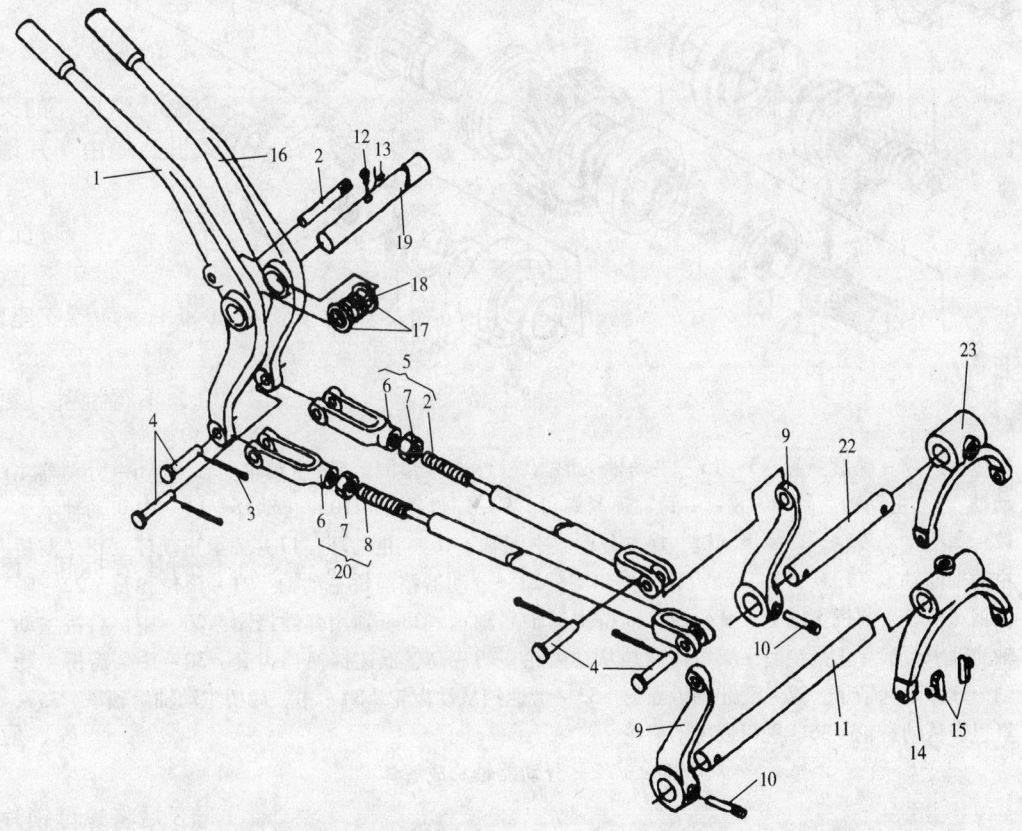

1—分动器高、低挡换杆 2—滚花圆柱销 3—开口销 4—平头销 5—拉杆及螺纹叉总成 6—螺纹叉 7—螺母 8—高、低挡拉杆 9—换挡摇臂 10—紧固销 11—高、低速挡换挡叉轴 12—止动螺栓 13—钢丝锁线 14—前桥驱动接合叉 15—换挡叉拨 16—前桥接合杆 17—垫片 18—弹簧 19—操纵杆轴 20—拉杆及螺纹叉总成 21—前桥拉杆总成 22—前桥驱动接合叉轴 23—高、低挡换挡叉

图2-71 操纵机构

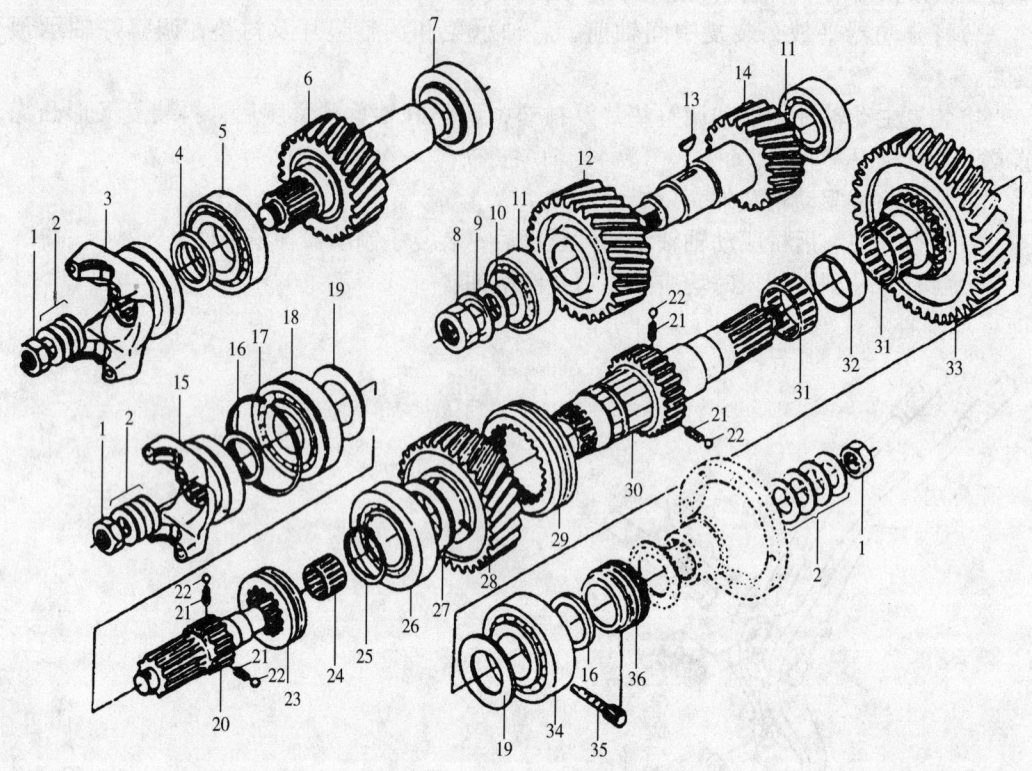

1—螺母 2—碟形弹簧 3、15—主动轴叉形凸缘 4—推垫圈 5—主动轴前轴承 6—分动器主动轴 7—主动轴后轴承 8—中间轴锁紧螺母 9—螺母锁片 10—止动环 11—中间轴轴承 12—高挡主动齿轮 13—半圆键 14—分动器中间轴 16—止动环 17—轴承止动环 18—前桥主动轴前轴承 19—低挡从动齿轮止推垫圈 20—分动器箱前桥主动轴 21—限位弹簧 22—限位钢球 23—前桥主动啮合套 24—前桥主动轴后轴承 25—轴用弹性挡圈 26—中、后桥主动轴前轴承 27—止推垫圈 28—高速挡从动齿轮 29—高、低速挡换挡齿套 30—中、后桥主动轴 31—滚针轴承 32—滚针轴承隔套 33—低速挡从动齿轮 34—中、后桥主动轴后轴承 35—里程表从动齿轮 36—里程表主动齿轮

图 2-72 分动器轴总成解体

四、各对轴承的调整

为保证各轴的支承刚度和轴承的使用寿命，每对圆锥滚柱轴承必须具有适当的预紧度，它可以通过增减相应轴承盖和手制动器支座下的钢质垫片进行调整。调整好后，在不装油封时，轴承上涂有薄层齿轮油(或适量钙基润滑脂)以及各相应轴承。

盖(或手制动器支座)螺栓都按规定力矩拧紧的情况下，在轴沿一个方向连续旋转不少于5圈后测量，转动各轴的转矩应为 0.50～1.30 N·m，即以无轴向松动量并能灵活转动为宜。

各组垫片厚度分别为 0.1、0.15、0.25、0.5、1.0 mm 5 种。当轴承使用磨损后，轴承的预紧度靠抽减垫片来调整。当更换新轴承时，应重新组合垫片组，每组应包括各种厚度的垫片，其中0.1、0.15、0.25 mm厚度的垫片不少于2片，其余可按需要决定片数。

各对圆锥滚柱轴承的调整次序为：先调中间轴，后调主动轴和中、后桥驱动轴。前桥驱动轴轴承的预紧度不能调整，若轴承磨损过大就需要更换新轴承。

五、维　　护

每4000 km保养时应清洗通气塞，并检查润滑油面，不足时添加。通气塞堵塞和油面过高将使分动器内油压增高，造成各结合面、油封处漏油。油面低于正常检查面（螺孔的下缘）时，将易引起上轴承烧坏。

每8000 km保养时应检查分动器的凸缘轴与壳体和车架的紧固情况，检查分动器上支承的紧固情况。每24 000 km更换分动器润滑油时，应在热态下将油放出，再用煤油清洗分动器内部。

第3章　柴油车传动装置结构与维修

万向传动轴是由万向节的传动轴组成,它主要用于非同心轴之间或工作中相对位置经常变化的两种轴之间的动力传递。

根据传动系统布置,变速器与离合器、发动机固定在车架前部,而后桥通过钢板弹簧和车架相连。因而,变速器输出轴与桥主减速器输入轴不在同一条直线上。而且随着载荷、路面行驶条件的变化,以及钢板弹簧的变形,这种相对位置也随之发生变化。所以,在汽车行驶过程中,变速箱与驱动桥之间的距离会发生变化,而且其轴间夹角也会发生变化。为了适应这种变化并能可靠地传递动力,传动轴采用万向节及可伸缩的花键等组成。

第一节　典型柴油车传动轴结构

一、传动轴功用与材料

1. 传动轴功用

传动轴是万向传动装置中的主要传力部件。通常用来连接变速器(或分动器)和驱动桥,在转向驱动桥和断开式驱动桥中,则用来连接差速器和驱动轮。

2. 传动轴材料

传动轴有实心轴和空心轴之分。为了减轻传动轴的质量,节省材料,提高轴的强度、刚度及临界转速,传动轴多为空心轴,一般用厚度为1.5～3.0mm且厚薄均匀的钢板卷焊而成,超重型柴油车则直接采用无缝钢管。转向驱动桥、断开式驱动桥或微型汽车的传动轴通常为实心轴。

传动轴过长时,自振频率降低,易产生共振。故将其分成两段并加中间支撑,见图3-1所示。中间传动轴前端焊有万向节叉,后端焊有花键轴,其上套装带内花键的凸缘盘;主传动轴前端焊有花键轴,其上套装滑动叉并在花键轴上可轴向滑动,使传动轴可以伸缩,适应变速器与驱动桥相对位置的变化,花键部分用润滑脂润滑,并用油封(即橡胶伸缩套)防漏。为了防水、防尘,滑动叉前端装有带小孔的堵盖,后端与轴管间装有可伸缩的橡胶套,两端用带开口销的带箍卡紧。传动轴两端用十字轴万向节分别与输入轴和输出轴连接。

传动轴两端的连接件装好后,应进行动平衡试验。中间传动轴是以前端凸缘叉的止口和后端油封颈处定位,主传动轴是以两端凸缘叉止口定位进行动平衡检验,在质量轻的一侧补焊平衡片,使其不平衡量不超过规定值。为防止装错位置和破坏平衡,滑动叉、轴管都刻有带箭头的记号,装配时应使记号对准,此时两端万向节叉也正好在同一平面内。为保持平衡,油封上两个带箍的开口销应装在间隔180°位置上,万向节的螺钉、垫片等零件,不应随意改换规格。为加注润滑脂方便,万向节和滑动叉上的润滑脂加注嘴应在一条直线上,且万向节上的润滑脂加注嘴应朝向传动轴。

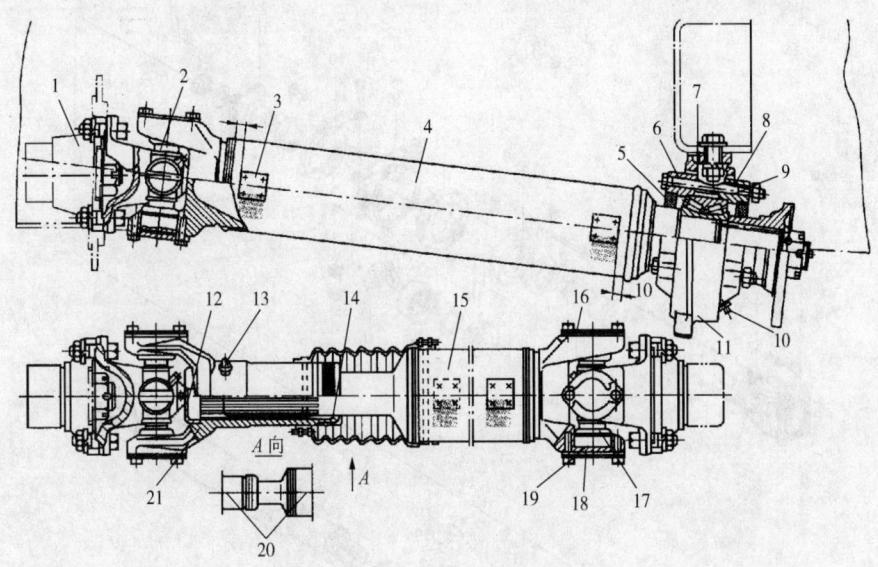

1-凸缘叉 2-万向节十字轴 3-平衡片 4-中间传动轴 5、14-油封 6-中间支撑前盖 7-橡胶垫环 8-中间支撑后盖 9-双列圆锥滚子轴承 10-润滑脂 11-支架 12-堵盖 13-润滑脂加注嘴 15-主传动轴 16-锁片 17-滚针轴承油封 18-滚针轴承盖 19-万向节滚针轴承 20-装配位置标记 21-万向节滑动叉

图3-1 载重柴油车的传动轴和中间支撑

为了减少传动轴中花键连接的轴向移动阻力和磨损,有的传动轴在花键槽内设置滚动元件,改滑动摩擦为滚动摩擦。

二、传动装置结构特点

1. 解放牌柴油车传动装置结构特点

解放牌柴油车的传动轴与CA1092型汽油车的传动轴没有大的区别。都为开式2根传动轴,3个万向节和1套中间支承的装置(见图3-2)。传动轴为管状结构,分2节,由3套十字轴式万向节连接。

中间传动轴前端装有万向节,后端装有中间支承。

后桥传动轴两端均装有万向节,并由传动轴花键轴15和滑动叉14组成滑动花键副,保证后桥传动轴能自由伸缩。

传动轴的3套万向节结构相同,由凸缘叉1、焊接叉2、十字轴21和滚针轴承20组成,滚针轴承支承片19用来限制滚针轴承转动和轴向定位。

传动轴中间支承采用双列圆锥滚子轴承,装在橡胶垫环7内;橡胶垫环装于固定在车架横梁上的中间支承轴承支架8内,橡胶垫环可以吸收传动轴的振动,同时适应发动机前、后窜动及后桥跳动的需要。

中间支承轴承有2个内圈和1个共同外圈,两内圈之间有一隔套供调整轴向间隙

新型柴油车结构与维修·底盘

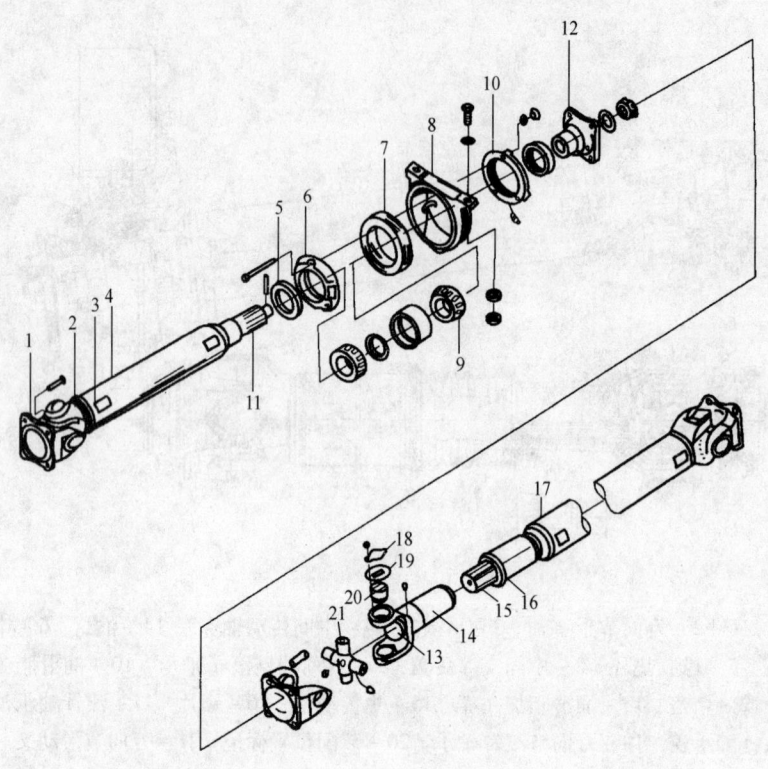

1—凸缘叉 2—焊接叉 3—平衡片 4—中间传动轴轴管 5—中间支承油封 6—中间轴承前盖 7—橡胶垫环 8—中间支承轴承支架 9—中间支承轴承 10—中间支承轴承后盖 11—中间传动轴花键轴 12—凸缘 13—滑动叉堵盖 14—滑动叉 15—传动轴花键轴 16—滑动叉防尘罩及毛毡油封总成 17—传动轴轴管 18—锁片 19—滚针轴承支承片 20—滚针轴承 21—十字轴

图3-2 传动轴分解

用;轴承按轴向游隙的要求选配成套,因此隔套不能互换。

CA1170PK1L2型汽车,由于车体较长和传动轴较长等原因,传动轴做成3根,有4个万向节和2套中间支承。具体结构与其他车型的传动轴基本相同。

2. 东风牌柴油车传动轴结构特点

传动轴系统一般由中间传动轴及支承总成、传动轴带滑动叉总成组成,EQ1141G2传动轴系见图3-3所示,把来自发动机、变速器的输出扭矩传递到驱动桥,驱动车轮。

中间传动轴的前端与变速器的输出法兰盘相连接,中间支承悬挂在车架的横梁下面(由U形托架固定),中间支承轴承可以轴向微量滑动,以此来补偿轴向位置安装误差和允许汽车在运行时轴承前后微量窜动,减少轴承的轴向受力。轴承座装在蜂窝形橡胶垫环内,橡胶垫环能够吸收传动轴的部分振动,降低噪声,并能适应传动轴安装角的误差,减少轴承上的附加载荷。

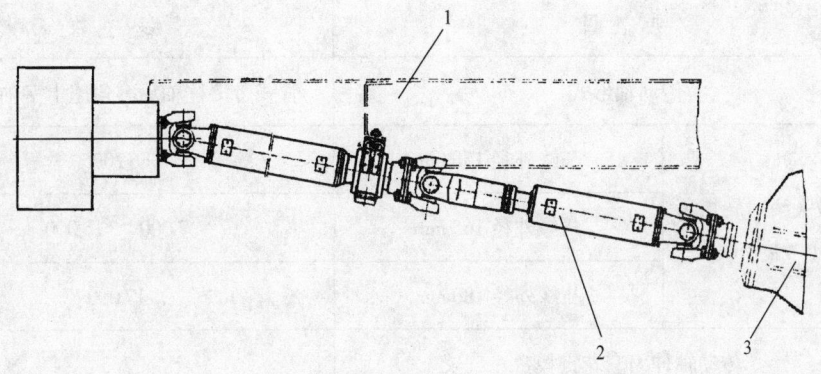

1-车架 2-传动轴 3-驱动桥
图 3-3 EQ1141G2 传动轴

传动轴带滑动叉总成有内滑式和外滑式 2 种。由于汽车在运行中后桥与车架的相对位置发生变化，这样要求传动轴的安装角度和长度作相应改变，万向节和滑动花键的结构就能够满足这一要求。EQ1141G2 传动轴带滑动叉总成为凸缘式内侧滑动双万向节结构。

EQ2100E6D、EQ2102 采用贯通式结构——中桥是贯通桥。见图 3-4 所示，即中桥上的贯通轴把前后 2 根传动轴连结起来，中桥传动轴驱动中桥的同时，通过贯通轴又驱动后桥。

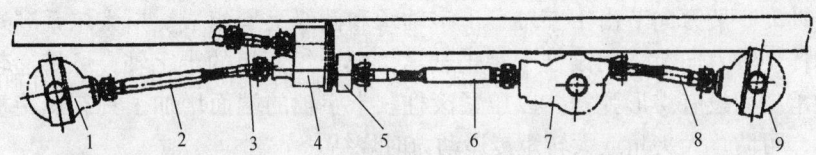

1-前桥 2-分动器至前桥传动轴 3-变速器至分动器传动轴 4-分动器
5-驻车制动器 6-分动器至贯通桥传动轴 7-贯通桥（中桥） 8-贯通桥至后桥传动轴 9-后桥

图 3-4 EQ2100E6D 传动轴

3. 斯太尔系列重型柴油车传动轴结构特点

注意： 传动轴总成必须100%进行动平衡校验，并打上刻印的装配标记，这是为了拆检维修后的装复，因为只有使装配标记对齐才能保证传动轴总成仍具有原有的动平衡精度。

斯太尔系列重型柴油车采用德国 GWB 公司的传动轴。传动轴基本参数见表3-1。

斯太尔系列重型柴油车根据驱动形式的不同选择不同的传动轴。一般来讲 4×2 驱动形式的汽车只有 1 根主传动轴。6×4 驱动形式的汽车有中间传动轴，主传动轴和中、后桥传动轴。

表3-1 传动轴基本参数

项目		参数				
传动轴形式		管式带滚柱轴承等角速十字轴万向节				
允许最大瞬时转矩（N·m）	凸缘外径 150 mm	6 200				
	凸缘外径 165 mm	7 000～15 000				
	凸缘外径 180 mm	17 000				
传动轴伸缩套花键模数		2.5				
万向节最大转角		35°				
传动轴管直径(mm)	80	85	92	100	104	110	140
轴管壁厚(mm)	3.5	5	6.5	6	8	6	6

6×6 驱动形式的汽车不仅有中间传动轴，主传动轴和中、后桥传动轴，而且还有前桥驱动传动轴。在长轴距车辆的中间传动轴一般设有传动轴中间支承，它由支承架、轴承和橡胶支承组成。

传动轴是由轴管、伸缩套和万向节组成。伸缩套能自动调节变速器与驱动桥之间距离。万向节是保证变速器输出轴与驱动桥输入轴两轴线夹角的变化，并实现两轴的等角速传动。一般万向节由十字轴、十字轴承和凸缘叉等组成。斯太尔系列重型柴油车使用的传动轴万向节采用滚柱十字轴轴承，配合短而粗的十字轴，可传递较大的转矩。在轴承端面设有蝶形弹簧，以压紧滚柱。十字轴的端面增加了具有螺旋槽的强化尼龙垫片，可防止大夹角或大转矩传递动力时烧结。

传统结构的传动轴伸缩套是将花键套与凸缘叉焊接在一起，将花键轴焊在传动轴管上。而 GWB 公司的传动轴一改传统结构，将花键套与传动轴管焊接成一体，将花键轴与凸缘叉制成一体。并将矩形齿花键改成大压力角渐开线短齿花键，这样既增加了强度又便于挤压成型，适应大转矩工况的需要。在伸缩套管和花键轴的牙齿表面，整体涂浸了一层尼龙材料，不仅增加了耐磨性和自润滑性，而且减少了冲击负荷对传动轴的损害，提高了缓冲能力。

该型传动轴在凸缘花键轴外增加了一个管形密封保护套，在该保护套端部设置了两道聚氨酯橡胶油封，使伸缩套内形成了一个完全密封的空间，使伸缩花键轴不受外界沙尘的侵蚀，不仅防尘而且防锈。因此装配时在花键轴与套内一次性涂抹润滑脂，就完全可以满足使用要求，不需要装油嘴润滑，减少了维护内容。

传动轴是一个高转速、少支承的旋转体，因此它的动平衡是至关重要的。一般传动轴在出厂前都要进行动平衡试验，并在平衡机上进行了调整。因此，一组传动轴是配套出厂的，在使用中就应特别注意。

三、中间支承

传动轴分段时须加中间支承。通常中间支承安装在车架横梁上，应能补偿传动轴轴向和角度方向的安装误差以及车辆行驶过程中由于发动机窜动或车架等变形所引起的位移。

1. 蜂窝软垫式中间支承

蜂窝软垫式中间支承如图3-5所示。轴承3可在轴承座2内滑动。由于蜂窝形橡胶垫5的弹性作用，能适应上述安装误差和行驶中出现的位移。此外，还可吸收振动并减少噪声传导。蜂窝软垫式结构简单，效果良好，应用较广泛。

2. 双列圆锥滚子轴承式中间支承

双列圆锥滚子轴承式中间支承的特点是圆锥滚子轴承可承受较大的轴向力，便于调整（磨削双列轴承内座圈之间的调整垫，以减小间隙），使用寿命较长。

3. 摆动式中间支承

摆动式中间支承如图3-6所示。当发动机轴向窜动时，中间支承可绕支承轴3摆动，改善了轴承的受力状况。此外，橡胶衬套2和5能适应传动轴轴线在横向平面内少量的位置变化。

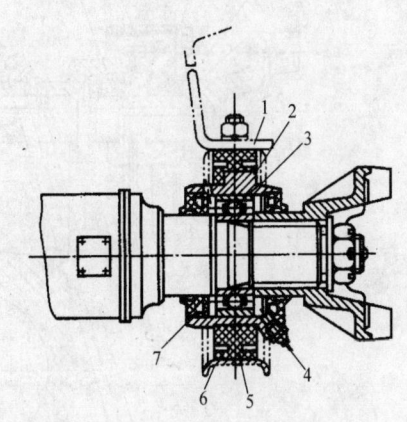

1—车架横梁 2—轴承座 3—轴承 4—注油嘴
5—蜂窝形橡胶垫 6—U形支架 7—油封
图3-5 蜂窝软垫式中间支承

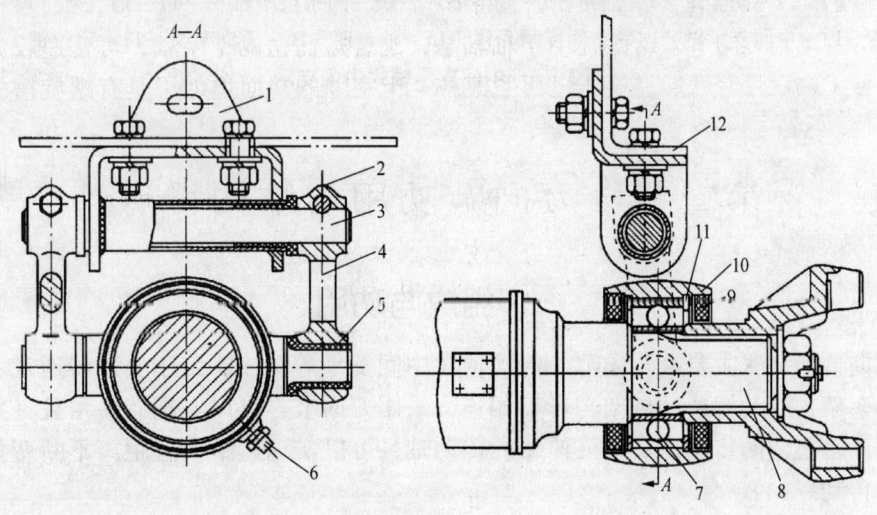

1—支架 2、5—橡胶衬套 3—支承轴 4—摆臂 6—注油嘴 7—轴承 8—中间传动轴 9—油封 10—支承座 11—卡环 12—车架横梁

图3-6 摆动式中间支承

4. 中间支承轴式中间支承

中间支承轴式中间支承如图3-7所示。中间支承轴13支于安装在中间支承壳体14内的2个圆锥滚子轴承10上。整个中间支承用2个U形螺栓4和中间支承托板2固定在中桥壳3上,并用2个定位销17在中桥壳上定位。调整垫片9用以调整滚子轴承的紧度。

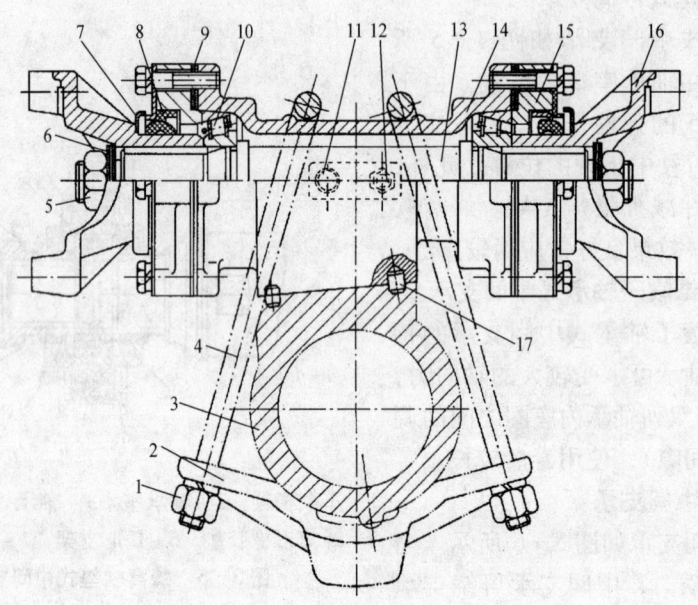

1-U形螺栓紧固螺母 2-中间支承托板 3-中桥壳 4-U形螺栓 5-万向节叉紧固螺母 6-垫片 7-防尘罩 8-油封 9-调整垫片 10-圆锥滚子轴承 11-通气塞 12-注油嘴 13-中间支承轴 14-中间支承壳体 15-油封座 16-万向节叉 17-定位销

图3-7 中间支承轴式中间支承

第二节 万向节功用与结构特点

一、组成与功用

万向传动装置主要由万向节、传动轴和中间支承等组成。由于变速器通过发动机支承于车架,驱动桥通过悬架与车架相连,采用万向节,可以实现有夹角且夹角不断变化的两轴之间的传动;采用可伸缩的传动轴,可以实现远距离且距离不断变化的两轴间的传动。

万向传动装置主要用于变速器与驱动桥之间的传动。除此之外,如转向轴、采用独立悬架汽车的半轴和转向驱动桥的半轴等,也在使用。

二、结构特点

万向传动装置的万向节广泛采用普通十字轴刚性万向节。

1. 普通十字轴刚性万向节的结构

(1)万向节的结构特点

如图3-8所示,万向节由万向节叉、十字轴和轴承等组成。十字轴有两对轴线互相垂直的轴颈,两万向节叉的孔套装于轴颈上。在万向节叉孔与十字轴轴颈之间,装有由滚针和套筒组成的轴承。轴承套筒被可靠地固定于万向节叉上,防止由于离心力的作用而甩出。当主动叉转动时,通过十字轴旋转平面的摆动,使从动叉绕自己的轴线转动。

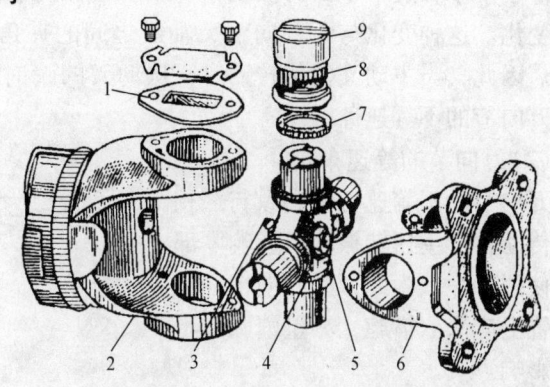

1-轴承盖 2、6-万向节叉 3-润滑脂加注口 4-十字轴 5-安全阀 7-油封 8-滚针 9-套筒

图3-8 十字轴刚性万向节

(2)轴承套筒的固定方法

轴承套筒的固定方法有多种:如图3-9所示,用轴承盖防止其转动,并将轴承盖用螺栓固定于万向节叉。为防止螺栓松动,采用锁片将螺栓锁紧。如图3-9所示,在套筒外端利用卡环嵌入万向节叉孔相应环槽内,将套筒固定;利用卡环嵌入套筒内端环槽,将套筒固定。

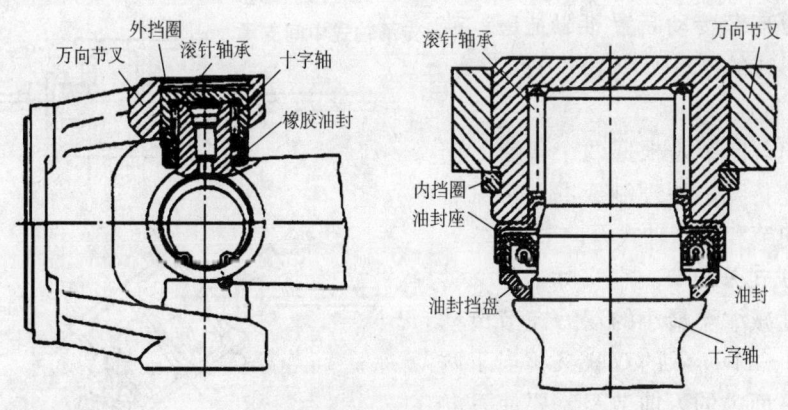

图3-9 轴承套筒的固定方法

(3)万向节的润滑

采用定期润滑的方式对轴承进行润滑。注油嘴安装于十字轴中部,十字轴为中空结构,有油道与轴颈连通。通过注油嘴定期将润滑脂注入十字轴内,通过油道将润滑

脂送到轴承处进行润滑。为防止润滑脂外漏，在轴承内侧设有橡胶密封圈。

2. 普通十字轴刚性万向节的速度特性

(1) 万向节的速度特性

由于十字轴旋转平面的摆动，导致从动叉的瞬时转速产生以180°为变化周期的周期性变化。这种变化与两万向节叉轴线之间的夹角有关，夹角越大，转速的变化范围越大。因此，当主动叉匀速转动时，从动叉的瞬时转速时快时慢。这就是普通十字轴刚性万向节的不等速性。

(2) 万向节的等速布置

万向节的不等速特性导致与之相连的传动轴产生扭转振动，影响零部件的使用寿命。为此，在万向传动装置布置上应采取措施，尽量消除其不等速影响。

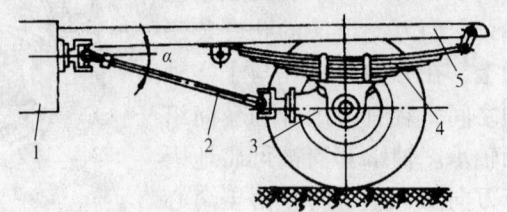

1—变速器　2—万向传动轴　3—驱动桥
4—钢板弹簧　5—车架

图3-10　变速器与驱动桥之间的万向传动轴

采用两个万向节传动，中间用传动轴相连，如图3-10所示。只要满足下列条件，就能实现等速传动。

第一个万向节的主动叉与第二个万向节的从动叉处于同一个平面；第一个万向节两轴间夹角与第二个万向节两轴间夹角相等。这样，第一个万向节的主动叉与第二个万向节的从动叉的瞬时转速是相等的，而传动轴的瞬时转速是周期性变化的。由于很难做到两个万向节的轴间夹角相等，因而只能使其不等速性尽量变小。

3. 准等速万向节和等速万向节

转向驱动桥和独立悬架的驱动桥，由于受轴向尺寸限制、转向轮偏转角大等原因，两个普通万向节传动装置难以适应，故采用各种形式的准等速和等速万向节。

(1) 准等速万向节

准等速万向节是根据两个普通万向节实现等速传动的原理制成的。常见有双联式万向节和三销轴式万向节。

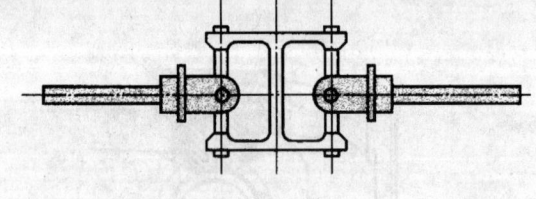

1) 双联式万向节。它实际上是一套传动轴长度减缩至最小的双万向节传动装置。图3-11所示的双联叉相当于两个在同一平面内的万向节叉。要使万向节叉轴的角速度相同，应保证$\angle\alpha_1 = \angle\alpha_2$。为此有的双联式万向节装有分度机构（多为球销之类零件组成），使双联叉的对称线平分所连两轴的夹角。目前汽车转向驱动桥采用的双联式万向节为

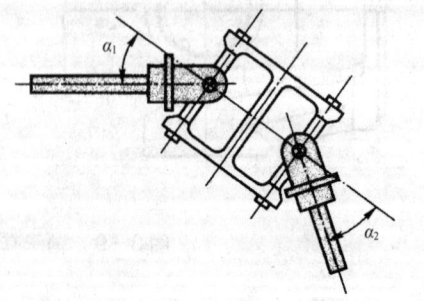

图3-11　双联式万向节的结构原理

使结构简化,省去了分度机构,在结构上将内半轴(见图3-12)或外半轴用轴承组件定位在壳体上,保证汽车直线行驶时万向节中心点位于主销轴线与半轴线的交点。

当外半轴(与转向轮相连)相对内半轴在一定角度范围内摆动时,双联叉也被带动相应角度,使两个十字轴中心连线与两万向节叉轴线的交角差值很小,内外半轴的角速度接近相等,其差值在容许范围内,故双联式万向节具有准等速性。轮胎的弹性变形可以吸收这微小的不等速,不会导致轮胎滑磨。

双联式万向节允许有较大的轴间夹角,且结构简单,制造方便。

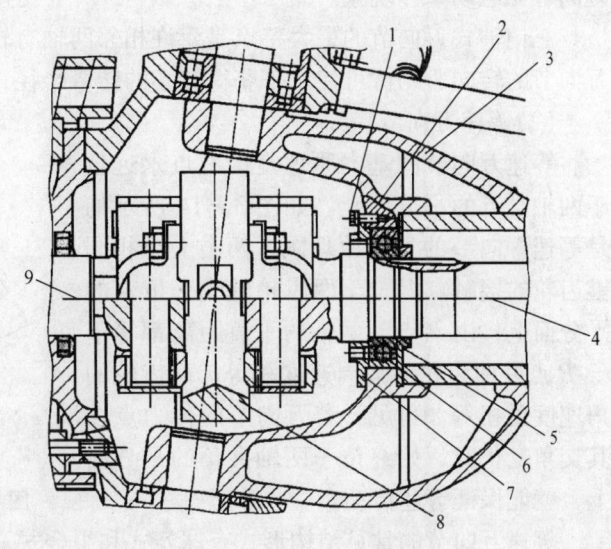

1—螺栓 2—垫片 3—桥壳 4—内半轴承 5—止推垫圈
6—轴承 7—油封及油封座 8—双联式万向节

图3-12 双联式万向节在转向驱动桥上的安装

2)三销轴式万向节。三销轴式万向节是由双联式万向节演变而来的准等速万向节,如图3-13所示。由2个偏心轴叉和2个三销轴以及6个滑动轴承和密封件等组成。

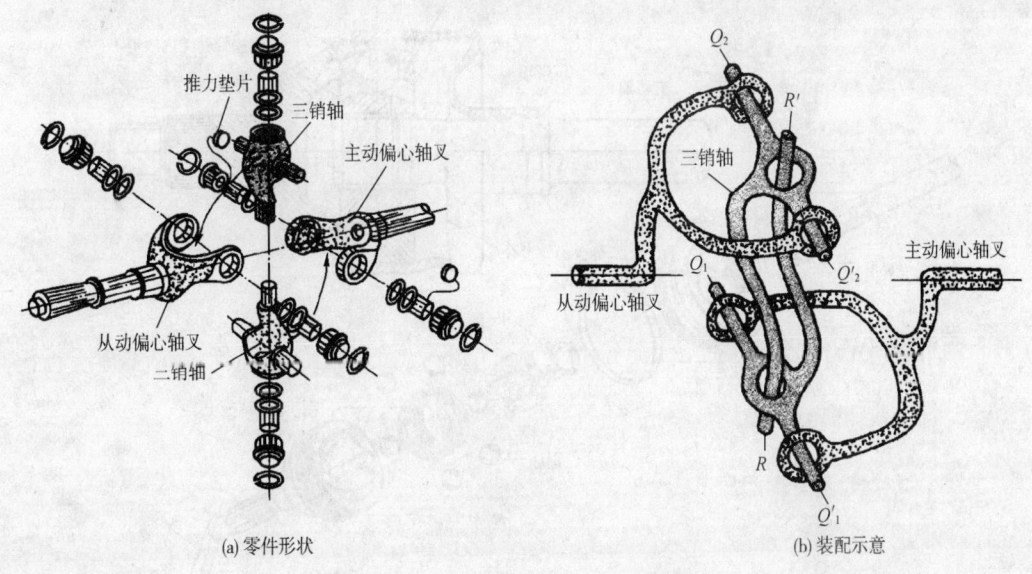

(a) 零件形状   (b) 装配示意

图3-13 三销轴式万向节结构原理

与主动偏心轴叉相连的三销轴的2个轴颈端面和轴承座之间装有推力垫片。其余轴颈端面均无推力垫片,且端面与轴承座之间留有较大的空隙,保证转向时三销轴式万向节无运动干涉现象。

三销轴式万向节的最大特点是允许相邻两轴有较大的交角，最大可达45°。采用此万向节的转向驱动桥可使汽车获得较小的转弯半径，提高了汽车的机动性。

(2) 等速万向节

等速万向节的基本原理是传力点永远位于两轴交点的平分面上。如图3-14所示的是等速万向节的工作原理图。两个大小相同锥齿轮的接触点 P 位于两齿轮轴线交角 α 的平分面上，由 P 点到两轴的垂直距离都等于 r。P 点处两齿轮的圆周速度相等，两齿轮的角速度也相等。可见，若万向节的传力点在其交角变化时，始终位于两轴夹角的平分面上，就能保证等速传动。

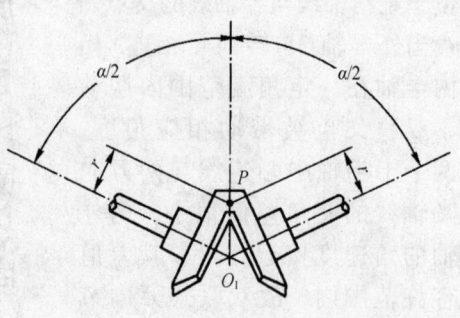

图3-14 等速万向节的工作原理示意

等速万向节的常见结构形式有球笼式和组合式。

1) 球笼式等速万向节。如图3-15所示，星形套与主动轴用花键固接在一起，星形套外表面有6条弧形凹槽滚道，球形壳的内表面有相应的6条凹槽，6个钢球分别装在各条凹槽中，由球笼使其保持在同一平面内。动力由主动轴、钢球、球形壳输出。等角速传动原理如图3-16。有的万向节采用直槽滚道，使万向节本身可轴向伸缩，省去其他万向节传动中的滑动花键，且滚动阻力小，最适合于断开式驱动桥。

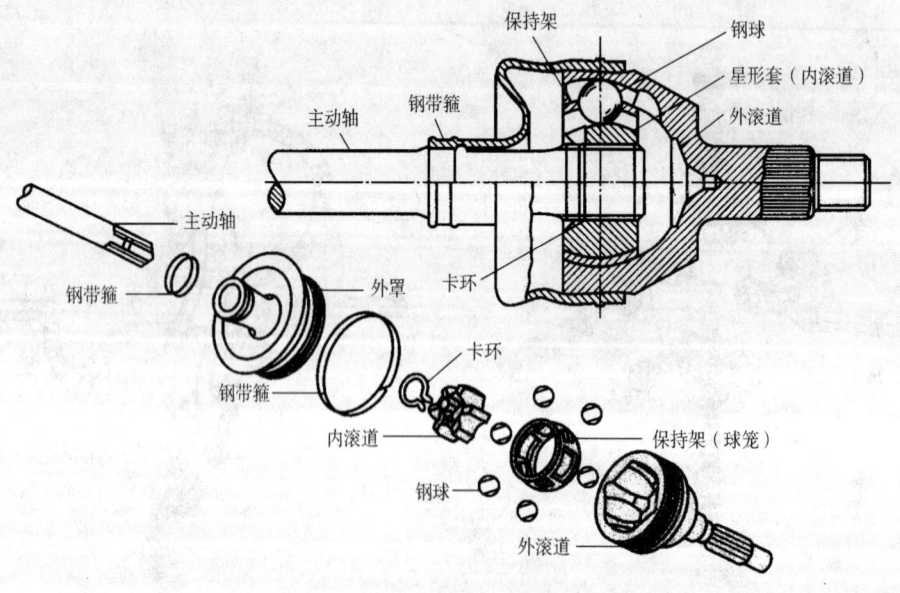

图3-15 球笼式万向节

球笼式万向节工作时6个钢球都参与传力，故承载能力强、磨损小、寿命长。它被广泛应用于各种型号的转向驱动桥和独立悬架的驱动桥。

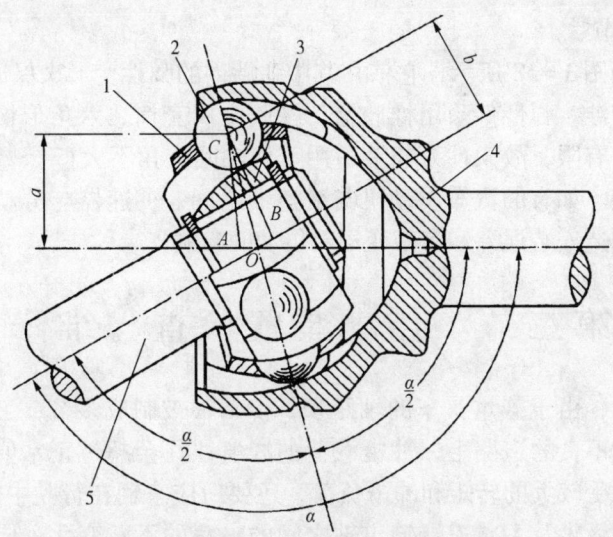

A—外滚道中心　B—内滚道中心　C—钢球中心
1—保持架(球笼)　2—钢球　3—星形套(内滚道)　4—球形套(外滚道)　5—主动轴

图3-16　球笼式万向节等角速传动的结构原理

2)组合式等速万向节。如图3-17所示,球叉上的3个直槽与3个传力球配合传力;3个球销制成一体,并分别定位在球笼上;连接卡簧上的3个爪分别卡入球叉的3个菱形槽内,以防止球笼脱离球叉。中心球座在弹簧作用下,始终与球叉内凹面接触,起到定心作用。

传力路线:半轴→球叉→传力球→球销→球笼→输出。

该万向节结构紧凑,多为一次性使用。

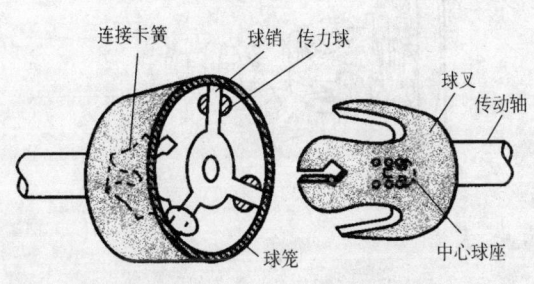

图3-17　组合式等速万向节

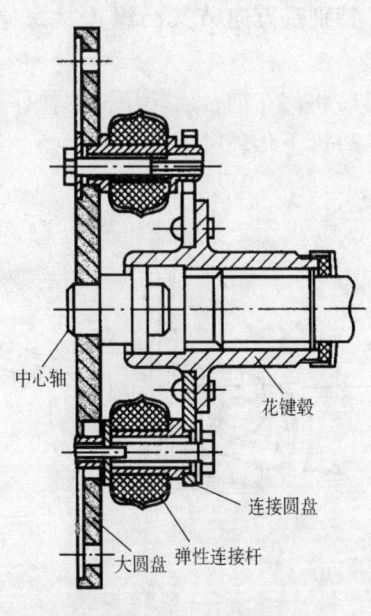

图3-18　柔性万向节

（3）柔性万向节

柔性万向节如图3-18所示，它依靠其中弹性件的弹性变形来保证在相交两轴间传动时不发生机械干涉。弹性件采用橡胶盘、橡胶金属套筒、六角形橡胶圈等结构。因弹性件的弹性变形有限，故柔性万向节适用于两轴间夹角不大（3°～5°）和微量轴向位移的万向传动装置。如有的汽车发动机与变速器之间、变速器与分动器之间装有柔性万向节，以消除制造安装误差和车架变形对传动的影响。

第三节　传动装置检查与维修

在使用过程中，由于载重汽车的轴距长，传动轴被制成多节，工作条件恶劣，润滑条件差，行驶在不良的道路上，冲击载荷的峰值往往会超过正常值，万向传动装置不仅要在高速下承受较大的转矩和冲击负荷，还要适应车辆在行驶中随着悬架的变形，传动轴与变速器输入轴及主减速器输出轴之间的夹角的不断变化；传动轴的长度也会随着悬架的变形而变形，使伸缩节不断滑磨。万向传动装置在汽车的底部，泥土、灰尘极易侵入各个机件，在这些情况下，万向传动装置会出现各种耗损，造成传动轴的弯曲、扭转和磨损逾限，产生振动、异响等故障，破坏万向传动装置的动平衡特性、速度特性，传动效率降低，使万向传动装置技术状况变坏，从而影响汽车的动力性和经济性。

一、拆　　卸

一级维护时应进行润滑和紧固作业。对传动轴的十字轴、传动轴滑动叉、中间支撑轴承等加注润滑脂（通常为锂基2号润滑脂）；检查传动轴各部螺栓和螺母的紧固情况，特别是万向节叉凸缘连接螺栓和中间支撑支架的固定螺栓等，应按规定的力矩拧紧。

1）将汽车前、后轮用掩木掩住。

2）拆下传动轴万向节与后桥主减速器的凸缘相连接的4个螺栓，见图3-19（a），

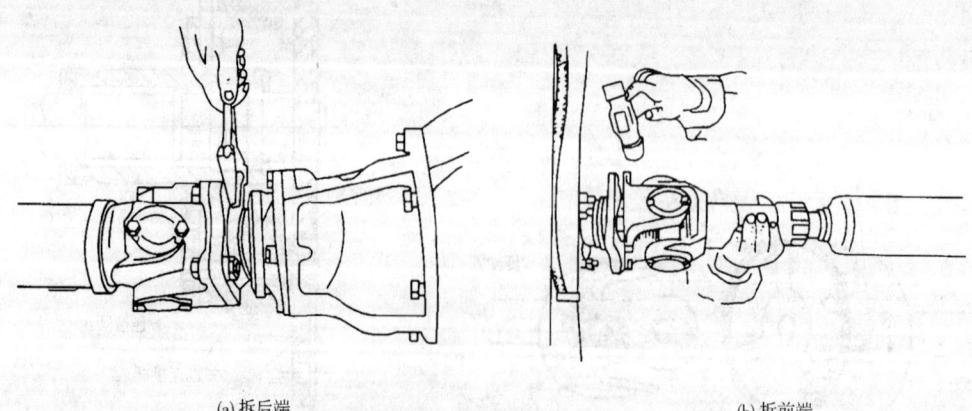

(a) 拆后端　　　　　　　　　　　　　　(b) 拆前端

图3-19　拆下传动轴

并使其分离；拆下传动轴前端凸缘叉与中间传动轴凸缘相连接的4个螺栓后，用手托住滑动叉，用手锤轻轻向后敲打滑动叉，如图3-19(b)，拆下传动轴。

3)拆掉中间传动轴与变速器第2轴凸缘的连接螺母，拆下中间传动轴轴承支架与车架中横梁连接的两个螺栓，将中间传动轴连同中间支承总成一起取下。

二、分解与检查

1. 清除外表面的污泥

清除外表面的污泥，并做好装配位置标记（见图3-20），以备重新装配时按原位装复。

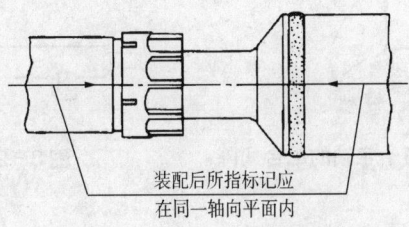

图3-20　传动轴装配位置标记

2. 拆卸万向节及十字轴总成

将轴承锁片、紧固螺栓拆下，托起传动轴，并用手锤敲打焊接叉，震出滚针轴承，取下十字轴（见图3-21）。

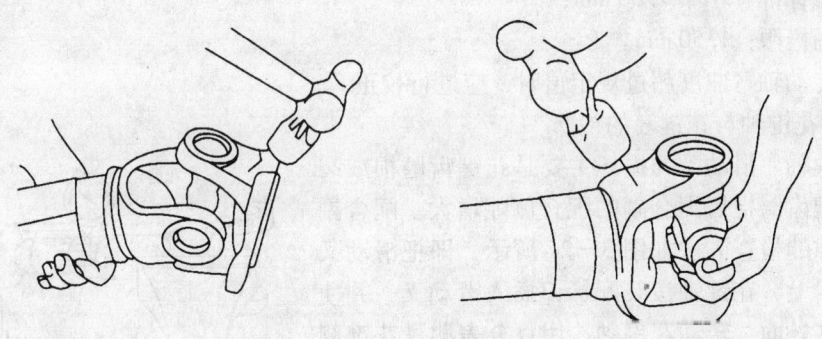

图3-21　拆卸滚针轴承和十字轴

检查十字轴及滚针轴承——清洗、擦干后进行检查。如磨损严重、轴颈出现较深压痕或疲劳剥落、滚针碎裂、轴承外圈与万向节叉的轴承配合过松、十字轴颈与滚针轴承配合间隙超过0.25 mm、轴承外圈有裂纹等，应换新件。同时检查万向节叉表面有无裂纹。

3. 万向节检修

1)检查十字轴轴颈表面，如有严重损伤、金属剥落、凹陷，或滚针压痕深度大于

0.1 mm，应更换新件。

2）滚针断裂、缺针，应更换新件，油封损坏应更换新件。

3）检查万向节十字轴与滚针轴承的配合间隙，见图3-22所示。万向节轴承的径向间隙值原厂标准为0.02～0.08 mm，大修标准为0.02～0.14 mm，使用极限为0.25 mm，当配合间隙超过极限值时，应更换新件。

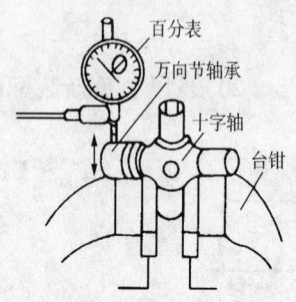

图3-22 检查万向节轴承与十字轴的配合间隙

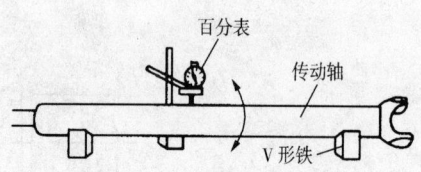

图3-23 检查传动轴弯曲度

4. 传动轴及滑动叉的检修

（1）传动轴弯曲度的检修

利用万向节叉和花键轴上的中心孔，两端用顶尖顶起来，用百分表测量轴管外圆的径向跳动。也可用V形铁支起来，用百分表测量轴管外圆的径向跳动，如图3-23所示。轴管全长径向全跳动量标准为：

原厂标准：小于0.75 mm；

大修标准：小于1.00 mm；

使用极限：1.50 mm。

当传动轴弯曲度超过规定值时，应进行校正。

（2）花键轴与花键套的检修

花键轴、滑动叉的损坏主要是花键齿磨损或裂纹。花键齿磨损后配合副的配合侧隙增大。配合副配合侧隙的检查方法如图3-24所示，即把滑动叉夹在台钳上，花键轴按装配标记插入滑动叉，并使花键露在外面，转动花键轴，用百分表测量花键侧面的读数变化值。配合侧隙为：

原厂规定：0.025～0.115 mm；

大修标准：0.25～0.30 mm；

使用极限：0.40 mm。

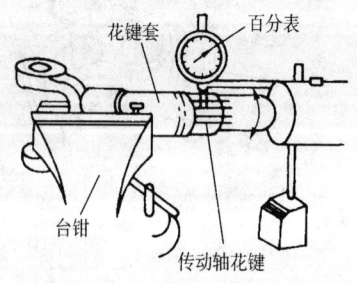

图3-24 检查滑动叉花键

如果侧隙超过规定值或花键齿宽磨损超过0.20 mm，可酌情更换。

（3）传动轴中间支撑轴承轴颈磨损的修复

传动轴中间支撑轴承轴颈的配合标准为0.008～0.20 mm，当传动轴中间支撑轴颈磨损超过规定值时，根据情况焊修或更换。

5. 传动轴中间支撑轴承及支架的检修

（1）轴承的检修

1）轴承滚珠、滚道上发现有烧蚀、金属剥落应更换新件。

2）检查轴承转动应灵活轻便。

3）检查轴承的径向间隙，见图 3-25 所示。把轴承放在平板上使百分表触头抵住轴承外座圈，然后压紧轴承内圈，另一手推动轴承外圈，百分表的读数即为轴承的径向间隙。

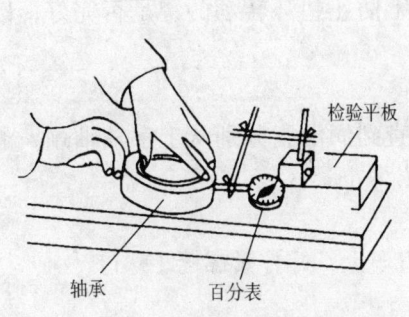

图 3-25 测量轴承径向间隙

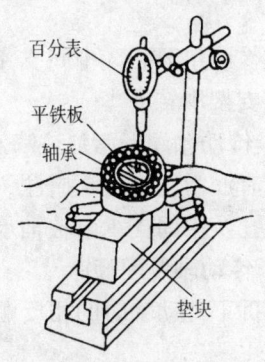

图 3-26 测量轴承轴向间隙

4）检查轴承轴向间隙，见图 3-26 所示。将轴承放在两垫块上并使轴承内圈悬空，再在轴承内圈上放一平板，将百分表触头抵住平板中央，上下推动轴承内圈，这时百分表所指数值即为轴承的轴向间隙。中间支撑轴承间隙使用极限为 0.50 mm。若轴承的轴向间隙或径向间隙过大，应当更换新件。

（2）中间支撑轴承座的检修

中间支撑轴承座内表面的磨损的深度大于 0.05 mm 时，应当更换新件。

（3）前后油封的检修

前后油封盖有磨损，支架有裂纹，橡胶环腐蚀老化，应更换新件。

三、装配和调整

1. 传动轴装配前

传动轴装配前，所有零件均应清洗、检查，在确认零件齐全并完全符合要求后，才能进行装配。

2. 装传动轴时

装传动轴时，十字轴轴颈有压痕而非压力面，且压痕不太严重时，可将十字轴由原装配位置旋转 90°后装复使用。在十字轴轴颈及滚针轴承孔内涂以润滑脂，十字轴上的润滑脂加注嘴必须朝向轴管一侧。支承片上的凸棱应嵌入滚针轴承外圈顶面槽内，然后用螺栓紧固，再用锁片将螺栓锁住。装配后的十字轴，应能在轴承中自由转动，无卡滞现象。

为保证传动轴的动平衡,应按拆卸前所做的标记装配,滑动叉与轴管上的箭头标记应在同一轴向平面内。

特别要注意 3 个万向节的平面位置,即从前向后,第一个万向节的主动叉与第二个万向节的主动叉及第三个万向节的从动叉应在同一个平面上,以保证旋转的等速性,以免发生摆振。

3. 中间传动轴总成装配后

中间传动轴总成装配后,应以不低于 250 N·m 的力矩拧紧凸缘螺母。然后,检查中间支承的轴向间隙(≤0.3mm),并在确保轴承转动灵活情况下,插上开口销将螺母锁住。

在橡胶垫环装入中间支承架前,应检查支架上防止垫环转动的键是否完好,以防垫环在支架中转动。

4. 传动轴润滑脂加注嘴润滑

所有润滑脂加注嘴应注入 2 号锂基润滑脂,直到润滑脂分别从十字轴轴颈、滑动叉堵盖孔及中间支承前轴轴承盖上的通气孔中挤出为止。

5. 传动轴装配顺序

按拆下传动轴时的相反顺序,将传动轴装在汽车上,并拧紧螺栓、螺母。

第四节 传动装置常见故障诊断与维修

一、传动轴易发故障部位

汽车上使用的不同型号的传动轴,其结构类同,容易产生故障的部位如图 3-27 所示,其故障原因及排除见表 3-2。

表 3-2 传动轴易发故障排除

名 称	故障原因	排 除	名 称	故障原因	排 除
润滑油嘴	油道孔堵塞	疏通	中间传动轴	花键与凸缘键槽配合松旷	更换
传动轴滑动节花键	花键与键槽配合松旷	更换			
传动轴	弯曲、变形	校正或更换	中间支撑轴承支架固定螺栓	固定螺栓松动	紧固螺栓
平衡片	脱落	重新动平衡	中间支撑轴承架	散落	检修
万向节十字轴	十字轴与传动轴不同心	检修或更换	支架垫环隔套	油封磨损	更换
			中间支撑轴承架	安装不正确	重新调整

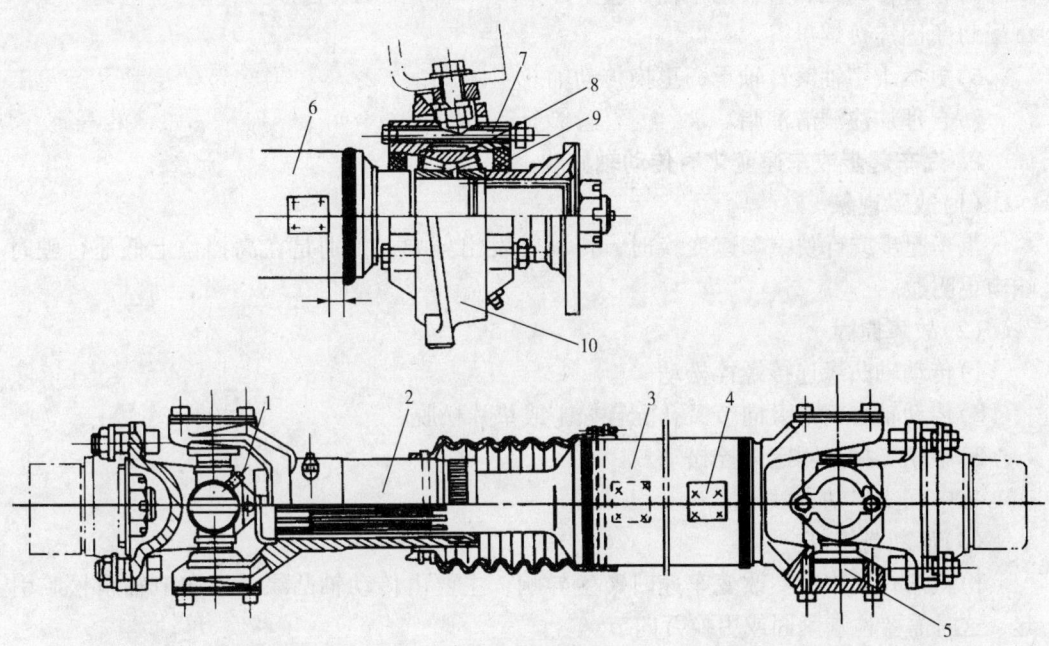

1-润滑油嘴 2-传动轴滑动节花键 3-传动轴 4-平衡片 5-万向节十字轴 6-中间传动轴
7-中间支撑轴承支架固定螺栓 8-中间支撑轴承架 9-支架垫环隔套 10-中间支撑轴承架

图3-27 传动轴易发故障产生部位

二、传动装置主要故障

1. 传动轴中间支承发出异响

（1）故障现象

传动轴工作中出现振动的同时，从中间支承发出"嗡嗡"的响声，甚至发热。

（2）故障原因

1）中间轴中间支承固定螺栓松动，使传动轴工作时出现晃动，严重时可能使传动轴脱落。

2）中间支承的轴承磨损，使轴向间隙和径向间隙加大而明显松旷。

3）中间支承橡胶垫环磨损和变形。

4）中间轴受到意外冲击而弯曲变形。

5）中间轴花键端的紧固螺母松动。

6）十字轴、花键轴磨损过度。

7）中间支承和十字轴等处缺少润滑。

（3）诊断与维修

1）及时紧固中间支承固定螺栓。

2）调整中间支承轴向间隙。

3）更换橡胶衬套。

4）校直传动轴和进行动平衡试验。

5）紧固连接螺母。

6）更换十字轴滚针轴承，更换传动轴。

7）合理加注润滑油脂。

2. 汽车起步或车速变化时传动轴异响

（1）故障现象

汽车起步或行驶中车速变换时，传动轴发出异响，特别是在高挡位上低速行驶时响声更明显。

（2）故障原因

1）传动轴凸缘连接螺栓松动。

2）传动轴套筒与万向节叉孔配合松旷或垫片松脱。

3）中间支撑架固定螺栓松动。

4）中间支撑轴承散架。

（3）诊断与维修

1）汽车行驶中突然改变车速时产生异响，主要由传动轴凸缘、万向节轴承松旷引起，这时需要检查紧固或更换万向节。

2）汽车起步或行驶中拖挡响，多为中间支撑轴承散架，这时应更换新件。

3）车辆起步或变换车速时撞击声明显，低速比高速时明显，故障原因是中间支撑架螺栓松动，使支架与车架撞击而发出响声。这时应停车紧固松动的螺栓。

3. 汽车行驶中传动轴始终有异响

（1）故障原因

1）传动轴中间支撑轴承间隙大。

2）传动轴花键与键槽间隙过大。

3）十字轴轴颈、滚针轴承和套筒内孔松旷。

4）万向节装配过紧。

（2）诊断与维修

1）汽车在空挡滑行时，响声明显，可断定为传动轴异响。停车后检查传动轴中间支撑轴承外缘、传动轴滑动叉和万向节外部，感觉温度高，说明该处配合间隙不正常。用手摇动传动轴，感觉松旷，说明间隙大，应更换新件。若手感很热，但摇晃时没有间隙，说明装配过紧，这时应重新安装。

2）中间支撑轴承间隙过大，在油封处有润滑油外溢，这时更换中间支撑轴承。

3）十字轴颈、滚针轴承和套筒内孔磨损松旷，应及时更换。

4. 汽车行驶中传动轴异响、车身抖动

（1）故障原因

1）传动轴弯曲变形。

2）传动轴上平衡配重片脱落或轴管变形。

3）中间支撑减振胶套脱落。

4）中间支撑安装偏斜、轴承不正。

5)传动轴花键与键槽松动。

(2)诊断与维修

1)将驱动轮支起使轮胎悬空,使汽车高速运行,观察传动轴的摆动。当松开油门踏板,车轮转速下降,摆振增强,说明传动轴弯曲变形或动平衡块被破坏。若传动轴变形,应更换新件;若传动轴不平衡,应当重新平衡。

2)检查传动轴前端与驻车制动器、万向节和滑动叉与花键轴、中间支撑轴承及车架、减振器胶套是否松动。若有松旷部位,应及时调整或紧固。

3)传动轴伸缩节花键与键槽间隙应小于 0.30 mm,使用极限值 0.6 mm,否则应更换新件。

4)检查传动轴的同轴度是否安装正确。检查中间支撑架有无变形,安装位置是否对中;检查万向节轴承套筒定位片的衬垫是否对称,是否过厚或厚度不等。对于不对称处应进行调整。

5. 传动轴振动

(1)故障现象

汽车起步时出现异常冲击,起步不平稳;变速器换挡时发生振动;汽车在某一个特定的速度下发生共振。

(2)故障原因

1)由于传动轴动不平衡,汽车在较高速度行驶时,因传动轴的离心力过大,而引起振动。

2)传动轴中间支承磨损而使间隙过大,万向节内滚针轴承磨损,滑动花键磨损。

3)由于动不平衡质量过大、磨损等原因引起传动轴在某一特定转速下发生共振。

(3)诊断与维修

1)卸下传动轴,进行动平衡试验、调整,使不平衡量控制在规定值内。

2)检查传动轴的弯曲情况,必要时予以校直。校直后要调整动不平衡量,如不能确保质量,则应换新件。

3)检查传动轴中间支承、十字轴和花键轴的磨损情况,视情进行调整或换新件。

6. 传动轴断裂

(1)故障现象

传动轴出现裂纹或断裂,致使工作中伴有振动和异响。

(2)故障原因

1)传动轴的材质不佳或制造工艺有缺陷。

2)未按规定使用和维护。

3)长时间发生共振,引起疲劳损坏。

(3)诊断与维修

1)损坏不太严重时,可考虑焊修,但焊接技术要求较高,焊修后要进行动平衡试验。

2)更换传动轴。

3)使用中及时排除振动和噪声故障。

第4章 柴油车车桥结构与维修

第一节 典型柴油车前桥结构

一、解放、东风牌柴油车前桥

1. 前桥结构特点

汽车前桥也称为转向桥，它可使两端的车轮偏转一定角度，实现汽车转向。同时它还承受与传递车轮与车架之间的各种力。

前桥由前轴、转向节、主销和轮毂等组成，见图4-1所示。

1）前轴。前轴是转向桥的主体，根据它的断面形状分为工字梁式和管式2种。前轴两端有上下方向通孔，主销插入主销孔可将前轴与转向节连接起来，前轴上还设有安装钢板弹簧的底座。

2）转向节。转向节为一叉形件，上下两叉上设有主销孔，转向节轴可用来安装车轮，轴的根部设有安装制动底板的凸缘。左右转向节销孔座

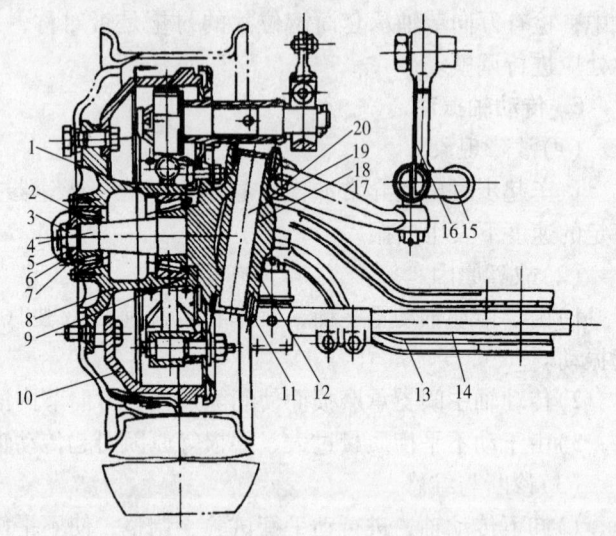

1、2-轮毂轴承 3-锁紧螺母 4-转向节 5-锁紧垫圈 6-锁环 7-调整螺母 8-轮毂 9-油封 10-制动鼓 11-衬套 12-止推轴承 13-前轴 14-横拉杆 15-纵拉杆 16-转向节臂 17-转向节上臂 18-楔形锁销 19-转向节主销 20-调整垫片

图4-1 前桥

下端均装有与梯形臂为一体的端盖。左转向节销孔座上端装有与转向节臂为一体的端盖，通过前后拉动转向节臂，可使2个转向节绕主销摆动，实现转向。

3）主销。主销用于连接前轴与转向节。

4）轮毂。前轮轮毂通过内外两个轴承套装在转向节轴颈上，它也是车轮的组成部分。

2. 前轮定位

为了确保汽车直线行驶稳定，转向轻便与减小轮胎、机件的磨损，必须使转向车轮、转向节、前轴三者与车架保持一定的相对位置。这种一定的相对位置关系，称为

前轮定位。它包括主销后倾、主销内倾、前轮外倾与前轮前束4项内容。

1）主销后倾。主销略向后倾斜的现象称为主销后倾。在纵向垂直平面内主销中心线与垂线夹角，称为主销后倾角，见图4-2所示。主销后倾可使汽车保持直线行驶的稳定性，并使转弯后的前轮趋于自动回正。

2）主销内倾。主销上端略向内侧倾斜的现象称为主销内倾。在横向垂直平面内，主销中心线与垂线夹角，称为主销内倾角，见图4-3所示。主销内倾可使前轮自动回正且转向轻便。

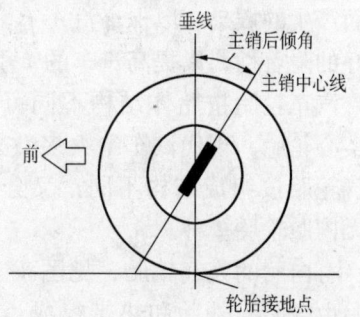

图4-2 主销后倾

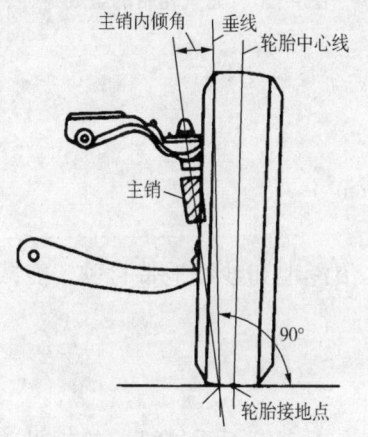

图4-3 主销内倾

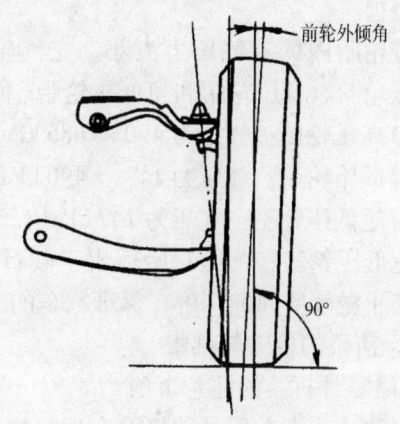

图4-4 前轮外倾

3）前轮外倾。前轮旋转平面上方略向外侧倾斜的现象称为前轮外倾。前轮旋转平面与纵向垂直平面夹角，称为前轮外倾角，见图4-4所示。前轮外倾可使车辆转向轻便，且利于行驶安全。

4）前轮前束。两个前轮前端略向内束的现象称为前轮前束。左右两轮间，后方距离B与前方距离A之差$B-A$称为前束值，见图4-5所示。前轮前束可减小或消除车辆前进中，因前轮外倾与纵向阻力导致前轮前端向外滚开所带来的不利影响。

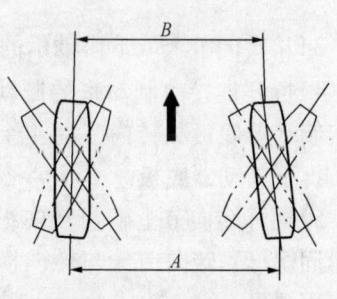

图4-5 前轮前束

3. 车轮与轮胎

1）车轮。车轮是把发动机动力与转向盘操纵力最终传递到轮胎的组件。它一般由轮毂、轮盘与轮辋组成。轮毂是连接制动鼓、轮盘与半轴凸缘的重要零件，轮盘用于连接轮毂与轮辋，而轮辋用于固装轮胎。

2)轮胎。它的作用是和汽车悬架共同来缓和汽车行驶时所受到的冲击,并衰减由此而产生的震动,以保证汽车有良好的乘坐舒适性和行驶平顺性,保证车轮和路面有良好的附着性,以提高汽车的牵引性、制动性和通过性,承受汽车载荷的重力。

汽车轮胎按胎体结构不同可分为充气轮胎和实心轮胎,现代汽车绝大多数采用充气轮胎。充气轮胎按组成结构不同,又分为有内胎轮胎和无内胎轮胎2种。

有内胎的充气轮胎,见图4-6所示。这种轮胎由内胎、外胎和垫带组成。内胎中充满着压缩空气;外胎是用以保护内胎使不受外来损害的强度高而富有弹性的外壳;垫带放在内胎与轮辋之间,防止内胎被轮辋及外胎的胎圈擦伤和磨损。

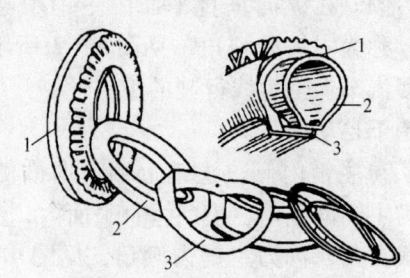

1—外胎 2—内胎 3—垫带
图4-6 充气轮胎的组成

按轮胎内的空气压力大小,充气轮胎可分为高压轮胎、低压轮胎和超低压轮胎3种。

1)高压轮胎:气压为490～686 kPa(5～7 kgf/cm^2)。

2)低压轮胎:气压为147～490 kPa(1.5～5 kgf/cm^2)。

3)超低压轮胎:气压为147 kPa(1.5 kgf/cm^2)以下。

超低压轮胎和调压轮胎适用于砂石路面、雪地、沼泽地和沙漠地带行驶,能减少轮胎陷于松软路面的深度,保证汽车的通过性能。

4. 前桥的检查与维修

(1)零件拆装的注意事项

1)防止汽车前后移动将汽车后轮楔住。使用车轮专用套筒扳手拧松前轮螺母,用液压千斤顶顶起前轴,在前轴下放好支架,支承好前轴,拆下前轮螺母,卸下车轮。

2)拆下轮毂盖,撬平锁紧垫圈,旋下锁紧螺母取出锁环,拧下调整螺母,拿出制动鼓。

3)从转向节上取下内轴承的内圈总成和油封总成。

4)拆开连接前制动室的制动管路,旋开连接制动器底板和转向节的4个紧固螺栓螺母。拆下制动器底板总成。

5)拆开转向节上臂与转向纵拉杆球头销的紧固螺母、转向节臂与转向横拉杆的球头销紧固螺母。

6)拆下主销孔盖板(上、下各1个)和楔形锁销的紧固螺母及弹簧垫圈,用铜棒打楔形锁销,用铜棒打出主销。

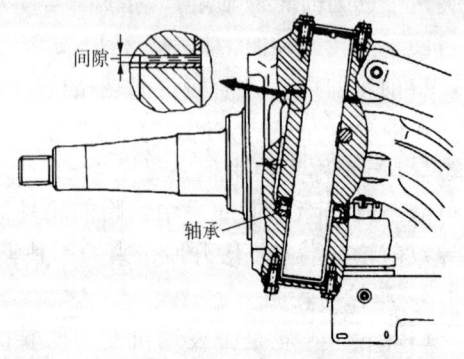

图4-7 转向节与前轴上端面的装配间隙

安装时应检查止推轴承是否完好,如果发现锈蚀或损坏应及时更换。注意:止推轴承装于转向节凹座时,开口应朝下。见图4-7所示。转向节上端面与前轴上端面的间隙可用调整垫片调整,标准间隙为0.10~0.20 mm。

7)取下转向节,拿出止推轴承和调整垫片。**注意:保管好调整垫片。**

安装转向节主销时按分解的相反顺序进行。主销与衬套的配合正常间隙为0.1~0.25 mm,使用极限值为0.25 mm,如果超过使用极限值,应更换新件。

(2)装配与调整

1)主销的装配。装配主销时表面应涂上润滑油,并用木棒轻轻地敲入转向节和前轴主销孔。用手推拉应感觉转动灵活不松旷。

2)前轮轮毂的装配。装配前轮轮毂时,应先将内轴圈总成加满润滑脂,然后放入轮毂内,并将轮毂油封唇口涂上油后压入轮毂内,然后与轮毂一起装到转向节上,再将外轴承内圈总成加满润滑脂装到转向节上,最后用锁紧螺母紧固。

3)前轮轮毂轴承的调整。首先用98.147 N·m的力矩拧紧调整螺母,在拧紧的过程中应向正、反两个方向转动轮毂,以使内外轴承紧密接触,然后退回1/4~1/2圈,使调整螺母上的止动销与锁环上的邻近孔相重合,此时轮毂应能自由旋转,无松旷现象。最后装入锁紧垫圈并用98.196 N·m的力矩拧紧锁紧螺母,折弯锁紧垫片将螺母锁死。

4)转向节与前轴间隙的调整。转向节与前轴上端面之间的间隙用调整垫片进行调整。装配正常间隙为0.1~0.20 mm,使用极限值为0.25 mm,如果超过极限值应增加调整垫片来调整。

5)前轮最大转向角的调整。前轮最大转向角由装在左、右转向节上的限位螺钉进行调整。当车轮转到极限位置时,限位螺钉就碰到前轴上的限位凸台,因此,调整限位螺钉在左、右转向节上的伸张长度即可调整前轮最大转向角。解放牌柴油车最大转向角为38°,东风牌柴油车转向角内轮为37°30′,外轮为30°30′。

(3)前轮前束的调整

前轮前束是指左、右两前轮间后端的距离与前端距离的差值。由于车轮有了外倾角后,在滚动时就类似圆锥滚动,使两车轮向外张开。但又由于转向横拉杆和车轮的约束使车轮又不能向外滚开,车轮将在地面上出现边滚边滑的现象,从而增加了轮胎的磨损。为解决出现的矛盾,消除车轮外来的后果,所以前轮要有前束。

调整前轮前束时汽车前轮气压应符合规定要求,转向机构和轮毂轴承不能松旷。

检查时,将汽车停放在水平地面上,把前束尺安放在两前轮胎前方的内侧壁或轮辋边缘在相当于半径高度的位置上测得一个数值;然后将汽车向前移动,使前轮的测量部位转至后方的相同高度处,又测量另一个数值。上述两次数值之差(后应大于前),即为前束值。

前轮前束的调整方法,是利用旋转横拉杆的长度来实现,如使其伸长,则前轮前束值增大,否则会减小。调整后,将横拉杆螺栓拧紧,前束值如图4-8所示。汽车的前轮定位角见表4-1所示。

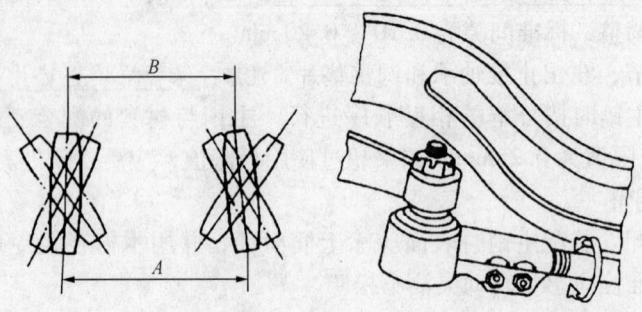

$A - B = 2 \sim 6 \, mm$

图 4-8 前轮前束的调整

表 4-1 汽车的前轮定位角

汽车型号	主销后倾角	主销内倾角	前轮外倾角	前轮前束(mm)
解放六平柴油车	1°30′	8°	1°	2～6
东风六平柴油车	2°30′	6°	1°	1～5

二、斯太尔系列重型柴油车前桥

斯太尔系列重型柴油车采用工字梁式结构 6.5t 级前桥，结构如图 4-9 所示，基本参数见表 4-2。

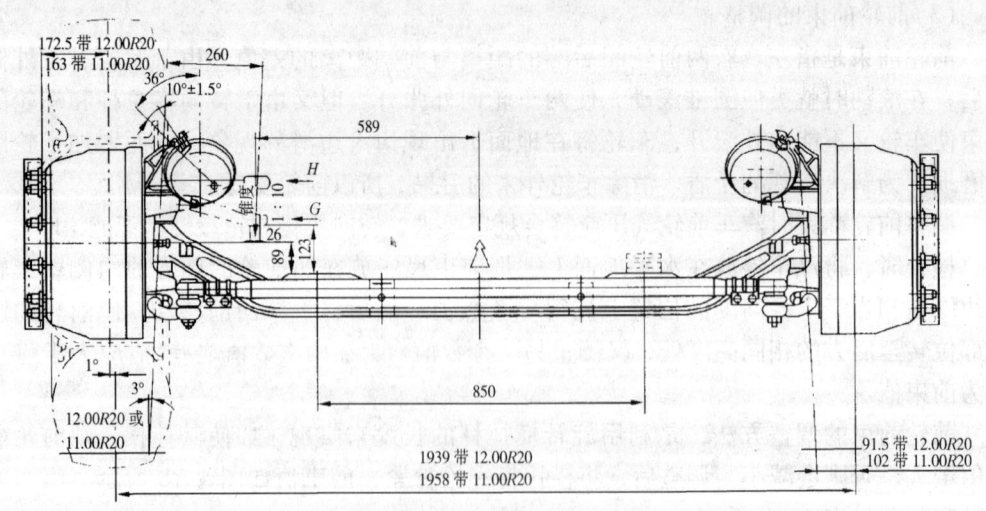

图 4-9 斯太尔系列重型柴油车前桥

表 4-2 前桥基本参数

项　目	参　数
额定轴负荷(kg)	6 500
自重(不含钢圈和轮胎,kg)	约 4 500
前轮最大转角[内/外,(°)]	44/32
前束(斜交胎在轮辋外缘处,mm)	2～4
主销内倾角(°)	3
主销后倾角(°)	1
前轮外倾角(°)	1
车轮制动形式	制动气室凸轮制动式
制动鼓内径×宽度(mm)	422×160
制动鼓允许修理直径(mm)	422±0.1
制动鼓最大不平衡量(g·cm)	100
制动气室	24″膜片式
额定制动气压(kPa)	650

1. 前桥结构的特点

斯太尔系列重型柴油车采用拳形支承中凹型工字梁式以及常规结构的轴头。前桥负荷为 6 500 kg，其轴头结构见图 4-10 所示。

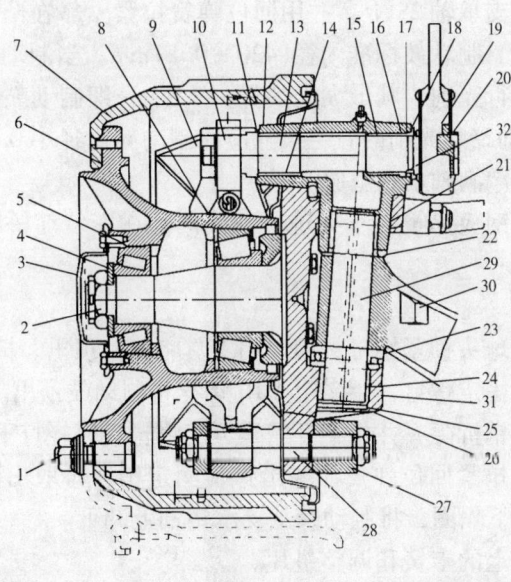

1—轮胎钢圈螺栓　2—轴头开槽螺母　3—轴头端盖　4—轴头挡板　5—轴头外轴承　6—轮毂　7—制动鼓　8—轴头内轴承　9—制动蹄　10—制动凸轮　11—隔圈　12、16—橡胶密封环　13—制动凸轮轴　14—轴头油封　15—凸轮轴衬套　17—隔圈　18—垫圈　19—制动调节臂　20—调整垫圈和卡簧　21—主销上衬套　22—调整垫圈　23—平面止推轴承　24—主销下衬套　25—主销堵盘　26—卡簧　27—横拉杆拐臂　28—支承轴　29—主销　30—工字梁　31—转向节　32—主销轴座

图 4-10　前桥轴头结构

如图4-10所示，主销29与工字梁30是紧配合装配的。转向节31通过主销上衬套和主销下衬套24支承在主销29上，衬套与主销配合间隙为0.018~0.059mm。在转向节下衬套与工字梁之间安装有一平面止推轴承23，以减轻转向阻力矩。在主销上衬套与工字梁之间有一调整垫圈22，是用来调整转向节与工字梁主销孔上平面之间的间隙，该间隙应在0.05~0.10mm。与常规结构不同的是，转向节上衬套不是安装在转向节本体，而是装在制动凸轮轴座上，这样便于转向节的拆、装，但增加了凸轮轴座与转向节本体的安装精度。凸轮轴座用4个固定螺栓通过定位销紧紧地与转向节相连。制动凸轮轴13安装在主销轴座32上，由2个凸轮轴衬套15支承，其配合间隙为0.155~0.256mm。在衬套两侧安装有橡胶密封环12和16，并用隔圈11和垫圈18定位。在凸轮轴外侧的花键轴上套装有制动调节臂19，制动调节臂用调整垫圈和卡簧20定位，使凸轮轴的轴向间隙达0.1mm。在安装时应将润滑脂涂抹在主销、凸轮轴工作表面并将其空腔注满润滑脂。

轮毂的结构与常规结构相同，它是由2个圆锥滚柱轴承5和8支承在转向节轴上，用轴头开槽螺母2和挡板4将其固定在转向节轴上。为了保证轴承合适的预紧度(转矩$0.5~0.6N\cdot m$)，在安装轮毂后，应以$250N\cdot m$的力矩拧紧开槽螺母，然后再向后拧松少许，用铜棒轻轻敲打轮毂，使其稍微松动，再以$5~6N\cdot m$的力矩拧紧开槽螺母，并使轴上开口销孔对准开槽螺母任一槽口，用开口销锁住。在安装轮毂时一定要注意轴头油封14，应对正装到油封座上并使油封唇口不致损伤。

两制动蹄装在2个支承轴28上，并用回位弹簧拉紧紧靠在凸轮上。制动鼓用4个埋头螺钉固定在轮毂上。制动鼓标准内径(420 ± 0.1)mm。当制动鼓圆度误差超差或磨损时，可对其内圆面进行光削，其最大光削量为1mm，即制动鼓最大使用极限值内径为$(422+0.1)$mm。制动蹄片光削的直径尺寸应比制动鼓内径小0.1~0.2mm。在安装轮毂时一定要将润滑脂涂满轴承和空腔。

前桥是采用抛物线钢板弹簧与车架进行联接的，在安装前桥时应注意前轮定位的检查和调整。

2. 前桥的拆卸

1)拆卸横、直拉杆球头锁紧螺母，用专用工具将球头顶出。拆卸制动气室。

2)拆卸4个制动鼓固定螺钉，用2个M10螺栓将制动鼓顶出。

3)将开槽螺母开口销拆除，并拧下开槽螺母。将轮毂轻轻打下。

4)用一个钩头杠杆拉紧回位弹簧，取出弹簧固定销，再取出回位弹簧。取出制动蹄支座上的开口销，拆下隔圈，将制动蹄从支承销轴上卸下。

5)取出制动调节臂上的卡簧和调整垫片。

6)从凸轮端抽出制动凸轮轴，注意将密封胶环和垫圈保存好。

7)用2个M12×1.5的长螺栓可以将圆锥轴承内圈顶出。拆卸开口销和横拉杆拐臂固定螺母，将拐臂拆除。

8)拆卸凸轮轴支架4只固定螺母，将支架连同主销上衬套一起拆下，转向节连同制动盘向下移动后即可从主销上取下。

主销与工字梁孔为紧配合，需用压床将主销由上而下压出。

3. 前桥的检修与装配

检查主销各部尺寸与工字梁销孔尺寸是否符合表 4-3 的标准，如不符合应更换。

表 4-3 主销与各轴孔配合尺寸 （mm）

部 位	尺 寸	配合间隙	使用极限值
主销上端直径 上衬套内径	41.975～41.991 42.009～42.034	0.018～0.059	0.16
主销下端直径 下衬套内径	46.975～46.991 47.009～47.034	0.018～0.059	0.16
主销中段直径 前轴销孔	45.070～45.084 45.0～45.025	过盈 0.045～0.084	

将合格的主销在压床上压入合格的工字梁销孔中。见图 4-11。

检查转向节主销内倾角度是否为 4°，将主销下衬套压入转向节下轴孔，衬套上平面应与孔座上平面平齐。用铰刀对衬套进行同轴铰削，使内径达到要求，再将主销上衬套压入凸轮轴支座衬套孔中。将端盖圆周涂抹乐泰 603 密封胶压入衬套底面，再用卡簧定位。

1) 将转向节止推轴承套在主销下轴端。<u>注意：轴承内孔尺寸小的一面朝上，然后将转向节由下向上装入主销。</u>

选择凸轮轴座调整垫片，使凸轮轴支座装入主销上端，将 4 只固定螺母拧紧后用塞尺测量主销上端轴向间隙，该间隙应在 0.05～0.10mm。

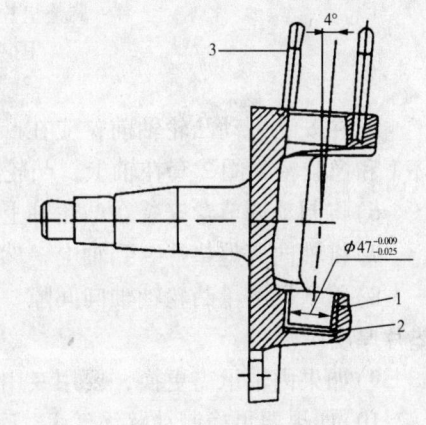

1-主销下衬套　2-端盖　3-双头螺栓
图 4-11　检查主销与工字梁销孔尺寸

2) 用 140N·m 力矩交叉拧紧 4 只固定螺母。如果需更换双头螺栓则需在转向节的一端螺纹上涂抹乐泰 262 螺纹锁固胶。

3) 安装制动蹄支承轴，将拐臂装到转向节上，用 300N·m 力矩紧固螺母。

4) 在安装凸轮轴时应按表 4-4 标准检查凸轮轴轴径和衬套尺寸，如不符合标准则应更换。衬套可用铰刀铰削，但应注意两衬套的同轴度，见图 4-12。<u>注意：凸轮轴左、右位置不能互换。</u>

表 4-4 制动凸轮轴与衬套配合尺寸 （mm）

部 位	尺 寸	配合间隙	使用极限值
制动凸轮轴轴径 衬套内径	39.936～39.975 40.130～40.192	0.155～0.256	0.35

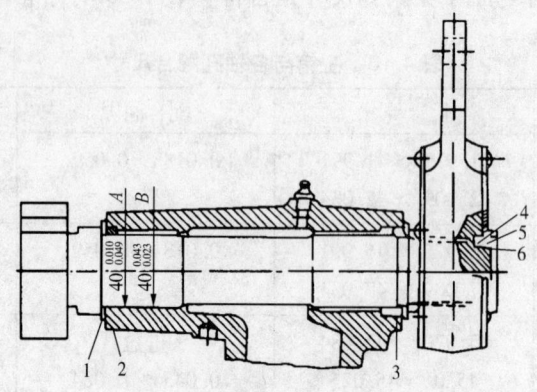

1-隔环 2-橡胶密封圈 3-隔圈
4-调整垫片 5-定位卡簧 6-凸轮轴

图 4-12 安装凸轮轴

5）在安装制动凸轮轴前，应在凸轮轴两滑动轴径间涂抹部分新润滑脂。首先将隔环 1 和橡胶密封圈 2 套在轴上，凸轮轴插入后应在另一端套上橡胶密封环和隔圈。

6）将制动调节臂安装在凸轮轴上，凸轮轴端部的花键齿应全部装入调节臂内。

7）将轴向调整垫片装到轴上，然后用定位卡簧锁住。

8）用塞尺测量凸轮轴轴向间隙，该间隙应为 0.1 mm，如不符合标准，应调整调整垫片厚度。

9）如果内轴承需更换，要用专用工具将轴承内圈打入。

10）如果要更换制动蹄滚轮 1，应首先把定位销 2 打进滚轮轴内，滚轮才能抽出来，重新安装时应打入新定位销，见图 4-13。

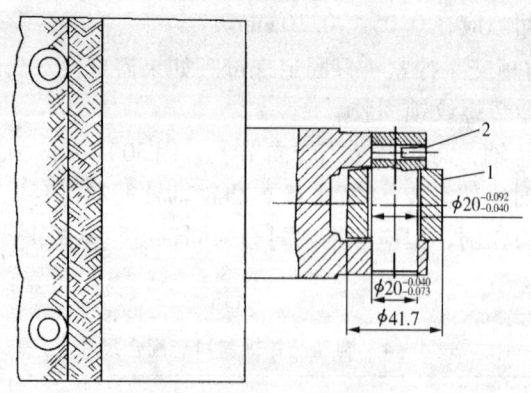

1-制动蹄滚轮 2-定位销

图 4-13 更换滚轮

11) 将制动蹄安装在支承轴上,安装隔圈和开口销,用钩头杠杆拉紧回位弹簧,将支承销穿入回位弹簧中。

12) 如果更换新摩擦片或更换新制动蹄,为保证制动蹄片与制动鼓接触满足要求,确保制动力矩,应对制动蹄摩擦片进行光削。利用轴头轴承定位就车光削制动蹄片的机具不仅能光削摩擦片达到要求尺寸,而且可确保制动蹄片与轴头同轴度,因此效果最佳。制动蹄摩擦片光削直径尺寸应比制动鼓内径大 0.1~0.2mm。

新制动鼓内径为 (420±0.1) mm,新配制动蹄摩擦片光削直径应为 (419.8+0.2) mm。

13) 将轴头油封装入轮毂,并把检查合格的轴承装入轴头,用润滑脂充满轮鼓腔室和充满轴承腔内。将轮毂装到轴头上。以 250N·m 力矩将开槽螺母拧紧,然后再将开槽螺母往回松转少许,用铜棒轻轻敲打轮毂,使其稍微松动,再以 5~6N·m 力矩拧紧开槽螺母。

14) 用一根细绳绕轮毂螺栓 1 周,用拉力弹簧拉力计测量转动力矩,弹簧拉力计上的拉力读数应在 27~33N,从而保证转动力矩在 0.5~0.6N·m。用拧紧和拧松开槽螺母的方法来满足上述标准,并使螺母开槽对准轴头销孔。

15) 将开口销安装在开槽螺母和轴头上。

16) 安装制动气室,如果制动气室的进气接头位置不对,可将气室盖的卡子松开,将气室盖位置调整到正常位置。为使调整时不致损坏分泵皮碗,在调整前应将制动杆用杠杆拉出,然后用一器物将调节臂垫住。

17) 将制动鼓按制动蹄片配合尺寸光削,制动鼓最大光削量为 1mm。将合格的制动鼓安装到轮毂上,并将 4 个固定螺钉拧紧。安装轴头端盖。

18) 安装横拉杆,并调整前束。调整制动蹄片间隙,将制动调节臂调整螺钉拧紧,然后向回旋,听到两声"咔咔"声即可结束。

制动蹄滚轮轴外径与滚轮内径配合间隙见表 4-5。

表 4-5 制动蹄滚轮轴外径与滚轮内径配合间隙 (mm)

部 位	标准尺寸	配合间隙	磨损极限值
滚轮内径	20.040~20.092	0.080~0.165	—
制动蹄滚轮轴外径	19.927~19.960		

第二节 驱动桥的结构与维修

一、驱动桥的组成与功用

1. 驱动桥的组成

驱动桥由主减速器、差速器、半轴和驱动桥壳等组成,驱动桥是传动系最后一个总成,见图 4-14 和图 4-15 所示。

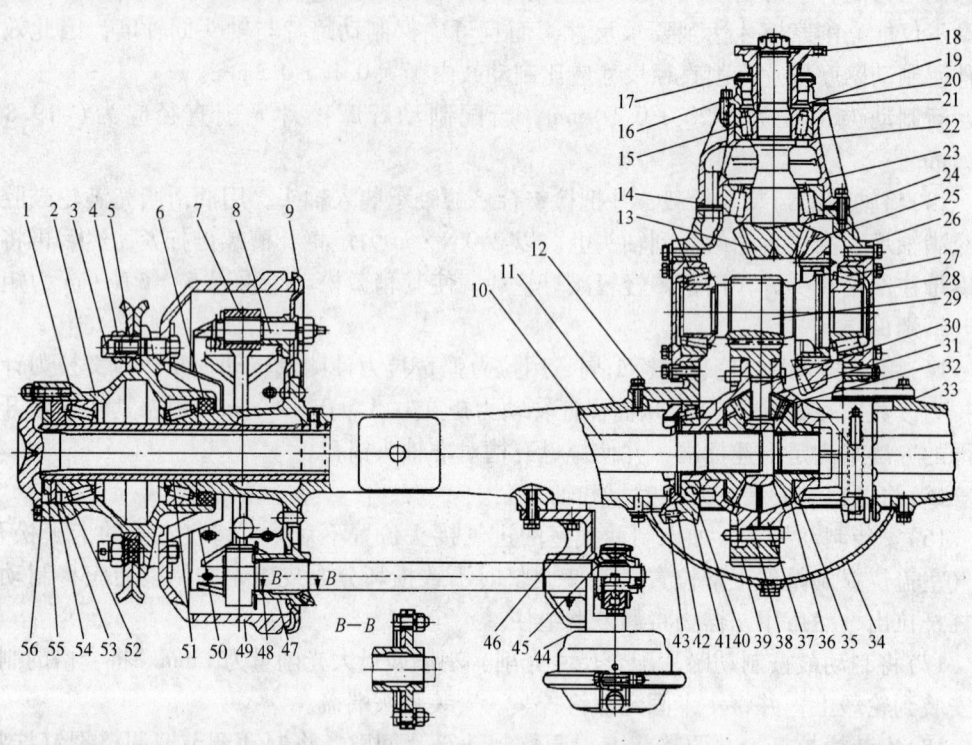

1-后轮外轴承 2-后轮轮毂 3-后内轮螺母 4-后外轮螺母 5-后轮毂柱螺栓 6-后轮轮毂油封 7-后轮制动蹄 8-后制动蹄片轴 9-后制动盘 10-半轴 11-驱动桥外壳 12-减速器外壳 13-主动锥齿轮 14-主动锥齿轮后轴承 15-主动锥齿前轴承 16-油封 17-挡尘罩 18-主动锥齿轮凸缘 19-垫圈 20-主动锥齿轮前轴承盖 21-垫密片 22-主动锥齿轮轴承调整垫片 23-主动锥齿轮轴承座 24-主动锥齿轮调整垫片 25-从动锥齿轮 26-从动锥齿轮调整垫片 27-主动圆柱齿轮轴承 28-轴承盖 29-主动圆柱齿轮 30-十字轴 31-行星齿轮调整垫片 32-行星齿轮 33-减速器壳垫密片 34-驱动桥外壳盖 35-半轴齿轮垫圈 36-半轴齿轮 37-差速器右壳 38-差速器左壳 39-从动圆柱齿轮 40-差速器轴承 41-差速器轴承盖 42-差速器轴承调整环 43-止动片 44-制动室 45-后制动调整臂 46-制动凸轮支架 47-制动凸轮支承座 48-后制动凸轮 49-后制动鼓 50-挡油盘 51-半轴套管 52-内螺母 53-垫密圈 54-锁紧垫圈 55-外螺母 56-半轴凸缘垫密片

图4-14 CA1091型载货汽车驱动桥总成剖视

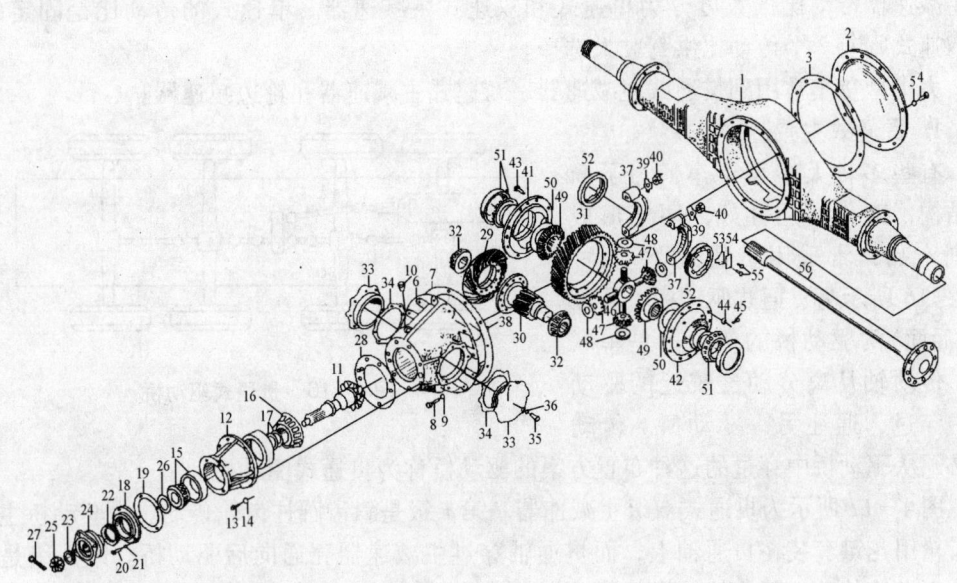

1—驱动桥外壳总成 2—驱动桥外壳盖总成 3、7、19—垫密片 4、8、13、20、35、43、55—螺栓 5、9、14、21、36—弹簧垫圈 6—减速器外壳 10—加油螺塞 11—主动锥齿轮 12—主动锥齿轮轴承座 15—主动锥齿轮前轴承 16—主动锥齿轮后轴承 17、28、34—调整垫片 18—主动锥齿轮前轴承盖 22—主动锥齿轮油封 23—主动锥齿轮凸缘垫圈 24—主动锥齿轮凸缘总成 25—主动锥齿轮螺母 26—垫圈 27—开口销 29—从动锥齿轮 30—主动圆柱齿轮 31—从动圆柱齿轮 32—主动圆柱齿轮轴承总成 33—减速器壳轴承盖 37—差速器轴承盖 38—螺栓 39—锁片 40、44—螺母 41—差速器右壳 42—差速器左壳 45—差速器壳螺母开口销 46—十字轴 47—行星齿轮 48、50—垫片 49—半轴齿轮 51—轴承总成 52—调整环 53—止动片 54—锁片 56—半轴

图 4-15 CA1091 型汽车驱动桥总成零件

2. 驱动桥的功用

驱动桥的功用是将万向传动装置传来的发动机转矩传给驱动轮,并经减速增大扭矩,改变动力传递方向,使汽车行驶,而且允许左、右驱动轮以不同的转速旋转。

主减速器将万向传动装置传来的转矩增大,转速减小,使之适应汽车行驶的需要。差速器可以使左、右两侧驱动车轮转速不同步,满足汽车转向、不平路面行驶等工况的需要。半轴将差速器输出的动力输送给两侧驱动轮。桥壳除用来安装支承主减速器、差速器和半轴,形成上述总成的外壳外,还起到支承驱动车轮、承受各种力与力矩的作用。

二、主减速器

根据不同的使用要求,主减速器的结构形式也有所不同。按参加减速传动的齿轮副数目分,有单级式主减速器和双级式主减速器。在双级式主减速器中,若第 2 级减速器齿轮有2副,并分置于两侧车轮附近,实际上成为独立部件,则称为轮边减速器。按主减速器传动比挡数可分为单速式和双速式主减速器。单速式的传动比是固定的,而双速式则有2个传动比供驾驶人选择。

大中型货车常用到贯通式主减速器、双速式主减速器和轮边减速器。

1. 贯通式主减速器

有些多轴大中型卡车,为了简化结构,部件通用性好,便于形成系列产品,常采用贯通式驱动桥。图4-16所示为贯通式驱动桥,前面(或后面)两驱动桥的传动轴是串联的,传动轴从离分动器较近的驱动桥中穿过,通往另一驱动桥。传动轴必须从驱动桥中穿过的这种布置方案的驱动桥称为贯通式驱动桥。

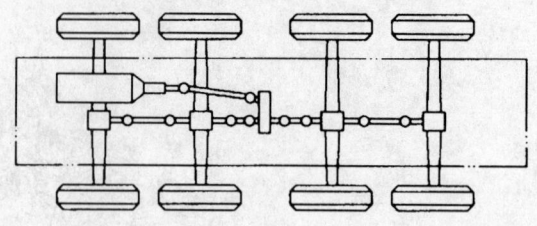

图4-16 贯通式驱动桥

图4-17所示为贯通式双级主减速器。第1级是斜齿圆柱齿轮传动。中驱动桥主动斜齿轮用花键套装在贯通轴上,而贯通轴穿过主减速器壳通向后驱动桥。第2级是准双曲面齿轮传动。因为从动齿轮可相对主动齿轮上移一段距离,故可保证足够的离地间隙,又使结构紧凑。差速器壳与从动准双曲面齿轮铆接。在某些结构中,也有第1级用锥齿轮传动,第2级用圆柱齿轮传动。

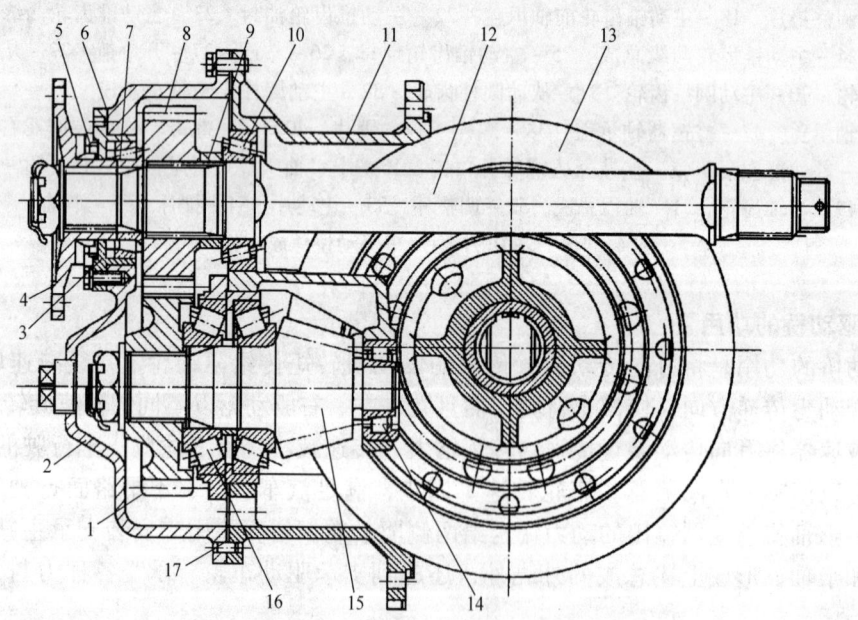

1—从动圆柱齿轮 2—主减速器盖 3—轴承 4—传动凸缘 5—油封 6—调整垫片 7、10、16—圆锥滚子轴承 8—主动圆柱齿轮 9—隔套 11—主减速器壳 12—贯通轴 13—从动准双曲面齿轮 14—圆柱滚子轴承 15—主动准双曲面齿轮 17—定位销

图4-17 贯通式双级主减速器

2. 双速式主减速器

有些大中型卡车，为了充分提高汽车的动力性和经济性而装用具有2挡传动比的主减速器，它可依据行驶条件选择挡位。这种主减速器称为双速式主减速器。

图4-18所示为一种常见的双速式主减速器结构形式，结构如图4-19所示。这种双速式主减速器是行星齿轮式的。它由一对圆锥齿轮和一个行星齿轮机构组成。行星架与差速器的壳体刚性连接。齿圈和从动锥齿轮连成一体。动力由锥齿轮副经行星齿轮机构传给差速器，最后由半轴输给驱动轮。在左半轴上滑套着1个接合套，接合套上有短齿接合齿圈A和长齿接合齿圈D（即太阳轮）。

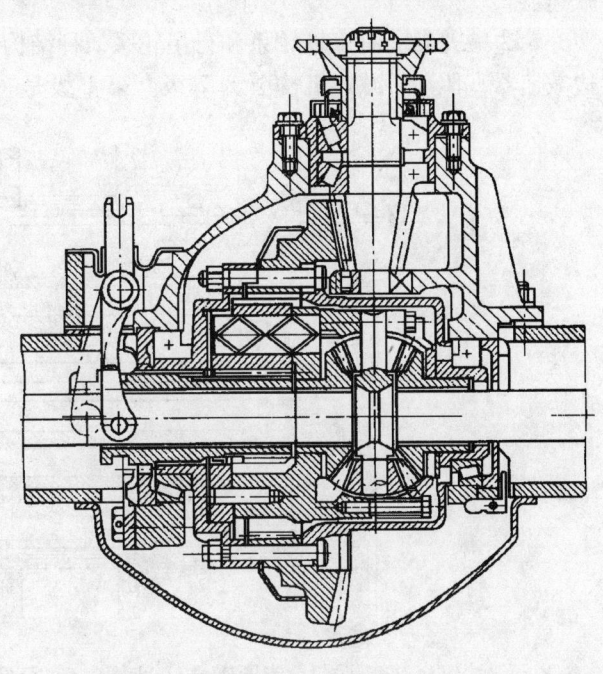

图4-18 双速式主减速器（行星齿轮式）

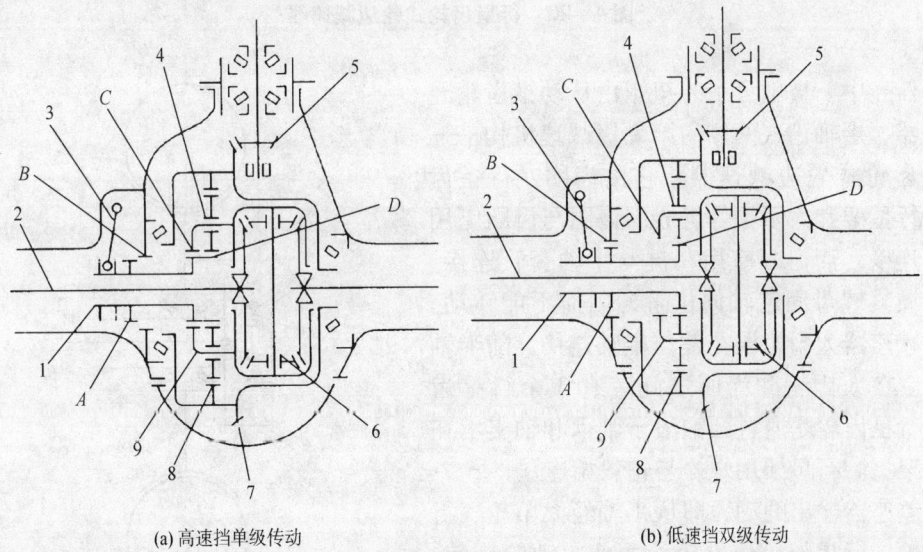

(a) 高速挡单级传动　　　　　　(b) 低速挡双级传动

1—接合套　2—半轴　3—拨叉　4—行星齿轮　5—主动锥齿轮　6—差速器　7—从动锥齿轮　8—齿圈　9—行星架

图4-19 行星齿轮式双速式主减速器结构

3. 轮边减速器

有些卡车如果要求有较大的离地间隙和较大的主传动比时，经常将双级式主减速器中的第2级减速齿轮机构制成同样的2副，分别装在两侧驱动轮的附近，称为轮边减速器。

轮边减速器又有定轴轮系和行星轮系2种结构形式。图4-20所示为行星齿轮式轮边减速器,驱动桥减速机构分为2级。第1级是一对螺旋锥齿轮,装在驱动桥中部主

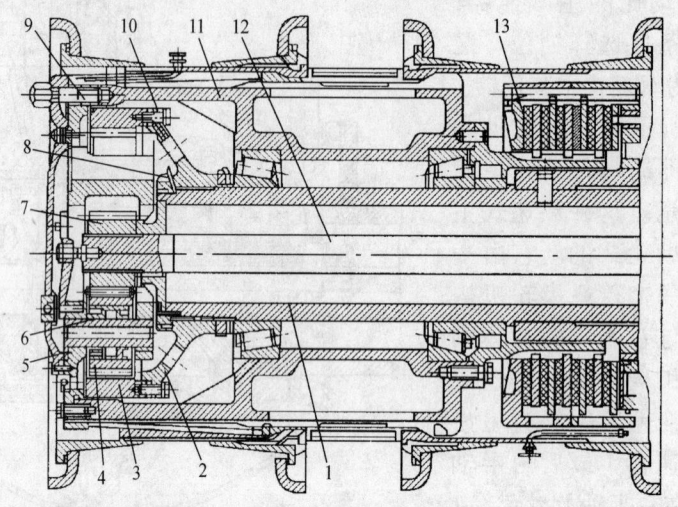

1—半轴套管 2—齿圈座 3—齿圈 4—行星齿轮 5—行星架 6—行星齿轮轴 7—太阳轮 8—锁紧螺母 9、10—螺钉 11—轮毂 12—半轴 13—多片盘式制动器

图4-20 行星齿轮式轮边减速器

减速器壳中。被增大了的扭矩由从动锥齿轮经差速器、半轴输入两侧的第2级减速机构——行星齿轮式轮边减速器。它由齿圈、行星齿轮、行星架和太阳轮等组成。齿圈与齿圈座用螺钉连接,而齿圈座用花键与半轴套管连接,并以锁紧螺母固定轴向位置,因而不能转动。轮边减速器太阳轮以花键与半轴连接,随半轴转动。在太阳轮和齿圈之间装有3个行星齿轮。行星齿轮是通过圆锥滚子轴承和轴支承在行星架上。行星架用螺栓与轮毂相连。

差速器输出的动力即从半轴经太阳轮、行星齿轮、行星架等传给轮毂而使驱动轮旋转。其中太阳轮是主动件,行星架是从动件,齿圈固定不动,其传动比 $i=1+Z_3/Z_7=5$。式中,Z_3 为太阳轮齿数,Z_7 为行星架齿数。

图4-21所示为行星齿轮式轮边减速器结构。从图可见,轮边减速器是一个行星齿轮机

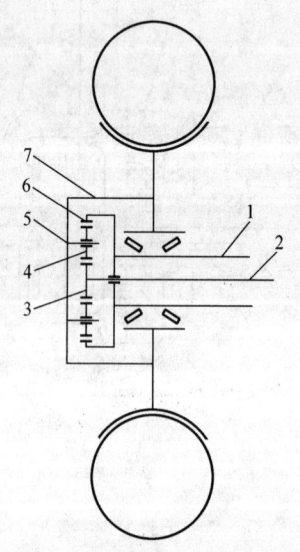

1—半轴套管 2—半轴 3—太阳轮 4—行星齿轮 5—行星齿轮轴 6—齿圈 7—行星架

图4-21 行星齿轮式轮边减速器结构

构,齿圈与半轴套管固定在一起,半轴传来的动力经太阳轮、行星齿轮、行星齿轮轴、行星架传给车轮。

轮边减速器的润滑系统是独立的,在行星架的端盖上设有加油孔和螺塞。而行星架端面上有放油孔和螺塞。为了便于加油和放油,装配时应将它们调整到车轮中为固定半轴和太阳轮的轴向位置,在半轴端面中心孔位置处装有止推螺钉,并用可调的止推螺钉顶住。

综上所述,轮边减速器可使驱动桥中主减速器尺寸减小,从而保证了足够的离地间隙,并可得到较大的主传动比。因半轴在轮边减速器之前,所承受的扭矩大为减少,所以半轴和差速器等零件尺寸可以减小。但是需要两套轮边减速器,结构较为复杂,制造成本也较高。

三、差速器

为了使两侧驱动轮可以用不同的角速度旋转,就必须将两侧车轮的驱动轴分开,而由主减速器从动齿轮通过一个差速齿轮系统——差速器分别驱动两侧半轴和驱动轮。这种装在同一驱动桥两侧驱动轮之间的差速器称为轮间差速器。多桥驱动的大中型卡车各驱动桥之间也同样存在上述驱动车轮相对于地面的滑转和滑移现象。为此,在多轴驱动的大中型卡车的驱动桥之间也装有差速器,称为轴间差速器。当遇到左、右或前、后驱动轮与路面之间的附着条件相差较大的情况时,简单的齿轮式差速器就不能保证汽车得到足够的牵引力。在经常遇到这种情况的大中型车车上,采用抗滑差速器。它可以在这种情况下将输入扭矩更多地甚至全部分配到附着条件较好、滑转程度较小的驱动轮上,以保证车辆继续行驶。

无论是轮间差速器还是轴间差速器,按工作特性均可分为普通齿轮式差速器和强制锁止式差速器2大类。

1. 普通齿轮式差速器

普通齿轮式差速器有锥齿轮式和圆柱齿轮式2种。由于锥齿轮式差速器结构简单紧凑,工作平稳,目前应用最广。按两侧的输出扭矩是否相等,齿轮差速器有对称式和不对称式2类,对称式用作轮间差速器或由平衡悬架联系的两驱动桥之间的轴间差速器;不对称式用作前、后驱动桥之间或前驱动桥与中、后驱动桥之间的轴间差速器。

由于对称式锥齿轮差速器应用广泛,以下着重以对称式锥齿轮式差速器为例来介绍它的结构与工作原理。

对称式锥齿轮轮间差速器由圆锥行星齿轮、行星齿轮轴、圆锥半轴齿轮和差速器壳组成,见图4-22所示。差速器壳1和5由用螺栓固紧的两部分组成。主减速器的从动齿轮用铆钉或螺栓固定在差速器壳左半部1的凸缘上。装配时,十字形的行星齿轮轴8的4个轴颈嵌在差速器壳两半端面上相应的凹槽所形成的孔内,差速器壳的剖分面通过行星齿轮轴各轴颈中心线。每个轴颈上浮套着一个直齿圆锥行星齿轮4,它们均与2个直齿圆锥半轴齿轮3啮合。而半轴齿轮的轴径分别支承在差速器壳相应的左右座孔中,并借花键与半轴相连。

动力自主减速器从动齿轮依次经差速器壳→十字轴→行星齿轮→半轴齿轮→半轴

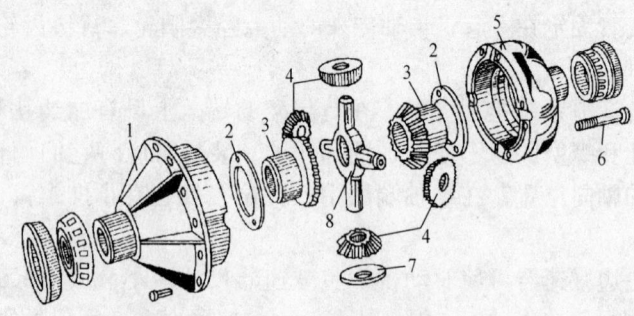

1、5-差速器壳 2-半轴齿轮止推垫圈 3-半轴齿轮
4-行星齿轮 6-螺栓 7-行星齿轮球面垫片 8-行星
齿轮轴(十字轴)

图4-22 对称式锥齿轮车间差速器零件分解

输出给驱动轮。当两侧车轮以相同转速转动时,行星齿轮绕半轴轴线转动——公转。若两侧车轮阻力不同,则行星齿轮在做上述公转运动的同时,还绕自身轴线转动——自转,因而两半轴齿轮带动两侧车轮以不同转速转动。

为了保证行星齿轮对正中心利于两个半轴齿轮正确地啮合,行星齿轮的背后和差速器壳相应位置的内表面都做成球面。

因为行星齿轮和半轴齿轮是锥齿轮传动,在传递转矩时,沿行星齿轮和半轴齿轮的轴线作用着很大的轴向力,而齿轮和差速器壳间又有相对运动,所以为减少齿轮和壳的磨损,在半轴齿轮和差速器壳之间装着止推垫圈2,而在行星齿轮与差速器壳之间装着球面垫片7。当汽车行驶到一定里程时,垫片磨损后可换上新垫片,以提高差速器的使用寿命。垫片通常用铜或者聚甲醛塑料制成。

为保证行星齿轮和十字轴轴颈良好的润滑,在十字轴轴颈上铣出一个平面,并在行星齿轮的齿间钻有油孔。

差速器靠主减速器壳体中的润滑油润滑。在差速器壳体上开有窗口,供润滑油进出。

2. 强制锁止式差速器

强制锁止式差速器就是在行星锥齿轮差速器上装设了差速锁。当一侧驱动轮滑转时,可利用差速锁使差速器不起差速作用。

图4-23所示为强制锁止式差速器。它的差速锁由牙嵌式接合器及其操纵机构2大部分组成。牙嵌式接合器的固定接合套26用花键与差速器壳24左端连接,并用弹性挡圈套27轴向限位。滑动接合套28用花键与左半轴29连接,并可在轴上轴向滑动。操纵机构的拨叉37装在拨叉轴36上,并可沿导向轴39轴向滑动,其叉形部分插入滑动接合套28的环槽中。

当汽车在好路面上行驶不需要锁止差速器时,牙嵌式接合器的固定接合套26与滑动接合套28不嵌合,即处于分离状态,此时为普通行星锥齿轮差速器。

当汽车通过坏路面需要锁止时,通过驾驶人的操纵,压缩空气由气管接头30进入气动活塞缸左腔,推动带密封圈的活塞31右移,并经调整螺钉33和拨叉轴36推动拨

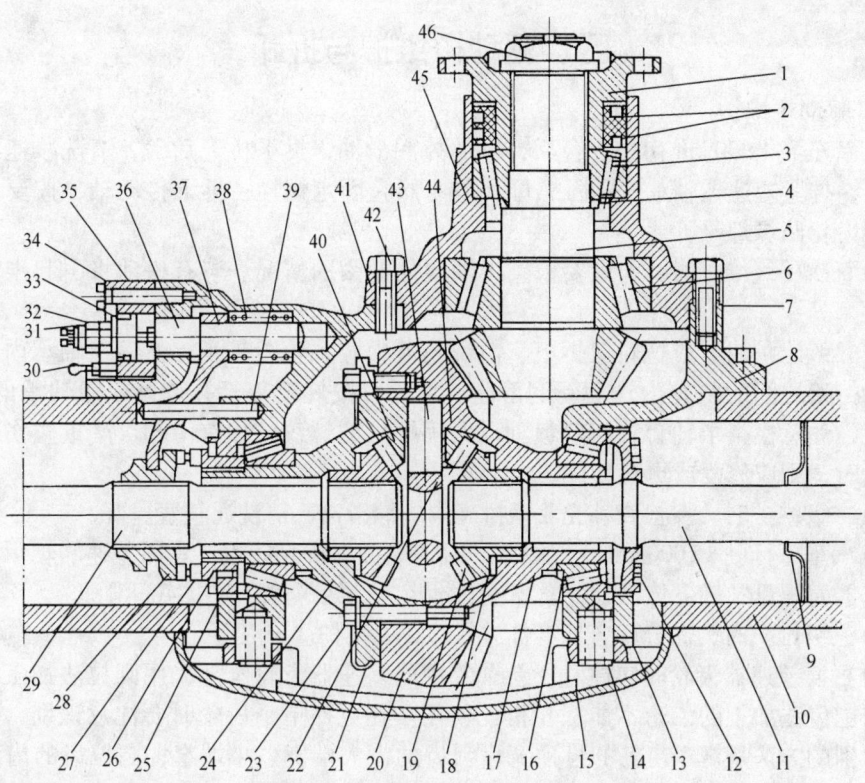

1—传动凸缘 2—油封 3、6、16—轴承 4—调整隔圈 5—主减速器主动齿轮 7—调整垫片 8—主减速器壳 9—挡油盘 10—桥壳 11—半轴 12—带挡油盘的调整螺母 13—轴承盖 14—定位销 15—集油槽 17、24—差速器壳 18—推力垫片 19—半轴齿轮 20—主减速器从动齿轮 21—锁板 22—衬套 23、42—螺栓 25—调整螺母 26—固定接合套 27—弹性挡圈套 28—滑动接合套 29—左半轴 30—气管接头 31—带密封圈的活塞 32—差速锁指示灯开关 33—调整螺钉及其锁紧螺母 34—缸盖 35—缸体 36—拨叉轴 37—拨叉 38—弹簧 39—导向轴 40—行星齿轮 41—密封圈 43—十字轴 44—推力垫圈 45—轴承座 46—螺母

图4-23 汽车强制锁止式差速器

叉37压缩弹簧38右移，从而拨动滑动接合套28右移与固定接合套26嵌合，将左半轴29与差速器壳24连成一个整体，则左右两半轴被联锁成一体随差速器壳24一起转动，即差速器被锁止，不起差速作用。这样，扭矩可全部分配给好路面上的车轮。与此同时，差速锁指示灯开关32接通，驾驶室内指示灯亮，以提醒驾驶人差速器处于锁止状态，汽车驶出坏路面后应及时摘下差速锁。

当需要解除差速器的锁止时，通过操纵机构放掉气缸内压缩空气，作用在活塞左端面的气压消失，拨叉37及滑动接合套28在弹簧38作用下左移回位，接合器分离，差速器恢复差速作用，同时差速器指示灯熄灭。强制锁止式差速锁结构简单，易于制造，但操纵不便，一般要在停车时进行。而且如果过早接上或过晚摘下差速锁，亦即在好路段上左、右车轮仍刚性连接，则将产生前已述及的无差速器情况下出现的一系列问题。

四、驱动桥维护与拆卸

1. 驱动桥维护

1）新车经 1 000 km 初驶走合后，应放掉润滑油，拆下桥壳后盖，清洗减速器和桥壳内腔，拧紧差速器轴承盖紧固螺母、差速器壳固定螺栓；拆下传动轴，按要求拧紧主动锥齿轮凸缘螺母。

2）每次一级维护时，一定要检查半轴螺栓的紧固情况。若有松动将引起半轴螺栓断裂。

3）二级维护时，应把轮毂拆下，清洗轮毂内腔和轮毂轴承，然后在轴承内圈、滚子和保持架之间的空腔内注满新润滑脂。最后，按规定装复并调整轮毂轴承的紧度。装配时，注意检查半轴套管与轮毂轴承紧固螺母的螺纹，如有滑扣、严重碰伤影响螺母拧紧时，则应修复或更换新件。

4）二级维护时，要检查补充驱动桥壳内的润滑油，清洗通气塞。

5）汽车每行驶 15 000 km 或二级维护时，应拆下桥壳后盖，紧固差速器轴承盖螺母和差速器壳螺母；卸下传动轴，紧固主动锥齿轮凸缘螺母，并更换润滑油。

6）三级维护时，需分解各部零件进行检查、维护。

7）更换差速器齿轮时应注意，新车装用的差速器齿轮全部采用圆拉法加工，这种齿轮与刨齿法加工的齿轮不能互相搭配使用。在更换单个齿轮时要注意识别，不许混装。识别的方法是观察齿轮的齿顶宽，刨齿的齿大端宽、小端窄；圆拉齿的齿顶正好与之相反。

8）驱动桥总成重新装复后，必须加注新的润滑油，并进行走合行驶。

9）驱动桥用的润滑油有 2 种牌号，即普通馏分型齿轮油（GD3）及 26 号合成齿轮油。驱动桥用润滑脂为 2 号锂基润滑脂。

2. 驱动桥的拆卸与分解

驱动桥的拆卸与分解，应根据驱动桥的故障特征和所需维修内容进行。拆卸驱动桥，可按下列顺序进行：

（1）半轴的拆卸

拆卸前，应将前轮用掩木掩住，松开驻车制动器。拆卸时，松开并拧下全部半轴紧固螺母及垫圈；用 2 个 M12、长 35 mm 的螺栓（可用紧固减速器壳的螺栓）拧入半轴凸缘上的螺孔内，即可将半轴顶出。

（2）减速器总成的拆卸

1）将桥壳下部的放油螺塞拧下，放出桥壳内的润滑油。

2）拆下主动锥齿轮凸缘与传动轴的连接螺栓（见图 4－24）。

3）卸下后制动软管与三通接头（见图 4－25）。

4）用如图 4－26（a）所示的小车，将减速器壳支承好，拆下减速器壳与驱动桥连接的 12 个螺栓，如图 4－26（b），将减速器总成从桥壳上取下。

（3）减速器总成的分解

1）减速器总成分解前，应在差速器左、右轴承盖上做标记，以免装复时将左、右盖装错。

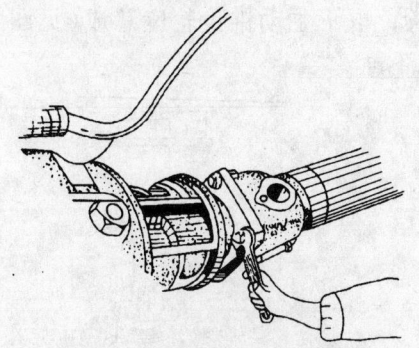

图4-24 拆卸传动轴的连接螺栓

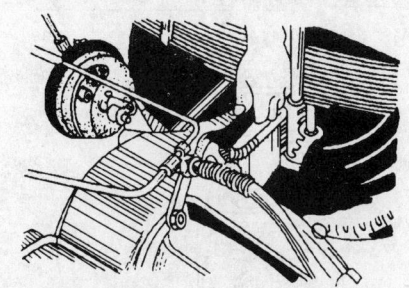

图4-25 卸下三通接头

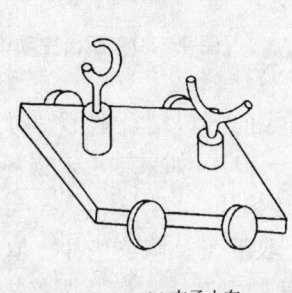

(a) 支承小车

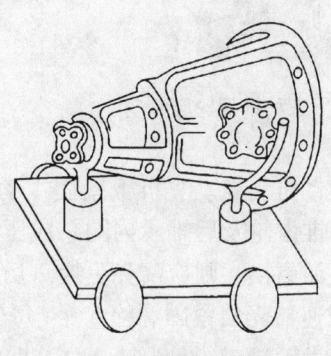

(b) 拆连接螺栓

图4-26 卸减速器总成

2) 把差速器轴承盖螺母锁紧片松开(见图4-27)后,拧下螺母。按图4-28所示的方法,将差速器总成取出。

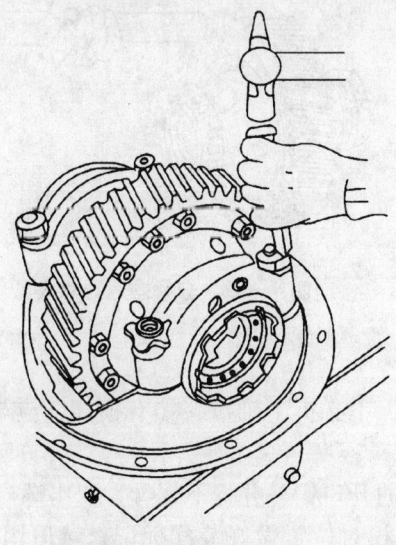

图4-27 松开锁片

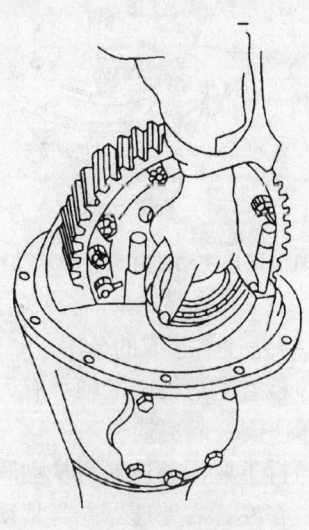

图4-28 取出差速器总成

3)拆下主动锥齿轮座与减速器壳连接的螺栓,取下主动锥齿轮座总成(见图4-29)。注意:切勿将主动锥齿轮轴承座的调整片损坏和散失。

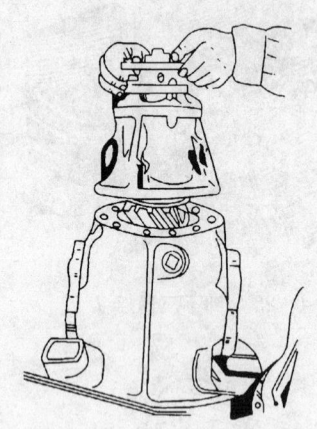

图4-29 取下主动锥齿轮座总成

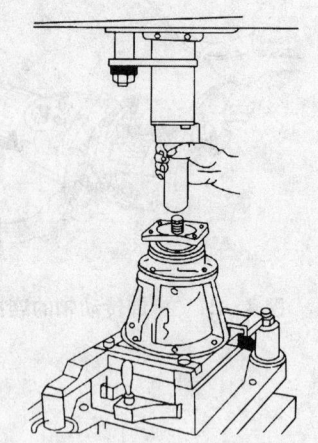

图4-30 压出主动锥齿轮总成

4)拆下主动锥齿轮。先拆下紧固主动锥齿轮凸缘的开口销及槽形螺母,然后用专用工具将主动锥齿轮及后轴承内圈总成压出(见图4-30)。如果轴承未损坏,其内、外圈不必再拆;如更换,则应配套更换。切勿丢失调整垫片。

5)拆下减速器壳盖紧固螺栓6个(每侧均有),取下盖及调整垫片,取出主动圆柱齿轮及从动锥齿轮总成(见图4-31)。拆前应对减速器壳左、右盖及调整垫片分别做标记,以免装复时搞错。

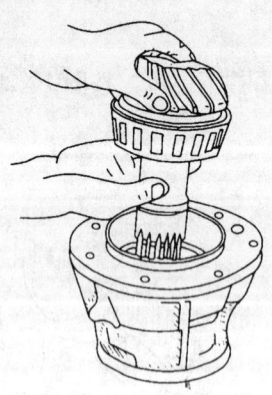

图4-31 取出主动圆柱齿轮和从动锥齿轮总成

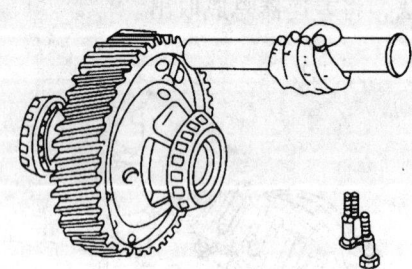

图4-32 分解差速器总成

(4)差速器总成的分解

1)检查差速器两端轴承有无损坏,如无损坏,不必拆下轴承;如有损坏,应与内、外轴承座圈一起更换。

2)拆下紧固差速器与从动圆柱齿轮槽形螺母的开口销,并拧下螺母,取出螺栓。

3)在左、右差速器壳与从动圆柱齿轮外缘的相对位置做好装配标记,然后用铜棒轻轻敲击从动圆柱齿轮外缘(见图4-32),将差速器分解。

4)清洗减速器、差速器总成的零件,按装配顺序放置。

5)检查拆下的轴承、齿轮及其他零件是否有烧蚀、剥落、麻点及磨损过度等缺陷,如有则应更换新件。

五、驱动桥的装配与调整

1. 主动锥齿轮及轴承座的装配与调整

1)将主动锥齿轮前、后轴承(型号：7610E、7613E)的外圈压入轴承座中(见图4-33),外圈的锥面大端应向外。

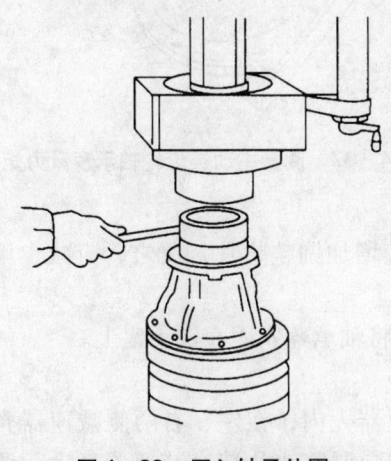

图4-33 压入轴承外圈

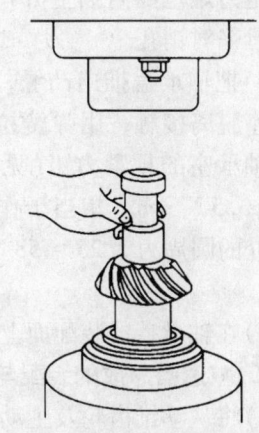

图4-34 压入轴承内圈

2)将后轴承内圈压到主动锥齿轮上(见图4-34),轴承锥面大端应朝向齿轮。内、外圈均应压到底,确保无间隙。

3)在轴承外圈的工作表面涂一层润滑油,把轴承座倒置,将装配好的主动锥齿轮及后轴承装入轴承座(见图4-35)。

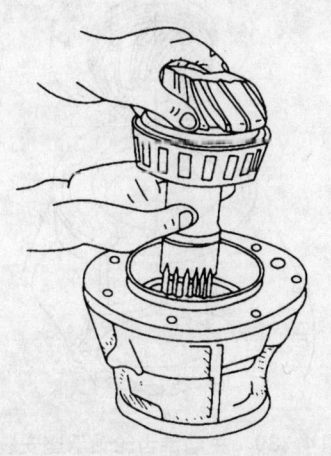

图4-35 装入主动锥齿轮及后轴承

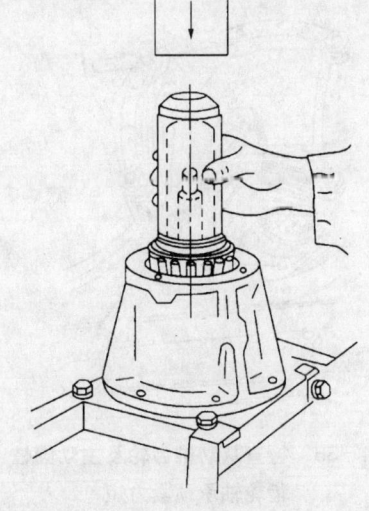

图4-36 压入前轴承总成

4）将装入主动锥齿轮的轴承座倒置，并将主动锥齿轮顶住，装入调整垫片，再将前轴承总成压到主动锥齿轮轴上（见图4-36）。

5）装上主动锥齿轮凸缘垫圈、垫密片、前轴承盖；装入油封、凸缘、平垫圈，拧上槽形螺母，并以200～290N·m力矩将其拧紧，插上开口销，将槽形螺母锁住。拧紧槽形螺母时，须不断转动主动锥齿轮，使轴承的滚子处于内、外座圈表面的正确位置；应在规定力矩范围内插上开口销，但不能以反转螺母来对销孔。

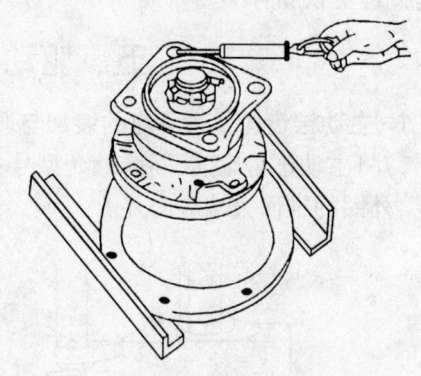

6）把轴承盖推向凸缘，使其定位止口与轴承座脱离接触；用弹簧拉力计测量主动锥齿轮轴承座的预紧力矩（见图4-37），应为1.5～3.5N·m，相当于作用在凸缘螺栓孔

图4-37 测量主动锥齿轮轴承预紧力矩

中心处的圆周力为25～58N。如预紧力矩过大，应增加调整垫片，反之，应减少调整垫片。

7）在轴承盖的装配面上涂一层密封胶，用螺栓将轴承盖紧固在轴承座上。

2. 减速器总成的装配与调整

1）将从动锥齿轮及主动圆柱齿轮总成装入减速器壳内，在左、右两侧减速器壳盖的轴承外圈工作表面涂一层润滑油，将左、右盖连同调整垫片装在减速器壳上。调整垫片可先按原来的数量装上，再根据所测的预紧力矩值，增减左、右盖中调整垫片的数量。增加垫片，预紧力矩减小；反之，预紧力矩增大。调整后应保证轴承有1.5～3.5N·m的预紧力矩。测量预紧力矩前，应将左、右盖固定螺栓用80～90N·m力矩拧紧。测量方法如图4-38所示。

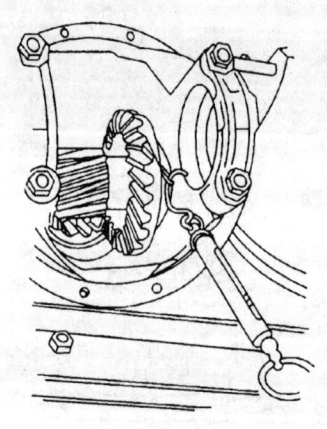

图4-38 检查从动锥齿轮及主动圆柱齿轮轴承预紧力矩

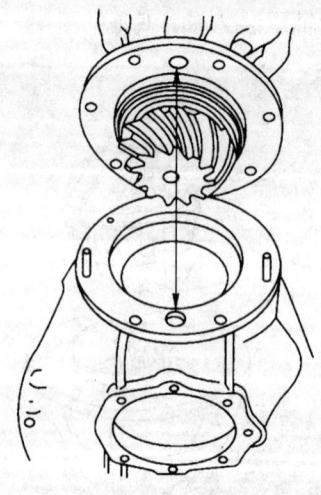

图4-39 主动锥齿轮轴承座安装

2)将主动锥齿轮轴承座总成装到减速器壳上。安装时应使主动锥齿轮轴承座与减速器壳上的油孔对正(见图4-39)。

3)锥齿轮啮合痕迹与齿轮间隙的检查和调整。在从动锥齿轮沿圆周大致等距的3个齿的凸面上,均匀地涂上一薄层用润滑油和红丹粉调和的染料,然后用手转动主动锥齿轮凸缘,带动从动锥齿轮旋转,其齿凸面的啮合印迹应位于齿长方向中部偏小端、齿高方向的中部(见图4-40)。

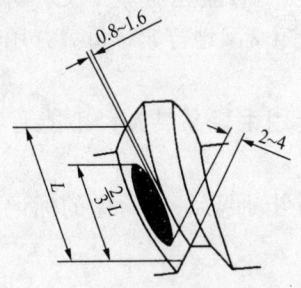 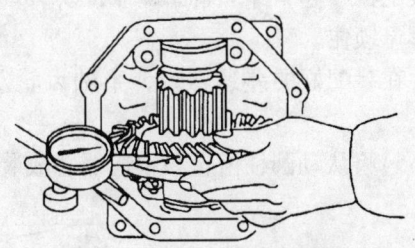

图4-40 从动锥齿轮凸面的啮合印迹　　图4-41 测量锥齿轮的齿侧间隙

锥齿轮的齿侧间隙应为0.15~0.40mm,测量位置为从动锥齿轮沿圆周大致等距的3个齿,且垂直于齿大端的凸面上,用百分表测量(见图4-41)。

当啮合印迹及齿侧间隙不符合上述要求时,应按图4-42所示的方法重新调整,直到符合要求为止。

向前行驶	向后行驶	调整方法	
		将从动锥齿轮向主动锥齿轮移拢。若此时所得轮齿间的齿隙过小,则将主动锥齿轮移开	
		将从动锥齿轮自主动锥齿轮移开。若此时所得轮齿间的齿隙过大,则将主动锥齿轮移拢	
		将主动锥齿轮向从动锥齿轮移拢。若此时所得轮齿间的齿隙过小,则将从动锥齿轮移开	
		将主动锥齿轮自从动锥齿轮移开。若此时所得轮齿间的齿隙过大,则将从动锥齿轮移拢	

图4-42 主、从动锥齿轮啮合印迹及齿侧间隙的调整

需移动主动锥齿轮的轴向位置时,可增、减装在主动锥齿轮轴承座和减速器壳端面间调整垫片的厚度;从动锥齿轮需作轴向位移时,应在不改变减速器壳左、右轴承盖下的调整垫片总厚度的情况下(即不改变已调好的轴承预紧力矩),将适当厚度的调整垫片从一侧移向另一侧。

4)从动圆柱齿轮和差速器总成的装配和调整。将半轴齿轮、十字轴、行星齿轮及垫片、半轴齿轮垫片的摩擦面涂上润滑油,并连同从动圆柱齿轮一起装于差速器左、右壳之间。按原始装配位置(分解前所做的标记),将左、右差速器外壳及从动圆柱齿轮装配在一起,穿上紧固螺栓,以98～100 N·m的力矩交叉地拧紧螺母,并用开口销将螺母锁住。

在装配好的差速器内,半轴齿轮及行星齿轮应能用手轻易转动,不能有卡滞的现象。

5)将从动圆柱齿轮和差速器总成装入减速器壳内,按照分解前所做的标记,将差

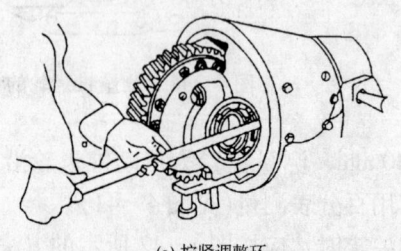
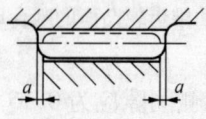

(a) 拧紧调整环　　　　　　　(b) 主、从动圆柱齿轮的相对位置

图4-43　差速器轴承及从动圆柱齿轮位置的调整

速器轴承盖和调整环装上,再装上锁片和轴承盖固定螺母。然后,拧动调整环,调节左、右调整环旋入的深度,以主、从动圆柱齿轮对正为原则。拧紧轴承盖固定螺母,拧紧力矩应大于170 N·m,拧紧后用锁片将螺母锁住。再从两侧对称地拧紧差速器轴承调整环,使主、从动圆柱齿轮对正,如图4-43。拧紧调整环可按图4-43所示进行,拧紧程度以轴承所受的预紧力矩为准,即差速器左、右轴承盖外端面之间的距离,较后来未拧紧时的距离增大0.05～0.35 mm。调整后,应使调整环缺口对准止动片装配位置,用止动片将调整环锁住(如图4-44)。并将锁片翻边,锁住固定螺栓。

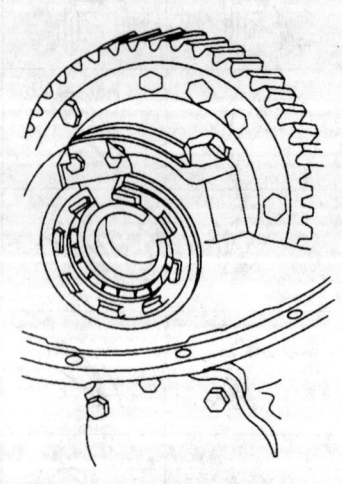

图4-44　调整环锁片安装

6)将减速器总成放在小车上,调整小车的高度,使减速器总成与桥壳连接处等高,在垫密片的两侧涂密封胶后将减速器总成装到桥壳上。

7)装入半轴和螺栓的锥形套、弹簧垫圈,拧上锁紧螺母。螺母的拧紧力矩为70～

100 N·m。螺栓拧入轮毂上的力矩为 39 N·m。

第三节 驱动双联桥结构与维修

驱动双联桥的外形见图 4-45 所示。

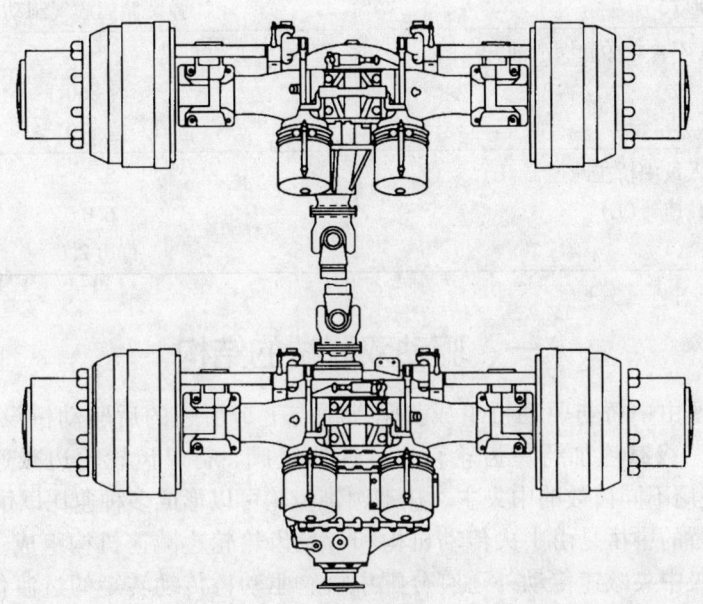

图 4-45 驱动双联桥外形

驱动双联桥是由中桥和驱动桥组成的,传动轴将动力输入中桥,中桥设置有桥间差速器,桥间差速器把动力分别传递给中桥和驱动桥。驱动双联桥的基本性能参数见表 4-6。

驱动双联桥有各种总速比可供选择,常用 3 种总速比:$i=4.8$、5.73 和 6.72。

表 4-6 驱动双联桥的基本性能参数

项 目	参 数
额定轴负荷(kg)	2×13 000
最大输入转速(r/min)	3 500
最大输入转矩(N·m)	
总速比 $i=4.8$	23 540
$i=5.73$	19 620
$i=6.72$	17 170
制动鼓直径×宽度(mm)	420×185
制动形式	气室制动凸轮型

续表

项　　目	参　　数
制动气压(kPa)	600
制动蹄片与制动鼓摩擦系数	0.39
制动总效率(%)	0.89
驻车制动形式	弹簧储能放气制动
桥总质量(不含轮胎和润滑油) 中桥(kg) 驱动桥(kg)	 约860 约770
润滑油注入量中桥主减速器(L)	8.3
驱动桥主减速器(L)	6.0
轮边减速器(L)	每边2.0

一、驱动双联桥的结构

驱动双联桥由中桥与驱动桥组成。驱动桥与上节所述的后驱动桥没有任何区别，它也是由中央一级减速加行星齿轮轮边减速器组成。行星齿轮轮边减速器的速比为3.479，配合装用不同齿数的中央主、从动圆锥齿轮可以形成多种速比以供选用。

驱动双联桥的中桥是由中央传动机构和行星齿轮轮边减速机构组成。中央传动减速机构除有一级中央减速传动外还有分配中桥、驱动桥传动转矩的过渡传动箱。轮边减速器速比 $i=3.479$，其结构与驱动桥完全相同，配合以中央传动不同齿数的齿轮可以形成多种总速比可供选择。目前选用3种总速比 $i=4.8$、5.73和6.72。

中桥的结构比较复杂，图4-46所示为驱动中桥中央传动机构的结构图。

如图4-46，动力由传动轴传递给输入驱动法兰1，通过花键轴、孔带动输入轴38旋转。输入轴38实际上是桥间差速器前半壳，它与差速器后半壳用连接螺栓35连接为一整体。桥间差速器内同样是十字轴行星齿轮与2个半轴齿轮啮合，带动2个半轴齿轮3和8共同旋转。驱动桥驱动半轴齿轮3通过花键与驱动桥的贯通轴11连接，从而将动力传递给驱动桥。中桥驱动半轴齿轮8通过花键与中桥传动轴套9联动。而中桥传动轴套9又通过花键与主动圆柱齿轮10联动，从而经从动圆柱齿轮30将动力传递给主动圆锥齿轮轴29，再经主、从动圆锥齿轮传动将动力经轮间差速器壳17传递给中桥左、右半轴。

在驱动中桥里有2个差速器，一个是轮间差速器壳17，它是汽车转弯或路面不平时左、右车轮自动起差速作用的；另一个是桥间差速锁销2，它是为了完成汽车在高、低不平路面上行驶时，中桥和驱动桥之间自动起差速作用的。汽车在高、低不平路面上行驶时，往往需要中桥与驱动桥的瞬间转速不同，以适应路面对车轮转动的需要。如果中桥与驱动桥是一个完全刚性传动的连接，那么任何瞬间中桥与驱动桥车轮转速都是绝对一致的，就会产生互相干涉的现象，不仅消耗功率，而且轻则产生磨轮胎的故障，严重时甚至会造成机件的损坏。有了桥间差速器，它会自动地调节中桥、驱动

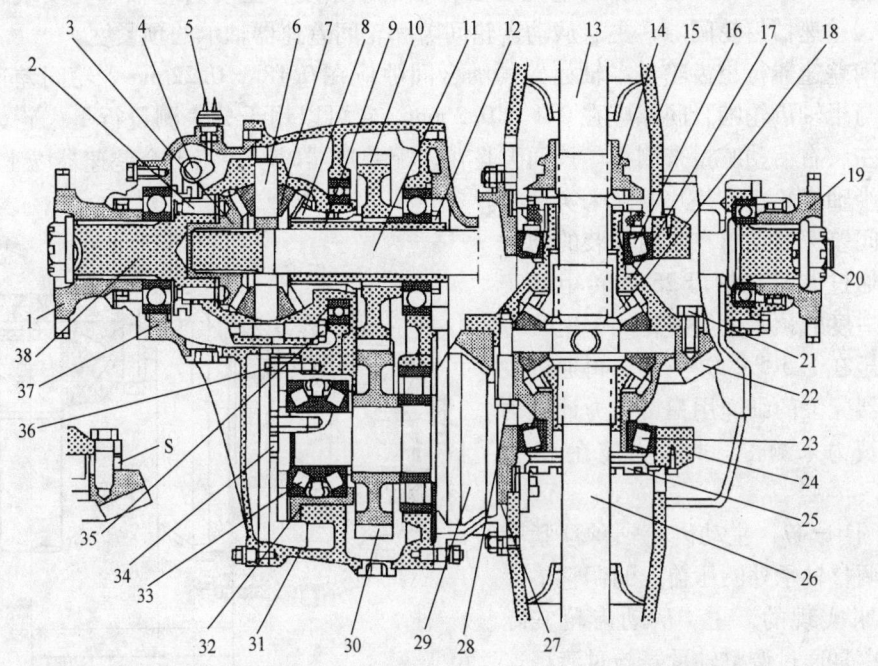

1—输入驱动法兰 2—桥间差速锁销 3—驱动桥驱动半轴齿轮 4—桥间差速锁拨叉 5—桥间差速锁指示灯开关 6—桥间差速锁十字轴 7—行星齿轮 8—中桥驱动半轴齿轮 9—中桥传动轴套 10—主动圆柱齿轮 11—贯通轴 12—锁紧螺母 13—右半轴 14—差速锁啮合套 15—桥壳 16—差速器右轴承 17—差速器壳 18—右半轴齿轮 19—输出法兰 20—固定花螺母 21—从动齿轮固定螺栓 22—从动圆锥齿轮 23—差速器左轴承 24—轴承压盖 25—轴承轴向调整花螺母 26—左半轴 27—主减速器壳 28—差速器壳连接螺栓 29—主动圆锥齿轮轴 30—从动圆柱齿轮 31—过渡箱壳 32—主动齿轮轴承壳 33—主动齿轮轴承 34—主动齿轮固定挡 35—桥间差速器壳连接螺栓 36—盖板固定螺栓 37—输入轴壳 38—输入轴 S—从动齿轮垫环

图4-46 驱动中桥中央传动机构结构

桥的转速以完全适应路面的需要。

中桥与后驱动桥相同，轮间差速器上设置有差速锁，当中桥左右车轮单边打滑而且无法行驶时，可将轮间差速锁挂合，此时，与右半轴联动的差速锁啮合套14将与差速器壳17上的啮合套啮合，使差速器壳与右半轴锁定成为一个整体，差速器不再起差速作用，左、右半轴将成为一刚性驱动轴，汽车将顺利驶出打滑路面。差速锁挂合后，中桥左、右车轮均打滑而驱动桥车轮不动，或者是驱动桥车轮均打滑而中桥车轮不动，汽车仍无法行驶时，则需将桥间差速锁挂合。当按下桥间差速锁开关后电磁阀打开，压缩空气进入桥间差速锁工作缸，推动活塞推杆使差速锁拨叉4将桥间差速锁销2推进插入到前半轴齿轮销孔内，从而将差速器壳与半轴齿轮锁定，差速器不再起差速作用，贯通轴11与中桥传动轴套9之间完全呈现刚性联动，此时中桥、驱动桥、左半轴、右半轴完全成为刚性一体联动，汽车将顺利驶出打滑路面。在驶出打滑路面后应立即将桥间、轮间差速锁全部脱开摘除。

在重新装配时应当检查和调整主动齿轮轴承预紧度，主动齿轮轴承壳安装距的调整垫片，差速器齿轮间隙，主、从动齿轮间隙和轮间差速器轴承的预紧度。

桥间差速器行星齿轮与半轴齿轮的啮合间隙应在 0.18～0.22 mm。轮间差速器行星齿轮与半轴齿轮啮合间隙应在 0.1～0.2 mm。它可以用千分表测量行星齿轮大锥面齿顶的左、右活动旷量来测得。该间隙是在装配差速器时，在每半个差速器壳上测量，用调整半轴齿轮止推垫片厚度来实现的。

轮间差速器轴承在壳内安装的预紧度应是通过调整花螺母 25 的转矩来实现的。适度的预紧度应使轮间差速器转动阻力矩在 1.5～4.0 N·m。可通过绕在差速器壳上的细绳用弹簧拉力计拉动观察弹簧力来测得，此拉力应在 12～32 N。

如图 4-47，主动齿轮轴承预紧度是通过调整轴承外圈压盖上的调整垫片厚度 D 来实现的，主、从动齿轮实际安装距离是通过调整轴承壳与过渡箱连接面调整垫片厚度 X 来实现的。

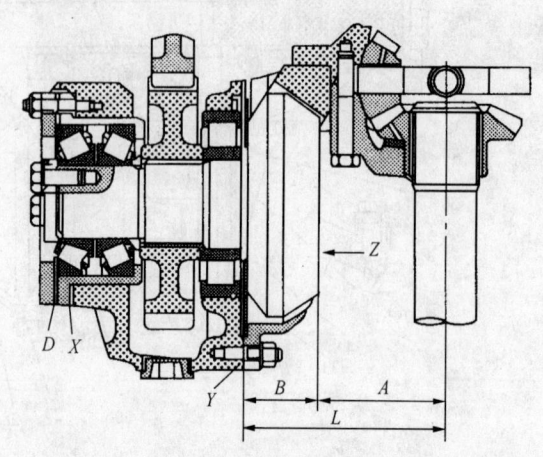

图 4-47 主动齿轮轴承预紧度和安装距离的调整

主动齿轮的安装距离调整垫片的厚度 X 可由下式计算：

$$X = (A \pm Z) + B - (L \pm Y)$$

式中：

A——主动齿轮端面至从动齿轮轴线距离的理论值（理论安装距离），$A = 102$ mm；

B——主动齿轮端面至过渡箱连接表面距离的实测值（mm，未装调整垫片前）；

L——主减速器壳连接表面至从动齿轮轴线距离的理论值，$L = 160$ mm；

Z——A 值的实际偏差（mm，打印在主动齿轮端面）；

Y——L 值的偏差（mm，打印在主减速器壳连接表面上）。

例如在未安装调整垫片 X 时，实测 $B = 60$ mm，观察主动齿轮端面打印 $Z = +0.2$ mm，主减速器连接端面打印 $Y = -0.07$ mm，则垫片厚度。

$$\begin{aligned} X &= (A \pm Z) + B - (L \pm Y) \\ &= 102 + 0.2 + 60 - (160 - 0.07) \\ &= 2.27 \text{ mm} \end{aligned}$$

调整垫片标准厚度分别有 0.1、0.15、0.4、1.0 mm。此时可用 2 个 1 mm、1 个和 1 个 0.15 mm 垫片组合而成。

在拆检中桥过渡箱时，应注意将垫片 D 和 X 保存好，以便重新组装时使用。拆检时应注意不要将垫片 D 和 X 混淆。

主、从动齿轮间隙是用千分表在从动齿轮大锥面齿顶部测量，其标准应为 0.3～0.4 mm。这一间隙是通过调整轴承花螺母使差速器左、右移动来实现的。在调整时，为保证已调整好的轴承预紧度，应注意左、右调整轴承螺母要同步等量地调整。即左花螺母拧松多少角度，右花螺母就应拧紧多少角度，为此在调整前应在左、右花螺母上涂抹标记。

最后应进行齿面接触痕迹的检查。在齿面上涂抹红丹油，反复旋转主、从动齿轮，观察齿面痕迹。接触痕迹应在齿面中间部位。如果痕迹在齿顶部位，还应适当减薄调整垫片 X 厚度，如果痕迹在齿根部位，则需将垫片 X 增厚，直到达到要求为止。

驱动双联桥其中桥主、从动圆锥齿轮，主、从动圆柱齿轮以及驱动桥主、从动圆锥齿轮齿数见表 4-7 和图 4-48。

表 4-7 中桥、驱动桥中央传动齿轮齿数（080813）

	总速比 i	4.8	5.73	6.72
中桥	主动圆锥齿轮 Z_1	17	17	15
	从动圆锥齿轮 Z_2	28	28	29
	从动圆柱齿轮 Z_3	26	35	35
	主动圆柱齿轮 Z_4	31	35	35
驱动桥	主动圆锥齿轮 Z_1	21	17	15
	从动圆锥齿轮 Z_2	29	28	12

从表 4-7 可以看出：总速比 $i=5.73$ 驱动双联桥，其主、从动圆锥齿轮中桥与驱动桥完全相同。$i=5.73$ 和 6.72 的中桥过渡箱里的主、从动圆柱传动齿轮也完全相同。总速比 $i=6.72$ 驱动双联桥，其主、从动圆锥齿轮中桥与驱动桥不完全相同。因此在维修中需要更换主、从动圆锥齿轮时应特别注意原车的总速比。否则，由于换错齿轮，将会造成中桥与驱动桥的总速比不同，导致桥间差速器烧损的故障。

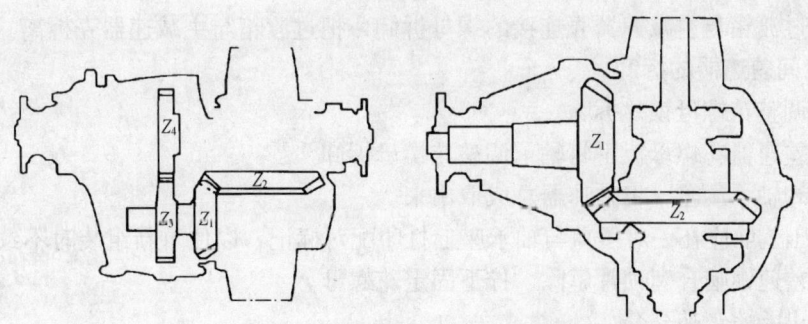

图 4-48 中桥与驱动桥中央传动齿轮

中桥过渡传动箱与主减速器均采用飞溅润滑。在过渡箱桥间差速器上方有加油螺塞，过渡箱底部设置有放油螺塞。中桥上也有一个加油和放油螺塞。

中桥过渡箱壳的上方设有接油挡板，将飞溅上来的润滑油挡入桥间差速器润滑差速器。桥间差速器的位置较高，润滑条件恶劣，因此要特别注意中桥内的润滑油的存量。

二、中桥的拆卸与检修

1. 中桥主减速器的拆卸

1）将中桥两侧轴头端盖拆卸，把没有差速锁装置一侧的半轴完全抽出，而有差速锁装置一侧半轴只抽出140 mm。

2）将主减速器壳与桥壳连接的螺栓拆卸，小心地将中桥主减速器总成从桥壳中抽出。

3）拆卸差速锁啮合套、拨叉，将半轴完全抽出。在拆卸中桥主减速器前，没有差速锁一端的半轴不要完全抽出，否则掉下去的啮合套有可能卡住差速器而使中桥主减速器无法从桥壳上抽出来。

4）将中桥主减速器安装在翻转架上，用专用工具将输入轴法兰螺母拆卸。

5）用专用工具将输入驱动法兰拉出。

6）把输入轴承盖拆卸，然后将桥间差速器壳从中桥主减速器总成上拆卸下来。

7）拆卸桥间差速锁、拨叉及拨叉轴。

8）将桥间差速器总成从过渡箱中拉出。

2. 桥间差速器的拆卸

1）从差速器上取出差速锁，用拉器将差速器支承轴承拆卸下来。

2）检查差速器壳上有没有配装标记，如果没有，需重新在差速器壳上打印配装标记。

3）拆卸差速器壳连接的螺栓。

4）取出半轴齿轮与行星齿轮。拆卸时应将半轴齿轮与止推垫片配对放好，以便重新组装时不致搞乱。

为了保证原有的配合间隙，在拆卸行星齿轮时最好在十字轴与行星齿轮上也印刻配装标记，以便重新装配时仍按原配装位置装配。

5）将过渡箱与主减速器壳连接的螺母拆卸，把过渡箱与主减速器壳拆离。

3. 轮间差速器的拆卸

1）将调整花螺母锁片拆除。

2）用差速器花螺母扳手将轴承调整花螺母拆卸。

3）拆卸轴承压盖，将差速器总成取出来。

拆卸压盖前应在一对压盖与轴承座上打印配对标记，以便重新组装时不致装错。

4）将差速锁啮合套锁片解除，拧下固定花螺母。

5）取出差速锁啮合套。

6）拆卸被动齿轮与差速器壳连接的螺栓，将被动齿轮、垫环与差速器分离。

7）拆卸差速器壳连接的螺栓。拆卸前观察在差速器壳上有没有装配标记，如果没有，应相应打印装配标记，以便重新装配时不致搞错。

8）取出半轴齿轮、止推垫片和行星齿轮、十字架轴。

注意： 在拆卸时应将半轴齿轮与止推垫片配对存放，行星齿轮与球形垫圈配对存放，以防重新装配时搞乱。行星齿轮与十字轴在拆卸前也应刻记配装标记，以便重新装配时配套。

4. 过渡箱的拆卸

1）将过渡箱接油盖卸下。

2）拆卸轴套固定螺母，将轴套和支承轴承从过渡箱上拆下。

3）拆卸主动齿轮轴轴承压盖。

4）拆卸主动齿轮轴挡板。

5）用2个M10×85 mm的螺栓将主动齿轮轴轴承壳连同2个圆锥滚子轴承一同从过渡箱中顶出，然后将主动齿轮轴打出。

6）从过渡箱中把主、从动圆柱齿轮取出。

5. 贯通轴的拆卸

1）拆卸贯通轴输出法兰的固定螺母。

2）用拉器将驱动法兰卸下。

3）拆卸贯通轴轴承端盖。

4）将贯通轴从桥壳中卸下。

6. 中桥轮边减速器的拆卸

中桥轮边减速器与驱动桥完全相同，拆卸程序与驱动桥轮边减速器同。

三、中桥的装配

1. 中桥传动箱的装配

1）将挡油盘放进主动齿轮。

2）把轴承内圈加热至80℃压入主动齿轮轴。

3）轴承内圈冷却后，将外圈和滚柱放入。

4）将垫圈放入主动齿轮轴。

5）把传动齿轮预装进主动齿轮轴。

6）将隔圈放入主动齿轮轴。

7）将主动轴轴承外圈打入轴承壳。

8）将主动齿轮轴内、外轴承内圈装入轴承壳。

9）将外轴承外圈打入轴承壳。

10）把轴承壳装入主动齿轮轴。

11）将主动齿轮轴挡板装入，并用195 N·m力矩将3个固定螺栓预拧紧。

12）选择合适厚度的垫片。垫片的标准厚度分别为0.1、0.15、0.4、1.0 mm。

13）将垫片、盖板同时预装在轴承壳上。

14）用弹簧拉力计测量转动阻力矩，力矩应在0.5～2.5 N·m，拉力计读数在6～29 N。如与标准不符，则需重新调整垫片厚度。如果阻力矩过大则应减薄垫片厚度；反之则应增加垫片厚度。

15）重新将主动齿轮组件解体，将选择好的垫片保管好。

16）将主动齿轮轴全部解体。

17)将2个圆柱传动齿轮装入过渡箱。

18)将轴承定位卡簧放到轴承槽中,用手钳卡紧卡簧将主动轴承轻轻打进过渡箱。

19)将隔圈重新放入主动齿轮轴。

20)将轴承重新装入主动齿轮轴。注意轴承壳油孔的安装位置。

21)用木槌轻轻将轴承壳打入主动齿轮轴。

22)重新将定位挡板装入齿轮轴。

23)将调整垫片、盖板重新装到轴承壳中,并将轴承壳固定螺栓拧紧。以180 N·m力矩将主动轴挡板固定螺栓拧紧。

主动齿轮轴承壳与过渡箱调整垫片厚度 X 值:

$$X = (A \pm Z) + B - (L \pm Y)$$

式中:

A——主动齿轮端面至从动齿轮轴线距离的理论值;

B——主动齿轮端面至过渡箱与主减速箱连接面的实测值(在未装调整垫片时测量);

L——主减速器连接面至从动齿轮轴线距离的理论值;

Z——A 值的实际偏差(打印在主动齿轮端面);

Y——L 值的实际偏差(打印在主减速器壳连接面上)。

斯太尔系列重型柴油车总速比 $i = 4.8$、5.73 和 6.72 的中桥,其 $A = 102$ mm,$L = 160$ mm,见图 4-49 所示。

24)用深度尺实测量主动齿轮端面至连接平面的距离,例如实测为 60 mm。

25)重新将主动齿轮轴挡板、盖板、调整垫片拆掉。用2个 M10×85 mm 螺栓将轴承壳重新顶出。

26)观察主动齿轮端面打印的标记 $Z = 0.20$ mm。

27)观察过渡箱壳打印的标记 $Y = -0.07$ mm。

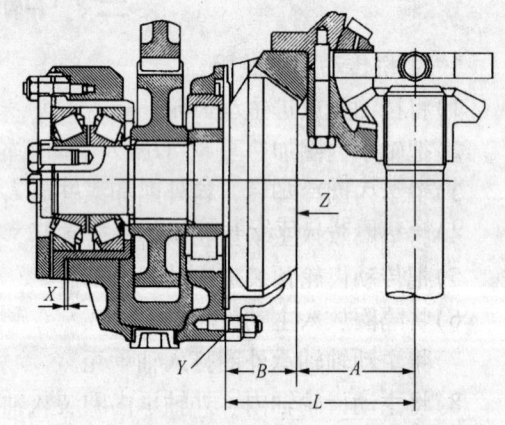

图 4-49 轴承壳与过渡箱之间垫片厚度

计算调整垫片厚度:

$$\begin{aligned} X &= (A \pm Z) + B - (L \pm Y) \\ &= (102 + 0.20) + 60 - (160 - 0.07) \\ &= 2.27 \text{ mm} \end{aligned}$$

28)选择厚度 2.27 mm 的调整垫片。

29)将调整垫片放入过渡箱。

30)将轴承壳重新装入主动齿轮轴和过渡箱内。

31)重新再将挡板、轴承预紧垫圈和盖板装复到轴承壳上,并将固定螺栓拧紧,将挡板3个螺栓以180 N·m力矩最后拧紧。

32）将主动传动套装入过渡箱。

33）将轴承装入过渡箱。

34）将传动轴套锁紧螺母装上。

35）以 300 N·m 力矩将锁紧螺母拧紧。

36）将锁紧螺母用冲头锁紧。

37）在过渡箱上盖板连接面上涂抹乐泰 587 平面密封胶。

38）将盖板装到过渡箱上并将连接螺栓拧紧。

2. 中桥轮间差速器的装配

1）将差速器轴承加热至 80 ℃ 分别装到差速器壳上。

将行星齿轮及球形垫圈装入十字轴。选择合适的半轴止推垫片，保证啮合间隙在 0.1～0.2 mm。

半轴止推垫片标准厚度分别为 4.9、5.0、5.1、5.2、5.3 mm。**注意：**<u>应将有油槽的一面面对半轴齿轮装配。</u>

2）按拆卸前打好的装配标记将差速器壳装配好，用 195 N·m 力矩将连接螺栓（螺纹部分涂抹乐泰 262 螺纹锁固胶）拧紧。

3）将垫环、被动齿轮装到差速器上，并以 195 N·m 力矩将涂有乐泰 262 螺纹锁固胶的连接螺栓拧紧。

4）将装差速锁一端的轴承外圈装入。

5）将差速器调整花螺母放到差速器上。

6）将差速锁啮合套和花螺母锁片装到差速器轴套上。

7）用差速锁螺母扳手将差速锁固定花螺母装上，并以 200 N·m 力矩拧紧。

8）用锁片将差速锁啮合套锁紧螺母锁紧。

9）将差速器总成安装到主减速器壳的支承座内。**注意：**<u>轴承盖与轴承座应按标记配对安装，以 210 N·m 力矩将轴承盖螺母拧紧。</u>

10）用差速器花螺母扳手以 1.5～4 N·m 力矩将两边花螺母拧紧。

11）测得弹簧拉力计上的旋转拉力应在 12～32 N。

12）用锁片将轴承花螺母锁紧，用开口销将轴承盖螺母锁住。

13）在主减速器壳与过渡箱壳的连接表面上涂抹乐泰 587 平面密封胶。

14）将过渡箱吊装进主减速器壳，并将连接螺栓拧紧。

15）检查主、从动圆锥齿轮间隙，应在 0.3～0.4 mm。如果间隙不符合标准，则应通过调整从动齿轮的左、右位置来达到要求。**注意：**<u>调整时左、右花螺母进、退的调整旋转角度必须相同。</u>

调整后应重新将花螺母锁片锁好。

3. 中桥桥（轴）间差速器的装配

1）将半轴齿轮垫片放入差速器壳内。

2）将半轴齿轮放入差速器壳内。

3）将行星齿轮及十字轴组件放入差速器壳内。

4）测量啮合间隙，调整半轴齿轮垫片厚度，使啮合间隙在 0.18～0.22 mm。

垫片标准厚度分别为 4.9、5.0、5.1、5.2、5.3 mm。

5)将另一端半轴齿轮装上。

6)将另一端已选择好的半轴齿轮止推垫片装上。

7)按照配装标记将另一半差速器壳安装上。

8)将连接螺栓涂抹乐泰 262 螺纹密封胶以 210 N·m 力矩拧紧。

9)将差速器轴承加热至 80℃装到差速器轴肩。

10)用卡簧将轴承定位。

11)将差速锁销装到滑套上。

12)将差速锁装到差速器上,并装上挡板。

13)将密封圈、轴套放入拨叉轴,用卡簧将轴套定位。

14)将拨叉、拨叉轴装到差速器壳。

15)将滑块装到拨叉。

16)将定位销拧入。

17)将定位销锁紧螺母紧固,安装差速锁指示灯开关。

18)将桥间差速器组件装入过渡箱。

19)在差速器壳连接平面上涂抹乐泰 587 平面密封胶。

20)将差速器壳装到过渡箱,并将连接螺栓拧紧。

21)将卡簧装入轴承,把轴承打入差速器壳。

22)将油封压入轴承盖,并喷涂润滑油。

23)在轴承盖端面涂抹乐泰 587 平面密封胶。

24)将轴承盖装到差速器壳上并将连接螺栓拧紧。

25)将驱动法兰加热装入输入轴。

26)将法兰固定螺母以 750～800 N·m 力矩拧紧。

27)将开口销穿装在驱动法兰固定螺母上。

28)将加油螺塞安装在差速器壳上。将差速锁工作缸装好。

4. 中桥贯通轴的装配

1)将贯通轴轴承加热至 80℃装入贯通轴。

2)将贯通轴连同轴承打入中桥桥壳。

3)将油封压入轴承盖。

4)在桥壳轴承盖连接面上涂抹乐泰 587 平面密封胶。

5)将轴承盖装上,并拧紧连接螺栓。

6)将驱动法兰加热装入贯通轴花键轴径。

7)将法兰固定螺母装上,并以 750～800 N·m 力矩将螺母拧紧。

8)用开口销将花螺母锁紧。

5. 轮间差速锁的装配

1)将指示灯挺杆装入桥壳。

2)安装差速锁指示灯开关。

3)将密封圈安装到差速锁拨叉轴上。

4)将差速锁拨叉轴穿装到桥壳中。

5)将拨叉滑块装到拨叉上。

6)将拨叉装到拨叉轴上。

7)将差速锁指示灯凸块装到拨叉上。

8)将啮合套装入拨叉上,并将半轴穿过啮合套轴孔。

9)将差速锁工作缸与拨叉杆连接。

在桥壳与主减速器壳的连接表面上涂抹乐泰587平面密封胶,将中桥过渡箱总成吊装进桥壳,并将连接螺栓拧紧。

在吊装过程中应不断转动贯通轴,使其顺利地插入桥间差速器的半轴齿轮花键孔中。

6. 轮边减速器的装配

轮边减速器的装配与后驱动桥相同。

将左、右半轴插到差速器左、右半轴齿轮花键孔中,将轴头边盖安装到轴头行星毂架上,中桥即组装完毕。中桥各部位螺栓(母)拧紧力矩如图4-50和表4-8所示。

表4-8 中桥中央传动各部位螺栓(母)拧紧力矩

部 位	力 矩(N·m)
M_4	295
M_7	750~800
M_8	200
M_{10}	195
M_{11}	325
M_{12}	180
LV_2	1.5~4.0
LV_4	0.5~2.5

主、从动圆锥齿轮啮合间隙:0.3~0.4mm(可调整);差速器半轴齿轮与行星齿轮啮合间隙:0.18~0.22mm(可调整)。

圆柱传动齿轮啮合间隙:0.16~0.37mm(不可调整)。

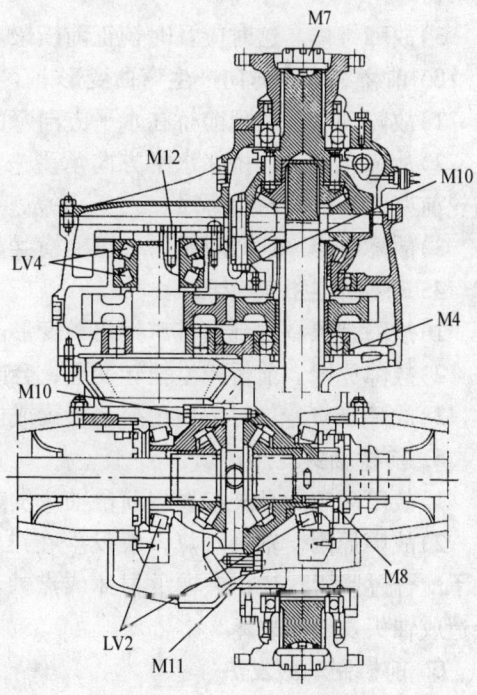

图4-50 中桥各拧紧部位

第四节　车桥常见故障诊断与维修

一、前　桥

前桥承受来自地面的垂直方向反力、水平方向制动力、惯性力、行驶阻力和制动时引起的转矩等。汽车前桥长期承受这些交变冲击载荷，可能发生以下故障：

1. 前桥疲劳损伤、裂纹或断裂

1）故障现象。发现前桥疲劳损伤、有裂纹或断裂。

2）故障维修。应及时更换新件。

2. 前桥在垂直方向产生弯曲变形

1）故障现象。发现前桥在垂直方向弯曲变形。

2）故障原因。前桥在垂直方向承受来自地面的反力很大，易产生弯曲变形，会改变主销内倾角、车轮外倾角；会使柴油车转向沉重，轮毂轴承负荷增大，从而降低使用寿命。

3）故障维修。这时应及时校正前横梁。

3. 前桥在水平方向产生弯曲变形

1）故障现象。发现前桥在水平方向弯曲变形。

2）故障原因。前桥在水平方向承受来自地面的制动力，易产生弯曲变形，会改变前轮前束，会增大轮胎磨损。

3）故障维修。这时应及时校正前横梁。

4. 前桥产生扭转变形

1）故障现象。发现前桥产生扭转变形。

2）故障原因。前桥产生扭转变形，会改变主销后倾角，影响前轮行驶稳定性。

3）故障维修。这时适情更换前横梁或进行校正修理。

5. 前桥轴头发热

1）故障现象。行驶中发现前桥轴头发热。

2）故障原因。轴头发热一般发生在维修时，往往在装配轮毂时，轴承预压过紧使轴承配合过紧所致。轮毂轴承损坏或点蚀不仅会发热而且会有噪声。轮毂轴承缺油也会造成轴头发热的故障。

6. 前桥制动鼓发热

1）故障现象。行驶中发现前桥制动鼓发热。

2）故障原因。

a. 制动鼓发热的主要原因是制动气室膜片不回位或回位太缓慢所致。

b. 制动蹄回位弹簧断裂或弹力不足也会造成制动鼓发热。

3）故障维修。

a. 制动蹄片与制动鼓没有间隙，显然也会造成制动鼓发热。此时除检查调整间隙外应检查气室膜片不回位的问题，制动气室膜片不回位除检查气路故障外应检查制动凸轮轴是否发卡。

b. 要指出的是，斯太尔系列重型柴油车制动鼓与轮胎钢圈之间的间隙较小，而且国产制动鼓的制造精度较低，制动鼓外圈上导风槽较浅，散热效果较差。因此在下长坡行驶时，应使用发动机排气制动减速而尽量少使用行车制动，以避免制动鼓过热。

7. 主销衬套、主销、止推轴承磨损

1）故障原因。主销衬套、主销、止推轴承磨损、松旷，会影响前轮定位，降低操纵稳定性。

2）故障维修。应更换磨损件，并重新进行前轮定位。

8. 轻踩制动时前轮发摆

1）故障现象。部分斯太尔系列重型柴油车在全负荷制动时，前桥工作正常，但往往在轻踩制动时前轮发摆。

2）故障原因。这主要是制动鼓圆度误差超差所致。当两前轮在部分负荷制动时，由于制动力小，两前轮产生制动效果不同步，时而左刹、时而右刹，从而造成前轮摆动。

3）故障维修。此时应将制动鼓拆卸检查并进行光削。轮胎钢圈变形有时也会产生这种故障。

9. 转向沉重

1）故障原因。转向沉重的原因有2个方面因素：

a. 前桥转向系统机械部分造成的。

b. 转向液压动力系统的故障。

2）故障维修。由于机械部分造成的转向沉重的主要原因是转向节主销缺油。长期没有进行维护，不向转向节主销内加注润滑脂造成主销与衬套干摩擦，不仅增加转向阻力，使转向沉重，而且严重时甚至会造成主销与衬套烧结。因此要求在维护中应向转向节主销中加润滑脂。一般先将前桥工字梁顶起，用黄油枪向安装在凸轮轴座上的黄油嘴注油，直到工字梁与销孔上、下平面挤出油为止。

10. 前制动鼓甩油

1）故障现象。行驶中发现前制动鼓甩油。

2）故障原因。前制动鼓向外甩油显然是轮毂油封损坏所致。轮毂油封漏油不仅造成甩油，而且使前刹车失灵。

3）故障维修。应更换新油封。

11. 前轮胎磨损不正常

1）故障现象。行驶中发现前轮胎磨损不正常。

2）故障原因。前轮胎磨损不正常的因素较为复杂，前束值不对是造成磨前轮胎的原因，但钢圈变形、轴头松旷、工字梁变形、主销间隙过大等等都会造成磨前轮胎的故障。

3）故障维修。故障的排除既要考虑到前轮定位各项参数的变化，又要考虑其他方面因素的影响。

12. 前轮制动跑偏

1）故障现象。行驶中发现前轮制动跑偏。

2）故障原因。前轮制动跑偏有 2 个方面的因素：

　　a. 左、右制动蹄片间隙不同，使开始投入制动的时间不同步造成。

　　b. 左、右制动蹄片与制动鼓接触面积不同或由于油污造成接触摩擦力矩的差异，产生不同的制动力矩。

3）故障维修。汽车制动跑偏，通过调整制动蹄片间隙不能排除时，就应拆卸制动鼓进行检查和光磨。

13. 制动不灵

1）故障现象。行驶中发现制动不灵。

2）故障原因。制动不灵，除制动控制系统的原因之外，就是制动鼓与制动蹄片的问题。在实际维修中，往往用制动鼓与制动蹄片接触面积检查制动效果，一般要求制动蹄片与制动鼓接触面积在 70% 以上。在实际维修的案例中可见，制动蹄片两端接合要比中间接合效果好得多。

3）故障维修。在光磨制动蹄片时，直径应略大于制动鼓的直径，以保证制动蹄片接合两端，以便获得最佳的制动效果。

14. 前桥的使用与维护

前桥在使用中应注意不要超负载运行，以免因过载而损坏。

前桥应按规定的行驶里程进行检查与保养。保养时应拆卸轮毂检查轮毂轴承和加润滑脂；同时应检查转向节主销与衬套的配合，如发现烧结或间隙过大则应解体修理或更换。在对转向节主销衬套进行铰削时，一定要注意同轴度。

轮毂轴承与主销衬套加注润滑脂牌号：夏季为 3 号锂基脂，冬季为 2 号锂基脂。

二、驱 动 桥

1. 行驶时驱动桥发响，脱挡时响声消失

1）故障现象。汽车速度加快时响声增大，脱挡滑行时响声明显减弱或消失。

2）故障原因。

a. 圆锥及圆柱主、从动齿轮，行星齿轮及半轴齿轮间隙过大。

b. 半轴齿轮花键槽与半轴的配合松旷。

c. 圆锥主、从动齿轮啮合不良。

d. 圆锥及圆柱主、从动齿轮啮合间隙不匀。

e. 圆锥及圆柱主、从动齿轮齿面损伤或折断。

3）故障维修。

a. 齿轮间隙过大的检查。方法是：架起一个后轮，变速器置于空挡。将该轮先向一个方向转动，当圆锥主动齿轮轴凸缘刚欲转动时停转轮胎，在轮辋边缘处标一记号。然后以同样方法使该车轮反向转动并做好标记。两记号之间隔距离即为驱动轮自由转动量，它标志着驱动桥总成各传动件间隙的总和。一般应为 18～25 mm，最大不超过 45 mm。如果间隙过大，应进行调整和修复。

b. 齿轮间隙不匀的检查方法是：架起驱动桥，在圆锥主动齿轮前轴承盖与凸缘接近处画一对准标线，然后每转动 1 或 2 圈圆锥主动齿轮轴测量 1 次圆锥主、从动齿轮齿

隙。若测量相差较大，表明齿隙不匀，应检查圆锥从动齿轮是否偏摇。如属刚维修后的汽车，可适当旋松圆柱主动齿轮滚子轴承侧盖螺钉，若此时异响减轻，应检查减速器壳两孔同轴度是否超差。若齿隙均匀，对于二级减速器尚应检查圆柱主、从动齿轮齿隙是否均匀。

c. 汽车异响的检查。当提高车速时，驱动桥出现"哼哼"声，脱挡滑行随即消失。一般为圆锥主、从动齿轮啮合不良，即啮合印痕不符合要求。若圆锥主动齿轮或其圆锥滚子轴承在更换后，不进行必要的调整，即能造成啮合印痕不正常。

d. 行车中突然出现强烈而有节奏的金属敲击声，脱挡滑行随即消失，说明圆锥或圆柱主、从动齿轮有的牙齿折断，应即停车检修。

e. 在高速行驶时，变速器突然出现类似传动系共振时的齿轮敲击声，脱挡滑行立即消失；低速滑行时传动轴有撞击声，说明圆锥主动齿轮轮齿连续数个折断，但断齿残部尚可啮合传动。这种"窜音"现象是因高速运行传递转矩时传动轴失于动平衡，引起齿轮撞击。

2. 行驶中驱动桥发响，滑行时不消失

1) 故障现象。汽车在行驶时驱动桥出现噪声，脱挡滑行时，噪声减弱但不消失。

2) 故障原因。

a. 凸缘未压紧，凸缘螺母松动或轴承调整不当。

b. 圆锥主动齿轮圆锥滚子轴承松旷，其原因是过度磨损或调整不当。

c. 差速器圆锥滚子轴承松旷，是因过度磨损或调整不当及轴承盖固定螺母松动。

d. 驱动桥某部位轴承间隙过小，预紧度过大。

e. 因调整不当使圆锥主、从动齿轮啮合间隙过小。

f. 驱动桥壳内润滑油不足。

3) 故障诊断。

a. 汽车在低速行驶时，有连续的"嗷嗷"声，车速加快响声加大，脱挡滑行时有所减弱，说明圆锥主、从动齿轮啮合间隙过小。

b. 行驶中突然出现上述噪声，应停车检查减速器壳温度。若感烫手，可再检查驱动桥壳内润滑油存量。若已经发现此噪声还继续行驶，又出现起步困难，脱挡后传动轴有撞击声，则可能是圆锥主动齿轮轴承烧结，应立即维修。

c. 车速提高后，出现尖锐的响声，且减速器壳过热，低速滑行时传动轴有撞击声，但齿轮油充足，一般是圆锥主动齿轮轴承过紧。应拆下传动轴，用弹簧拉力计钩住圆锥主动齿轮轴凸缘，如图4-51所示，测量轴承预紧度，标准为1.5～3.5N·m。相当于作用在凸缘处的圆周切向力为

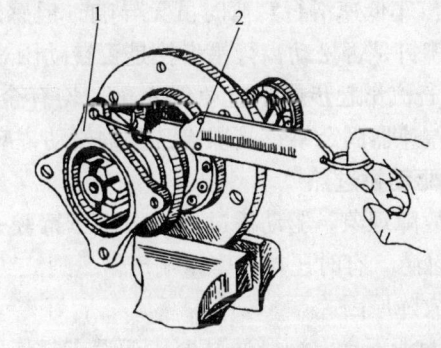

1—圆锥主动齿轮轴凸缘　2—弹簧拉力计
图4-51　圆锥主动齿轮轴承预紧度的测量

25～58 N。如果无弹簧拉力计时，可用手转动圆锥主动齿轮轴凸缘，若感到相当吃力，表明轴承过紧。

d. 行驶中出现类似传动轴所发出的不规则的金属撞击声，当车速急剧变化时尤为明显，但滑行时有所减弱，可晃动传动轴后万向节；若圆锥主动齿轮轴凸缘随之摆动，说明凸缘螺母松动。若圆锥主动齿轮轴径向旷量过大，说明轴承间隙调整不当或凸缘未压紧轴承。

e. 汽车低速行驶时，尤其在脱挡滑行接近停车时，驱动桥出现断续而低沉的"哼哼"声，且车身略有振抖，但高速行驶时噪声不明显，这是因差速器圆锥滚子轴承松旷或损坏。这时可拆下两半轴，也可顶起一后轮，若驱动桥在运转时有异响，则可拆下驱动桥壳后盖，撬动圆柱从动齿轮；若松旷，则表明差速器圆锥滚子轴承严重磨损或损坏。

3. 直线行驶时驱动桥良好，转弯时驱动桥有异响

1）故障现象。汽车转弯时驱动桥有异响，直线行驶时响声消失。

2）故障原因。

a. 差速器行星齿轮与半轴齿轮不配套，使啮合不良。

b. 行星齿轮表面严重磨损或损伤。

c. 行星齿轮与差速器十字轴卡滞或装配不良。如行星齿轮止推垫过厚，使其转动困难。

d. 单级减速器圆锥从动齿轮与差速器壳的固定铆钉松动。

e. 二级减速器圆柱从动齿轮与差速器壳的固定螺栓松动等。

3）故障维修。

a. 顶起驱动桥，将变速器置空挡，转动任一侧后轮。若两后轮旋转方向不同，但有异响，说明行星齿轮牙齿损伤。若两后轮转向一致，是行星齿轮与十字轴卡滞或行星齿轮止推垫过厚，使其转动困难。

b. 做上述试验时，若两后轮转向不同且无噪声，但汽车行驶转弯时仍有异响，则表明行星齿轮与半轴齿轮不配套。

c. 汽车低速滑行转弯时虽无异响，但感到车身略有抖动，则应检查差速器壳固定螺栓或铆钉是否松动，行星齿轮是否转动困难。

d. 若汽车起步或车速急促变化，均有金属撞击声，且转弯时车身后部略有抖动，则说明差速器固定铆钉或螺栓已严重松动，应立即进行检修。

4. 驱动桥过热

1）故障现象。驱动桥过热是指汽车行驶一定里程后，手摸驱动桥壳或轴承盖处有烫手难忍感，有时还伴有摩擦响声。

2）故障原因。

a. 润滑不良，润滑油过少甚至没有，使驱动桥内的配合运动机件发生摩擦、摩擦阻力增大（干摩擦时摩擦系数很大），产生热量过多；润滑油质差或选用不当难以使润滑油在摩擦表面形成油膜，因而造成摩擦阻力增大而产生热量过多；润滑油流动能带走部分热量，如果严重缺油，无法带走热量而使散热性能变差，积蓄热量增加，使机件早期损坏。

b. 驱动桥齿轮啮合间隙过小或轴承预紧力过大，均会使配合机件间挤压过紧，无法建立和存储润滑油膜，而产生较大的摩擦阻力。同样，由于过载时机件之间压力过大，也会将齿轮表面油膜挤破产生直接摩擦而引起过热，使机件早期损坏。

c. 油封装配过紧，齿轮油不符合规定要求。

3) 故障维修。

a. 汽车行驶一定里程后，用手触摸驱动桥各个部位，查看是局部过热还是整体过热。如果油封处局部过热，则是油封太紧所致，应对油封状况进一步检查，并视情更换新件。如是轴承处局部过热，则是轴承太紧所致，应重新进行调整。其他局部过热情况可结合发热部位逐项进行检查并予以排除。

如是整体过热，首先应检查驱动桥壳齿轮油面，如油面太低，应按规定加注齿轮油。如正常，则用手捻试齿轮油，检查黏度是否过高、润滑性能是否太差或其规格是否符合要求，并视情况更换齿轮油。

b. 松开驻车制动，变速器置于空挡，轻轻地周向晃动驱动桥凸缘盘，检查主、从动锥齿轮的啮合间隙，视情进行调整。

c. 如上述均正常，应检查差速器行星齿轮与半轴齿轮的啮合间隙，视情况进行调整。

5. 驱动桥漏油

1) 故障现象。驱动桥漏油是指润滑油泄漏到驱动桥壳体外，并有明显油迹。

2) 故障原因。

a. 壳体或盖连接处漏油，一是连接螺钉松动，二是密封面不平、接合面有异物或密封垫损坏。

b. 油封处漏油。油封失效或轴颈磨损等引起密封不严而漏油。

c. 螺纹孔漏油。螺纹孔漏油多是因螺栓螺纹或螺栓孔损坏，或螺栓松动所致。

d. 通风孔堵塞。通风孔堵塞后，驱动桥内压力增高形成渗漏。

e. 注油过量。由于驱动桥内油面过高也会引起漏油。

3) 故障维修。

a. 齿轮油自半轴端漏油，如果油封磨损或损坏，应予更换。

b. 如果半轴套管有裂纹或断裂，应予更换。

c. 如果齿轮油自主动锥齿轮轴端漏油，应检查主动锥齿轮凸缘是否松动或前油封是否磨损或损坏，应视情修理或更换。

三、驱动双联桥

驱动双联桥是传动系统较为复杂的总成。常见的故障如下：

1. 驱动双联桥间差速器烧损

1) 故障现象。驱动双联桥间差速器烧损。

2) 故障原因。造成桥间差速器烧损的主要原因有 2 个：

a. 缺油。

b. 中桥与驱动桥速比不对。

3) 故障维修。中桥主减速器与过渡传动箱是采用飞溅润滑，而桥间差速器的位置又最高，因此桥间差速器的润滑条件较差，稍有缺油就会对桥间差速器产生直接影响。新车加油或在更换齿轮油时，新油必须由桥间差速器壳上的加油口加注，待油面到中桥过渡箱检查口为止。

在维修时，单独更换中桥或者驱动桥主、从动圆锥齿轮时没有注意原车总速比，使中桥或驱动桥所更换的主、从动圆锥齿轮总速比与原车的不同。这将造成中桥与驱动桥总速比的差异，从而导致在行驶时桥间差速器的高差速转动，加上差速器本身润滑条件较差，很快会将差速器烧损。因此在更换主、从动圆锥齿轮时，必须注意与原车的主、从动圆锥齿轮齿数相同。

2. 中桥异响

1) 故障现象。在发现驱动桥异响时，应首先判断是中桥异响还是驱动桥异响，然后再判断异响的基本部位。突然产生的明显异响应特别注意，须立即进行检查。检查时可以用千斤顶将中桥（或驱动桥）全部顶起，启动发动机并挂抵速挡，使被顶起的桥缓慢地转动，检查异响的部位。

2) 故障原因与维修。中桥异响主要有以下原因：

a. 从动圆锥齿轮固定螺栓松动或断裂。由于装配从动圆锥齿轮时，连接螺栓没有涂胶，力矩又不够，致使车辆行驶一段时间后螺栓松动，甚至完全脱落。这种异响往往是突然和无规律的，而且响声较大。这时不能再继续行驶，必须及时进行拆检。

在维修更换从动圆锥齿轮时，必须在连接螺栓螺纹部位涂抹乐泰 262 螺纹防松胶并按规定力矩拧紧。

b. 齿轮损坏。汽车运行中由于种种原因将某齿部分打坏。这种异响也是突然产生的，而且十分明显，应当立即拆检。

c. 轴承散架。中桥有 7 个轴承，轴承散架后的异响也比较明显，应先确诊异响的部位，然后进行拆检。应注意的是轮间差速器 2 个圆锥滚柱轴承是比较容易损坏的部位。

d. 差速锁啮合套窜动。轮间差速锁啮合套花螺母松旷使啮合套窜动，会产生两啮合套碰撞的声音。桥间差速锁销窜动也会产生敲击的声音。这种异响也是没有规律的机械碰击的声音。

e. 差速器齿轮烧损。轮间差速器和桥间差速器行星齿轮与半轴齿轮烧蚀或是牙齿损坏，都会产生明显的噪声。

以上由于机件损坏产生的噪声是突然的，异响比较明显，遇有这种异响应立即进行拆卸，不能再继续行驶，否则将会造成更严重的后果。

f. 持续的噪声。持续的噪声随负荷和运转速度的增大而增大。这种异响往往是由于轴承点蚀，齿轮磨损、拉伤，齿轮间隙过小或者过大，圆锥齿轮齿面接触部位偏差等所致。这种异响严重时也应及时检修，否则将会使响声扩大，甚至造成事故。

当更换圆锥主、从动齿轮之后产生这种异响，说明齿轮间隙或是安装调整垫片厚度不正确，使两齿面接触不在合适位置。主、从动圆锥齿轮是配对研磨的，若更换的不是一对配套的齿轮，就会产生这种异响而且无法排除。

在维修拆卸主、从动圆锥齿轮时，应将调整垫片保管好，在重新组装时必须将原垫片装复。否则由于调整垫片的偏差也会造成主、从动齿轮啮合的噪声。

g. 汽车在正常行驶时没有异响，而一旦减速抬起加速踏板时反而有"嗡嗡"的噪声。这一般都是齿轮的齿背面拉伤或点蚀所产生的。这种响声轻微时可继续使用，严重时应拆检。

h. 齿轮间隙过大，各花键轴、孔松旷急加速或起步时会产生"嘎噔"的响声而且明显有松旷的感觉。

3. 中桥发热

1) 故障现象。行驶中发现中桥发热。

2) 故障原因。中桥发热可能会有2个原因：

a. 润滑油不足。

b. 轴承预紧力过大。

3) 故障维修。由于缺油，机件得不到润滑，会使机件发热。差速器支承轴承、主动齿轮轴支承轴承如果预紧力过大也会产生过热现象。后者应通过调整垫片厚度来解决。

4. 中桥漏油

1) 故障现象。行驶中发现中桥漏油。

2) 故障原因。中桥漏油的故障除了油封本身的问题之外还有其他因素。比如桥壳或过渡箱通气孔堵塞。通气孔堵塞后，机件转动产生的热量使空气膨胀产生压力，迫使润滑油从油封处压挤出来；油封外圈和座孔松旷产生漏油往往不易察觉。

3) 故障维修。解决的方法是安装油封前需将油封外圈与座孔擦干净，在油封外圈涂抹乐泰603圆柱固持胶，再将油封打入。

5. 轮胎异常磨损

1) 故障原因。轮胎异常磨损的因素很多，例如钢圈变形、轴头轴承松旷、双排轮胎的气压相差较大。但驱动双联桥轮胎异常磨损还有一个重要原因就是桥错位。

2) 故障维修。

a. 驱动双联桥的平衡轴衬套磨损松旷，应调整。

b. 平衡悬架推力杆橡胶支承损坏，应更换。

c. 平衡推力杆支座与桥壳开焊等都会造成桥错位，应调整。

6. 驱动双联桥的使用与维护

驱动双联桥在使用和保养中应注意：

1) 差速锁的操作。驱动双联桥上装有轮间差速锁和桥间差速锁，功用是汽车驶入泥泞光滑路面而无法驶出时，使用差速锁能顺利驶出打滑路面。

在驾驶室仪表板上安装有2个差速锁开关，一个是轮间差速锁开关，另一个是桥间差速锁开关。当汽车驶入泥泞路面而某一桥单边车轮打滑时，需踩下离合器踏板按下轮间差速锁开关，当指示灯点亮时，此时中桥、驱动桥轮间差速锁同时挂合。然后当抬起离合器踏板时，某一桥左、右车轮同时打滑空转，而另一桥却不动，汽车仍然不能驶出，此时再踩下离合器踏板按下桥间差速锁开关，待指示灯点亮，汽车挂挡起步，就会顺利驶出打滑路面。当汽车驶出打滑路面后应立即将轮间和桥间差速锁摘除。

2）在维护中需要抽半轴时一定要注意：在没有安置差速锁一侧的半轴可以随便抽装；而在安装有差速锁一侧的半轴，在抽半轴前应当首先将差速锁挂合。为了确保差速锁啮合套不致脱落，还应用铁丝将差速锁工作缸推杆固定，以免工作缸漏气而造成啮合套脱落。

3）在新车行驶 2 000～2 500 km 时应进行维护，在维护时应更换中央传动和轮边减速器的齿轮润滑油，中桥主减速器在加注润滑油时应从桥间差速器壳上的加油螺塞加注。驱动双联桥的中央传动和轮边减速器应加注 APIGL—4 等级、SAE85W/90 牌号的齿轮油。

第5章 柴油车转向系结构与维修

汽车在行驶过程中,经常需要改变行驶方向(转向)。驾驶人通过一套专设的机构,使汽车在直线行驶时能自动偏转而改变行驶方向。这一套用来改变或恢复汽车行驶方向的专设机构即称为汽车转向系。

转向系可分为机械转向系和动力转向系两大类。转向系由转向盘、转向轴、转向器、转向垂臂、横(直)拉杆和转向节臂等组成。

第一节 典型柴油车转向系结构特点

一、机械式转向系

1. 机械式转向系的组成

(1) 机械式转向系的作用

转向器的作用,是将驾驶人施于转向盘上的力,通过它传给转向传动机构,同时还可增大传动比,以减小需要施加于转向盘上的作用力,使转向操纵轻便。

(2) 机械式转向系的组成

解放牌汽车转向机构由转向器、转向盘、滑动套与万向节叉总成、转向传动轴、传动轴及万向节叉总成、转动轴上轴承总成等组成,见图5-1所示。

(3) 机械式转向系的工作原理

当转动转向盘时,如图5-2所示。通过转向轴、万向节、转向传动轴,使传动副的转向蜗杆和转向臂轴随着转动,将加在转向盘上的力增大若干倍后,传给转向传动机构。当转向臂轴转动时,转向垂臂便前后摆动,通过纵拉杆推动转向节臂,可使左转向节围绕转向节主销偏转。再通过左梯形臂、横拉杆和右梯形臂带动右转向节围绕主销向同一方向偏转。于是将由转向臂轴传来的力通过这套机构传给转向轮,使安装在转向节上的两前轮同时发生偏转而使汽车转向。

2. 机械式转向系的传动机构

转向传动机构由转向摇臂、转向纵拉杆、转向节臂和左、右转向梯形臂及转向横拉杆等组成。

转向臂一端用锥形三角键齿与转向臂轴连接,另一端与直拉杆相接,直拉杆的另一端与转向节臂连接。

由于转向臂作圆弧摆动,直拉杆就不会在一个平面上作直线运动。因此,直拉杆的两端均采用球头销连接。球头销的球头两侧与球头碗配合,并有弹簧保持球头与球头碗的密合。螺钉用以调整球头碗与弹簧之间的间隙,并由开口销销紧,外有油嘴润滑球头。

3. 循环球式转向器

(1) 循环球式转向器结构特点

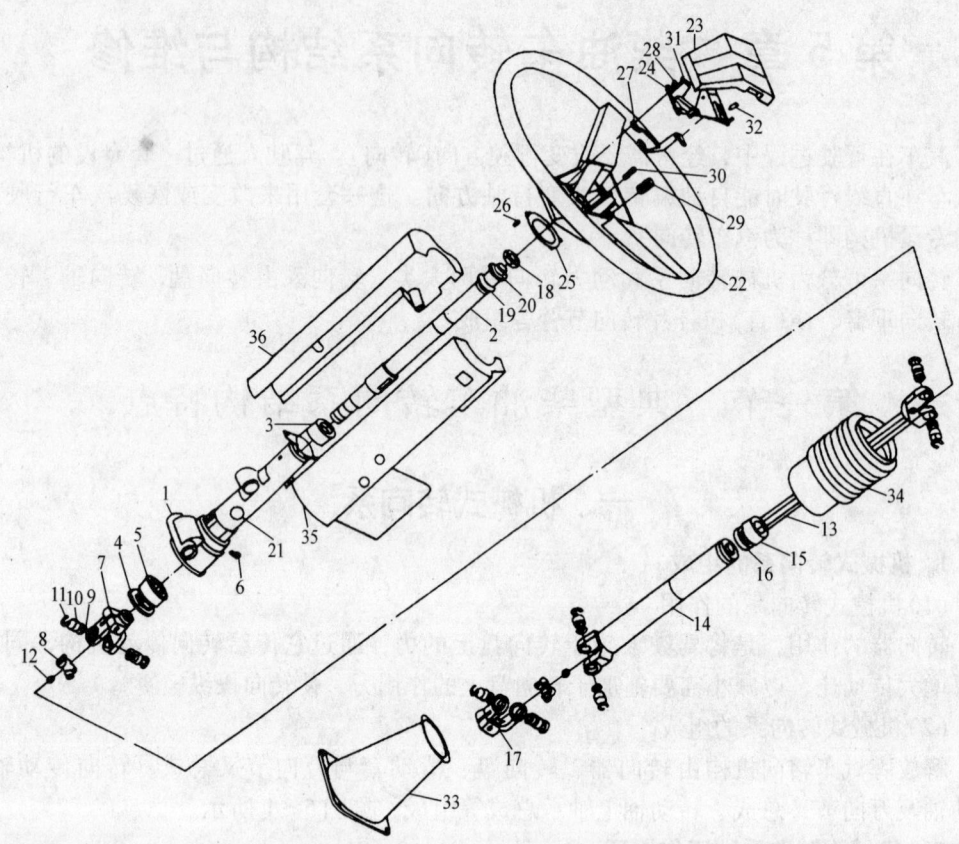

1—转向柱管及支架总成 2—转向轴总成 3—转向轴上轴承总成 4—锁紧螺母 5—转向轴球轴承 6—螺栓 7—万向节叉 8—十字轴 9—十字轴油封 10—滚针轴承总成 11—孔用弹性挡圈 12—螺钉 13—传动轴及万向节总成 14—滑动套与万向节叉总成 15—防尘罩 16—防尘圈 17—万向节叉 18—螺母 19—平垫圈 20—弹簧垫圈 21—密封盖 22—转向盘 23—喇叭按钮总成 24—接触板总成 25—集电环 26、31、32—自攻螺钉 27—接触座 28—安装喇叭按钮用2号绝缘衬垫 29—1号弹簧 30—2号弹簧 33—转向柱下护套 34—防尘罩 35—右转向柱护套 36—左转向柱护套

图 5-1 转向盘及转向传动装置

循环球式转向器是目前应用最广泛的一种结构形式。循环球式转向器中一般有两级传动副，第一级是螺杆螺母传动副，第二级是齿条齿扇传动副。循环球式转向器主要由转向螺杆、转向螺母、钢球、导管、摇臂轴、壳体及盖、轴承等零部件组成，解放牌汽车、东风牌汽车的转向器如图 5-3 所示。

螺杆支承在壳体上、下盖中的轴承上。螺杆外表面和螺母内表面具有与钢球精密配合的螺纹滚道，其与装在螺母外面的两根导管组成两个独立、封闭的钢球循环滚道。当转向器工作时，充满在滚道内的钢球作循环滚动。

第5章 柴油车转向系结构与维修

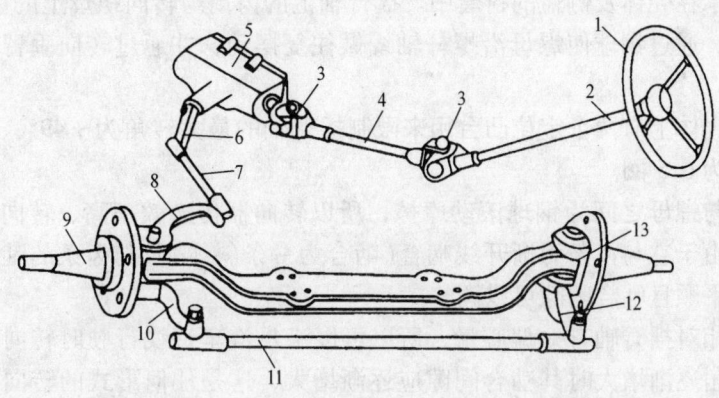

1-转向盘 2-转向轴 3-转向万向节 4-转向传动轴 5-转向器 6-转向摇臂 7-转向直拉杆 8-转向节臂 9-左转向节 10、12-梯形臂 11-转向横拉杆 13-右转向节

图5-2 机械式转向系

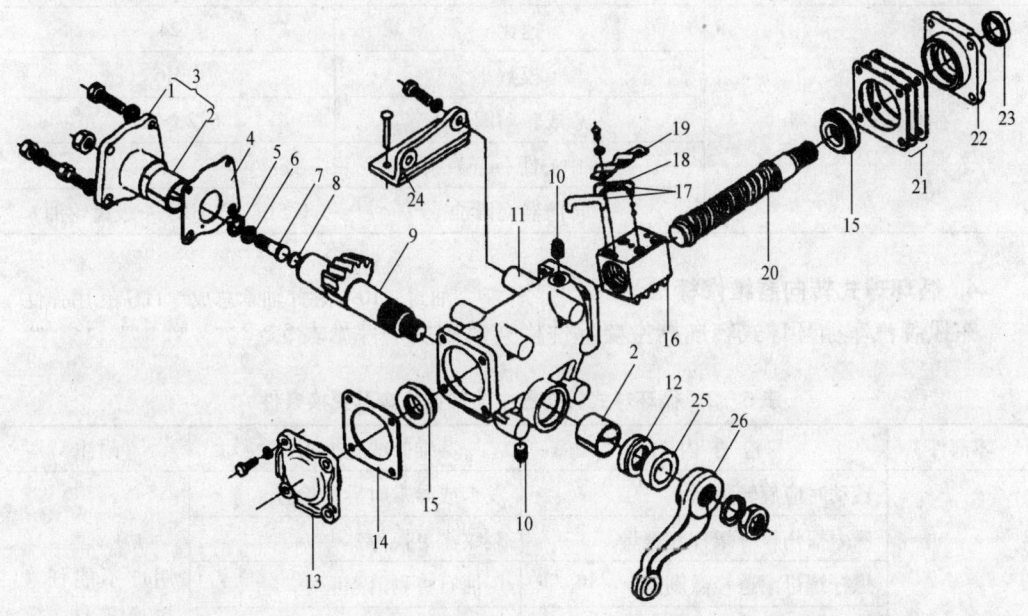

1-转向器侧盖 2-塑料复合轴承 3-侧盖带衬套总成 4-衬垫 5-孔用弹性挡圈 6-调整螺钉挡圈 7-摇臂轴调整螺钉 8-摇臂轴止推垫片 9-转向摇臂轴 10-方头锥形螺塞 11-转向器壳体 12、23-油封总成 13-转向器下盖 14-转向器下盖衬垫 15-单向推力向心球轴承 16-转向螺母 17-钢球导管 18-钢球 19-导管固定夹 20-转向螺杆 21、22-转向器上盖调整垫片 24-左转向器支架 25-转向垂臂轴油封密封圈 26-转向垂臂

图5-3 循环球式转向器结构

175

摇臂轴支承在壳体及侧盖的衬套中。摇臂轴上的齿扇与转向螺母上的齿条相啮合。当转动螺杆时，通过钢球使螺母沿螺杆轴线做往复摆动，并通过转向垂臂传力给梯形转向器构。

在转向器壳体上有两个定位凸台用来限制摇臂轴的最大转角为±49°，相应方向盘的转动圈数约为6.5圈。

由于螺杆与螺母之间为钢球滚动摩擦，所以转向器传递效率高、转向轻便。采用变齿厚齿扇，由于它与齿条为渐开线啮合（啮合为一条斜线）及与齿条的啮合有一倾斜角，因此传动平顺且啮合间隙可以调整。

由于齿扇相对摇臂轴有一偏心量，所以可以满足汽车直线行驶时转向器无啮合间隙，而当转向角逐渐增大时其啮合间隙应逐渐增大，这是任何形式的转向器必须具备的性能。当齿扇和齿条的中间位置磨损后，通过调整仍可恢复无间隙啮合，这就大大提高了转向器的使用寿命。

（2）循环球式转向器技术参数见表5-1

表5-1　东风汽车循环球式转向器技术参数

形式	项目	参数
循环球式转向器	速比	24
	模数	M6
	总成转动圈数	6.2～6.8
	中心距(mm)	75
	转向器润滑油	1.5L（API GL—4级齿轮油）

4. 循环球式转向器维修标准

东风牌汽车循环球式转向器主要部件检查及更换条件见表5-2。

表5-2　循环球式转向器主要部件检查及更换条件

零部件	检查内容	维修或更换条件	附注
转向螺杆螺母总成	转动时应旋转灵活	发卡或异常时拆开检查	用户不能任意更换零件。需更换时，必须更换转向螺杆螺母总成
	磁力探伤检查螺杆和螺母	裂纹需更换	
	螺杆螺母滚道轻微剥落	用油石将剥落点磨平	
	螺杆螺母滚道轻微压坑	可继续使用	
	螺杆螺母滚道有严重剥落损坏	更换	
	螺杆螺母滚道有能感觉的深压坑	更换	
	钢球剥落或碎裂	更换	
	导管夹螺钉松动	拧紧	

续表

零部件	检查内容	维修或更换条件	附注
摇臂轴	磁力探伤检查	若有裂纹,更换	—
	扇齿面轻微剥落、点蚀	用油石将剥落点、腐蚀点磨平	
	扇齿严重剥落、损坏、变形	更换	
	花键严重扭曲	更换	
转向螺杆轴承	滚道表面有裂痕、压坑或剥落、内圈边缘部分折断	更换	需更换时,必须更换轴承总成
	钢球剥落或碎裂	更换	
	保持架扭曲变形,与内外圈干涉并划伤,或严重磨损	更换	

东风牌汽车循环球式转向器维修标准见表5-3。

表5-3 循环球式转向器维修标准

项目	标准值	使用极限	维修方法
螺杆轴承预紧力矩(装摇臂轴前)(N·m)	0.49～0.88	—	通过增减上盖处调整垫片进行
螺杆轴承预紧力矩(装摇臂轴后)(N·m)	1.47	—	转向器处于直线行驶位置,通过调整螺钉进退进行调整
摇臂轴与其调整螺钉轴向间隙(mm)	≤0.08	0.12	配磨挡圈调整间隙
壳体结合平面的平度(mm)	≤0.08	—	
侧盖结合平面的平度(mm)	≤0.1	—	
摇臂轴轴颈与衬套间隙(mm)	0.025～0.075	0.15	
横、直拉杆球头销的磨损值	0～0.1	0.5	

东风牌汽车循环球式转向器拧紧力矩见表5-4。

表5-4 循环球式转向器拧紧力矩 (N·m)

循环球转向器上下盖紧固螺栓	30～50	循环球转向器调整螺钉锁紧螺母	≥50
循环球转向器侧盖紧固螺钉	30～50	循环球转向器加、放油螺塞	30～50
循环球转向器侧盖双头螺栓	90～110	循环球转向器转向垂臂紧固螺母	170～200

二、动力转向系

1. 动力转向系的组成

(1) 动力转向系统的作用

动力转向系统的作用是将驾驶人施予方向盘的力经过动力转向器放大后由横直拉杆、转向节等传到转向轮，使转向轮发生偏转，从而转向。大中型货车绝大部分采用液压动力转向系统。

斯太尔系列柴油车采用德国 ZF 公司液压动力转向系统。

(2) 动力转向系统的分类

1) 按照助力介质的工作状态可分常流式与常压式两种。常流式动力转向系统就是助力介质总是处于循环流动状态，是一种动态液压系统；常压式则不同，它是靠蓄能器的静态液压进行助力。

2) 按照助力机构的组成，动力转向系统又可分整体式与分置式两种类型。整体式即是助力机构(分配阀)、执行机构(油缸)和转向器制成一体；分置式则上述机构是各自分开。

斯太尔系列重型卡车就是整体式液压常流式动力转向系统。它的转向器采用循环球螺母式，因此又称之为循环球螺母整体式动力转向系统，如图 5-4 所示。其动力转向系统由两部分组成：转向器械部分和转向助力部分。转向器械部分由转向盘、转向

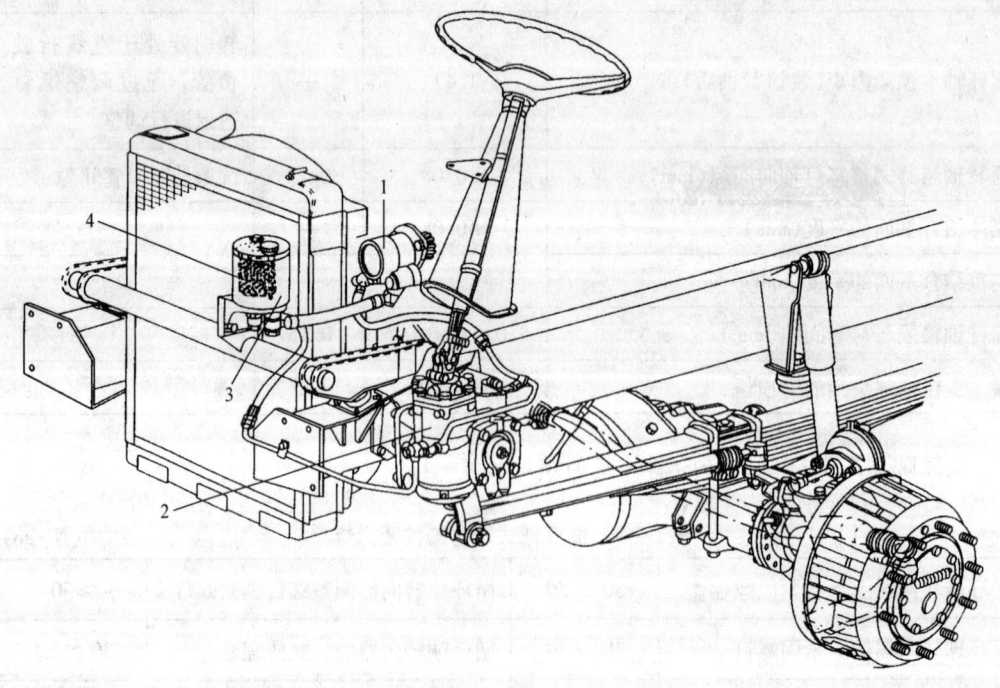

1-转向助力泵 2-转向器 3-转向储油罐 4-转向储油罐滤芯
图 5-4 斯太尔系列柴油车动力转向系

器、转向拐臂、转向横、直拉杆和转向节等组成。转向助力系统由动力源(包括助力油泵、安全阀、流量控制阀)、操纵装置(包括安置在转向器内的方向控制阀、定心装置)、执行机构(安置在转向器内的油缸)和辅助装置(包括储油罐、滤清器和管线等)4部分组成。

2. 转向助力泵结构特点

转向助力泵为转向助力提供动力源。与斯太尔系列柴油车配套的有 ZF7672、ZF7673 和 ZF7674 共 3 种型号转向叶片泵。性能参数见表 5-5。转向助力泵安装在发动机正时齿轮壳上,由凸轮轴正时齿轮带动助力泵驱动齿轮旋转。

表 5-5 转向助力泵性能

型号	转速 (r/min)	流量 (L/min)	排量 (L/min)	最大压力 (MPa)	流量检测			叶片宽度 (mm)	质量 (kg)
					转速 (r/min)	压力 (MPa)	最小流量 (L/min)		
ZF7672	500～4 500	6～16	13.5	13	500	5	4.5	16	4
ZF7673	500～4 500	9～20	16.5	13	500	5	5.6	19.5	3.7
ZF7674	500～4 000	12～25	20.5	13	500	5	7.0	23.5	4.4

转子叶片泵的结构如图 5-5,它主要是由泵壳 1、转子轴 15、叶片 13 和转子 14 以及转子外圈 16 组成。为了确保转子油泵的输出端排量基本稳定(不随转速变化而变化),以及限定输出压力的最大值,在泵的输入端还安装有流量控制阀 3 和安全阀 4。

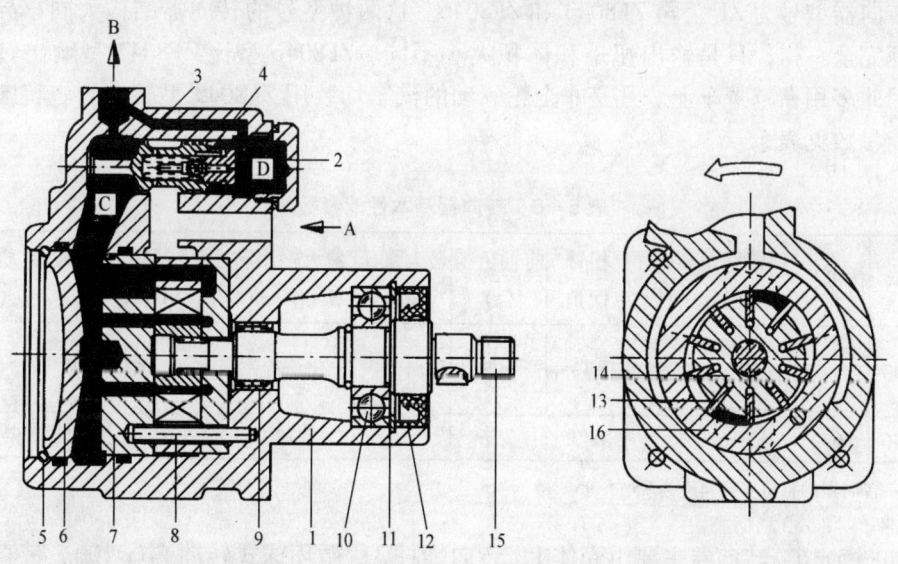

1-泵壳 2-弹簧 3-流量控制阀 4-安全阀 5-端盖卡簧 6-端盖 7-分油盘 8-定位销 9-滚针轴承 10-轴承 11-轴承卡簧 12-油封 13-转子叶片 14-转子 15-转子轴 16-转子外圈 A-进油口(低压) B-出油口(高压)

图 5-5 转子叶片泵结构

转子泵安装在发动机正时齿轮壳上,由凸轮轴齿轮带动泵驱动齿轮旋转。当发动机工作时,叶片泵旋转,泵体内安装于转子槽中的叶片在离心力和油压作用下,紧贴泵体内曲面运动。叶片与叶片之间形成密封工作腔,密封工作腔容积逐渐缩小的区域形成压油腔,密封腔容积逐渐增大的区域形成吸油腔。泵每旋转一周,完成吸油、压油动作两次,由于吸油腔与压油腔是对称分布的,作用在轴上的液压径向力平衡。泵的排量是由转子叶片的宽度和转速决定的。泵的输出压力是由转向系统的阻力决定的。为限定最高泵压,在泵体内设置有安全阀4,动力转向系统外部负荷增大到使泵压达13 MPa时,安全阀打开卸荷。为保证泵排量基本恒定,泵体内还设置流量控制机构,它是由安全阀4和流量控制阀3组成。泵转速较低时,阀3在回位弹簧作用下将出油腔与进油腔封闭。随泵转速的提高,泵的排量也增大,由于安全阀4的节流作用,使安全阀4的前、后油腔C和D形成压力差$\Delta p = p_c \sim p_D$(p_c:C腔压力;p_D:D腔压力),该压差随泵排量的增大而增大。当泵转速增大到设定转速,即泵排量达到一定数值时,C、D两腔形成的压力差Δp足以克服回位弹簧的预紧力,此时在压力差的作用下阀3将向左移动,从而打开出油腔与进油腔的通道,部分油液形成内部循环。泵排量越大,压差Δp越大,阀3的开度就越大,内部卸流量就越大,从而保证输出的排量基本恒定。

3. 动力转向器结构特点

斯太尔系列柴油车采用整体式动力转向器,转向助力油缸、分配阀与转向器装配成一体。

转向器型号为ZF公司ZF8043和ZF8046。这两种型号的转向器结构大同小异,工作原理完全一样,只是输出扭矩和体积大小不同。ZF8046型比ZF8043型输出转矩要大,因此多用在越野车上。凡是非全轮驱动的汽车均装用ZF8043型转向器。转向器基本性能参数见表5-6。

表5-6 转向器基本性能参数

型号	传动比	拐臂摆角80°时转向盘总圈数	拐臂摆角	前轴负荷(t)	最大泵压(MPa)	最大输出转矩(N·m)	泵流量(L/min)	油容量(L)	质量(kg)
ZF8043	20.3 23.6	4.8 5.6	±43°	6.5	13	4 320	16	1.4	34
ZF8046	26.2	6.3	+43°	7.7	13	5 720	16	1.5	43

注:转向器的整机安装角度为85°~95°。

如图5-6,转向器主要由壳体1、转向螺杆3、循环球式转向螺母100、带直齿的活塞、转向轴30以及上盖128、侧盖40等组成。

转向螺杆3由锥轴承144、145和平面轴承143、止推片124用螺纹盖118固定在上盖128上。在转向螺杆3上,旋入循环球式转向螺母100、循环钢球101无间隙地排列在螺母与螺杆的螺旋槽以及循环球导管117内,从而减少螺杆与螺母之间的摩擦力。滑道117用两个固定护罩螺钉115与导管护罩116固定在螺母100上。

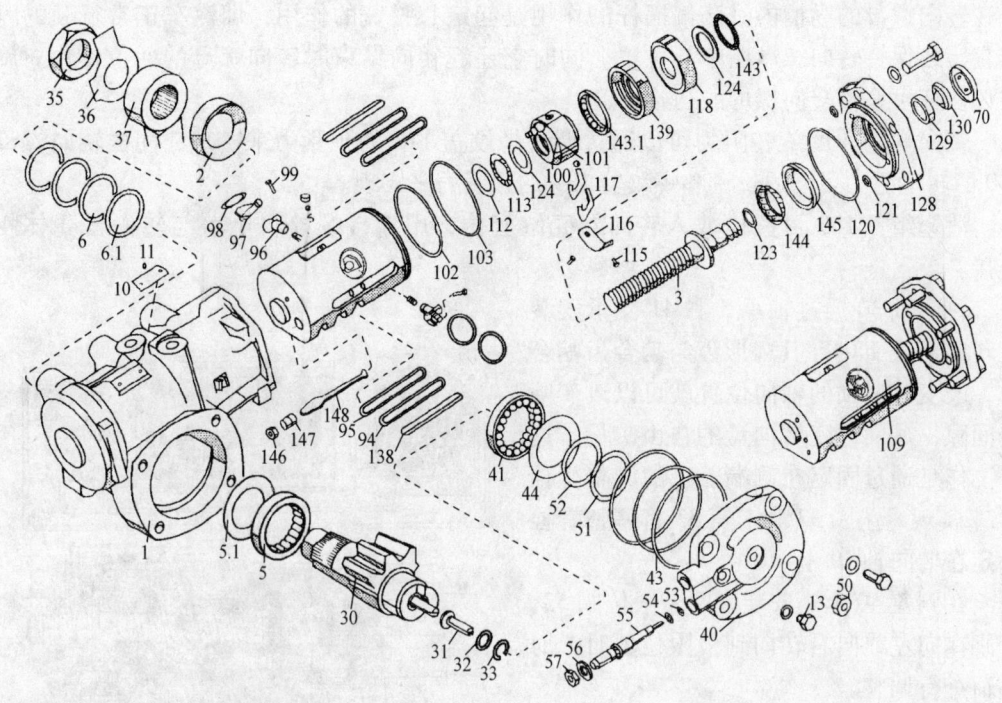

1—转向器壳 2—防尘罩 3—转向螺杆 5—转向轴轴承 5.1—轴承隔圈 6—密封挡圈 6.1—密封圈 10—铭牌 11—螺钉 13—放油螺塞 30—转向轴 31—齿轮调整螺栓 32—垫圈 33—卡簧 35—转向轴螺母 36—锁片 37—转向拐臂 40—转向器侧盖 41—转向轴轴承 43—侧盖密封圈 44—轴承挡圈 50—调整螺栓锁紧螺母 51—密封环 52—密封圈 53—密封圈 55—限位阀 56—垫圈 57—锁紧螺母 70—护罩 94、95—密封环 96—路感阀 97、98—密封环 99—滑阀固定螺钉 100—转向螺母 101—循环钢球 102、103—活塞密封环 109—活塞组件 112—止推片 113—平面轴承 115—护罩螺钉 116—导管护罩 117—循环球导管 118—螺纹盖 120—上盖密封圈 121—密封圈 123—密封圈 124—止推片 128—上盖 129—油封 130—卡簧 138—锁紧片 139—螺纹盖 143—平面轴承 143.1—锥轴承 144—锥轴承 145—轴外圈 146—锁紧螺母 147—锁紧环 148—偏摆杆

图5-6 动力转向器结构

螺母100由止推片112、平面轴承113和锥轴承143用螺纹盖139固定在活塞内腔。螺母100在活塞内腔可左、右偏转一定的角度。在活塞上安装有一个三位四通滑阀，该滑阀左、右安装有两个路感阀柱塞96，分别用螺钉99固定在活塞上。

转向螺母100的上面固定有一指状拨杆，该指状拨杆插在滑阀上，控制滑阀的左、右位置，螺母在中间位置时，拨杆控制滑阀也在中间位置，此时滑阀使转向泵来的油与活塞前、后两腔室以及回油相通，此时转向油在卸载情况下无负荷循环。

当螺母向左旋转一个角度时，指状拨杆也将滑阀拨向左侧，此时滑阀将把泵来的高压油通向活塞的一侧腔室，而将活塞另一侧腔室与回油相通，此时高压油推动活塞向该转向方向助力，反之亦然。在活塞的侧下方有一空腔，用锁紧螺母146和锁紧环

147固定有一偏摆杆148，该偏摆杆是弹性杆，它的另一端是偏心柱状的，其无间隙地插在转向螺母的纵槽内。该偏摆杆的作用是起定心弹簧的作用，即汽车正常行驶的时候它始终保持转向螺母在中心位置。同时它还起转向结束时转向螺母的回位作用。旋转偏摆杆可调整转向螺母的初始位置。

转向螺杆3的旋转阻力可以通过调整螺纹盖118的预紧力来实现，同样转向螺母100的转动阻力可以通过调整螺纹盖139的预紧力来实现。

活塞组件109可整体放入转向器壳缸套内，用连接螺栓将上盖与转向器壳体相连接。

转向轴30通过轴承5和41支承安装在转向器壳1内，其扇形齿与啮合齿啮合时，改变转向轴的轴向位置就可以改变啮合间隙，从而改变转向盘的自由旷量。这一工作是通过固定在侧端盖上的调整螺栓31来实现，垫圈32和卡簧33将调整螺栓固定在转向轴30上。

在侧盖40上还安装有两个限位阀55，分别在向左或向右转向到极限位置时，对卸荷进行调整。

为了使助力泵停止工作时（如发动机突然熄火），转向盘不至于打不动，在转向器高压来油与低压回油管路上装有一单向阀，当泵正常工作时该阀关闭，将高、低压腔隔开。当泵停止工作而汽车在转向时此阀打开卸荷。图5-7、图5-8和图5-9是转向器工作原理的示意图。

转向器由控制装置和执行机构两部分组成。如图5-7，在转向器壳1内，安装有一带直齿传动机构的活塞2将壳体分成

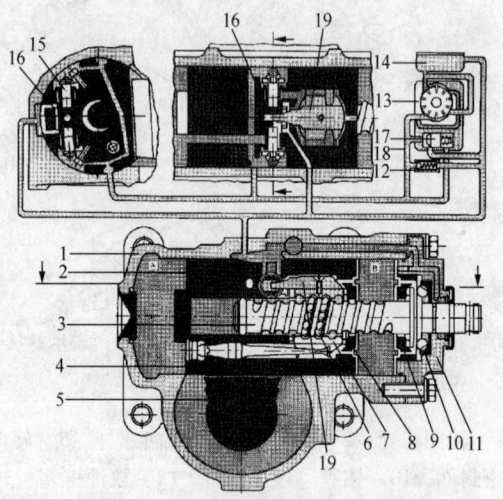

1—转向器壳 2—活塞 3—转向螺杆 4—偏摆杆 5—转向扇形齿轮轴 6—循环钢球 7—转向螺母 8—螺纹盖 9—螺纹盖 10—锥轴承 11—上盖 12—安全阀 13—叶片泵 14—储油罐 15—路感阀 16—滑阀 17—流量控制阀 18—节流孔 19—指状拨杆

图5-7 转向器工作原理（直线行驶时）

左、右两腔室A和B。带有扇形齿轮的转向轴与之啮合。活塞2左、右移动带动转向轴转动，从而使转向拐臂摆动，通过横、直拉杆和转向节使车轮转向，这就是转向执行机构。如图5-7在活塞2内安装有一转向螺母7和转向螺杆3，使它们通过循环钢球6形成螺纹传动。螺母7在活塞内沿圆周方向可偏转一定的角度。在螺母上安装指状拨杆19，拨杆控制转向分配滑阀16，在滑阀16两端固定有路感阀15，路感阀与滑阀之间形成一个腔室，该腔通过滑阀上的阻尼孔分别与A、B腔相通。

如图5-7，当汽车直线行驶时，转向螺杆3保持静止位置，此时转向螺母7被起定心作用的偏摆杆4设定在中间位置，与螺母固定一体的拨杆19也设定在中间位置，因此滑阀16也被设定在中间位置。转向分配滑阀16是一个三位四通阀，当其在中间位置时，由叶片泵来的压力油与A、B两腔和低压回油均相连通，从而使活塞2两侧油压

相同,此时转向器既没有转向动作也没有助力。

如图5-8所示,当汽车左转向时,驾驶人操作转向螺杆3左旋,通过循环钢球6推动螺母7向右移动,螺母又推动活塞2向右移动。在这一过程中,由于螺纹斜面作用,螺杆通过钢球不仅给螺母一个向右的轴向推力,而且还给螺母一个左旋的圆周力,迫使螺母7克服定心偏摆杆4的弹力,沿圆周向左旋偏转一个角度,固定在螺母上的拨杆19使滑阀16在滑阀套中向下偏移一段距离,从而打开高压油与A腔、低压回油与B腔的通道。此时活塞2不仅在螺母7的作用下,而且在A腔高压油作用下向右移动,产生转向助力作用。当停止转向操作时,螺杆3停止左旋,螺杆作用在螺母上的转向力与周边力都将消失,然而活塞2仍将在A腔高压油作用下右移,在活塞的推动与定心偏摆杆4弹力作用下,螺母立即恢复中间位置,使滑阀也恢复中间位置,重新打开高压来油、低压回油与A、B两腔的通道,转向助力立即消失。

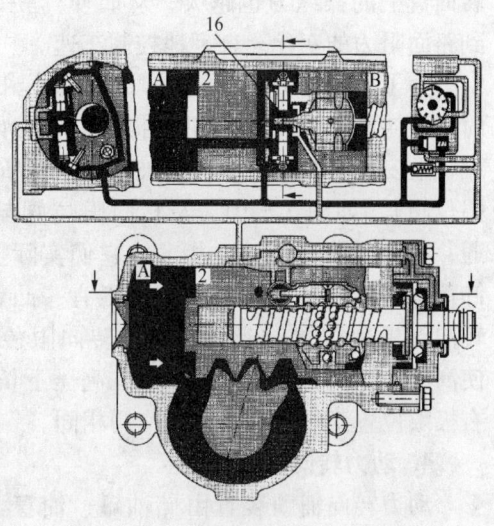

2—活塞 16—滑阀 A、B—腔室
图5-8 转向器工作原理(左转向时)

从上述分析可以看出,转向助力仅在转向实施过程中起作用,一旦转向操作停止,助力作用即行消失。这种"转多少助多少"的特性就是转向助力的随动性。

当汽车转向结束后,由于前轮定位的作用,放松转向盘时汽车转向轮会自动回正,并能自动保持直线行驶。转向助力系统并不影响汽车的这一特性,但是由于液压油的阻尼作用,自动回正作用要稍差些。

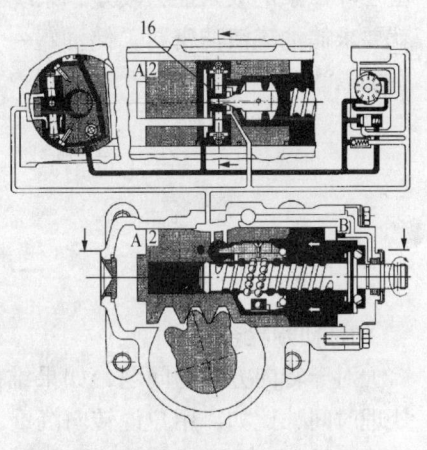

2—活塞 16—滑阀 A、B—腔室
图5-9 转向器工作原理(右转向时)

偏摆杆的作用有两个方面,在汽车保持直线行驶时,偏摆杆起定心作用,使螺母、转向滑阀保持中间位置。在转向结束之后,偏摆杆的弹力使螺母、滑阀回到中间位置。偏摆杆的一端制成偏心的结构,另一端通过螺纹和锁紧螺母固定在活塞上,如图5-7所示。它可以调整螺母的中间初始位置。汽车行驶严重跑偏,除其他外界方面原因外,一般都是由偏摆杆故障引起的。

如图5-9所示,汽车右转向时,工作过程与上述相同,只是在右转时,滑阀将打开高压油与B腔、低压回油与A腔的通道,从而产生向右转向的助力。

由于转向助力的作用,使转向系统"路感"效果减弱。为此在滑阀内装有左、右两个路感阀15。阀15与滑阀16之间形成腔室通过小孔与相应A或B腔相通,转向阻力越大，该腔室油压越大，移动滑阀的力也越大，转向盘上的操纵力也越大，从而使驾驶人能感觉到路面阻力的变化，合理地控制车速。

为了避免转向轮转到极限位置时，助力侧长时间保持高压而产生的机件损坏，在转向器侧面端盖上安装有两个可调节的极限位置调节阀（简称限位阀），如图5-10。左转向限位阀与A腔相通，右转向限位阀与B相通，它们实际上是两个卸荷阀。转向器内转向轴端加工有一凸轮，当左转向至极限位置时，凸轮将左转向限位阀顶起，使高压腔卸荷，确保系统不致在高压下长期运行。右极限位置工作原理与上述作用相同。

4. 动力转向辅助装置

动力转向辅助装置由储油罐、油管、滤清器等组成。液压动力转向是一个封闭的循环系统，要求全系统封闭。储油罐里安装有油尺和滤清器，由于叶片泵的吸入能力较差，系统采用回油滤清，即滤清器安装在系统的回油端。这就要求储油罐清洁密封，储油罐一旦进入杂质，则叶片泵将会受到损害，使用中应特别加以注意。

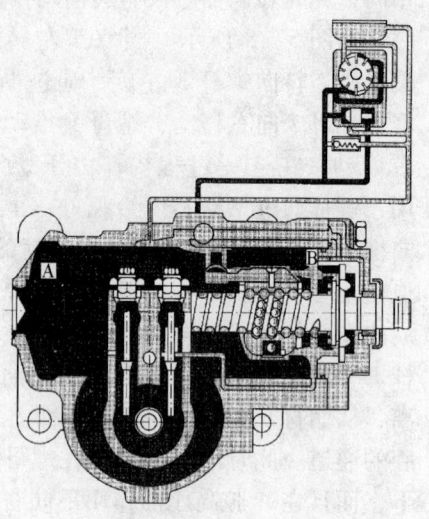

图5-10 限位阀的工作原理

第二节 转向系检查与维修

一、转向系的检查

1. 初始检查

对于转向方面的问题，如果维修人员能确认用户反映的情况，就可以节省大量的处理时间，比如，用户说转向沉重，就应该弄清楚是左转向沉重还是右转向沉重，只是原地转向沉重，还是断续的转向沉重或者根本没有助力。

如果都有可能，在安全可行的条件下，应试开一下车。用户开车时，大部分情况下有载荷，在查找原因时，可根据需要进行装载。确认了用户反映的情况，也不要急于拆下转向器或油泵。实际上在多数情况下，转向系中其他部件也可能引起转向故障，应先检查这些部件，最后检查转向器。

1）检查转向轮。弄清楚轮胎的压力是否合适，是否均衡一致，大小是否适当，是否严重磨损或损坏。

2）检查前轮定位（主销后倾，主销内倾，车轮外倾及前束）情况，以及转向横直拉杆、球节及主销处的松紧程度。如用户更换过油管，则可能装错，或者直径太小，或者堵塞，或油管扭曲、弯曲过大，引起油液流动不畅或流量不够，必须更换不符合要求的油管。

3)检查动力转向油罐,确保罐内油的平面达到规定的高度,如果油泵采用皮带传动,检查皮带是否打滑。皮带可能是绷紧的,但也可能因磨光而打滑。打滑的皮带并不总是会产生尖叫声。调整或更换皮带。

2. 液压试验

如果上述检查没有问题,导致转向故障的原因可能是压力不够或流量不足,在这种情况下,必须更加仔细地分析,包括进行液压试验。

(1)液压试验准备

要进行下列液压试验,首先在液压管路中适当位置安装一个流量计、压力表和截止阀,如图5-11所示。这3个装置(组成油路故障检查仪)① 连起来就可以检查转向系统的液压和流量情况,并在油罐中放一温度计,以保证液压试验的准确性。

启动发动机,预热液压系统。预热时,先调节截止阀直至压力表读数为6.9 MPa,当油液的温度升至51.7～57.2℃时,打开截止阀。这时预热完毕,可进行试验。

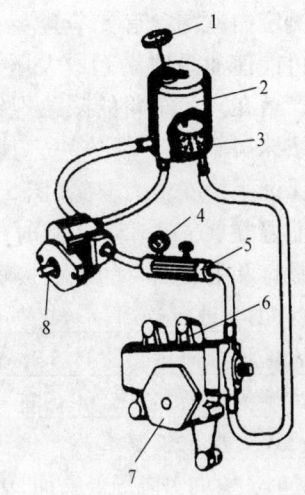

1—温度计 2—油罐 3—滤芯
4—压力表 5—截止阀 6—流量计
7—转向器 8—油泵

图5-11 检查转向系统的液压和流量

注意:不得使截止阀处于关闭状态,否则会损坏油泵。绝对不允许油温超过82.2℃,所有试验都应在51.7～57.2℃的范围内进行。

(2)油泵的压力试验

发动机怠速,关闭截止阀,读压力表。如果压力表上的读数低于规定的最小值13.6 MPa,则应修理或者更换油泵。

注意:关闭截止阀的时间不得超过5 s,以避免油泵损坏。关闭截止阀以后,油泵处于溢流工况,油温会迅速上升。在进行其他试验前,要等油温降至51.7～57.2℃。

(3)油泵流量试验。

IPS系列转向器允许的最大流量为22.71 L/min,但不得超过此值。过大的流量会引起转向器内部零件的损坏,从而导致失去转向助力。

在发动机怠速和油液温度在51.7～57.2℃时,检测油泵的流量,并比较规定的流量与流量计的读数值。

完全关闭截止阀,直到压力表反映出油泵处于溢流工况时的压力,当油泵溢流时,流量应为零。然后立即打开截止阀,流量必须立即回到原来的读数值,如果流量不能立即回到原值,表明油泵工作不正常,可能导致瞬时无助力或助力作用中断。

接下来,将发动机调至3倍怠速转速,重复上面的试验,如果油泵流量不立即回到原位,同样表明油泵工作不正常,可能导致瞬时无助力或助力作用中断。

---

①油路故障检查仪可向东风公司传动轴厂订购。

注意：①在发动机怠速和三倍怠速的转速条件下，分别进行油泵流量试验；②不允许油温超过82.2℃，试验时油温应在51.7～57.2℃。

(4)转向器内泄漏试验

要测定内泄漏，首先应避免行程阀起作用，这样才有可能使油泵建立起最大压力。为避免行程阀起作用，可在转向车轮的限位螺钉和限位凸台之间垫上一块未淬硬的钢制垫块，其厚度约为25 mm，长度以保证手指安全为准(如图5-12)。

当油温在51.7～57.2℃时，转动方向盘，直到限位螺钉和限位凸台的底面接触到钢制垫块。

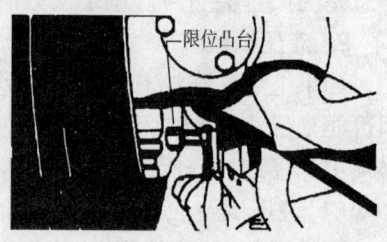

图5-12 限位螺钉和限位凸台

注意：①在进行这项试验时，每次方向盘打到尽头以后的保持时间不得超过5 s，以免损坏油泵；②在进行这项试验时，手指离开凸台和钢制垫块的接触部位，并保证钢制垫块与限位凸台正面接触，否则会挤裂或崩掉限位凸台，或者崩出钢制垫块，造成危害。

试验时，方向盘圆周上施加89 N的力，以保证转向器的控制阀完全起作用。此时，压力表读数应为油泵的溢流压力，流量计上的读数就是内泄漏值。内泄漏值应≤1.5 L/min；带辅助油缸的内泄漏值应≤5.7 L/min。在另一方向重复上述试验，以测定该方向的内泄漏。

在没有辅助油缸的情况下，内泄漏值超过1.5 L/min时，转向器应返修。在有辅助油缸的情况下，内泄漏值超过5.7 L/min时，应将转向器上连接辅助油缸管路的接头拆下，并且装上合适的干净螺塞，以免油液流出。然后，重新对转向器进行内泄漏试验，如果内泄漏值>1.5 L/min，应返修转向器；如果<1.5 L/min，则应返修辅助油缸。

注意：当完成液压试验并重新连接油管后，应检查油罐液面并排除系统内的空气。

二、机械式转向系的维修

1. 机械式转向器拆装注意事项

1)拆下转向器4个螺栓，取下底盖。拆下3个固定导管夹的螺钉，取出导管夹，取出导管，转动螺杆倒出钢球，严防丢失。

2)拆下钢球后要进行检查，钢球若有严重磨损或表面剥落，应予以更换。还要检查螺杆、螺母滚道与导管，若表面磨损严重，同样需要更换。

3)检查转向臂轴花键是否有扭曲或损坏，如有损坏应予更换。

4)检查滚针轴承和向心推力轴承及外圈表面情况，如有缺陷应成套更换。

5)检查转向臂轴油封和转向螺杆油封唇口，若有损坏或橡胶老化现象应及时更换。

6)安装时注意，循环钢球是依据螺杆螺母的滚道尺寸选配的，因为不同滚道的钢球不允许互换，不同公差范围的钢球不准混装，否则会造成转向沉重或发卡，无法调整。

另外，循环钢球导管舌部容易被钢球挤伤，应注意检查，否则同样会引起发卡现象。

7)按技术要求,装配好的转向螺杆、螺母总成的轴向和径向间隙应<0.06mm。同时螺杆、螺母总成在垂直放置时,转向螺母应从螺杆的上端自由下落,不得发卡。

2. 循环球机械转向器壳体的检修

1)壳体、侧盖产生裂纹更换,二者结合平面的平面度公差为0.10mm。

2)修整壳体变形。壳体变形的特点是摇臂轴轴承承孔的公共轴线对于转向螺杆两轴承承孔公共轴线的垂直度误差逾限(公差为0.04~0.06mm),两轴线的轴心距变大(公差为0.10mm)。壳体变形不但会引起转向沉重的故障,同时减少了转向器传动副传动间隙可调整的次数,缩短了转向器的使用寿命。修整变形时,先修整结合平面,然后更换摇臂轴衬套,在图5-13所示的镗模上镗削摇臂轴衬套,利用镗模校正两衬套的同轴度(公差为0.10mm)和两轴线的垂直度与轴心距。

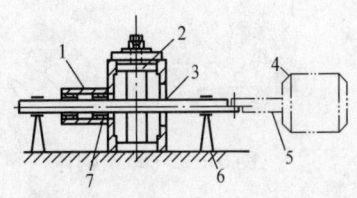

1-转向器壳体　2-定位模具
3-镗轴　4-动力头　5-连轴器
6-镗轴支撑　7-摇臂轴衬套

图5-13　摇臂轴衬套镗模

摇臂轴衬套镗削后与摇臂的配合间隙比原厂规定的增大量≤0.005mm,使用滚针轴承其配合间隙≤0.10mm。汽车二级维护时应检查摇臂轴与衬套的配合间隙,使用极限值:轿车为0.15mm,载货汽车为0.20mm。配合间隙逾限后更换衬套,衬套与承孔的配合过盈为0.051~0.110mm。

3. 循环球式转向器的维修

(1)循环球式转向器的分解

循环球式转向器如有故障需要分解时,应按下列步骤进行:

1)拆下转向器的转向臂、万向节叉的锁紧螺栓,将转向器总成从车上拆下,并卸下通气塞,放出转向器内的润滑油。

2)将转向臂轴转到中间位置(即将转向螺杆拧到底后,再拧回1/3~1/2圈),拧下侧盖的4个紧固螺栓,用软质锤或铜棒轻轻敲打转向臂轴端头,取出侧盖和转向臂轴总成(如图5-14)。取转向臂轴时别碰伤油封。

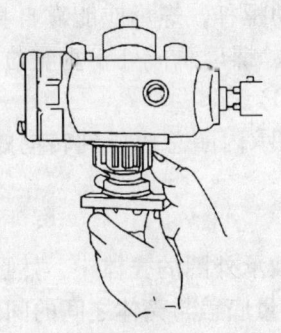

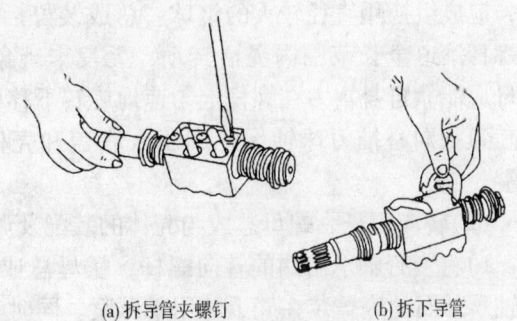

(a)拆导管夹螺钉　　(b)拆下导管

图5-14　拆下侧盖和转向臂轴总成　　图5-15　拆下导管

3)拧下转向器底盖4个紧固螺栓,用铜棒轻轻敲转向螺杆的一侧,取下底盖。

4)从壳体中取出转向螺杆及转向螺母总成。取出时别碰伤油封。

5)螺杆及螺母总成如无异常情况,尽量不要分解。必须分解时,先拧下3个固定导管夹的螺钉,拆下导管(见图5-15)。然后,一手握住螺母,一手慢慢转动螺杆,排出全部钢球(如图5-16)。两个循环道中的钢球不要混在一起,并防止丢失。每个循环道上有48个钢球,如果螺母内留下一个钢球,螺母便拆不下来。

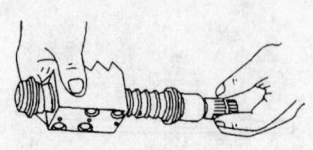

图5-16 取出钢球

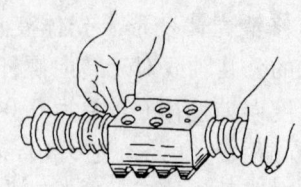

图5-17 装入钢球

4. 循环球式转向器的装配

(1)转向螺杆和转向螺母总成的装配及调整

1)将清洗干净的转向螺母套在干净的转向螺杆上,使螺母在螺杆滚道的一端并将螺母滚道孔对准螺杆滚道,再将钢球由螺母滚道孔中放入(见图5-17),要边转动螺杆边放入钢球(两滚道同时放),每个滚道约放36个钢球。

2)将其余的24个钢球分装于两个导管内(见图5-18),并将导管两端涂以少量润滑脂后插入螺母的导管孔中(见图5-19),同时用木槌轻轻敲打导管,使其到位;然后,用导管夹把导管压在转向螺母上,并用3个螺钉紧固。

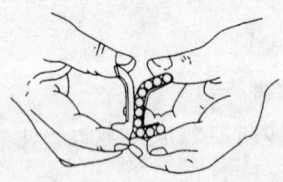

图5-18 钢球放在导管内

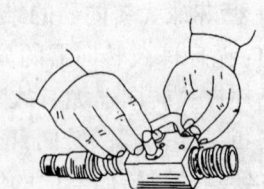

图5-19 装带钢球的导管

3)装配后的转向螺杆、螺母总成的轴向和径向间隙应≤0.06 mm。如果超过上述数值,应成组换用直径较大的钢球。总成装好后,用手转动螺杆,螺母应能靠自身重力在螺杆滚道全长范围内灵活转动,无发卡现象。当螺杆、螺母总成处于垂直位置时,螺母应能靠自身重力在螺杆上匀速地旋转下移(见图5-20)。

4)把向心推力球轴承外圈压入底盖和壳体内,将轴承内圈总成压到转向螺杆的两端。

(2)转向螺杆、螺母总成与壳体的装配及调整

1)将装有轴承内圈的转向螺杆、螺母总成放入装有轴承外圈的壳体中,然后把装有轴承外圈的底盖装在壳上并用手压紧。同时,用塞尺测量底盖与壳体之间的间隙(见图5-21);取下底盖,选择一组厚度适宜的调整垫片,垫片上涂以密封胶后装上,并套上橡胶O形密封圈(见图5-22),再将底盖装在壳体上并用螺栓紧固。

2)将转向螺杆、螺母总成(包括螺杆上的轴承)装入壳体后,螺杆应转动自如,无轴向间隙的感觉。当用扭力扳手或弹簧拉力计检查时,不带螺杆油封时应为0.7~1.2 N·

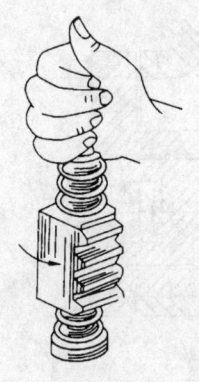

图 5-20 螺母在螺杆上旋转下移

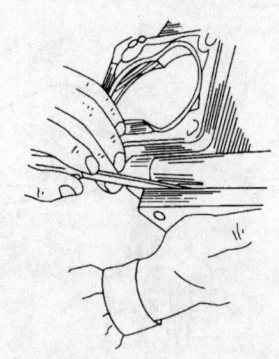

图 5-21 测量底盖与壳体间的间隙

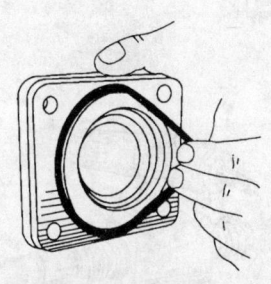

图 5-22 底盖上装调整垫片及密封圈

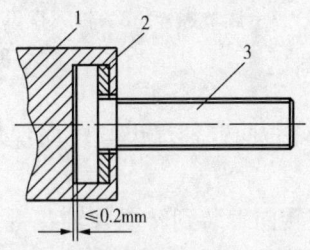

1—转向臂轴　2—调整垫片　3—调整螺栓

图 5-23 转向臂轴 T 形槽间隙

m。若力矩小于此值或感到有间隙时，应采取减少垫片的方法进行调整；若力矩过大，则应增加垫片。

3）螺杆预紧度调整完毕后，将螺杆油封装上。安装时切勿损坏油封唇口，并在螺杆颈部涂少量润滑油使之易安装。

（3）转向臂轴的装配及调整

1）调整螺栓的装入。转向臂轴装配前，应先将调整齿扇与齿条啮合间隙的调整螺栓装入。其结构有两种：一种是调整螺栓端头放入转向臂轴的 T 形槽内，用塞尺或卡尺测出其间隙值，然后选择一个与该值差 <0.2 mm 的调整垫圈放在调整螺栓上，并将调整螺栓放入 T 形槽内（见图 5-23）。这种结构在早期的转向器上采用。另一种是在转向臂轴端的槽内先装入一个较厚的平垫片（见图 5-24），将调整垫圈套在调整螺栓上，把调整螺栓装入臂轴槽内后，保持其间隙 <0.1 mm。

2）将装有滚针轴承的侧盖装到转向臂轴的调整螺栓上，再将密封垫圈装到侧盖上，并将密封垫片涂上密封胶后套在侧盖上。

3）将转向臂轴装入壳体。装入时，需将转向螺母放在转向螺杆滚道中间，转向臂轴扇齿的中间齿对准转向螺母的中间齿（见图 5-25），再将转向臂轴推到装有滚针轴承的壳体中，然后用螺栓将侧盖固定在壳体上。

（4）装入转向臂轴油封

安装时应用铜皮或塑料套将花键处保护好，以免划伤油封唇口造成漏油。

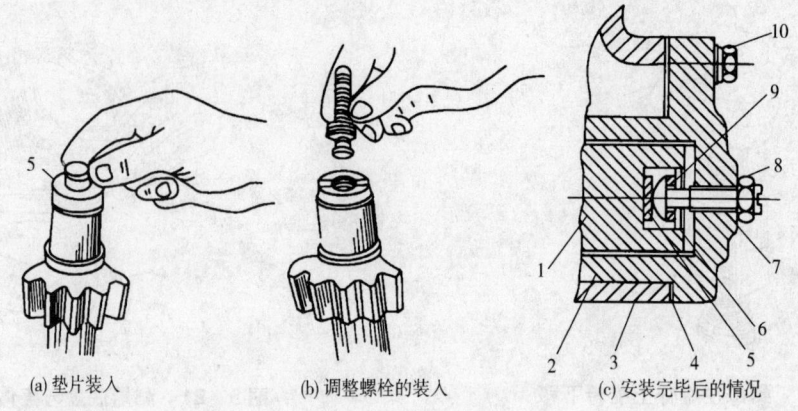

(a) 垫片装入　　(b) 调整螺栓的装入　　(c) 安装完毕后的情况

1—转向臂轴　2—臂轴衬套　3—转向器外壳　4—密封垫片　5—垫片　6—垫圈
7—调整螺栓　8—锁紧螺母　9—锁圈　10—侧盖固定螺栓

图 5-24　转向臂轴的调整

(5) 转向臂轴扇齿与转向螺母齿条啮合间隙的调整

将转向臂装到转向臂轴花键上，使转向臂轴处于转向器的中间位置，用千分表检查摆动量：在臂端锥孔中心距臂轴中心 197 mm 处测量（见图 5-26），间隙应 <0.15 mm。这时转向螺杆的转动力矩（带螺杆油封、臂轴油封）应为 1.9～2.3 N·m。否则，用调整螺栓调整齿扇与齿条的啮合间隙（见图 5-27）。最后拧紧锁紧螺母，锁住调整螺栓。

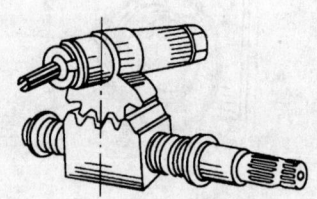

图 5-25　转向臂轴与转向螺母的装配位置

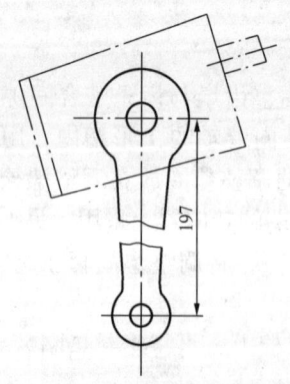

图 5-26　扇齿与齿条啮合间隙测量位置

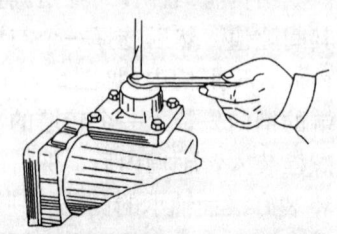

图 5-27　调整齿扇与齿条的啮合间隙

(6) 加入普通馏分型齿轮油

从加油孔加入普通馏分型齿轮油（GL—3）或 26 号合成齿轮油后，拧紧通气塞。

(7) 循环球式转向器的使用维护规定

1)一级维护时(行驶1500～2000 km),检查转向器的安装是否牢固及壳体的侧盖、底盖紧固螺栓是否拧紧。

2)二级维护时(行驶6000～8000 km),除一级维护项目外,还应:

a. 检查转向盘的自由转动量,如超过15°,应重新调整转向器及有关部位。

b. 清洗转向器的通气塞,并检查油面高度,油量不足时应补足。

5. 蜗杆曲柄指销式转向器的维修

蜗杆曲柄指销式转向器传动效率较高,转向轻便,而且结构简单,调整方便。EQ1090型汽车采用了此种转向器。

(1) 转向螺杆的检修

1)传动副已丧失传动间隙调整能力时更换。

2)滚道表面严重磨损或出现严重压痕、疲劳剥落和裂纹等耗损时更换。

3)轴承轴颈出现疲劳磨损,磨削后刷镀修复。

(2) 摇臂轴的检修(见图5-28)

1)扇形块、花键出现明显的扭曲时更换。$\phi 42$ mm两孔的轴线与$\phi 35$ mm轴的轴线的平行度误差≤0.10:100 mm;$\phi 42$ mm两孔端面在同一平里面

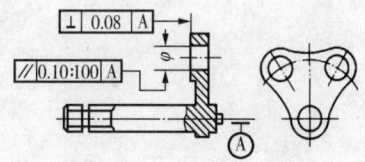

图5-28 摇臂轴的技术要求

的位置度误差≤0.08 mm;花键安装记号(刻线)与扇形块中线之夹角不超过13°。

2)摇臂轴任何部位出现裂纹都应更换,禁止焊修。

3)支撑轴颈磨损逾限,刷镀修理或更换。

(3) 检查主销轴承组件

1)主销头部产生疲劳剥落或已经产生偏磨或破裂,更换组件。

2)用两个手指捏住主销头部转动,应转动自如,主销在轴承内若有轴向窜动,视情况进行调整。

(4) 摇臂轴衬套间隙使用限度为0.20 mm。

6. 齿轮齿条式机械转向器的维修

齿轮齿条式机械转向器具有结构简单、可靠性好的特点;转向结构又几乎完全封闭,维修工作量少,也便于独立悬架的布置;转向齿条和转向齿轮直接啮合,无须中间传动。因此,操纵的灵敏性很好,同时转向齿条的节距由齿条端头起至齿条中心逐渐由大变小,转向齿轮与转向齿条的啮合深度逐渐变大,在转向盘转动量相同的条件下,齿条的移动距离在靠近齿条端头要比靠近齿条中心部位稍短些,从而使转向力变化微小,使转向器转矩传递性能好,而且转向非常轻便,

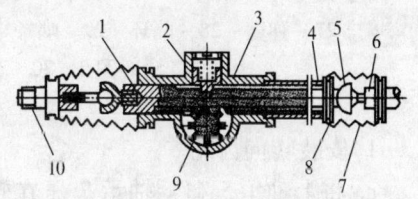

1-转向齿条 2-齿条导块 3-转向器壳体 4-衬套 5-齿条端头 6、10-横拉杆 7-齿条防尘罩 8-箍带 9-转向齿条

图5-29 齿轮齿条式转向器

将转向器的这种传动比称为可变传动比。因此,轿车已经广泛采用可变传动比的齿轮齿条式转向器,如图5-29所示。

(1) 主要零件的检修

1) 零件出现裂纹应更换，横拉杆、齿条在总成修理时应进行隐伤检验。

2) 转向齿条的直线度误差不得大于0.30 mm。

3) 齿面上无疲劳剥蚀及严重的磨损，若出现左右大转角时转向沉重，且又无法调整时应更换。

4) 更换转向齿轮轴承。

(2) 齿轮齿条式机械转向器的装配与调整（见图5-30）

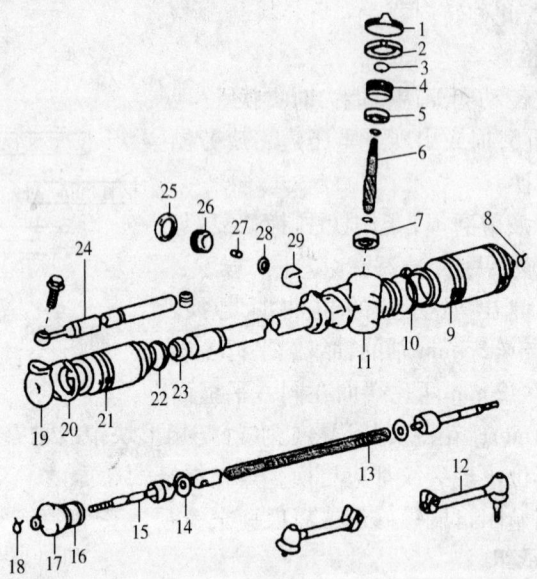

1-防尘罩 2-锁紧螺母 3-油封 4-调整螺塞 5-上轴承 6-转向齿轮 7-下轴承 8-夹子 9-齿条防尘罩 10-箍带 11-齿条壳体 12-横拉杆 13-转向齿条 14-垫圈 15-齿条端头 16-固定环 17-防尘罩 18-夹子 19-减振器支架 20-防尘罩护圈 21-防尘罩 22-箍带 23-齿条衬套 24-转向减振器 25-螺母 26-弹簧帽 27-弹簧 28-隔环 29-啮条导块

图5-30 齿轮齿条式机械转向器分解

1) 安装转向齿轮6

a. 将上轴承5和下轴承7压在转向齿轮轴颈上，轴承内座圈与齿端之间应装好隔圈。

b. 把油封3压入调整螺塞4。

c. 将转向齿轮及轴承一块压入壳体11。

d. 装上调整螺塞及油封，并调整转向齿轮轴承紧度，手感应无轴向窜动，转动自如，转向齿轮的转动力矩符合原厂规定，一般约为0.5 N·m。

e. 按原厂规定扭矩紧固锁紧螺母2，并装好防尘罩1。

2) 装入转向齿条13。

3) 安装齿条衬套23，转向齿条与衬套的配合间隙不得大于0.15 mm。

4)装入转向齿条导块 29、隔环 28、导块压紧弹簧 27、调整螺塞(弹簧帽)26 及锁紧螺母 25。

5)调整转向齿条与转向齿轮的啮合间隙,也称为转向齿条的预紧力。调整机构见图 5-31 所示。因结构的差异,调整方法也有所不同,但常见的有两类:一是改变转向齿条导块与盖之间的垫片厚度来调整转向齿条与转向齿轮轮齿的啮合深度,完成预紧力的调整;另一种方法是用盖上的调整螺塞改变转向齿条导块与弹簧座之间的间隙值,完成啮合深度,即预紧力的调整。

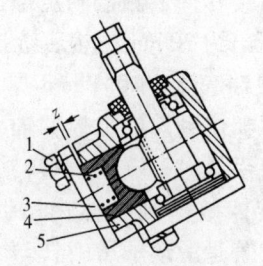

图 5-31 所示的结构形式,预紧力的调整步骤是: 1—固定螺母 2—导块压紧弹簧 先不装弹簧以及壳体与盖之间的垫片进行调整,使转向 3—盖 4—导块 5—壳体 齿轮轴上的转动力矩为 $1\sim 2\mathrm{N\cdot m}$;然后用厚薄规测量 z 图 5-31 预紧力的调整机构 值;最后在 z 值上加 $0.05\sim 0.13\mathrm{mm}$,此值就是应加垫片的总厚度,也就是转向齿条和转向齿轮合格的啮合间隙所要求的垫片总厚度。

结构有弹簧座时,先旋转盖上的调整螺塞,使弹簧座与导块接触,再将调整螺塞旋出 $30°\sim 60°$ 之后,检查转向齿轮轴的转动力矩,如此重复操作,直至转向齿轮的转动力矩符合原厂规定,最后紧固锁紧螺母。

6)安装垫圈 14 和转向齿条端头 15 时,应特别注意转向齿条端头和齿条的连接必须紧固、锁止可靠。

7)安装横拉杆和横拉杆端头,并按原厂规定检查调整左、右横拉杆 12 的长度,以保证转向轮前束正确。另外,横拉杆端头球销的夹角应符合原厂规定。调整合格后,必须按原厂规定的扭矩紧固并锁止横拉杆夹子。

三、动力转向系主要零件维修

动力转向系是兼用驾驶人体力和发动机动力为能源的转向系统,广泛采用机械转向器、转向动力缸和转向控制阀三者合成一体的整体式转向器。这种动力转向器的结构紧凑、质量轻、传动效率高、操纵轻便、反应灵敏、使用时间长且易于调整,能满足在高速公路上高速行驶的需要。图 5-32 所示为循环球转阀整体式动力转向器。

1. 动力转向器的检修

(1)动力转向器拆卸注意事项

在拆卸分解之前,应先放掉润滑油,检查转向器的转动力矩,若转动力矩不符合原厂规定又无法调整时,应考虑更换转向器总成。在 $360°$ 位置时,将枢轴 7 分别向左、向右从头至尾地转动数次,在 $360°$ 处的转动力矩一般应在 $0.7\sim 1.2\mathrm{N\cdot m}$ 之间。然后在正中位置测量转动力矩,所谓正中位置就是枢轴从闭锁状态转过一圈再加上 $360°$,正中位置的转动力矩应比 $360°$ 处的转动力矩大 $0.1\sim 0.4\mathrm{N\cdot m}$。否则,调整转向器传动副的啮合间隙,当转动力矩已无法调整到规定的范围时,可以考虑更换转向器总成或拆解进行检修。拆解时,先将壳体可靠地夹持在虎钳上。如图 5-32 所示,拆卸顺序如下:

1)拆卸摇臂轴。将摇臂轴上的扇形齿置于中间位置,先拆下摇臂轴油封;接着拆下侧盖固定螺栓,将摇臂轴压出约20 mm;然后给摇臂轴支撑轴颈端套上约0.1 mm厚的塑料筒,用手抓住侧盖抽出摇臂轴,同时用另一只手从另一端压入塑料筒,防止轴承滚棒散落到壳体内,引起拆卸不便。若是滑动轴承(衬套),就不需加塑料筒了。

2)拆前端盖18。冲头冲击前端盖18的弹簧挡圈,然后逆时针转动控制阀阀芯的枢轴7,取下前盖。

3)拆卸转向齿条活塞16。把有外花键的专有心轴从前端插入转向齿条活塞16的中心孔,直至顶住转向螺杆14的端部。然后逆时针转动控制阀阀芯枢轴7,将专用心轴、齿条活塞16、钢球作为一个组件整体取出。

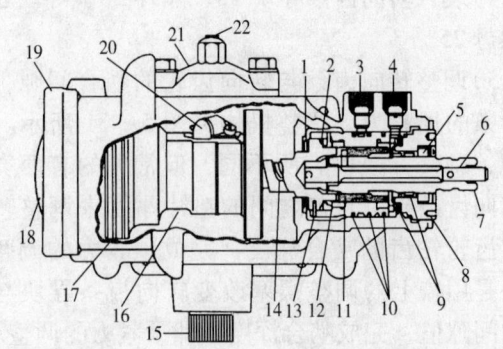

1—止推轴承 2—密封圈 3—进油口 4—出油口 5—油封 6—扭杆 7—枢轴 8—调整螺塞 9—轴承 10—密封圈 11—滑阀 12—阀体 13—定位销 14—转向螺杆 15—摇臂轴 16—转向齿条活塞 17—齿条活塞密封圈 18—端盖 19—壳体 20—钢球导管 21—侧盖 22—调整螺栓

图5-32 循环球转阀整体式动力转向器

4)拆卸调整螺塞8(上端盖)。应先在螺塞和壳体上作对位标记,以便装配时易于保证滑阀的轴向间隙。然后用专用扳手插入螺塞端面上的拆卸孔内,拆下调整螺塞,拆下时应防止损坏调整螺塞。

5)阀体12。滑阀11与阀体12都是精密零件,公差为0.25 mm,并且经过严格的动平衡检测,在拆卸中不得磕碰,以防止损伤零件表面,拆下后应合理地堆放在清洁处。

6)拆下所有的橡胶类密封元件。

(2)动力转向器零件的检验

1)滑阀与阀体的定位孔出现裂纹、明显的磨损,滑阀在阀体内发卡,应更换阀体组件,如图5-33所示。

2)输入轴配合表面不得有明显的磨痕、划伤和毛刺,否则,应更换。

3)修理时,必须更换所有的橡胶类密封元件。

4)壳体上的球堵、堵盖之类的密封件不得有渗漏现象。

2. 转向油泵的检修

汽车的动力转向系所用的转向油泵多为叶片式油泵,这种油泵具有结构紧凑、质量轻、性能稳定、转速范围大、效率高、可靠耐用、维修方便等特点。因此,动力转向系广泛采用叶片式转向油泵来保证动力转向系的工作压力。叶片式转向油泵俗称刮片泵,主要部件包括壳体、转子、叶片、凸轮环、流量控制阀和储油罐等,如图5-34所示。

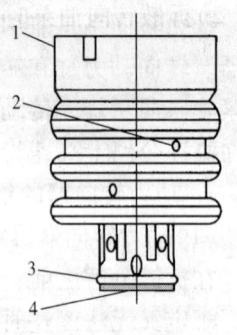

1—阀体 2—销孔 3—密封圈 4—滑阀

图5-33 转向控制阀的检验

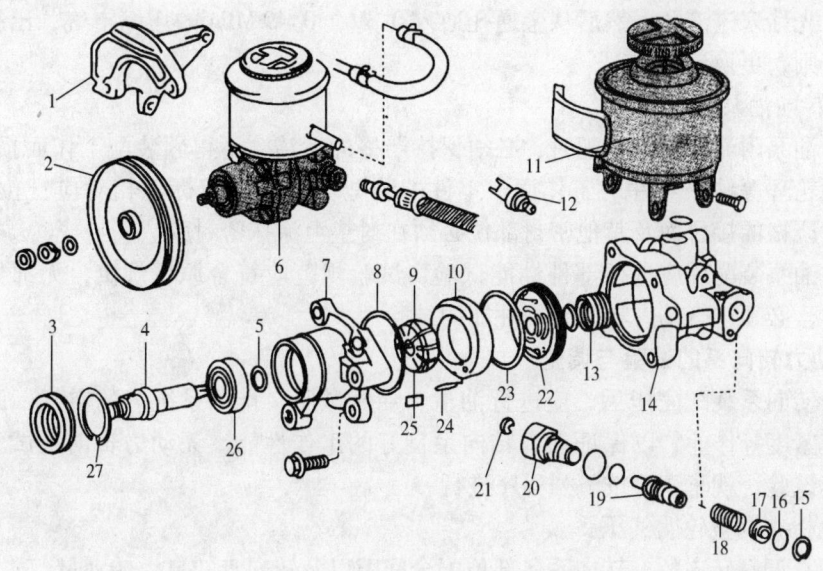

1-支架 2-皮带盘 3-油封 4-转子轴 5-卡环 6-泵 7-前壳 8、16、23-密封圈 9-转子 10-凸轮环 11-储液罐 12-通风阀 13-弹簧 14-后壳体 15-卡环 17-弹簧座 18-弹簧 19-流量控制阀 20-阀座 21-接头座 22-后板 24-直销 25-叶片 26-轴承 27-锁环

图 5-34 叶片式转向油泵

(1) 叶片式转向油泵的拆卸

转向油泵壳体接合面、泵轴、储液罐与泵的连接处、流量控制阀等部位出现渗漏时，应拆卸分解转向油泵，进行检修。

1) 将泵内机械油排放干净后，从发动机上拆下转向油泵。

2) 拆散转向油泵时应在前、后壳体接合面处打上装配记号后，再拆开壳体。

3) 在拆下偏心壳时，尽量使叶片不要脱开转子。

4) 拆下卡环和油封时应使用专用工具。

5) 拆下转子时，必须打上包括转子旋转方向的安装记号，皮带盘也要打上安装记号后，才能拆下皮带盘及转子轴。

(2) 转向油泵的检修

1) 更换油封和橡胶类密封圈。

2) 叶片与转子上的滑槽表面应无划痕、烧灼以及疲劳磨损，其配合间隙一般应≤0.035mm，叶片磨损后的高度与厚度不得小于原厂规定的使用极限值，否则更换叶片或总成。

3) 转子轴径向配合间隙为 0.03～0.05mm，间隙过大，应视情况更换轴承。

4) 转子与凸轮环的配合间隙约 0.06mm。工作面上应光滑，无疲劳磨损和划痕等缺陷。转子与凸轮环一般为非互换性配合，若间隙过大，通常更换总成。

5) 皮带轮有缺损或其他原因而丧失平衡性能之后，应更换新件。

6)流量阀弹簧的弹力或自由长度应符合原厂规定,并应检修流量阀球阀的密封性。检验时,先堵塞进液孔,然后从旁通孔通入 0.39～0.49 MPa 的压缩空气,出孔处不得漏气。否则,更换流量阀。

(3)转向油泵的装配

转向油泵附流量阀在装配时,必须保持严格的清洁,不得因装配工作而损伤叶片、转子、凸轮环等精密零件的工作面。零件的装配标记和平衡标记相对应且位置正确,要求密封严格的接合面及其他密封部位必须在衬垫上涂抹密封胶。

转向油泵装配后应进行部件性能试验,试验规范应符合原厂规定,无部件性能试验条件时,必须进行动力转向系统性能的试验。

3. 动力转向系的试验与调整

动力转向系装配完毕后,应进行油量、油压试验,排除系统内的空气,调整转向油泵皮带紧度等作业,以保证动力转向系良好的工作性能。无动力转向系试验时,可进行就车试验,就车试验按下列程序进行。

1)先检查调整轮胎气压。

2)检查调整转向桥、转向系各部位配合间隙以及转向盘的自由转动量。

3)检查调整转向车轮定位。

4)检查调整转向油泵皮带张力。以原厂规定的压力(约98 N),在皮带中部按下皮带,皮带的挠度应符合原厂规定(新皮带挠度为 7～9 mm,在用皮带轮挠度约在 10～12 mm范围内)。

5)检查发动机怠速提高能力。在发动机性能正常、怠速稳定的条件下,转向盘转至极限位置。此时,夹紧空气量控制阀软管,发动机转速应急速下降;放松空气量控制阀软管时,发动机转速应急速上升。

6)检查储油罐液位。

a. 保持转向车轮与地面接触,在发动机维持怠速转动(约1 000 r/min)条件下,将转向盘反复从一侧极限位置转至另一侧极限位置,使液压油的温度升至50～80℃。

b. 储油罐中油面应在上下限标线(或 HOT 和 COLD)之间,且油中无气泡。

c. 检查各部确无泄漏后,若需补给液压油,按原厂规定牌号补给液压油。

d. 更换液压油的程序。若需要更换液压油,先顶起转向桥,从储油罐及回油管排出旧油;同时使发动机怠速运转(约1 000 r/min),排放旧油,同时将转向盘向左、右反复转到极限位置,直至旧液压油排尽后 1～2 s,再加注新液压油。

7)动力转向系统中空气的排放。动力转向系更换液压油之后和检查储油罐中油位时发现有气泡冒出,说明系统内已渗入了空气,将会引起转向沉重、前轮摆动、转向油泵产生噪声等故障,必须将系统内的空气排放干净。排程序如下:

a. 架起转向桥。

b. 发动机怠速运转(1 000 r/min),反复向左、向右转动转向盘到极限位置,直至储油罐内无泡沫冒出并消除乳化现象,表明液力转向系统内的空气已基本排净。

c. 发动机刚刚熄灭火后,储油罐中应无气泡,液面不得超过上限,停机 5 min 之后,液面应升高约 5 mm。

8）检查动力转向系统的油压。动力转向系统的油压可以反映转向油泵和流量控制阀的技术状况。为了检查系统油压，在检查储油罐液位之前，应在系统内装入油压测试器，油压测量器由油压表和截止阀并联而成，如图5-35所示。

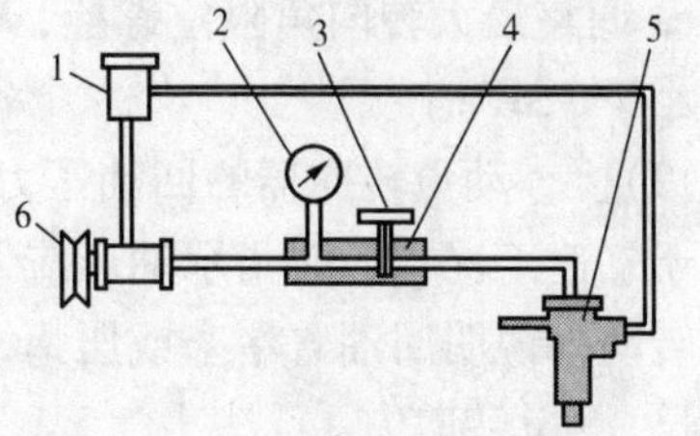

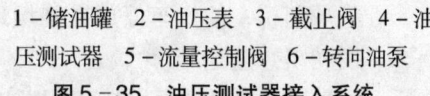

1－储油罐　2－油压表　3－截止阀　4－油压测试器　5－流量控制阀　6－转向油泵

图5-35　油压测试器接入系统

a. 将油压测试器串联在动力转向器的进油管道上。

b. 转动转向盘，使转向车轮向右转至极限位置。

c. 启动发动机，使其转速稳定在1 500～1 600 r/min。

d. 关闭截止阀，油压表指示压力应符合原厂规定（≥7 MPa）。截止阀关闭时间不宜超过10 s，以免对转向油泵造成不良影响。

9）测量动力转向器的有效油压：

a. 发动机维持怠速转动。

b. 截止阀完全打开，并将转向盘转至极限位置，此时油压表指示压力应符合原厂规定（≥7 MPa）。若油压过低或油压表指针抖动，说明转向器内部有泄漏。

10）检验流量控制阀的工作性能。检查流量控制阀工作性能的方法有两种：一种方法是检验发动机在怠速范围内急加速时系统内的油压回降情况；另一种方法是检验无负荷时的油压差。

a. 检查系统油压降：①仍将油压测试器安装在动力转向器的进油管道上，使发动机处于稳定怠速工况；②用截止阀开度调整油压表指示油压为3 MPa；③转向盘不动，在怠速范围内急加速，指示压力应随发动机转速增大而提高；④突然放松加速踏板，使发动机恢复稳定怠速工况，油压表指示油压仍能回复到3 MPa，说明流量控制阀性能可靠，否则，表明流量控制阀卡死或堵塞，进行检修或更换流量控制阀。

b. 流量无负荷油压差：①完全打开截止阀；②分别测量发动机在1 000 r/min和3 000 r/min两个转速下的油压差应<0.49 MPa，表明流量控制阀性能良好，动作灵活。否则表明流量控制阀需检修或更换。

11）系统防过载装置的调整。系统防过载装置由转向器限位螺栓和车轮最大转向角限位螺栓组成。前者用于限制扇形齿即摇臂轴的最大摆角，后者用于限制转向时转向轮的最大转角。要求在转向盘转到左、右极限位置时摇臂轴先碰抵转向器限位螺钉之后，转向节才碰抵最大转向角限位螺栓，防止转向车轮转角过大，造成液力转向系统油压突然过高而产生过载，损坏密封件或使管道胀裂。调整程序如下：

a. 油压测试器仍然装在液力转向器进油管路上，并使发动机继续处在稳定怠速工况。

b. 松开转向器限位螺栓，再将转向盘转至一侧极限位置。

c. 将转向器限位螺栓拧进至与齿扇刚刚接触后，再退回约1/3圈，此时指示油压应在0～2 MPa范围内。

e. 调整最大转向角限位螺栓，使转向轮与最大转向角限位螺栓抵触时，指示油压应不小于 7 MPa。

12）检查动力转向器的回油压力。把油压测试器装在动力转向器回油管路中，发动机处于怠速工况，此时指示油压 <0.5 MPa。若回油压力过大，会造成转向盘自动向左方转动，说明回油管堵塞或压瘪，回油阻力过大。

13）测量转向力。

a. 落下前桥，使汽车停放在平坦地面上，两转向车轮处于平行位置。

b. 发动机怠速运转。

c. 测量转向盘从直行(中间位置)向左、向右转动转向盘所需的力矩。装有安全气囊的动力转向系，其转向盘周缘的转动力≤39 N。

4. 动力转向系统的加油和排气

IPS55 动力转向器所用高压油是由助力油泵提供的。EQ1141G 等车型所用油泵为叶片泵，安装在空气压缩机的后端，动力取自空气压缩机的曲轴。叶片泵的稳定流量为 19 L/min，允许最高转速 3 200 r/min，最大压力 13.8 MPa。储油罐安装在驾驶室后悬置横梁的右侧，便于车下检查和保养。油罐上盖装有检查用小盖，小盖上装有油标尺和通气塞，用以检查油面高度和通气。

（1）转向液压油的加注

1）当油罐基本加满油后，启动发动机，使发动机转动约 10 s，立即将其关闭，检查油罐油面并加油。这样至少重复 3 次，每次均要检查油面并加油。

2）启动发动机，空转 2 min，关闭发动机后检查油罐油面。在进行上述步骤时，不得转动方向盘，否则空气将进入转向系统。

3）再启动发动机，将汽车原地来回几次左、右全转向，检查油罐油面。需要时，加油至油标尺规定的油面。

（2）动力转向系统的排气

进行完上述步骤后，发动机怠速，转动方向盘左、右满行程来回几次。将排气螺钉松开一圈，使转向器位于中间位置，让空气和汽化的油液排去。当流出的全部是清亮的油液时，拧紧排气螺钉，检查储油罐油面并加油。

重复上述过程 3～4 次。每次从左、右满行程打方向开始，直到将动力转向系统内的空气排完，拧紧排气螺钉。排气螺钉的拧紧力矩为 4～6 N·m。检查油面并加油。

注意： 在排气螺钉松开的情况下，不得打方向盘，否则空气会进入系统。

第三节　转向系常见故障诊断与维修

一、机械式转向系易发故障的部位

汽车转向系按转向能源的不同可分为机械转向系和动力转向系两大类。不同的转向结构形式功能是一样的，都用作控制汽车转向。转向系是由转向操纵机构、转向器和转向传动机构三大部分组成。转向装置在汽车上用得最多的一种是循环球螺母式转向器,现在以循环球螺母式转向器和与之相连的前桥为例,说明转向装置易发故障产生的部位及排除方法,见图5-36和图5-37所示,故障原因及排除分别见表5-7和表5-8。

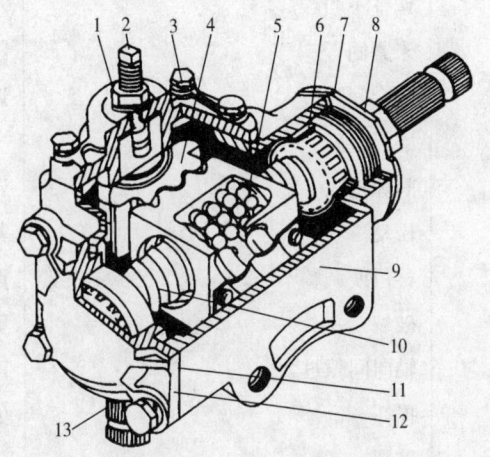

1-转向臂轴调整螺栓的锁紧螺母　2-转向臂轴调整螺栓　3-螺栓
4-转向齿条、齿扇　5-钢球与轨道　6-转向螺杆轴承　7-转向螺杆
上端锁紧螺母　8-调整螺母　9-壳体　10-转向螺杆与转向螺母
11-转向器衬垫　12-下盖　13-转向臂轴径向和轴向间隙

图5-36　循环球式转向器易发故障部位

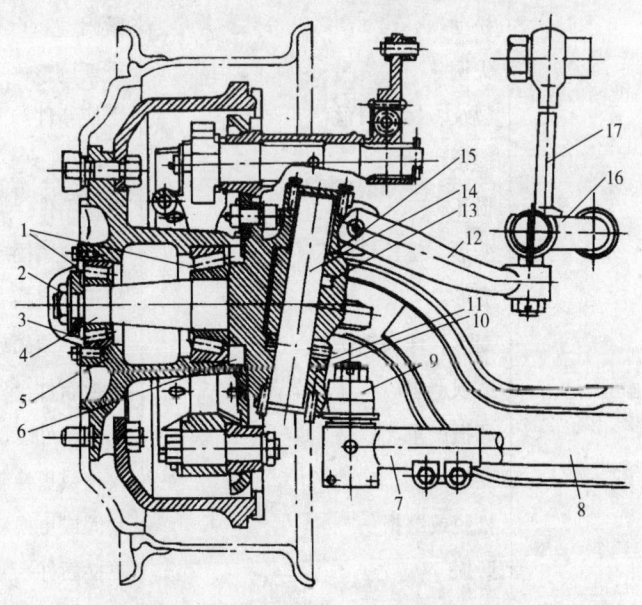

1-轮毂轴承　2-锁紧螺母　3-调整螺母　4-转向节　5-轮毂与制动鼓　6-油封
7-横拉杆　8-前轴　9-转向节臂　10-转向节衬套　11-止推轴承　12-转向节上臂
13-楔形锁销　14-转向主销　15-调整垫片　16-直拉杆　17-转向臂与直拉杆

图5-37　前转向桥易发故障部位

表5-7 循环式转向器易发故障排除

名　　称	故障原因	故障排除
转向臂轴锁紧螺母	松动	紧固
转向臂轴调整螺栓	调整不当	重新调整
螺栓	未紧固	重新紧固
转向齿条齿扇	啮合间隙过大	调整或更换
钢球与轨道	磨损过度	更换新件
转向螺杆上、下轴承	间隙过大	调整或更换
转向螺杆锁紧螺母	松动	紧固
调整螺母	移位或调整不当	重新调整
壳体	破裂	更换新件
转向螺杆与转向螺母	轴向间隙过大	重新调整
转向器衬垫	损坏	更换新件
下盖	破裂	更换新件
转向臂轴径向和轴向间隙	过大，转向臂轴外齿与内齿磨损过度	调整、更换新件

表5-8 前转向桥易发故障排除

名　　称	故障原因	故障排除
轮毂轴承	磨损过度	更换新件
锁紧螺母	松动	紧固
调整螺母	失调	重新调整
转向节	裂纹，螺纹滑丝	更换新件
轮毂与制动鼓	连接松动	紧固
油封	损坏	更换新件
横拉杆	变形，螺栓松脱	校正、紧固或更换新件
前轴	变形	校正或更换新件
转向节臂	变形，球头销松旷	校正、紧固或更换新件
转向节衬套	磨损严重	更换新件
止推轴承	磨损严重	更换新件
转向节上臂	变形	校正或更换新件
楔形锁销	松脱或磨损	紧固或更换新件
转向主销	磨损	更换新件
调整垫片	过薄或过厚	重新调整
直拉杆	变形	校正或更换新件
转向臂与直拉杆	连接松旷	重新紧固

二、机械式转向系常见故障诊断及维修

1. 转向沉重

（1）故障现象

汽车转向时，转动转向盘费力。

（2）故障原因

1）转向器螺杆向心推力球轴承，螺杆与转向臂轴的扇齿啮合间隙调整过紧。

2）转向螺杆弯曲。

3）转向节主销与衬套配合间隙过紧或锈斑严重，横、纵拉杆球节调整过紧，前束失准。

4）前轴或车架弯曲变形。

5）转向装置润滑不良。如转向器内缺油，转向节主销推力轴承和各球节未及时润滑，致使摩擦阻力增大。

（3）故障维修

1）拆下转向臂，转动转向盘进行检查，如果感觉沉重，则应调整转向器螺杆向心推力轴承及螺杆上的转向螺母与转向臂轴的扇齿啮合间隙。如感到松紧不均或内部有卡滞现象，应检查转向器内部，螺杆是否弯曲，循环钢球是否损坏，各轴承是否损坏，或转向器内是否有异物造成卡滞。必要时进行修理或更换。

2）转动转向盘检查时正常，再应检查横、纵拉杆有无变形，或架起前轴用手将前轴左右扳动，如过紧，应检查转向节主销衬套，推力轴承等机件的配合是否过紧以及润滑是否良好。必要时应进行润滑、调整。

3）以上情况均属良好，而在行驶中感到沉重，则应检查前轴或车架是否变形，轮胎气压是否符合规定，前束是否符合要求。

2. 转向不灵敏和操纵不稳定

（1）故障现象

操纵转向盘时感觉旷量很大，需用较大幅度转动转向盘，才能控制汽车行驶方向；汽车在直线行驶时又感到行驶不稳。

（2）故障原因

由于磨损和松动导致的各部间隙过大所致，主要原因如下：

1）转向器啮合间隙过大，安装松动。

2）转向轴与转向盘配合松动。

3）转向传动机构各球头销处配合松动。

4）前轮毂轴承间隙过大。

5）汽车前轮前束过大。

（3）故障诊断与维修

采用分段方法，诊断出何处间隙过大。

1）应先检查转向盘的自由转动量，若过大，说明转向系内间隙过大；若正常，故障原因可能是前轮毂轴承间隙过大、主销与转向节衬套间隙过大、主销与转向节轴向

间隙过大及前束过大等。

2）一人原地转动转向盘，另一人观察垂臂摆动，当垂臂开始摆动时转向盘自由转动量不大，说明是转向传动机构松旷；否则，是转向器松旷。

3）检查前轮毂轴承、主销等处，找出松旷部位。

4）必要时应检查前束，前束值过大时，伴随有轮胎异常磨损。

3. 行车跑偏

（1）故障现象

汽车行驶时，不能保持直线方向行驶，而自动偏向一边。

（2）故障原因

1）前轮左、右轮胎气压不一致，或前钢板弹簧左、右弹力不均，使汽车重心移向一边。

2）一边行车制动器发咬，或左、右轮制动力不一样。

3）前轴或车架变形，使前轮定位失准。

4）左、右装载质量差别过大。

（3）故障维修

1）检查前轮左、右轮胎气压是否一致。应按规定充气调整。

2）车辆行驶一段时间后，停车并用手摸制动鼓是否烫手，或将车桥架起，转动车轮，倾听制动鼓是否有摩擦声。如烫手且有摩擦声，则为该车轮制动器发咬，应进行调整。

3）如轮胎气压两边相等，而车身两边高低不一，则应检查钢板弹簧是否折断或弹力不均。必要时进行更换。

4）如上述情况均良好，应检查前轴和车架是否弯曲，前轮定位是否失常。必要时进行调整或修复。

5）检查装载质量是否均匀。

4. 汽车高速摆振

（1）故障现象

汽车出现转向盘发抖，车头在横向平面内左右振动、行驶不稳等现象，有下面两种情况：

1）在高速范围内某一转速时出现。

2）转速越高，上述现象越明显。

（2）故障原因

1）前轮轮圈动不平衡。

2）前轮辋变形。

3）转向传动机构运动的干涉。

4）车架、车桥变形。

5）悬架装置出现故障，如左、右悬架刚度不等，减振器失效，导向装置失效等。

（3）故障诊断与维修

1）若摆振随车速提高而增大，多为车轮动不平衡和轮辋变形所致，应检查车轮平衡和轮辋变形情况。

2）若在某一转速时摆振出现，则情况比较复杂，应对转向系、前桥及悬挂等进行全面检查，以深查造成摆振的原因。

5. 转向不足

（1）故障现象

转向不足故障是指柴油车向左或向右转弯时转角不一样，致使汽车转弯半径增大。

（2）故障诊断与维修

1）支起前桥，先使转向盘向左转到底，再使转向盘向右转到底，然后回其圈数的一半，检查转向垂臂是否与地面垂直，安装是否正确。

2）如果转向垂臂与地面垂直，检查转向限位螺钉是否提前限位，车轮转向能否达到最大值，必要时调整限位螺钉。

3）检查钢板弹簧 U 形螺栓是否松动，必要时紧固。

6. 转向卡滞

（1）故障现象

在转动转向盘时，某一位置出现卡滞，必须用较大力气方能通过，有时甚至完全不能转动。

（2）故障原因

1）转向器内异物掉入。

2）循环球式转向器的钢球破裂。

3）转向器轴承破裂。

4）啮合间隙调整不当。

（3）故障诊断与维修

通过对转向器检查，可发现造成转向器卡滞的原因，对已损坏零件进行更换，间隙不符的进行调整。

7. 转向不回正

（1）故障原因

车辆转向不回正的原因是：

1）左、右轮胎气压不等或气压不足。

2）前轮定位失准。

3）前轮稳定杆弯曲变形或橡胶衬套磨损。

4）转向器与转向传动机构润滑不良。

5）转向节主销变形或主销与衬套配合过紧。

6）独立前悬架上、下摆臂与轴间隙过大。

（2）故障维修

仔细检查确认转向不回正的原因后，进行调整、修理或更换新件。

7. 转向盘自由行程过大

（1）故障原因

转向盘自由行程过大，使行驶中方向发"飘"。原因主要是：

1）前轮轮毂轴承松动或磨损严重，造成配合间隙过大。
2）齿杆与齿条配合间隙过大。
3）拉杆球头磨损严重、球头压紧弹簧过软或折断、球头紧固螺母松动，使球接头配合间隙过大。

(2) 故障维修

1）检查转向盘紧固螺母、配合花键是否松动，应及时紧固。
2）检查前轮毂轴承是否松动、轴承是否损坏，必要时紧固或更换新件。
3）检查拉杆球接头配合间隙是否过大，必要时进行调整，若磨损严重，则应更换新件。
4）检查转向器内齿杆、齿条配合间隙是否过大，必要时进行调整。

三、动力转向系常见故障诊断及维修

1. 转向沉重

(1) 故障现象

转向时需驾驶人作用在转向盘上的力过大，感到沉重费力。

(2) 故障原因

1）整体式动力转向装置。

a. 转向系缺油或管路中缺油。驾驶人转动转向盘时，通过齿轮带动螺杆旋转，与螺杆结合的螺母将滑阀移动，使相应动力缸的某腔通进油道，而另一腔接回油道。如果转向系缺油或管路中缺油，则动力缸不能及时移动起助力作用，完全或大部分由人力来转向，必然出现转向沉重现象。

b. 滤网堵塞。油箱中的滤网堵塞或损坏将出油孔堵住，则转向油泵空转，不能向动力油缸提供压力油，转向助力丧失，使转向沉重。

c. 油泵的流量控制阀和安全阀作用不良。执行机构的动力油缸动作迟缓或作用力过小，致使转向沉重。

d. 动力油缸密封不良。转向动力油缸活塞上的密封环或缸体上两道径向环槽中间的密封环损坏，使进油腔与回油腔密封效果变差（相通），则动力缸助力作用减小甚至无助力作用，致使转向沉重。

e. 其他原因。转向控制阀间隙过大或关闭不严，单向阀（短路阀）作用不良（泄漏）等，都会造成转向沉重；油路接头漏油，使系统内液压降低，其结果与上相同。

2）分置式动力转向装置（将转向控制阀和机械转向器组成一体，转向动力缸作为独立部件），转向沉重的主要原因是作用在转向动力油缸上的油液压力降低。其原因有：

a. 油泵传动带打滑。打滑使发动机的动能转换为液体压力能量减少，故作用在动力油缸上的压力减小，使转向沉重。

b. 泄漏。油泵驱动齿轮轴后端的油封磨损或管路接头不严等，均会造成泄漏，使转向液压系统内的油液压力降低，甚至不能建立压力，则作用在动力油缸上液体压力减小或消失，即转向动力不足甚至为零而转向沉重。

c. 油箱内缺油及滤清器过脏。由于液压传动是以油液为传递动力介质，如果油箱内缺油或滤清器过脏而堵塞,均会造成油路中油液减少或无油,使动力无法传递,致使转向沉重。

d. 油泵技术状况变差。油泵是液压系统内的能量转换装置,即将机械能转换为液体压力能。如果油泵齿轮端面磨损和轴承磨损,油泵壳体内腔被拉伤等,均会造成泵腔密封不良,轻者使转换的压力减小,使动力油缸动作迟缓,导致转向沉重。

e. 流量阀和安全阀的影响。油泵流量控制阀或安全阀被卡滞,弹簧弹力减小或折断,均会使阀门关闭不严,从而造成液压系统内压力降低,作用在动力油缸上的压力减小,致使转向沉重。

另外,转向系中各球铰链等活动关节缺油或机械转向部分调整不当,也会使转向沉重。

(3) 故障诊断与维修

1) 整体式动力转向装置是三合一部件,出现转向沉重后,一般很难判断出具体出现故障部位,通常按照从易到难的顺序进行检查排除。

a. 检查储油罐油量。如果油罐内油量过少,应予以加油,使油面达到油尺的上部标记。若油中有空气应检查油泵进油管是否破裂,接头是否松动或泵轴上的密封环是否损坏。故障排除后,应放尽系统中的空气。放气方法是:用塑料管连接动力转向器放气塞,另一端浸入容器中。启动发动机,反复转动转向盘到中间位置2~3次,放出系统空气,直至管路中无气泡,拧紧放气塞。

b. 检查油箱中滤清器是否堵塞或损坏。如堵塞或损坏,应清洗或更换新件。

c. 检查油泵流量及调节阀和安全阀的作用是否良好。可用压力表接在管路上检查,如果作用不良,应将阀及弹簧卸下,进行清洗和检查,必要时换用新件。

d. 检查阀体内的滑阀,视其作用是否良好。如果滑阀的径向间隙过大或关闭不严,应更换新件。

e. 检查动力油缸活塞上的密封环和缸体径向环槽的中间密封环的密封作用是否良好。必要时换用新件,同时还要检查油缸内表面有无拉伤或失圆等。如有损坏,应更换新件。

f. 检查单向阀关闭严密程度。如因脏物使单向阀关闭不严,应清洗;如阀体本身关闭不严,应更换。

2) 分置式动力转向装置,转向油泵是转向动力系统的动力源,首先检查油泵传动带是否有打滑现象。经张紧或更换传动带后,若转向沉重仍存在,应再用压力表测量系统压力(油泵最大压力约为10 MPa)。试验时按图5-38所示进行连接,压力表带开关或

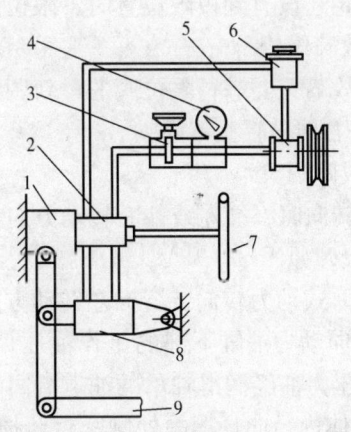

1-机械转向系 2-转向控制阀 3-开关阀 4-压力表 5-液压泵 6-储油罐 7-转向盘 8-转向动力油缸 9-转向直拉杆

图5-38 动力转向系液压实验

在压力表与转向器之间装有开关,试验步骤如下:

a. 启动发动机,使动力转向液达到正常温度(约77℃),转向控制阀处于中间位置(汽车直行位置),此时压力表读数应<1 030 kPa,如果超过规定值,检查管路是否有堵塞。

b. 关闭开关(时间不要超过5 s,否则会损坏油泵),记录压力表最高压力>50 MPa,否则应修理油泵。

c. 打开开关,并让发动机在1 000～3 000 r/min条件下运转,分别记下压力表上显示值,其压力应比规定值≤0.49 MPa,否则应修理或更换流量控制阀。

以上三种检查都符合要求时,打开开关,将转向盘转到左右极限位置(每次不要让转向盘在极限位置停留5 s以上),记下最高压力并与油泵的最大压力比较,若在转向盘的任一极限位置不能达到油泵的压力值,说明转向控制阀或主油缸有泄漏,必须解体检查并修理。

2. 单边转向沉重

(1) 故障现象

在实际中发生向一个方向转向轻快,而向另一个方向转向沉重。

(2) 故障原因

这种故障一般是由于负责密封一侧高压腔的密封件漏损所致,例如转向螺杆密封圈、活塞圆周上油道密封圈等。还有一种情况应当注意,那就是转向沉重一侧的限位阀封闭不严。封闭不严可能是调整不当,使该限位阀大部分在常开位置,或是阀与阀座封闭不严,更多的情况是限位阀上两个O形密封圈失效所致。

有的时候会发生向某一方向转向时从头至尾都很轻,而向另一方向转向时,开始很轻,当转到某一个位置,转向就突然沉重。这种故障是由于该方向的限位阀调整不当,使车轮还没有到极限位置时,限位阀就开始卸荷,此后转向立刻沉重。

(3) 故障维修

这种故障只要进行限位阀的重新调整就行了。

3. 左右转向轻重不同

(1) 故障现象

汽车转向时,往左或往右转动方向盘轻重不同。

(2) 故障原因

1) 整体式动力转向装置向左转动方向盘沉重的故障原因。

a. 转向动力油缸下部的工作油压偏低,原因是转向摇臂轴两端的密封环已损坏,使一部分压力油经润滑轴承的油道流回了油箱。

b. 阀体内径向环槽的外侧密封环损坏,使部分油液经径向环槽产生泄漏,直接返回油箱。

c. 通入动力油缸底部的油道在中间盖的上、下端面上的密封环安装不当或损坏,使部分压力油泄漏。

2) 整体式动力转向装置向右转动方向盘沉重的故障原因。

a. 动力油缸上部的工作油压偏低,原因是中间盖止推轴承的密封环损坏或张力过低，使部分压力油经止推轴承的润滑油道返回了油箱。

b. 中间盖与壳体接触部分的密封环损坏，或通入动力缸上的油道，在中间盖上、下端面上的密封环安装不当或损坏，使部分油液泄漏。

3)分置式动力转向装置的故障原因。汽车在左、右转向时轻重不同的原因是，汽车直线行驶时，转向控制阀不在阀座的正中位置，使动力缸某一腔在汽车直行时就有压力。在转动方向盘时，该腔不起助力作用，反而成为阻力，造成某一侧转向沉重。

(3)故障诊断与维修

1)整体式动力转向装置发生左右转向轻重不同的故障，应检查损坏了的密封环，进行更换。

2)分置式动力转向装置发生左右转向轻重不同的故障，应对转向控制阀进行检查和维修，必要时更换。

4. 前轮摆振

(1)故障现象

当车速在 60 km/h 以上时，前轮出现左右摇摆的现象叫做前轮摆振。

(2)故障原因

1)前轮前束调整不当。

2)转向节主销衬套磨损，间隙过大。

3)球节磨损，使连接机构松旷。

4)前轮毂轴承磨损或调整不当松旷。

5)制动鼓磨损不均，造成转动不平衡。

6)轮胎、轮辋不平衡，摆差过大。

7)前转向桥或车架变形。

8)前钢板弹簧销与衬套磨损严重，使间隙增大。

(3)故障维修

1)转动方向盘，检查游隙，一般应为 ±15°。如果过大，应松开转向机上的调整螺母，拧紧后再回转 1/4 圈。否则，应检查横、直拉杆及连接机构是否松动等，必要时调整。

2)支起前轮，用手转动前车轮，检查是否松旷。如果间隙过大，检查转向节主销及轮毂轴承是否松旷，必要时进行调整。

3)检查前轮前束，必要时进行调整。

4)对前轮轮胎及轮辋进行动平衡，使动不平衡量在规定范围，以消除由轮胎不平衡导致的前轮摆振故障。

第6章 柴油车车架与悬架系结构与维修

第一节 车架结构特点

汽车上装用的车架按其结构形式不同可分为：边梁式车架、中梁式车架、综合式车架和无梁式车架。

1. 边梁式车架

边梁式车架由左右两边两根纵梁及连接两根纵梁的若干横梁组成。由于这种结构易于满足各种形式运输汽车的总布置要求，因而被广泛用在大型运输车辆上。

边梁式车架一般是用铆接或焊接的方法，将两边的纵梁和若干根横梁牢固连接的桥式结构。

2. 纵梁式车架

纵梁一般用低碳合金钢板冲压而成。纵梁的断面形状一般为槽形、Z字形、工字形或箱形断面。纵梁上还钻有多个孔，用来安装踏脚板、转向器、燃油箱、储气筒、蓄电池和车身等零部件的支架，有的用于穿过管道或电线等。边梁式车架的横梁一般也由低碳钢钢板冲压成槽形，以增强车架的抗扭强度，同时还用于支承汽车上的主要部件。

纵梁为槽形不等高断面梁。由于纵梁中部受到的弯矩最大，为使应力分布比较均匀，同时又减轻质量，故中部断面高度最大，由此向两端高度逐渐减小。

3. 中梁式车架

中梁式车架主要由一根位于中央贯穿前后的纵梁和若干根横向悬伸托架组成，因此也称为脊骨式车架，如图6-2所示。中梁的断面可做成管形或箱形，传动轴从中梁内穿过，主减速器通常固定在其尾端。中梁前端悬伸托架用以安装发动机，中梁中后端悬伸托架（图中未画出）则用来布置车身及其他总成。

中梁式车架有较大的扭转刚度，并使车轮有较大的运动空间，便于采用独立悬架和获得大的转向角。但其制造工艺复杂，精度要求高，维修不方便。因此，只是在某些轿车和货车上被采用。

另外，部分轿车和大型客车没有专门的车架，而是由车身兼起车架的作用，所有的载荷均由车身来承受，这种车身称为承载式车身。

第6章 柴油车车架与悬架系结构与维修

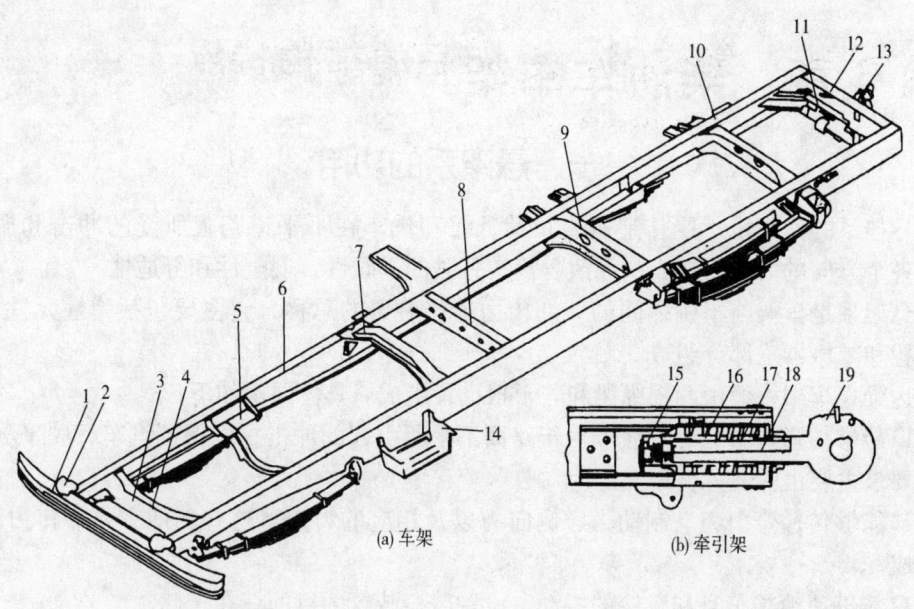

(a) 车架　　(b) 牵引架

1—保险杠　2—挂钩　3—前横梁　4—发动机前悬置横梁　5—发动机后悬置右(左)支架和横梁　6—纵梁　7—驾驶室后悬置横梁　8—第四横梁　9—后钢板弹簧前支架横梁　10—后钢板弹簧后支架横梁　11—角撑横梁组件　12—后横梁　13—拖钩部件　14—蓄电池托架　15—螺母　16、18—衬套　17—弹簧　19—拖钩

图6-1　东风汽车边梁式车架

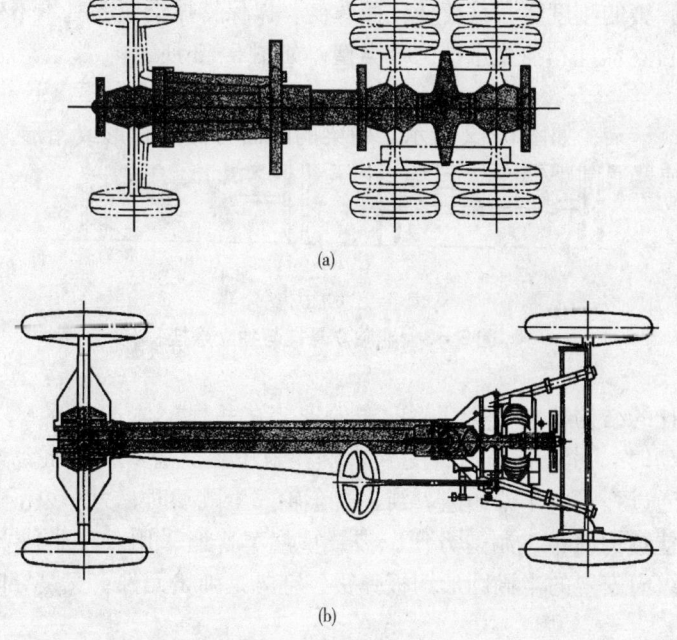

图6-2　中梁式车架

第二节　悬架系的结构特点

一、悬架系的功用

悬挂系的作用是承受传递垂直负荷，缓和汽车在不平道路上所受的冲击和振动，传递各个方向的力和力矩，从而改善汽车行驶的平顺性、安全性和舒适性。

悬架系是车架与车桥之间的一切传力连接装置的总称，它主要包括弹性元件、导向装置和减振器三部分组成。

边梁式车架一般由两根纵梁和若干根横梁组成。具体要求如下：

1) 能够传递垂直力，并缓和由于路面不平所引起的冲击，以保证汽车行驶平顺性，这些要求主要由弹性元件来满足。

2) 能够传递牵引力、制动力、侧向力以及相应的力矩。这些功能主要靠传力装置来完成。

3) 能迅速消减车身和车轮的振动。设置减振装置的目的就在于此。

车轮在不平道路上所遭受的冲击和振动，经过弹性元件的作用传到车身上就成了比较缓和的振动（即振幅较大而频率较低的振动，而人们生理上习惯的振动频率大致在40～80次/min）。通过实践与理论的证明，经过弹性元件和缓和以后的振动，频率的高低，取决于弹簧装载以后变形的大小，变形愈大则频率则低。对载重车的一般钢板弹簧来说，空载时的频率要比满载时的高，这也就是我们坐在空车上感到特别颠的原因。弹簧装载以后变形大小与弹簧本身的刚度有关，刚度愈大，变形愈小。为此，载重车上的钢板弹簧的刚度随着载荷变化而改变，以保持振动频率基本不变。

悬挂分非独立悬挂和独立悬挂两种类型，如图6-3所示。

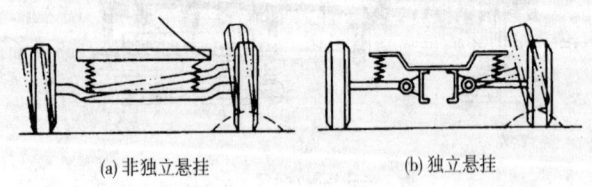

(a) 非独立悬挂　　　　　(b) 独立悬挂

图6-3　非独立悬挂与独立悬挂

非独立悬挂的结构特点是，两侧的车轮安装在一根整体式车桥上，当一侧车轮因道路不平而跳动时，另一侧车轮将受到影响。采用独立悬挂的车轮，车桥为断开式，每边车轮单独通过弹簧与车架相连。当一边车轮发生跳动时，另一边不受影响。

非独立悬挂结构简单，制造方便，被载重汽车普遍采用。在非独立悬挂中一般载重车广泛采用纵向安置的半椭圆形钢板弹簧，它既是弹簧元件，又是导向装置。

二、前悬架系结构

在整车设计中,由于前、后轴负荷不同,所以前、后悬架的设计也不相同。由于汽车前部布置了汽车驾驶室及人员的座位,为了提高前悬架的乘坐舒适性及工作可靠性,采用了较柔的钢板弹簧及筒式减振器。前悬架分解后如图6-4所示。

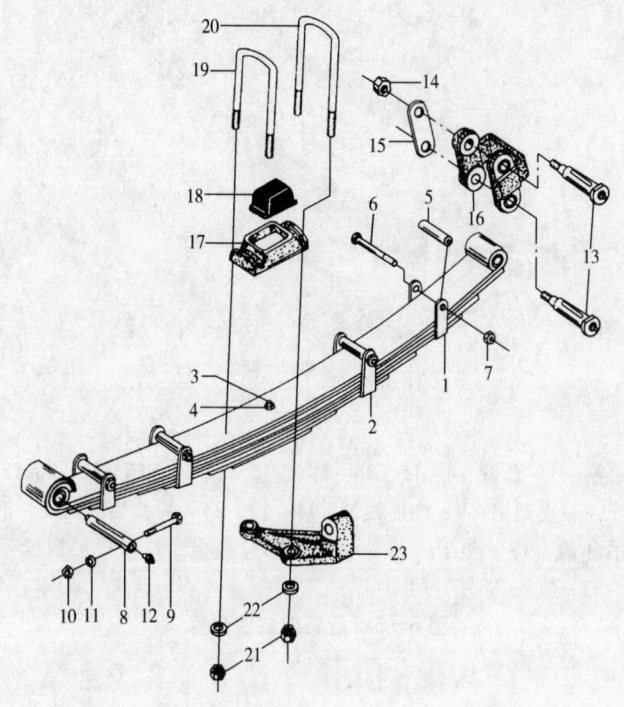

1—第4片夹箍 2—第6片夹箍 3—中心螺栓 4、7、10、14、21—螺母 5—隔管
6、9—螺栓 8—前钢板弹簧销 11、22—弹簧垫圈 12—滑脂嘴 13—吊环销 15—锁片
16—吊环 17—盖板 18—前钢板弹簧限位块 19、20—U形螺栓 23—前减振器支架

图6-4 前悬架装置分解

三、后悬架系结构

后悬架由主钢板弹簧及副钢板弹簧组成。由于汽车后桥的负荷占整车质量的73.7%,故要求后悬架有较高的强度。一般载货汽车的后悬架都采用主、副钢板弹簧结构,副钢板弹簧也有采用橡胶的。后悬架分解后如图6-5所示。

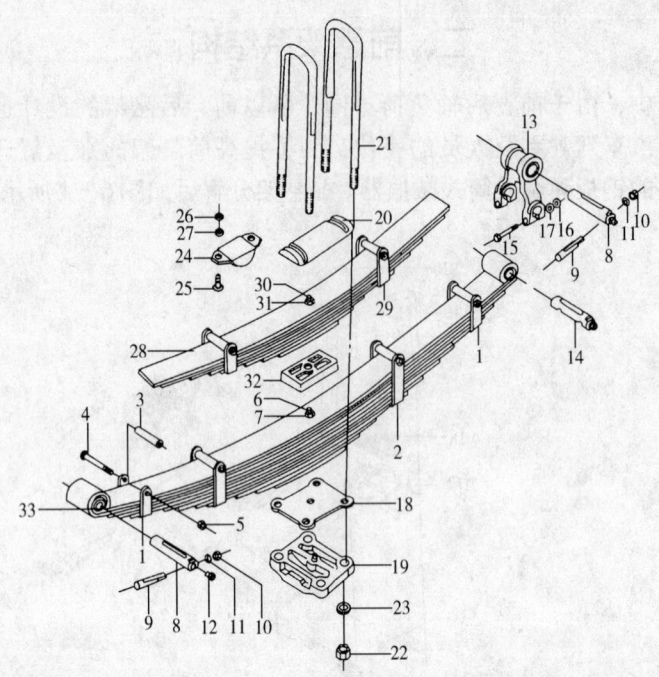

1、2、29—弹簧夹箍 3—套管 4、15、25—螺栓 5、7、10、16、22、26、27、31—螺母 6、30—中心螺栓 8—支架销 9—楔形锁销 11、17、23—弹簧垫圈 12—润滑脂加注嘴 13—吊环 14—吊环销 18—垫子 19—垫铁 20—盖板 21—U形螺栓 24—缓冲垫 28—副钢板弹簧 32—垫板 33—衬套

图6-5 后悬架装置分解

四、减振器结构特点

1. 减振器组成

汽车减振器由油封、工作缸、活塞、储油缸、减振杆、复原阀、进油阀、压缩阀、补偿阀及防尘套等组成。如图6-6所示。

当汽车行驶时,车架与车桥作往复相对运动,使减振器活塞在气缸内作往复移动时,减振器壳体内的油液分别通过复原阀和压缩阀及其相应的节流系统,便形成对振动的阻尼力,从而使弹簧振动迅速减弱,以改善汽车的行驶平顺性。

2. 减振器的实验

减振器的性能实验应在实验台上进行,减振器的阻力试验,当频率为1.667 Hz (100次/min)行程为100 mm时,复原行程的最大阻力为2.156～2.646 kN,压缩行程的最大阻力为392～588 N。压缩行程的阻力是由压缩系统的零件尺寸精度及结构保证的,因此是不可调整的。复原阀的行程阻力可通过复原阀上调整垫圈和下调整垫圈进行调整。增加上调整垫圈或减少下调整垫圈的数量可使复原阀的阻力减小,反之则增大。

在试验过程中,应同时观察减振器在工作中是否有漏油现象。试验完毕,把减振器放平24 h,不许有漏油现象。

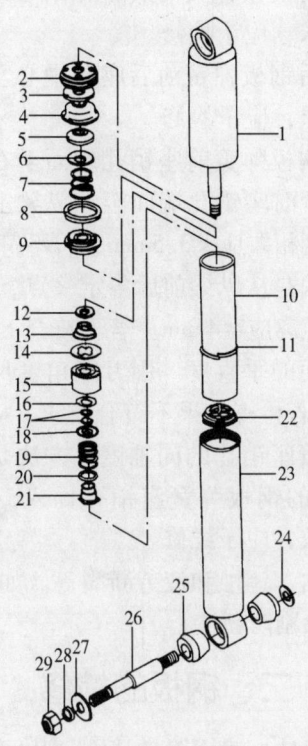

1—减振器杆及防尘罩总成 2—储油缸螺母 3—密封垫 4—储油缸盖 5—油封 6—油封垫 7—油封弹簧 8—密封环 9—导向座 10—工作缸 11—隔片 12—限位座 13—进液阀弹簧 14—进液阀阀瓣 15—活塞 16—复原阀阀瓣 17—复原阀上调整垫圈 18—复原阀弹簧座 19—复原阀弹簧 20—复原阀下调整垫圈 21—复原阀螺母 22—支承座及压缩阀总成 23—储油缸 24—垫圈 25—橡胶衬套 26—连接销 27—平垫圈 28—弹簧垫圈 29—螺母

图6-6 东风汽车减振器结构

第三节 车架与悬架系维修

一、车架的检修

由于汽车的行驶条件恶劣，行驶中受到各种作用力的影响，会导致车架弯曲、扭曲、开焊或断裂，从而严重影响汽车的使用性能和寿命。

车架损伤多因碰撞、负荷过重所致。损伤严重时目测即可判明。我们也可用测量仪测量对角线长度、钢板销孔同轴度、纵横梁表面平面度、顶平面与侧面垂直度等参数，以确定损伤的部位及程度，进行及时维修。

1）检查车架左右纵梁上的前钢板弹簧后座销孔与后钢板弹簧前座销孔的中心距，相差应<1mm。若不符合要求，应予校正。

2)检查车架左右纵梁上的前钢板弹簧前后座孔中心距。此中心距与标准中心距相差应<2 mm。若检查不符合要求,应予检修。

3)检查车架左右纵梁上的后钢板弹簧前后座孔中心。此中心距与标准中心距相差应<2.5 mm。若检查不符合要求,应予检修。

4)检查车架左纵梁上的前钢板弹簧前座销孔端面至右纵梁上的前钢板弹簧后座销孔端面,右纵梁上的前钢板弹簧前座销孔端面至左纵梁上的前钢板弹簧后座销孔端面的对角线长度。每组对角线长度相差应<3.5 mm,若不符合标准要求,应予校正。

5)检查纵梁的平行度。方法是从纵梁前后各定一点,并通过这两个定点拉一直线,测量直线与纵梁平面间的最大距离应<4 mm。若不符合上述要求,应予校正。

6)检查纵梁上平面与侧平面的垂直度。用万能角度尺检查纵梁上平面与侧平面的垂直度,其误差应<0.50 mm。若检查结果不符合要求,应予校正。

7)检查左右纵梁的钢板弹簧座销孔的同轴度。方法是:用两根直径比钢板弹簧座销孔稍小的芯棒分别从两纵梁的钢板弹簧座销孔插入,此时,两芯棒的顶尖相差应<1 mm。若检查结果不符合要求,应予维修。

8)检查车架有无弯曲、扭曲、锈蚀和疲劳断裂等。如有弯曲、扭曲变形应予校正。如果车架严重锈蚀,应除锈后涂刷防锈漆。

二、钢板的检修

1)维修钢板弹簧时应全部解体,表面除锈清洗,片间涂以润滑脂后才能进行装复。

2)钢板有叶片折断、裂纹、钢板卡子变形、铆钉松动,中心螺栓变形、滑扣,应更换新件。解放汽车前钢板销直径为25 mm,后钢板销直径为30 mm。如果钢板销外径磨损超过0.5 mm,应更换。钢板销与衬套的正常间隙为0.10~0.25 mm,如果间隙超过0.5 mm应更换新件。橡胶垫有破损时,应予更换新件。

3)检查吊耳、吊耳销和弹簧销是否有磨损、裂纹、弯曲或螺纹损伤,否则应予更换新件。

4)检查钢板弹簧衬套和吊耳支架衬套是否有磨损、裂纹或变形,否则应予以更换新件。

5)钢板弹簧叶片的曲率半径,一般用样板(新片)进行结合试验。钢板弹簧弹性减退,表现在弧高的减小,一般在弹性试验器上检查有负荷或无负荷下弧高的减小。检查结果应符合《汽车修理技术标准》的规定:要求左右钢板弹簧总成片数相等,总厚度差<5 mm,弧高差<10 mm。钢板销及第1片卷耳内衬套的磨损情况及支架和吊耳的磨损情况,应符合上述标准的规定。

恢复钢板弹簧叶片曲率的方法,一般采用冷态下锤击整形和专用设备成型两种方法。钢板弹簧如有断裂,一般应更换新片。

三、钢板弹簧的装配

1)安装前应全部除锈清洗,片间涂一层石墨滑脂。

2)钢板弹簧中心螺栓直径比孔应<1.5 mm;对于有中心定位凹穴的钢板,应使各

片定位凸起和凹穴扣合。

3)钢板夹子固定铆钉如有松动应予重铆;夹子的宽度应当与钢板两侧有0.7~1.0 mm的间隙。

4)钢板夹子上应配齐铁管,铁管与钢板之间的间隙应为1~4 mm,夹子螺栓头应由外向内穿入,以防螺栓松脱划伤轮胎。

5)钢板弹簧中心螺栓和夹子螺栓装妥之后,各片应彼此贴合紧密。

6)钢板弹簧装配时,应保证一定的预压行程,应符合规定的技术要求。

7)钢板销与衬套间隙为0.06~0.40 mm;衬套与弹簧卷耳内孔过盈应>0.08 mm。

8)钢板宽度与吊耳内侧端面间隙应在0.8 mm左右,过大时应垫上合适厚度的垫片。

9)U形钢板螺栓按规定转矩均匀交叉地拧紧,紧固后螺栓应露出螺母3个扣丝以上。应经常检查螺栓的紧固情况。如果螺栓松动,钢板片之间便产生间隙,运行振动时便产生相对运动,使其刚性下降,很容易使其片中心孔处断裂。

四、减振器的拆装

1)把减振器外表彻底清洗干净,夹在台虎钳上,用专用工具拆下储油缸螺母。

2)用挑针把密封环从导向座的槽内撬出,然后把活塞及导向座从工作缸及储油缸中拔出。

3)如果更换油封,必须拆下减振器杆及活塞总成,然后旋下复原阀螺母,即可把活塞拆下。应注意几个阀瓣的正确位置,以防止装配时弄错。

4)减振器的安装,依照拆卸的相反顺序进行。

5)安装油封时,要注意安装方向,应把外表面具有圆角的一端,朝向储油缸螺母,装配前在油封内表面应涂以润滑脂,把油封套在减振器杆上时应特别注意防止碰伤唇口。最好先在减振器杆内套上装一个锥形套,然后再装油封。

6)在工作缸的一端压入支承座总成,检查阀瓣片的位置是否正确,阀瓣片距支承座的距离(指阀瓣片到工作缸与支承座接缝处的距离)为120 mm,然后把工作缸与支承座总成装入油缸内。

7)按规定加注减振器油,储油缸螺母拧紧后,减振器杆应自由滑动不发涩。

第四节 车架与悬架系常见故障与维修

一、前、后钢板弹簧

1. 故障现象

U形螺栓松动,前、后钢板弹簧衬套的吊耳衬套磨损,后钢板弹簧第1片卷耳处断裂,钢板弹簧夹箍螺栓脱落或夹箍铆钉断掉。

2. 故障维修

1)U形螺栓松动如果不及时处理,将会导致钢板弹簧中部折断,中部螺栓被剪断,支架与后桥错位。因此车辆行驶时应按照使用说明书中的要求对 U 形螺栓进行紧固。

2）前、后钢板弹簧衬套的吊耳衬套磨损。应加注润滑脂进行维护。

3）后钢板弹簧第 1 片卷耳处断裂。原因主要是不按规定装载，超载行驶。

4）钢板弹簧夹箍螺栓脱落或夹箍铆钉断掉。受不平路面引起的冲击、颠簸而造成钢板弹簧夹箍、夹箍螺栓脱落和铆钉断掉，不能使弹簧长片有足够的使用寿命，必须及时补上脱落的夹箍螺栓和修复夹箍铆钉。

二、钢板弹簧悬架异响

1. 故障原因

后悬架钢板弹簧有异响的原因有：钢板弹簧叶片断裂或错开，中心螺栓或弹簧夹箍断裂，钢板弹簧在其座上的位置不正确，钢板弹簧缓冲块损坏，钢板弹簧 U 形螺栓、螺母和弹簧吊耳轴螺母松动，悬架上运动部件润滑不良。

2. 预防措施

在使用中经常检查钢板弹簧各螺栓、螺母的紧固情况，如有松动，及时拧紧。对 U 形螺栓固定螺母的拧紧力矩有一定要求，过紧易使螺栓塑性变形或断裂；过松易使螺母松动，应按标准拧紧。同时保持悬架上各运动部件的润滑良好。钢板弹簧前、后及吊耳固定螺母拧紧力矩为 189 N·m，U 形螺栓固定螺母拧紧力矩为 170 N·m。

三、钢板弹簧故障

1. 易折断部位

1）第 1、2 片耳易断裂，主要是该处易出现应力集中或是使用中超负荷造成的。

2）中心螺栓孔处裂纹，因为 U 形螺栓形成应力集中所致。

3）卷耳衬套早期磨损，主要是润滑不良所造成的。

2. 故障原因

1）汽车在不平的路面上行驶，尤其在遇到凹坑之前未适当减速，前轮进入凹坑又施行紧急制动，这样会使前钢板弹簧的负荷突然增大，产生很大的冲击。

2）在下坡时采用紧急制动，汽车重力的坡度分力与紧急制动时的强大惯性力，大部分移到前桥上，使前钢板的第 1、2 片不但承受大的弯曲应力，还要承受过大的拉应力。

3）汽车经常超载行驶。

4）钢板弹簧各片的弯度不符合要求，使第 1、2 片负荷过大。

5）汽车前、后制动调整不当，如前轮制动过早等。

上述原因都会造成前钢板弹簧第 1、2 片的早期损坏。

3. 故障维修与预防措施

及时正确地检查、维护钢板弹簧，合理调整制动器，按规定装载等。提高驾驶技术，在不平的路面或下陡坡时低速行驶，尽量避免紧急制动。

四、钢板弹簧损伤

(一) 轴厢侧偏

1. 故障现象

汽车停在平坦的场地上,车身横向歪斜,行驶中方向跑偏或汽车直线行驶时,车厢后部向一侧偏斜。

2. 故障原因

钢板弹簧经长期使用后,由于抗疲劳强度及局部负荷变化可发生断裂;汽车经常在崎岖的道路上行驶,或进行不适当的高速行驶,以及经常使用紧急制动,都会造成钢板弹簧断裂;钢板弹簧片之间接触或润滑不良,也会造成钢板弹簧折断;转向时车速过高,使车身向一侧严重倾斜,使该侧钢板弹簧的负荷突然增大很多,以至钢板折断;长期超载行驶,使钢板弹簧产生永久变形,造成钢板弹簧的拱度降低;钢板弹簧中心螺栓折断和U形螺栓松动,使钢板弹簧在车桥上或片与片之间产生窜动,橡胶副簧使用时间长会因老化而破裂。

3. 故障诊断

车身横向歪斜,一般是钢板弹簧折断或弹力过弱及钢板销、套磨损严重所引起。若车身横向歪斜,行驶中方向跑偏,说明某侧前钢板弹簧不良或前桥移位。应检查钢板弹簧第1片是否折断,钢板弹簧的中心螺栓是否折断,U形螺栓是否松动等。若车身纵向偏斜,则多属某侧后钢板弹簧固定不良,使后桥窜动移位所致。若两侧轴距不一样,说明后桥移位;若两侧轴距一样,就是后钢板弹簧的技术状况不佳。

4. 故障维修

对于钢板弹簧出现的故障,除断裂外,一般都可修复。欲恢复钢板弹簧的弹力,可采用冷态敲击法或喷丸法处理,以消除内应力;对于拱度下降的应进行热处理,以恢复其拱度。

(二) 车身振动

1. 故障现象

汽车在不平坦的路面上行驶时,振动很大,车身连续振动,并伴有"咕咚、咕咚"的响声。

2. 故障诊断

汽车在行驶时,听到前轮处有"咕咚、咕咚"的响声,低速时响声明显清晰,多属于减振器失效引起。应先检查减振器的上下销轴与耳环的紧固螺母是否松动或脱落,橡胶垫是否损坏。观察外部有无渗漏油迹,如有油迹出现,可用专用扳手拧紧上盖;若渗油严重或感到汽车震动加剧,应拆下减振器检查,向上拉减振器应有沉重的阻力。减振器下耳环中为一铁棒,双脚踩住铁棒,双手握住防尘罩缓慢拉压,感觉阻力的大小。接着再以尽可能快的速度拉压数次,这时的拉伸阻力和压缩阻力比刚才缓慢动作时明显增大,则说明减振器尚好;若阻力无明显增加,说明减振器失效。

3. 故障原因及维修

（1）漏油

主要原因有：连杆油封或垫圈磨损严重，密封不严；连杆导向器密封垫圈损坏，油从缸筒壁处漏出；阀门被污物堵塞，阀瓣与阀座黏合不严而造成漏油；油封垫圈和毛毡油封损坏，油从活塞杆的端头处漏出。维修方法是更换新的油封或垫圈，或更换减振器。减振器缺油，应按规定加注减振器油，在加入前应用 $1\,200 \sim 1\,300$ 孔$/cm^2$ 的金属网过滤，无滤网的情况下，特别注意不得有金属屑和棉纱混入。

（2）减振器效能降低

主要原因有：漏油造成筒内油液减少，活塞环磨损严重或断裂，活塞与缸筒磨损，拉杆脱落或减振器与轴松动，伸张阀弹簧过软或调整不当。维修方法是排除漏油，更换加大活塞，或换用标准活塞环，更换伸张阀弹簧或加适当厚度的垫片加以调整。

（3）减振器发响

主要原因有：拉杆脱扣或活塞杆端部螺母松动，减振器的支承胶垫老化、破裂或失落。维修方法是紧固螺母和更换新件。

第7章 柴油车制动系结构与维修

第一节 典型柴油车制动系

一、制动系的功用

载重柴油车制动系的功用是用来迫使汽车减速或停车,控制下坡时的车速,并保持汽车能停放在斜坡上。汽车具有良好的制动性能对保证安全行车和提高运输生产率起着极其重要的作用。制动系包括前轮制动器、后轮制动器以及控制装置、供能装置和传动装置。

普通汽车的制动系是由汽车行驶中暂时降低车速直至停车的行车制动装置和汽车停驶后,仍能保持在原位,特别是在坡道上原地停住的驻车制动装置两套独立系统组成。

载重柴油车由于吨位大,行驶时车辆的惯性也大,需要的制动力也就大;同时由于特殊的使用条件,对汽车制动性能的要求与普通汽车有所不同。载重柴油车除装有行车制动、驻车制动装置外,一般还装设有紧急制动和安全制动装置。

紧急制动是在行车制动失效时,作为紧急制动之用。安全制动是当制动系气压不足时起制动作用,使车辆无法行驶。载重柴油车制动系还增设有各种不同形式的辅助制动装置,如排气制动、液力减速、电力减速等辅助制动装置,以减轻常用的行车制动装置的负担。

为确保汽车行驶安全并且操纵轻便省力,载重柴油车一般均采用气压式制动传动机构、气液综合式制动传动机构,制动管路采用双管路系统。

二、制动过程与制动性能

1. 制动过程

汽车在制动过程中,作用于车轮上的有效制动力的最大值受轮胎与路面间附着力的限制。如有效制动力等于附着力,车轮将停止转动而产生滑移(即所谓车轮"抱死"或拖印子)。此时,汽车行驶操纵稳定性将受到破坏。如前轮抱死,则前轮对侧向力失去抵抗能力,汽车转向将失去控制,如后轮抱死,由于后轮丧失承受侧向力的能力,后轮侧滑而发生甩尾现象。为避免制动时前轮或后轮抱死,有的重型汽车装有前、后轮制动力分配的调节装置。目前有些汽车上已装用了在任何情况下制动时,都能避免车轮抱死的电子控制防抱死装置。

2. 制动性能

汽车制动系的性能可以用以下评价指标进行评价:

(1)制动效能

汽车迅速减速直至停车的能力。主要评价指标有：制动距离、制动时间、制动减速度和车轮制动力等。

(2) 汽车制动时方向的稳定性

汽车在制动过程中不发生跑偏、侧滑，驾驶人不失去对方向操纵的能力。当车轮左右制动力不等时，会造成制动跑偏；车轮抱死拖滑时，容易产生侧滑并使驾驶人失去对方向的操纵。

(3) 制动器的抗衰退性

制动器抵抗制动效能下降的能力。主要有抗湿衰退性和抗热衰退性等。抗湿衰退性表示制动器进水后，制动效能的下降程度。抗热衰退性表示汽车连续制动导致制动器温度升高后，制动效能的下降程度。

矿山使用的重型汽车，经常行驶在弯曲而坡度很大的坡道上，长期而又频繁地使用行车制动器，势必造成制动鼓内的温度急剧上升，使摩擦片迅速磨损，引起热衰退现象和气阻现象而影响行车安全。

所谓热衰退现象是指摩擦片由于温度升高而引起摩擦系数降低，而制动力矩也相应减小。所谓"气阻现象"是由于制动鼓过热，车轮制动器油缸内制动液蒸发而产生气泡，使油压降低，使制动性能下降甚至失效。为此，大中型卡车的制动系还增设有各种不同形式的辅助制动装置，如排气制动、液力减速、电力减速等辅助制动装置，以减轻常用的行车制动装置的负担。

三、制动系总体结构

我们以斯太尔系列柴油车为例介绍介绍制动系统的总体结构。

斯太尔系列柴油车采用双回路制动的主制动系统、弹簧储能放气驻车制动（兼应急制动系统）以及排气制动的辅助制动系统。制动系统如图7-1、图7-2所示。

为了更清晰地表示制动气路系统的关系，图7-3给出了气路流程方框图。

所谓"双回路"主制动系统即是将前桥与（中）后桥分成既相关联又相独立的两个回路，当其中任一回路出现故障时，不影响另一回路的正常工作，以确保制动的可靠。

以斯太尔6×4载货汽车制动系统为例简要予以说明：如图7-3所示，空气压缩机①压缩的空气经过空气干燥器②通向四回路保护阀③，从而使全车气路分成既相关联又相独立的4个回路。

1. 前桥制动回路

通过四回路保护阀③的21出口向前制动储气筒⑪充气，再由储气筒通向主制动阀⑤的下腔12接口。当踩下制动踏板时，主制动阀打开，空气将由22接口通向前制动气室⑥。制动中制动气室气压与主制动阀踏板行程成正比。

2. (中)后桥制动回路

由四回路保护阀③的22出口向（中）后制动储气筒⑫充气，再由储气筒向主制动阀⑤的上腔11接口供气。经主制动阀21出口通向主制动继动阀⑲。继动阀由储气筒⑫直接供气，当主制动阀动作时，继动阀打开后分别向（中）后桥主制动气室⑱提供与制动踏板行程成比例的制动气压。继动阀的作用是缩短制动反应时间，起"快充"和"快放"

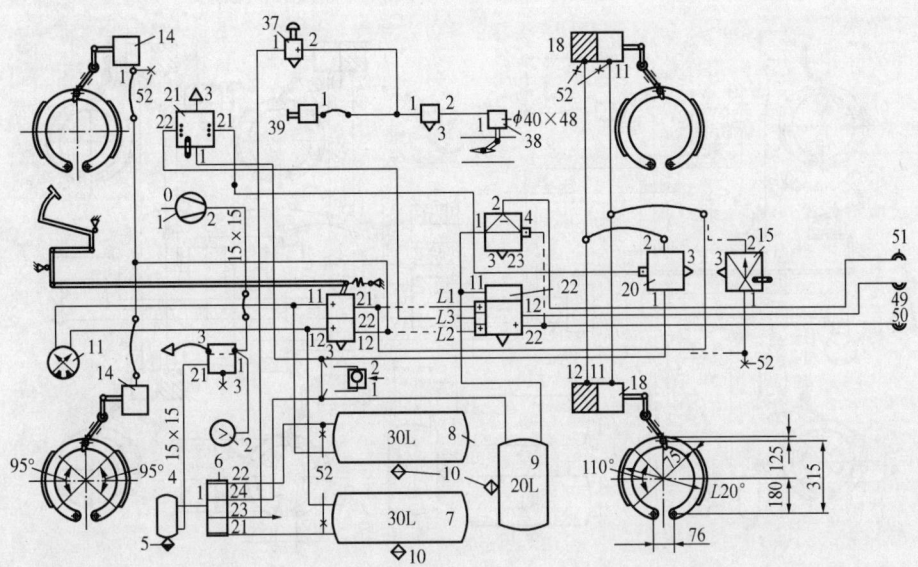

1—气泵 2—防冻泵 3—调压阀 4—气水分离器 5—自动排污阀 6—四回路保护阀 7—前制动储气筒 8—后桥制动储气筒 9—驻车制动储气筒 10—单流阀 11—双针气压表 12—主制动阀 14—前制动气室 15—载荷调整阀 18—后桥组合式制动气室 20—主制动继动阀 21—驻车制动阀 22—双管路挂车制动继动阀 23—单管路挂车制动继动阀 37—熄火器开关阀 38—熄火工作缸 39—断油工作缸 49—双管路挂车充气接头 50—双管路挂车制动接头 51—挂车制动、充气接头 52—检测接头

图7-1 斯太尔4×2汽车制动系

的作用。(中)后桥制动气室是行车制动与驻车制动为一体的复合式气室。双针气压表⑬跨接在前、(中)后制动储气筒之间，因而它分别指示两个储气筒的气压值。

3. 驻车制动回路

由四回路保护阀24出口一路通向驻车制动储气筒⑪，一路是驻车制动阀⑦为应急制动继动阀⑲供气。驻车制动阀控制继动阀，在驻车制动时，继动阀的控制气压通过驻车制动阀排空、(中)后桥驻车制动室的空气通过继动阀放空，气室弹簧迫使活塞和顶杆伸出产生制动作用，制动强度大小取决于储能弹簧的预紧力。当驻车制动阀置"行驶"位置时，驻车制动阀给继动阀—控制气压从而打开继动阀，由储气筒直接提供的压缩空气快速进入(中)后桥驻车制动气室，压缩空气压力大于550 kPa即可克服弹簧力将活塞连同顶杆完全顶回，从而解除制动。

对于牵引车而言，在主车上还安装有双管路拖车制动控制阀⑯，它们都是由驻车制动储气筒提供充气与制动气压。阀⑯分别由主制动阀和驻车制动阀来控制，其中只要有一路能起控制作用，阀⑯就工作，给拖车输出→制动气压→信号。

双管路拖车制动控制阀输出两根管路，一根是充气管路，它常有气，通常管路为红色，其接头㊾标有"2 L/V"字样。另一根是制动控制管路，若主车正常行驶时，没有气压。当主车制动时，它输出一个与主车主制动阀相同气压的制动信号气压。其管路

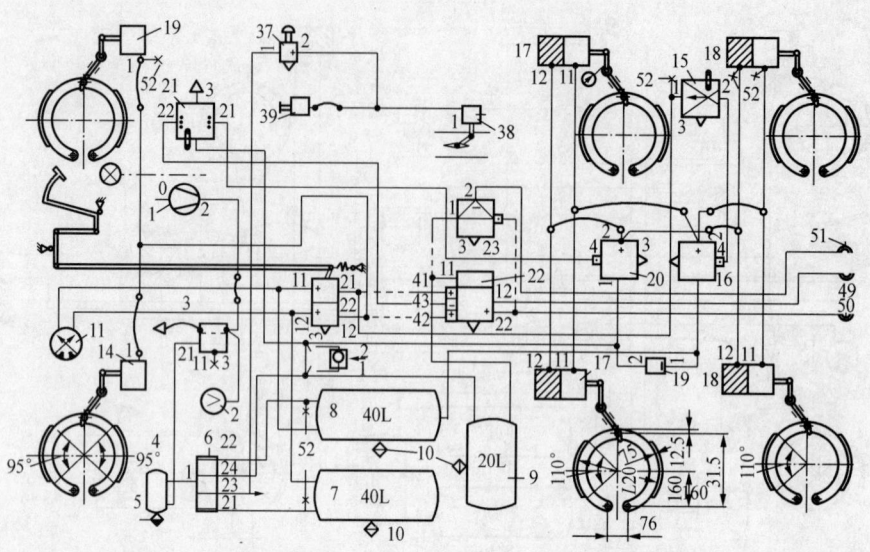

1—气泵 2—防冻泵 3—调压阀 4—气水分离器 5—自动排污阀 6—四回路保护阀 7—前制动储气筒 8—中、后桥制动储气筒 9—驻车制动储气筒 10—单流阀 11—双针气压表 12—主制动阀 14—前制动气室 15—载荷调整阀 16—主制动继动阀 17—中桥组合式制动气室 18—后桥组合式制动气室 19—闸阀 20—应急制动阀 21—驻车制动阀 22—双管路挂车制动继动阀 23—单管路挂车制动继动阀 37—熄火器开关阀 38—熄火工作缸 39—断油工作缸、充气接头 49—双管路挂车充气接头 50—双管路挂车制动接头 51—单管路挂车接头 52—检测接口

图7-2 斯太尔6×4、6×6汽车制动系

常为黄色、接头50标有"2 L/BR"字样以示区别。图7-4是双管路拖车制动的典型气路系统。

如图7-4，正常情况行驶时，经充气接头49来的充气管路经拖车制动释放阀53和拖车制动阀56向拖车储气筒55充气。当主车制动时，来自主车制动控制管路接头50的气压经过手动载荷调节阀54使拖车制动阀56动作，从而打开拖车储气筒与制动气室的通路，使拖车同步产生与主车同等强度的制动。与此同时，主车通过充气管路仍然向拖车储气筒充气。主车制动解除时，制动控制管路的控制气压经制动控制阀放空，拖车制动气室的空气经拖车制动阀放空，制动解除。

当充气管路断或漏气到一定程度时，拖车制动阀会自动转换至制动位置。当制动控制管路断裂或泄漏时，主车正常行驶则没有任何影响，而当主车制动时，主车上的制动控制阀会自动切断充气管路，从而又通过拖车制动阀自动产生与主车同步的制动。

释放阀53的作用是当拖车与主车脱离而又需移位时，手动解除制动之用。手动载荷阀一般有"空载"、"半载"和"满载"3个手动位置，是用来调节拖车制动强度以适应载荷变化对制动力的需求，达到改善拖车防抱死制动效果的目的。

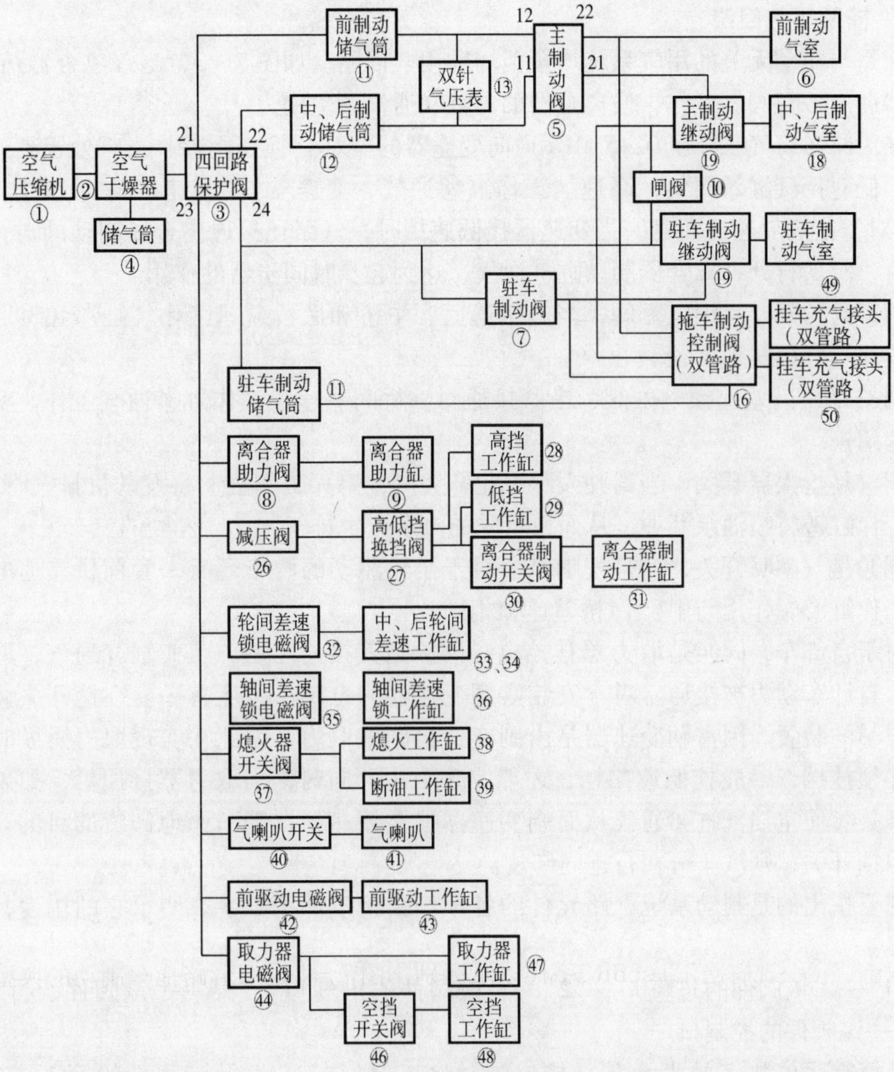

图 7-3 制动气路流程方框图

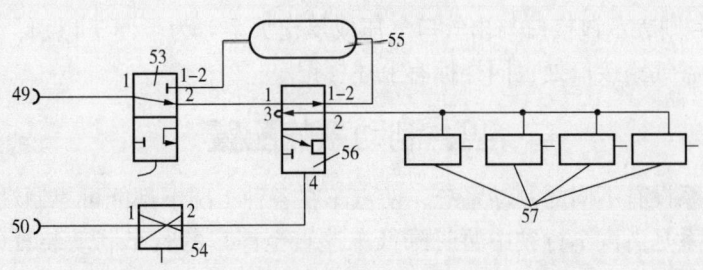

49、50—管路接头 53—拖车制动释放阀 54—手动载荷调节阀
55—拖车储气筒 56—拖车制动阀 57—挂车制动分室

图 7-4 典型双管路拖车制动系气路

4. 辅助用气回路

凡是与制动无关的用气系统均接至辅助用气回路。如图7-3，当踩离合器踏板时，离合器助力按钮阀⑧工作，使离合器助力缸⑨通气产生助力。

减压阀㉖将气压降至0.45 MPa通向变速器的"双H"换挡阀㉗，当阀处于高速挡位置时，低速挡气缸㉙回气，高速挡工作缸㉘通气，变速器挂"高速挡"，反之挂"低速挡"。对于富勒变速器而言，当变速器挂低速挡时，气路还接通离合器制动阀㉚，汽车起步时，阀㉚打开，离合器制动缸㉛通气，达到起步时同步器的作用。

阀㉜是轮间差速锁电磁阀，当其接通后、中桥和后桥差速工作气缸㉝和㉞通气工作，差速锁挂挡实现闭锁。

阀㉟是桥间差速锁电磁阀，当其接通时，桥间差速锁工作缸㊱通气工作，实现桥间差速闭锁。

阀㊲是熄火器开关，当驾驶人踩下此开关时，熄火工作缸㊳将发动机排气管关闭，断油工作缸㊴将喷油泵断油，从而使行驶的汽车产生排气制动、停驶的汽车熄火。

阀㊵是气喇叭开关，㊶是气喇叭。对于全轮驱动的汽车还有一套前桥差速电磁阀㊷和工作缸㊸，作用与中(后)桥差速锁相同。

对于自卸车，阀㊹是取力器挂挡电磁阀，当其接通之后，工作缸㊼通气，取力器挂挡，自卸车动力被接通。对于安装富勒变速器的自卸车，还有一套空挡开关㊻和空挡气缸㊽的装置。因富勒变速器是由副变速器副轴取力，因此在实现取力操纵时主变速器必须挂挡，一般挂低速二挡，才能实现取力。同时，当取力器接通后，如果操作空挡开关㊻使空挡气缸㊽通气从而副变速器挂空挡达到自卸车原地卸货的目的。如不操作空挡开关，则汽车可在行进间卸货。

需要指出的是制动系统气路元件的各个气路接口都用数字表明了它的用途，其标号含义：

"1"——该阀件的进气口；"2"——该阀件的出气口；"3"——该阀件的排气口；"4"——该阀件的控制口。

凡标有两位数字的表示某一接口的顺序，例如"11"表示该阀件的第1进气口、"12"表示第2进气口、"21"表示该阀的第1出气口、"22"表示第2出气口等。在某些阀件接口处往往还标有"+"和"-"号，标有"+"号的接口表示与出气口气压成正比关系，标有"-"号则表示该接口与出气口气压成反比关系。为了便于识别，实际装车的各个阀件壳体的各气路接口处也同样标有上述标记。

四、制动系的配置

汽车制动系设有不同的制动系统，使汽车在各种工况下都能可靠制动。

一般制动系是由汽车行驶中暂时降低车速直至停车的行车制动装置(脚制动)和汽车停驶后，仍能保持在原位，特别是在坡道上原地停住的驻车制动装置(手制动)两套独立系统组成。

1. 行车制动系统

行车制动系统由驾驶人通过制动踏板进行操纵，在汽车行驶过程中控制车速，使汽车减速甚至紧急停车等。行车制动系统由安装在每一个车轮上的车轮制动器和制动操纵控制系统组成。由空气压缩机产生的压缩空气储存于储气筒中，制动时，驾驶人通过制动踏板控制制动阀，将压缩空气送入制动气室，使制动器产生制动力矩。

2. 驻车制动系统

驻车制动系统由驾驶人通过手操纵杆进行操纵，在汽车停车状态下和坡道起步时使用，使汽车可靠停放和顺利实现坡道起步。大多数汽车用后轮制动器兼做驻车制动系统的制动器，也有一些汽车的驻车制动器安装于变速器第 2 轴的凸缘盘。

载重柴油车，尤其是超重型矿用自卸汽车，由于吨位大，行驶时车辆的惯性也大，需要的制动力也大，同时由于特殊的使用条件，对汽车制动性能的要求与一般载货汽车有所不同，制动系也有许多不同的形式。载重柴油车除装设有行车制动、驻车制动装置外，一般还装设有紧急制动和安全制动装置：紧急制动是在行车制动失效时，作为紧急制动之用；安全制动是当制动系气压不足时起制动作用，使车辆无法行驶。

3. 紧急制动系统

紧急制动系统又称第 2 制动系统，与驻车制动系统为一套装置。汽车在行车制动系统失效瞬时自动产生制动，保证汽车能迅速停车。

4. 行车缓速系统

载重柴油车总质量大，如果用行车制动系统维持控制车速，不但会导致行车制动器的温度升高，使制动器的制动效能下降，还会增加制动器的磨损。为此，载重柴油车设有行车缓速系统，用以汽车在无摩擦的状态下控制车速。目前广泛使用有发动机排气缓速系统和电涡流缓速系统等。

第二节　柴油车制动系组成与结构特点

载重柴油车制动系主要由气源部分、行车制动部分、车轮制动部分、驻车制动部分、挂车制动部分、排气制动及信号、辅助制动部分等组成。

一、气源部分组成与结构特点

气源部分由空气压缩机、干燥器、卸载阀、储气筒、四回路保护阀及其他有关附件组成。

1. 空气压缩机结构特点

空气压缩机为单缸、活塞式、风冷、压力润滑、带有松压阀，结构如图 7-5 所示。它由柴油发动机喷油泵带动。当柴油发动机工作时，通过喷油泵联轴节带动空气压缩机的曲轴转动，活塞便上、下运动。当活塞向下移动时，气缸上部形成真空，气缸盖进气腔内的大气作用在进气阀片上，压开进气阀门而进入气缸中。当活塞向上移动时，进气阀片靠本身张力关闭进气阀门；随着活塞上部容积的减小，气压升高而推动排气阀片、打开排气阀门，压缩空气便进入气缸盖的排气腔，通过管路到湿储气筒。CA6110A 型柴油车的空气压缩机其分解如图 7-6。

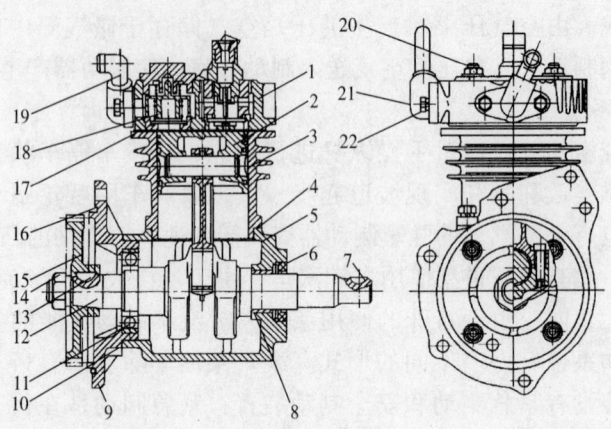

1—气缸盖 2—活塞 3—气缸体 4、17—垫片 5—曲轴箱 6—油封 7、13—半圆键 8、11—轴承 9—凸缘 10—垫片 12—曲轴 14—锁紧螺母 15—传动齿轮 16—挡圈 18—排气阀导向座 19—排气连接管 20—螺栓 21—进气连接管 22—螺母

图 7-5 空气压缩机结构

当储气筒的气压升高到 784～833 kPa 时，来自储气筒中的压缩空气便压开气压调节器的阀门而进入空气压缩机的松压装置中，将松压膜片向下压，使松压阀随之下移，打开松压阀门使气缸与大气相通。此时，活塞上、下移动时，只是通过松压阀门将大气吸入又排出，不产生压缩作用，空气压缩机便停止向储气筒供气。当储气筒内气压降至 637～686 kPa 时，气压调节器的阀门自行关闭，松压装置的松压阀和松压膜片在弹簧的作用下升起，松压阀门关闭，于是空气压缩机继续产生压缩空气。

2. 空气干燥器结构特点

空气干燥器将空压机产生的压缩空气中的水分、油分和杂质去掉，净化压缩空气，减少上述不干净成分可能导致的制动系统故障。

（1）EQ1141G2 车型空气干燥器

空气干燥器工作原理见图 7-7 所示。

1）正常供气状态。从调压阀输入的压缩空气经①口进入 A 腔，含有液态水分和油分等杂质通过滤网 22 滤掉，压缩空气进入罐体 6 中，罐体 6 中装满干燥剂 8，对气态的水分由干燥剂 8 吸附，经单向节细阀门 29 进入 B 腔，这时进入 B 腔气体全部为干净空气，经输出口②进入储气筒备用，此时过滤的油分和水分全部集中在 A 腔下部。

2）排水状态。当储气筒压力达到最高压力，调压阀卸载。调压阀产生控制压力经④口进入 D 腔，对活塞 21 产生推力，克服弹簧 13 产生力，将阀门 15 打开，使 A 腔中气体经排气口③排入大气。B 腔中压缩空气经节流孔 C 流入罐体 6 中，将干燥剂 8 吸附的水汽吹干，经过滤网 22 由排气口排出，如果储气筒压力由于用气减少，调压阀重新供气，这时控制口④压力解除，排气门 15 关闭，重新供气。

（2）EQ2102 车型空气干燥器

EQ2102 车型空气干燥器工作原理见图 7-8 所示。

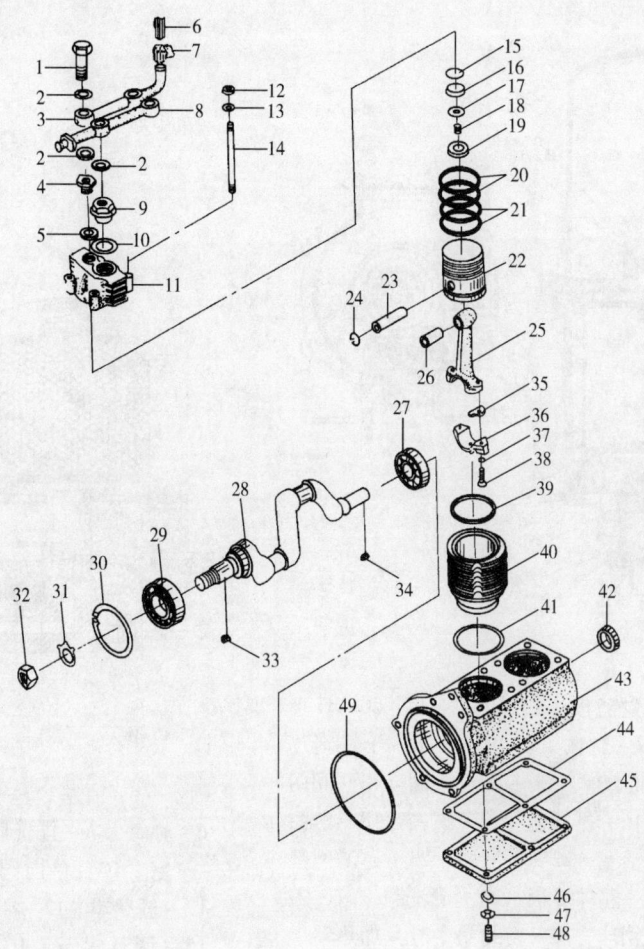

1—空心螺栓 2、13、31、37、46—垫圈 3—进气管 4、9—排气门螺塞 5—进气门衬垫 6—橡胶软管 7—卡箍 8—排气管 10—排气门衬垫 11—气缸盖 12、32、47—螺母 14—螺柱 15—气门座衬垫 16—气门座 17—气门阀片 18—气门弹簧 19—气门垫片 20—气环 21—油环 22—活塞 23—活塞销 24、30—挡圈 25—连杆体 26—连杆衬套 27、29—轴承 28—曲轴 33、34—键 35—连杆盖垫片 36—连杆盖 38—连杆螺栓 39—缸盖衬垫 40—气缸体 41—气缸体衬垫 42—油封 43—曲轴箱体 44—下盖衬垫 45—曲轴箱下盖 48—下盖螺栓 49—O形密封圈

图7-6 CA6110A型柴油车用空气压缩机分解

在充气过程中,由空压机输出的压缩空气经过接口①进入气室9,这时由于温度下降,会产生冷凝水,冷凝水经过通道流到阀门7处,压缩空气经过滤器12和环形室到达干燥罐17上端。当空气流经干燥剂13时,水分被吸收并滞留在干燥剂罐的上层,干燥过的空气经过单向阀门10、接口㉑通向四回路保护阀,然后供给整车气路。同时干燥的空气经过节流阀11和接口㉒进入再生储气筒。当整个系统中的压力升高到预定值时,压缩空气推动活塞2移动,打开阀3,关闭阀1,压缩空气经过通道5到达活塞8的上端,推动活塞8向下运动,从而使阀门7打开,从室9来的压缩空气和冷凝水经

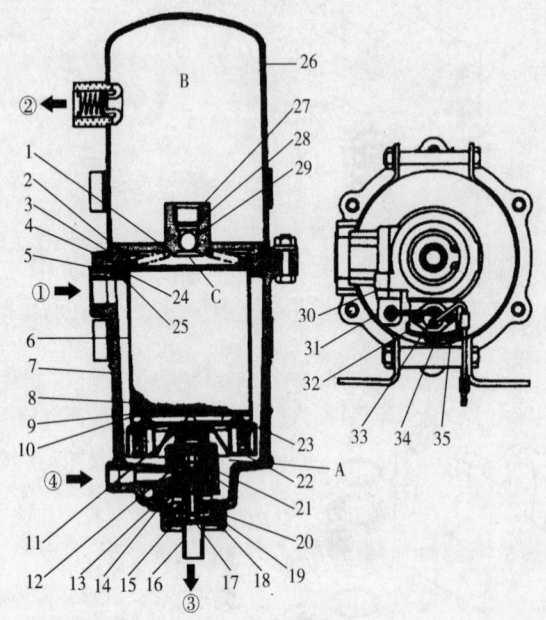
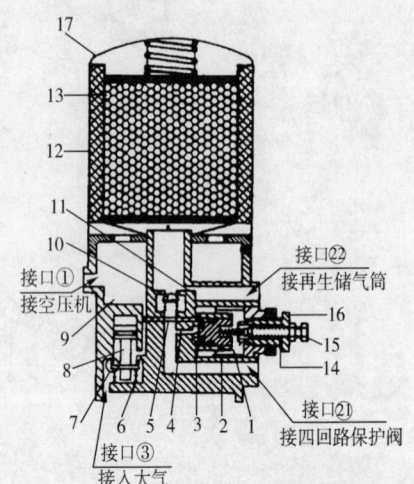

1—压紧弹簧 2—过滤板 3、5、12、14、20—O形圈 4—过滤网 6—罐体 7—本体 8—干燥剂 9—过滤网 10—过滤板 11—密封垫圈 13—阀门弹簧 15—阀门 16—排气盖 17—螺栓 18—卡圈 19—阀门体 21—活塞 22—过滤网 23—过滤网垫 24—密封圈 25—箱体导板 26—清洗罐 27—盖 28—隔板 29—钢球 30—密封垫 31—加热器 32—防护罩 33—温度传感器 34—螺钉 35—压板

图 7-7 空气干燥器(EQ1141G2 车型)结构

1—阀 2—活塞 3—阀 4、5—通道 6—弹簧 7—排气阀门 8—活塞 9—气室 10—单向阀门 11—节流阀 12—过滤器 13—干燥剂 14—小孔 15—调整螺钉 16—调整螺钉孔 17—干燥罐

图 7-8 空气干燥器(EQ2102 车型)结构

过打开的排气阀 7 排向大气,开始排气过程。在排气过程同时,来自再生储气筒的干净空气由㉒口进入干燥器,经过节流孔 11,干燥罐 17、9 室和排气阀排向大气。当空气从下往上流经颗粒干燥罐时,将滞留在其表层的水分带走,并排向大气,使分子筛再生、活化。当连接㉑口主车气路的压力下降至工作气压值时,活塞 2 在回位弹簧作用下运动,阀门 3 关闭,阀门 1 打开。活塞 8 上端的空气经过通道 5、阀门 1 和小孔 14 排出。活塞 8 向上运动,阀门 7 关闭,排气过程完成,下个充气过程又重新开始。

3. 防冻泵结构特点

防冻泵的作用是在冬季不断向气路管线喷射冰点极低而且极易被水溶解的防冻剂,使残存在气路管线中的水成为防冻水溶液,降低了冰点使残存水溶液不致结冰。防冻剂一般用乙醇或乙醚,使用中应注意防冻剂易燃易挥发的特性。图 7-9 是防冻泵原理。

防冻泵手柄有 3 个位置,夏季手柄置"关闭"位置,此时弹簧 4 以最大弹力将活塞 5 联同活塞杆 1 压至上极限位置,虽然此时顶针将单向阀 3 打开,防冻剂可流向 B 腔,然而防冻剂被压帽2封闭在B腔内不能喷出。

一般冬季将手柄置"半开"位置，手柄凸轮轴使弹簧4弹力减弱，当管线气压上升到$6×10^2$ kPa以上时，活塞5在气压作用下连同杆1向下移动，首先关闭阀3使B腔防冻剂被密封，杆1继续下移将使B腔防冻剂压力增大，顶开压帽2使防冻剂喷向A腔管路系统中。当气压下降至$6×10^2$ kPa以下，活塞及杆重新上升，压帽2关闭B腔，顶针重新将阀3打开，储液罐又一次向B腔补充防冻剂。

寒冷季节将手柄置"全开"位置，手柄凸轮轴使弹簧力进一步减弱，防冻泵开启压力降低，B腔向A腔喷液的频率增大，管路中防冻剂的成分增多，残存水溶液的冰点下降以确保管路及阀件工作正常。

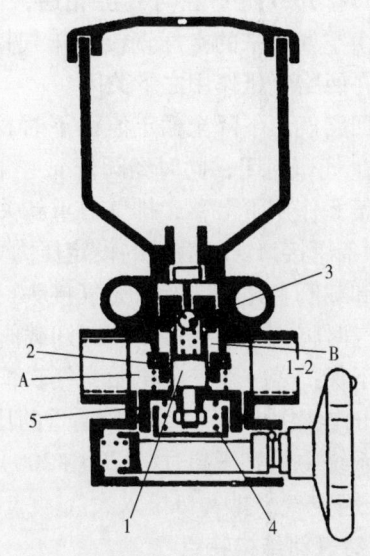

1-活塞杆　2-压帽　3-单向阀
4-弹簧　5-活塞

图7-9　防冻泵结构

4. 卸载阀结构特点

卸载阀的作用是限定系统的最高压力（0.75～0.80 MPa），在可靠工作的前提下确保系统安全，并能向轮胎充气，其结构与原理如图7-10所示。卸载阀的工作原理如下：

如图7-10，空气泵来的压缩空气经1接口进入卸载阀，经滤网g到B腔并顶开单向阀e再由接口21通过气水分离器和四回路气压保护阀向回路充气。该充气气压同时作用在膜片c的下面。当系统气压低于额定值时，该气压在膜片下产生向上的力不足克服弹簧b的压力，使膜片保持在图示位置，与膜片一体的阀d紧紧地压在阀座上，将C腔与E腔隔绝，同时C腔的空气经阀d的通气通道1与大气接通，活塞M在回位弹簧h的作用下上行直至将排气门i关闭。

当回路气压上升至额定值之后，E腔的气压使膜片克服调压弹簧而向上移动，首先将阀d的通气口堵住，进而阀d上移

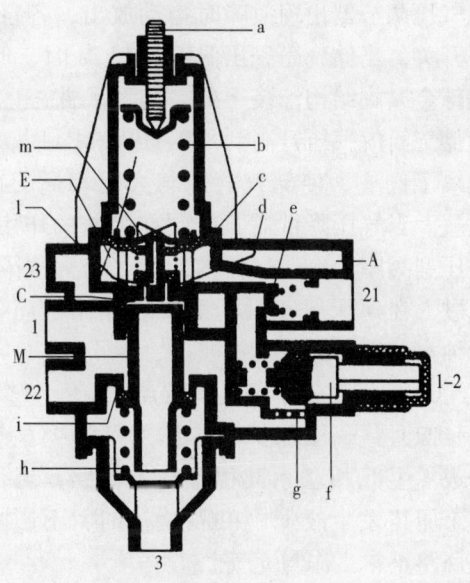

1-压缩空气接口　3-排气口　21、22、23-
接口外　a-螺钉　b-压力弹簧　c-膜片
d-进气阀门　e-单向阀　f-挺杆　g-滤网
h-弹簧　i-排气阀　l-通气通道　m-阀杆
M-活塞　C、E-腔室

图7-10　卸载阀结构

将进气口打开，使 E 腔与 C 腔相通，活塞 M 在 C 腔气压作用下向下移动而将排气口 i 打开，由空气泵来的空气直接由排气口 3 排入大气，空气泵开始无负荷运转，此刻单向阀 e 在回路气压作用之下关闭。

当回路气压下降至额定值以下时，膜片在调压弹簧 b 作用下重新下移，阀 d 重新将 C 腔进气口封闭，同时经阀杆 m 中心孔将通气口接通，C 腔与大气接通，活塞 M 在回位弹簧 h 作用下上移，排气口重新关闭，空气泵重新向回路充气，图中接口 22 与接口 23 为备用接口。卸载阀的设定压力可通过调整螺钉 a 进行调节。

在卸载阀上还安装有一充气接头(1-2)。当需要给轮胎和其他汽车充气或被其他汽车充气时将充气管线接头接至卸载阀充气接口上。

拔下保护盖，在拧上轮胎充气软管的锁紧螺母时，挺杆 f 将向左移动。B 腔与接口 21 之间的连接中断，由空压机输送的压缩空气由 B 腔从挺杆 f 周围流入轮胎充气软管。如这时系统中的气压超过(1 200 + 200)kPa，则作为安全阀而设计的活塞 M 打开排气阀门 i，压缩空气经排气口排入大气。

5. 储气筒结构特点

储气筒分为干储气筒和湿储气筒，二者均为钢板卷制、焊接而成。湿储气筒能将压缩空气中的油和水冷却、分离并排出。筒上装有安全阀、放水阀、放气阀。放水阀在储气筒最低处，可以手动，彻底排出油和水。放水阀可以供外界用气；安全阀可以在气压调节器出现故障时自动放出，各自独立，保证安全。筒上装有放水阀和低压警报开关，当储气筒气压低于 441 kPa 时，低压警报开关接通，立即发出信号。安全阀为钢球金属阀结构，装于湿储气筒后端盖上。当气压调节器或空压机松压装置出现故障，使储气筒内气压升高到 882~980 kPa 时，超过了安全阀门弹簧的弹力。此时，球阀被推离了阀座，使储气筒内与大气相通，自动放气。当气压降低后，球阀在弹簧的作用下，被压到阀座上，使气筒内的空气与大气隔离。驾驶人在每天收车后，都要放掉储气筒各腔的油水，以防冻结及锈蚀。

6. 四回路保护阀结构特点

四回路气压保护阀的作用是将全车气路分成 4 个既相联系又相独立的回路，当任何一个回路发生故障(如断、漏)时，不影响其他回路正常工作与充气。

EQ1141G 和 EQ2102 车型四回路保护阀结构原理如图 7-11。

四回路气压保护阀，安装在湿储气筒之后。以接口 21 为例，压缩空气从 1 口进入 A 腔，当进气压力较低时，阀门 s 在弹簧 u 的作用下将阀座封闭，进气压力作用在阀中心面积 a 上。当进气压力上升至 700_{-30}^{+0} kPa 时，作

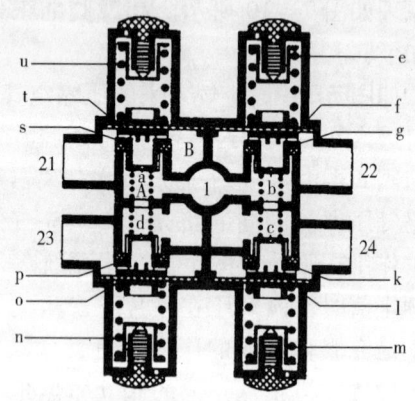

u、n、e、m—调压弹簧　s、p、g、k—阀门　t、o、f、l—膜片　1—压缩空气接口　21—前制动回路接口　22—(中)后制动回路接口　23—停车制动回路接口　24—辅助用气回路接口

图 7-11　四回路保护阀结构原理

用在 a 面积上的气压产生向上的推力足以克服弹簧 u 的预压力，阀门 s 开始升起打开向 B 腔充气并由输出口 21 进入用气回路(其余输出口工作原理与此口相同)。由于膜片 t 的有效面积比阀门 s 中心面积 a 大，进入 B 腔中的压缩空气同时作用在膜片 t 的环形面积上(膜片 t 有效面积减去阀门 s 中心面积 a)。因此随 B 腔及回路气压不断升高，充气开启压力不断降低，直到回路气压达 450 kPa 时，膜片 t 有效面积上 450 kPa 气压产生的顶升力与弹簧 u 预压力相等，此刻阀门 s 正式打开，且阀门 s 的开度随 B 腔及回路气压升高而增大。当回路用气的气压下降至 450 kPa 时，阀门 s 重新关闭。我们称 700^{+0}_{-30} kPa 为阀门 s 的开启压力。450 kPa 为阀门 s 的关闭压力。

当某一回路发生断、漏气故障时，例如(中)后制动回路断裂，该回路气压急剧下降，全车气路都经 22 出口放气。当各回路气压下降至 450 kPa 时，4 个阀门全部关阀。此时无故障回路仍然保留有 450 kPa 气压，而漏气回路继续漏气直至气压下降为零。此刻随空气泵继续供气，供气压力一旦回升到 450 kPa，除故障回位阀继续关闭外，其余回路阀又重新打开充气，直到回路气压上升到故障回路阀所设定的开启压力 700^{+0}_{-30} kPa 时，该阀打开放气，从而将其余 3 个回路的最高气压限定在 700^{+0}_{-30} kPa，确保无故障回路正常工作和充气。

在正常情况下，四回路气压保护阀实际上就是一个五通接头，只有在某一回路发生断、漏故障时才起保护作用。弹簧 u 的预压力可通过其端面的调压螺钉进行调节，从而调节阀门 s 的开启与关闭压力。

7. 单向阀结构特点

单向阀的结构如图 7-12 所示，它用于每一个储气筒的进气口上，只允许压缩空气进入储气筒，不允许倒流。单向阀由阀门、弹簧和壳体组成。

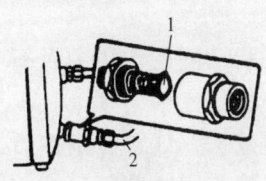

1-单向阀阀门
2-接空气压缩机气管
图 7-12 单向阀的结构

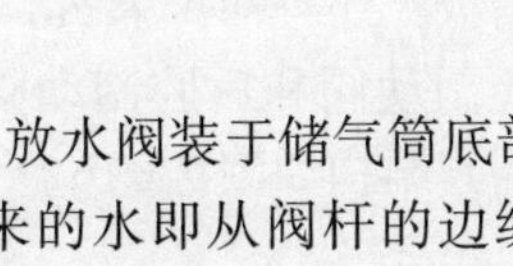

图 7-13 放水阀的外形

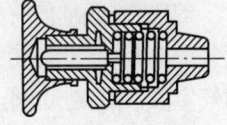

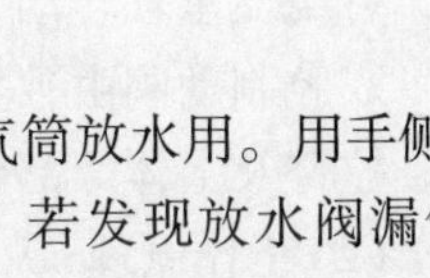

图 7-14 取气阀的结构

8. 放水阀结构特点

放水阀的外形如图 7-13 所示，放水阀装于储气筒底部，储气筒放水用。用手侧方向拉动圆环，从压缩空气中分离出来的水即从阀杆的边缘放出，若发现放水阀漏气，应予更换。

9. 取气阀结构特点

取气阀的结构如图 7-14 所示，取气阀装在湿储气筒上，靠拧入取气软管螺母顶开取气阀阀门取气(用于车轮充气、清洁滤芯等)。

日常只需注意取气阀是否漏气，若漏气应立即解体检查阀门，若阀门压坑过深或橡胶老化，均应更换。

二、行车制动部分组成与结构特点

行车制动部分采用双回路控制，分别作用于前、后车轮的气压双回路行车制动系统，布置如图7-15所示。

为便于汽车制动更可靠，目前解放汽车和东风汽车大都采用双回路制动装置。当踩下制动踏板时，拉杆拉动制动阀拉臂，使制动阀工作，储气筒前腔的压缩空气便通过制动阀上腔进入后轮制动气室，使后轮产生制动，同时储气筒后腔的压缩空气通过制动阀下腔进入前轮制动气室，使前轮产生制动。与此同时，前制动回路接通挂车制动阀，将由湿储气筒与通向挂车的通路切断，使挂车产生放气制动。

东风EQ2100E6D为并联式双腔制动阀控制，EQ2102、EQ1108G6D、EQ1141G2为串联制动阀控制。

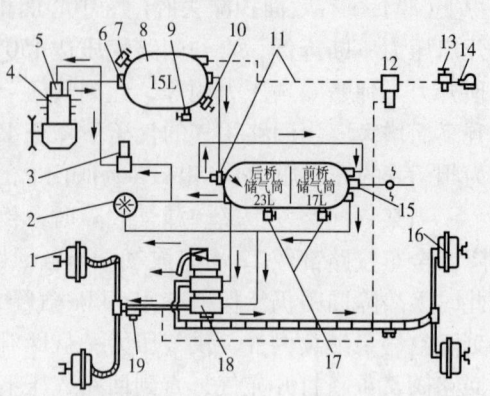

1—前轮制动气室 2—气压表 3—调压器
4—空气压缩机 5—卸荷阀 6—单向阀
7—取气阀 8—湿储气筒 9—油水放出阀
10—安全阀 11—单向阀 12—挂车制动阀
13—分离开关 14—连接头 15—气压过
低报警开关 16—后轮制动气室 17—油水
放出阀 18—制动控制阀 19—制动灯开关

图7-15 解放汽车双回路气压制动传动装置

1. 行车制动并联双腔制动阀

(1) 结构特点

双腔制动阀用作控制由储气筒进入制动气室和挂车制动阀的压缩空气的压力及其流量，并使其操纵制动阀的作用力及行程成一定比例关系，简称"随动"作用。

双腔制动阀有前、后两个腔室。前腔室进、出气口通过接头、气管分别接后回路储气筒和后轮制动气室；后腔室进、出气口通过接头、气管接前回路储气筒和前轮制动气室及挂车制动阀。另外，在前腔室出气口与后轮制动气室之间装有快放阀，在后腔室出气口与挂车制动阀之间装有双向阀。上体上部还有一个气孔通大气。制动阀上端拉臂通过拉杆与制动踏板上的拉臂相连，制动踏板通过轴孔滑套在制动踏板支承轴上，可绕支承轴转动，制动踏板上还有回位弹簧。

双腔制动阀由独立的前腔制动阀和后腔制动阀及两阀共用的平衡臂组、平衡弹簧组、拉臂及上体等部分组成，其结构如图7-16所示。

(2) 工作原理

1) 进气制动状态。如图7-17(a)所示。当驾驶人踏下制动踏板，拉动拉臂，将平衡弹簧上座压下，经平衡弹簧、平衡弹簧下座、钢球，并通过推杆、钢球，将平衡臂压下，推动两腔内膜片挺杆总成下行，关闭排气阀口E，打开进气阀口D，压缩空气由储气筒经制动阀至制动气室，推动制动气室皮膜，实现车轮制动。

2) 制动平衡状态。如图7-17(b)所示。在压缩空气输入至前后制动气室的同时，

第 7 章 柴油车制动系结构与维修

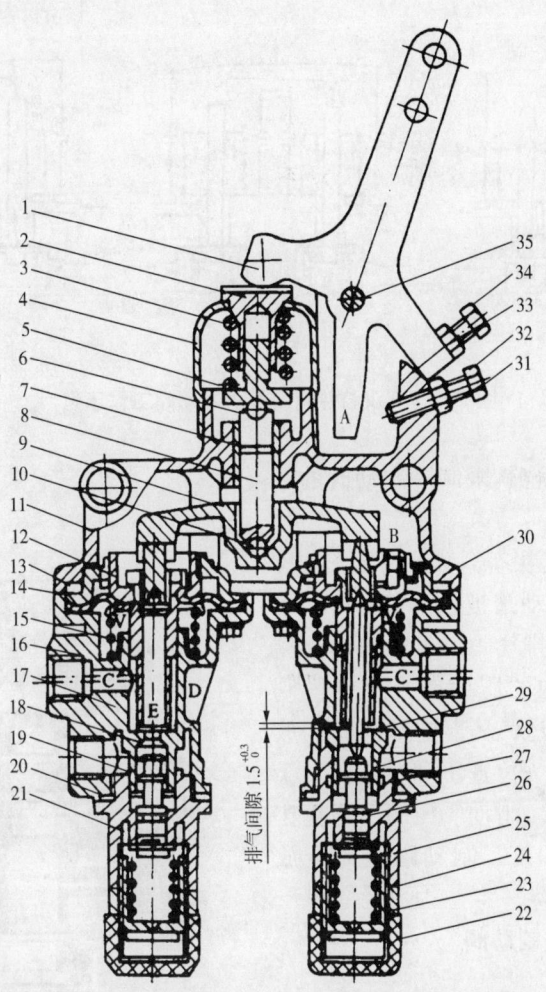

1—拉臂 2—平衡弹簧上座 3—平衡弹簧 4—防尘罩 5—平衡弹簧下座 6—钢球 7—密封圈 8—推杆 9—平衡臂 10—钢球 11—上体 12—压紧环 13—密封垫 14—钢垫 15—膜片回位弹簧 16—挺杆总成 17—下体 18—阀门总成 19—阀门回位弹簧 20—密封垫 21—柱塞座总成 22—塑料罩 23—锁紧螺母 24—调整螺栓 25—调整弹簧 26、27—密封圈 28—柱塞 29—推杆 30—膜片 31、33—锁紧螺母 32、34—调整螺钉 35—拉臂轴 A—拉臂限位块 B—排气口 C—节流孔进气阀口 E—排气阀口 V—平衡腔

图 7-16 东风汽车双腔并列膜片式制动阀

压缩空气经节流孔 C 进入平衡腔 V，推动膜片挺杆总成上行，通过平衡臂、挺杆使平衡弹簧下座上行，平衡弹簧被压缩，阀门将进气阀口和排气阀口同时关闭，并处于平衡状态，压缩空气保留在制动气室中。

输送至制动气室的压缩空气量的多少，将取决于制动踏板踩下的程度（亦即平衡弹簧被压缩的程度）。随着制动踏板下踩，制动气压成比例随动上升，以此控制汽车的制动强度。制动踏板踩至一定程度，拉臂的限位块 A 抵在限位调整螺钉上，限制了平衡

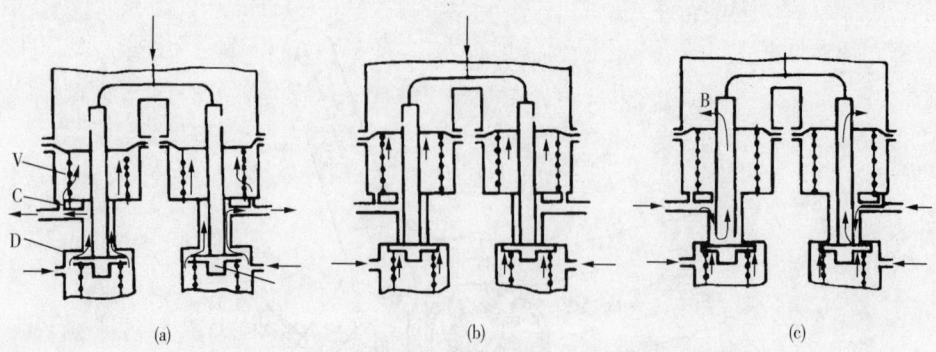

图 7-17 双腔并列膜片式制动阀工作示意

弹簧的最大变形量,也就限制了制动阀的最大制动输出气压。

3)解除制动排气状态。如图 7-17(c)所示。驾驶人松开制动踏板,拉臂回行,平衡弹簧作用下上行,排气阀口 E 被打开,制动气室及制动管路内的压缩空气经排气阀口,穿过挺杆内孔通道,从上体排气口 B 放出。当踏板放松到某一位置不动时,又处于双门关闭的平衡状态。制动气压的下降正比于制动踏板松动的程度,制动踏板完全放松,制动作用完全解除。

2. 行车制动串联制动阀

(1)结构特点

EQ2102、EQ1108G6D、EQ1141G2 车型串联制动阀如图 7-18 所示。

串联制动阀分上、下两腔室。由(中)后制动储气筒来气接 11 口,由前制动储气筒来气接 12 接口。上腔出气口 21 向(中)后制动感载阀提供制动信号气压,22 接口接前气制动缸。

(2)工作原理

制动时,制动踏板通过一套连接杠杆使串联制动阀顶杆 a 向下移动,通过橡胶弹簧 b 迫使活塞 c 克服回位弹簧力向下移动,当活塞 c 与阀杆 e 接触时关闭排气口 d,继续下移将迫使阀杆 e 随之下移打开进气口 i,由储气筒来的气通过 21 接口输出到感载阀,

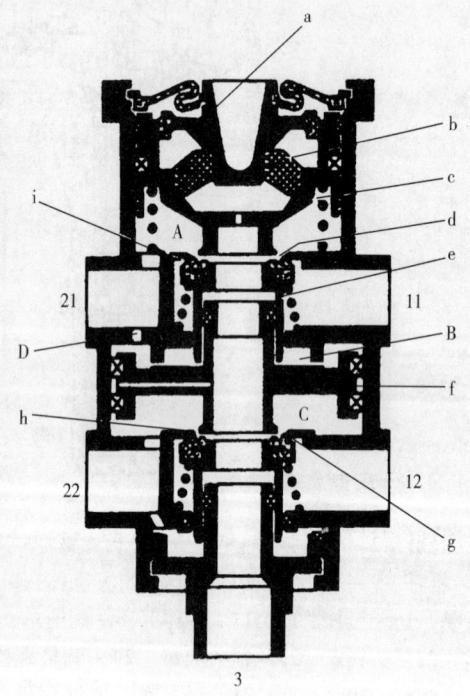

11-(中)后制动储气筒来气接口 12-前制动储气筒来气接口 21-上腔出气口 22-前气制动缸接口 3-排气口 a-串联制动阀顶杆 b-橡胶弹簧 c-活塞 d-排气口 e-阀杆 f-活塞 g-进气口 h-排气口 i-进气口 B-空气腔 D-回路气压小孔

图 7-18 串联制动阀结构

从而实现(中)后桥制动。在进气口打开向制动回路充气时，回路气压同时作用在活塞c上，当气压向上顶活塞的力与橡胶弹簧预压力相等时，活塞开始向上回升到进气口i关闭的平衡状态。制动踏板行程越大，弹簧预压紧力越大，从而输出到制动回路的气压越大，这种制动气压随踏板行程成一定比例关系变化的特性也称为随动性。

当上腔动作的同时，回路气压通过小孔D和B腔作用在活塞f上，迫使活塞下移首先关闭排气口h，进而打开进气口g，来自前制动储气筒的气经12和进气口g通过出气口22向前制动回路充气产生前制动。这样，回路气压又作用在活塞j下面，当前制动回路气压上升到B腔气压相等时，活塞f回升，关闭进气口使制动回路气压不再升高，产生一个与(中)后桥制动同步的气压。下腔输出气压与上腔输出气压有一定的比例关系同步增减。

双回路主制动阀必须保证某一回路失效时不影响另一回路正常工作。见图7-18，由于串联制动阀下腔是由上腔来控制的，因而下腔工作失效显然不影响上腔第1回路的工作。如果第1回路失效，例如出口21断、漏，当顶杆a下移打开进气门i时，接口21建立不起气压，从而B腔也没有气压信号，但顶杆推动活塞c以及阀杆e继续下行使阀杆与活塞杆f间隙消除之后，顶杆的下移会直接推动活塞f下移，从而打开下腔进气口实现第2回路制动。此时的平衡关系将是第2回路制动气压作用在活塞f向上的力与橡胶弹簧力之间产生。

制动解除时，作用在顶杆上的力消除，橡胶弹簧压力消失，活塞c在回位弹簧和回路气压的作用之下上行，首先关闭进气口i，进而打开排气口d，感载阀的输入气压经21口和排气口3放空，继动阀的控制气压经感载阀放空，气制动缸的气压经继动阀放空，(中)后桥制动解除。与此同时，串联制动阀下腔在回路气压作用下使活塞f上行，关闭进气口g，打开排气口h，前气制动缸气压经22口和排气口3放空，前制动解除。

3. 行车制动快放阀

(1) 结构特点

储气筒和制动气室二者一般是只通过制动阀用管路连接的。这样，储气筒向制动气室充气以及制动气室内压缩空气排入大气，都必须迂回流经制动阀。在储气筒、制动气室都与制动阀相距较远的情况下，这种迂回充气和排气将导致制动和解除制动的滞后时间过长，不利于汽车的及时制动和制动过后的及时加速。

在制动阀到制动气室的管路上靠近制动气室处，设置如图7-19所示的快放阀，可以保证解除制动时制动气室迅速排气。

(2) 工作原理

快放阀的进气口通向制动阀，两出气口可分别通向左右两侧制动室。制动时踩下制动踏板，压缩空气从脚制动阀流向连接口，如图7-19(a)以压迫膜片，膜片关闭排气口，如图7-19(c)，继而压缩空气流过膜片，经两个连接口，如图7-19(b)流至制动轮缸。

制动解除时，松开制动踏板，连接口如图7-19(a)压力下降(压缩空气由脚制动阀排出)。来自制动轮缸的压力把膜片压向连接口，如图7-19(a)的接口，以打开排气

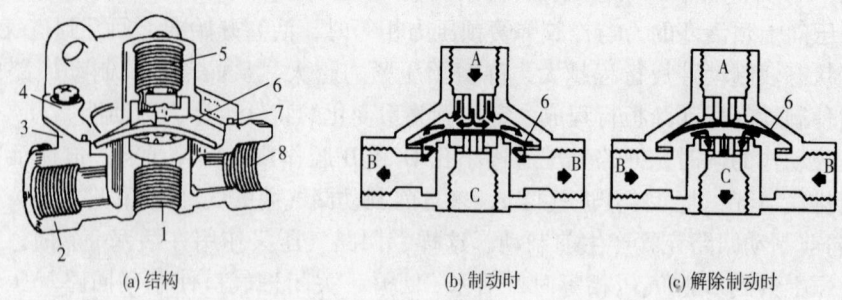

(a) 结构　　　　(b) 制动时　　　　(c) 解除制动时

1—排气口　2—左制动轮缸连接口　3—壳体　4—罩盖　5—行车制动阀连接口
6—膜片　7—橡胶圈　8—右制动轮缸连接口

图 7-19　快放阀

口,如图 7-19(c),由两连接口如图 7-19(b)排空制动轮缸中的空气。

4. 行车制动继动阀

（1）结构特点

由于汽车制动阀距后轮制动较远,在制动时,后轮制动反应时间较长,制动力增长缓慢,为了改善后轮制动性能,在储气筒与制动室之间装置了继动阀。制动时,来自制动阀的少量压缩空气使继动阀的进气阀开启,使储气筒的压缩空气不经过制动阀,而直接通过继动阀进入制动气室。解除制动时,制动室中的压缩空气通过继动阀直接排入大气,它既可缩短制动反应时间,又可迅速解除制动。

继动阀的结构如图 7-20 所示。

（2）工作原理

继动阀的工作情况见图 7-21 所示。当踏下制动踏板时,从制动阀上腔来的压缩空气进入 A 腔,在气压作用下,活塞向下移动,消除活塞下端一阀门上平面之间的排气间隙而推开阀门,此时从储气筒来的压缩空气经阀门与下壳体阀口之间的进气间隙进入 B 腔,而被输送到制动室,使后轮制动。

当放松制动踏板时,A 腔的空气经制动阀排出,活塞在气压及回动弹簧的作用下向上移动,阀门在回动弹簧的作用下随之上升与下壳体的阀口接触,关闭储气筒与制动室的通路,活塞继续上移,其下端与阀门间形成排气间隙,制动室内的空气经排气间隙和排气阀排出,使后轮制动解除。

5. 行车制动感载阀

（1）结构特点

感载阀的作用是随着(中)后桥载荷的变化改变其输入气压与输出气压比值,从而满足不同载荷对制动强度(制动气压)的不同需要,以达到改善制动效果的目的。EQ1141G2 车型制动系统装有感载阀。

图 7-22 所示为 EQ1141G2 车型感载阀的工作原理。图 7-23 为感载阀操纵机构。

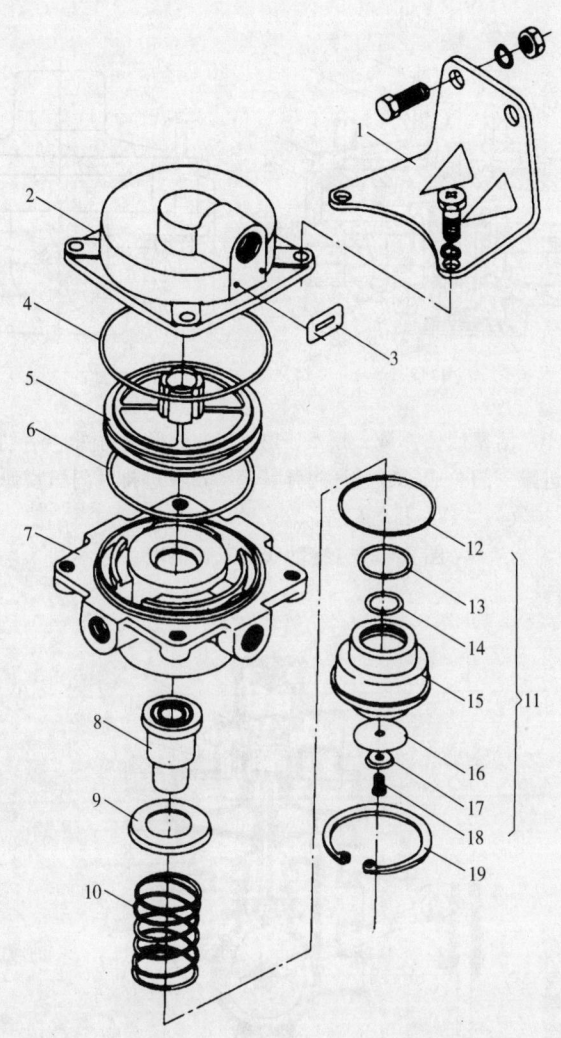

1-支架 2-阀盖 3-铭牌 4、6、12、13、14-O形密封圈 5-活塞 7-阀体 8-进排气门总成 9-弹簧座 10-进排气门压紧弹簧 11-进排气门导向套总成 15-导向套 16-防尘挡圈 17-垫片 18-螺钉 19-孔用弹性挡圈

图7-20 继动阀的结构

(2) 工作原理

感载阀固定在车架上,与设置在后桥上的固定点用钢丝绳连接。在空载情况下,车桥与感载阀之间的距离为最大,摆杆 j 处于最低位置。如果汽车装载,则此距离减小,摆杆 j 将由空载位置向满载位置方向运动。经过摆杆向控制的凸轮 i 转动,使阀门挺杆 g 运动到与当时的负载情况相应的位置。

由主车制动阀所调制压缩空气经接口4流入 A 腔,并加载于活塞 b 上,活塞 b 将向下运动,关闭排气阀 d,打开进气阀 m,接口4流入的经调制的压力到达膜片 e 下方的 C 腔,加载于继动活塞 f 的有效作用面积。同时,压缩空气经开启的阀 a 以及通道 E

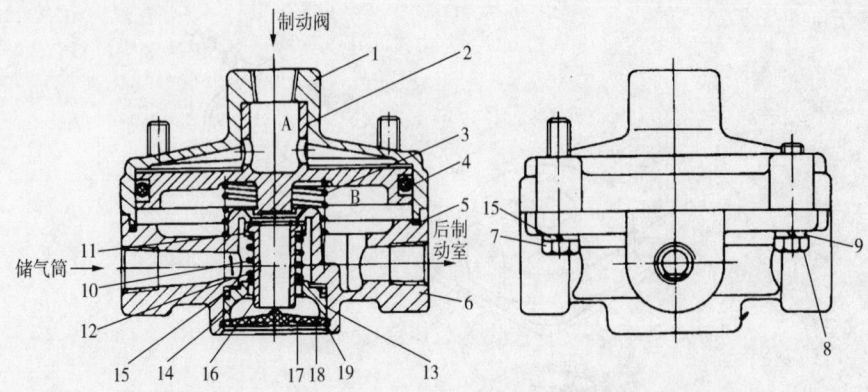

1-上盖 2-活塞 3-活塞回位弹簧 4、5、14、15-O形密封圈 6-壳体 7、8-螺栓 9-弹簧垫圈 10-进排气门总成 11-气门弹簧座 12-进排气门压紧弹簧 13-气门座 16、19-挡圈 17-排气门 18-排气门座

图7-21 继动阀的工作情况

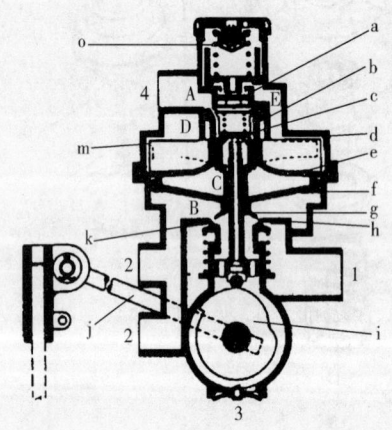

a-阀 b-活塞 c-扇形片 d-排气阀 e-膜片 f-继动活塞 g-阀门挺杆 h-排气阀门 i-凸轮 j-摆杆 k-进气阀门 m-进气阀 o-弹簧 A、B、C、D、E-腔室 1、2、3、4-接口

图7-22 感载阀工作原理

流入D腔并作用在膜片e的上面。通过这种预调节,低控制压力下(最大80 kPa)的部分载荷范围内的感载比得以提高,当控制压力继续增大时,活塞b将克服弹簧的力向上运动,阀门a关闭。由于在C腔中建立的压力,继动活塞f将向下运动,排气阀门h关闭,进气阀门k开启,接口1处的蓄压经过进气阀门k流入B腔并经过接口2到达压缩空气制动缸。同时,在B腔中建立一个压力并作用在继动活塞f的底面上。当此压力大于C腔中的压力,继动活塞f即向上运动,进气阀门k关闭。

膜片e当活塞b向下运动时,靠在扇形活塞片上,当C腔中作用在膜片底面的力

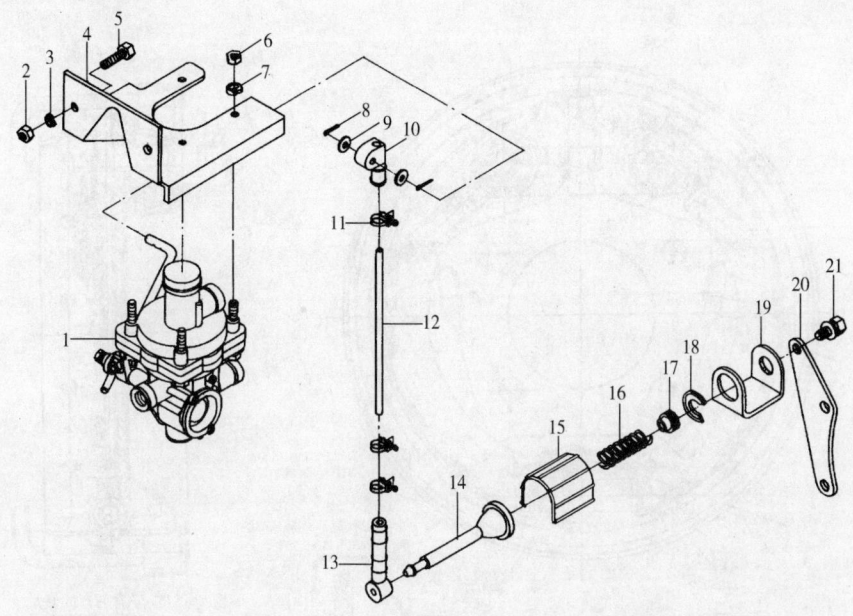

1-感载阀总成 2、6-螺母 3-弹簧垫圈 4-支架 5-螺栓 7-弹簧垫圈 8-开口销 9-垫圈 10、13-接头 11-双钢丝式环箍 12-传动杆 14-传动臂座总成 15-外罩 16-缓冲弹簧 17-弹簧座 18-外罩固定座 19-底座 20-支架 21-组合螺栓

图7-23 感载阀操纵机构

等于活塞上的作用力,则活塞马上向上运动,进气阀关闭,达到一平衡位置。

阀门挺杆g的位置(取决于摆杆j的位置)对于调节制动压力来说是决定性的。带扇形片c的活塞b在阀门开始工作之前,必须下行一段与阀门挺杆g位置相应的行程。通过这段行程,膜片e的有效面积发生改变。在满载位置下,接口4的输入控制压力以1:1的比例进入C腔,在C腔中,继动活塞f受压力冲击,活塞f使进气阀门k保持常开,输入控制压力不产生任何调节。

三、驻车制动部分组成与结构特点

1. 自动增力鼓式驻车制动器

(1)结构特点

解放牌汽车采用的驻车制动器为自动增力鼓式,结构见图7-24所示,机械式操纵机构见图7-25所示。驻车制动器仅供驻车和遇有紧急情况时使用。

使用驻车制动器时,只要把驻车制动操纵杆向后拉动,棘爪移动5~8个齿即可把车刹住。放松制动时,需向后稍微拉动操纵杆,同时按动手柄,再向前推操纵杆即可。

(2)工作原理

制动时,驻车制动器总成内的工作情况如图7-24所示。当驾驶人拉动驻车制动操纵杆时,通过一套传动机构,使凸轮逆时针方向转动。凸轮的左上端推动左蹄片,右下端推动右蹄片,两蹄片皆压向驻车制动鼓。由于凸轮是浮动的,在汽车前进和下坡

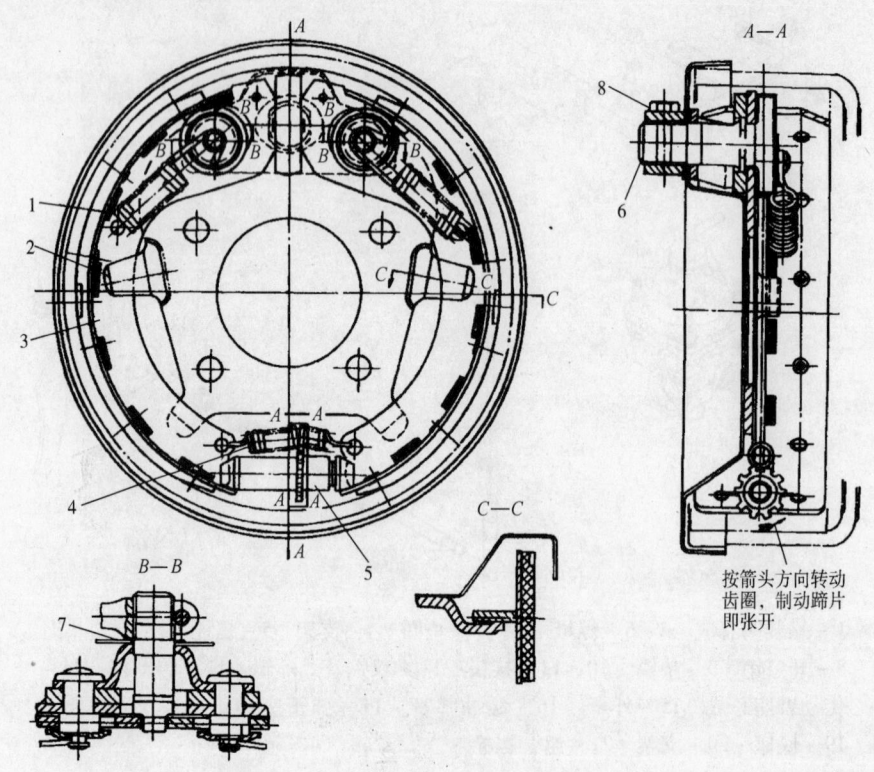

1-回动弹簧 2-底板 3-蹄片 4-连接弹簧 5-间隙调整器 6-凸轮 7-弹簧片 8-紧固拉臂用螺栓

图7-24 驻车制动器

制动时,则左蹄片在驻车制动鼓转动的摩擦力带动下,通过间隙调整器,对右蹄片施加一个比凸轮对左蹄片更大的推力,右蹄片也沿驻车制动鼓表面逆时针方向转动,直到其蹄片腹板上端的梨形孔小圆面顶靠到固定在底板上的蹄片轴为止,从而产生制动作用。由于左蹄片为领蹄,右蹄片为自动增力蹄。

在汽车倒退和上坡制动时,左、右蹄片的作用则相反。

2. 驻车制动手控阀

EQ1108G6D采用作用于传动机构的机械操纵鼓式中央制动器,EQ2100E6D、EQ2102采用由手控阀控制、弹簧气室操纵的中央鼓式制动器。EQ1141G2采用由手控阀控制、弹簧气室作用于后桥车轮制动器。

(1)EQ2100E6D、EQ2102车型手控阀

1)结构特点。EQ2100E6D、EQ2102车型手控阀见图7-26所示。

2)工作原理。当手控阀操纵杆处于"行车位置"时凸轮向下,推动推杆下行将排气阀压下,从而封闭排气口,压缩空气经打开的进气口进入弹簧气室,解除驻车制动。

当手控阀操纵杆向"驻车位置"移动时,凸轮逆时针转动,弹簧压力解除,排气阀上行将进气通道封死,原弹簧气室的压缩空气经打开的排气口排出,驻车制动实施。

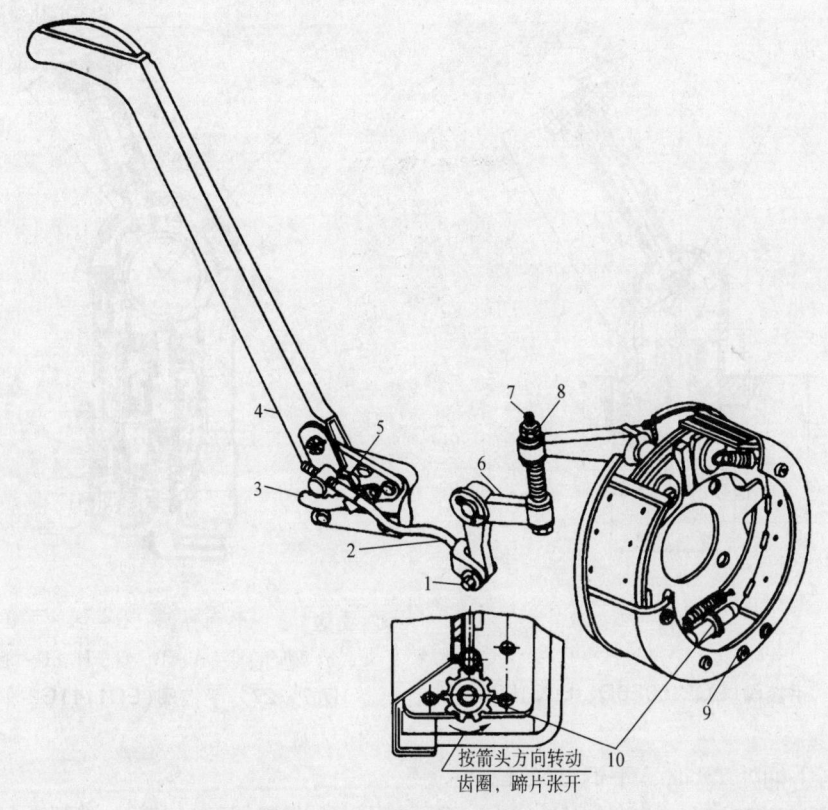

1—平头销 2—传动杆 3—齿板 4—操纵杆 5—棘爪 6—摇臂
7—拉杆 8—拉杆锁紧螺母 9—密封圈 10—齿圈

图7-25 驻车制动器操纵机构

(2) EQ1141G2车型手控阀

1) 结构特点。EQ1141G2车采用装于后桥的弹簧制动气室,通过手控阀来操纵。手控阀如图7-27所示。

2) 工作原理。当手柄处于0°~10°范围内时,汽车的停车制动全部解除,处于行车状态;当手柄处于73°锁止位置时,汽车处于完全制动状态;当手柄处于82°检查位置时,牵引车停车制动处于完全制动状态,但挂车处于完全解除制动状态。

当手柄从73°向0°位置运动时,手柄凸轮向下推动大活塞Ⅱ,压下平衡弹簧g,推动活塞b下移,排气阀门d关闭,进气阀门e全开,附加阀的进气阀门c打开,F腔内压缩空气进入A腔,而后分成两路,一路经21口进入弹簧制动气解除牵引车驻车制动;一路经22口进入挂车制动阀,解除挂车驻车制动。当手柄处于0°~10°范围内时,汽车驻车制动处于完全解除状态。

当手柄从0°向55°和73°运动时,大活塞Ⅱ、平衡弹簧已平衡活塞b向上运动,排气阀门d打开,进气阀门e关闭,附加阀进气阀c关闭。21口和22口的输出气压随手柄转角的增加而呈线性下降为零,当手柄处于55°~73°范围时,整个汽车处于全制动

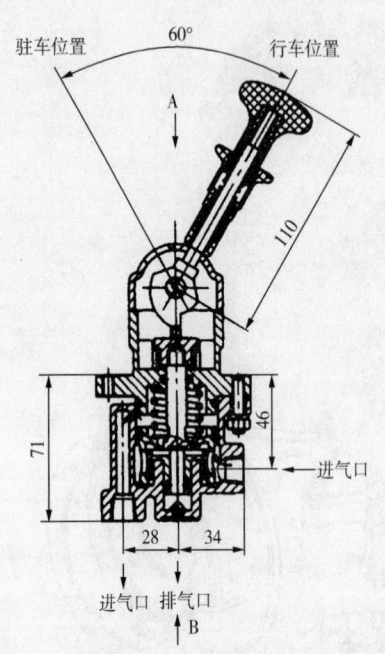

图7-26 手控阀(EQ2100E6D、EQ2102车型)

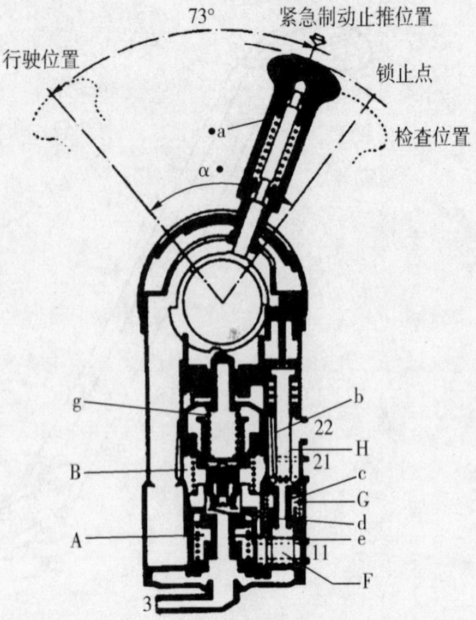

a-手柄 g-平衡弹簧 b-活塞 d-排气阀
c、e-进气阀 A、B、G、H、F-腔室

图7-27 手控阀(EQ1141G2车型)

状态。当手柄处73°时,手柄被锁死。

当手柄从73°到达82°检查位置时,附加阀门的进气阀门c打开,解除了挂车的制动作用,这时可检查汽车是否可以只在牵引的驻车制动作用下具有停坡能力。放松手柄时,手柄又自动回到停车制动锁止位置。

3. 弹簧制动气室

(1)结构特点

EQ1141G2、EQ2100E6D和EQ2102车(中)后桥采用弹簧制动气室,结构与原理见图7-28所示。

(2)工作原理

行车制动时,由脚制动阀来的压缩空气经接口11进入A腔,作用在膜片d上,并压缩弹簧c将活塞a推出,作用在膜片d上的力通过推杆b作用于制动臂上,对车轮产生制动力矩。

驻车制动及辅助制动时,手制动阀使B腔的压缩空气经接口12完全或部分地释放其能量,通过活塞e、推杆h、推杆b以及制动臂,在车轮上产生制动力矩。

拧出放松螺栓g可将驻车制动部分机械放松,用于在无压缩空气的情况下,手动解除制动。

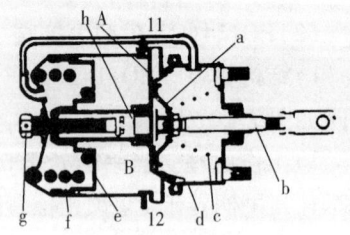

a-活塞 b-推杆 c-弹簧 d-膜片 e-活塞 f-壳体 g-螺栓 h-推杆 11、12-接口

图7-28 弹簧制动气室结构与原理

4. 驻车制动双向阀

由于 EQ1141G2 车后桥的弹簧制动气室的容量较大，为迅速使制动起作用，在回路中设置了快放阀，为防止弹簧制动下行车制动同时作用而导致制动器载荷过大，在每个制动管路上设置了双向阀，如果在手控阀处于停车制动位置，又踏下脚制动踏板时，制动阀输出的气压一方面产生行车制动，另一方面解除弹簧制动，达到防止制动器过载的目的。

四、车轮制动器部分组成与结构特点

车轮制动器包括：制动器、制动气室、制动调整臂 3 部分。

1. 车轮制动器

车轮制动器有前轮制动器及后轮制动器两种，结构相同，只是具体尺寸有别。前轮制动器如图 7－29，后轮制动器如图 7－30。

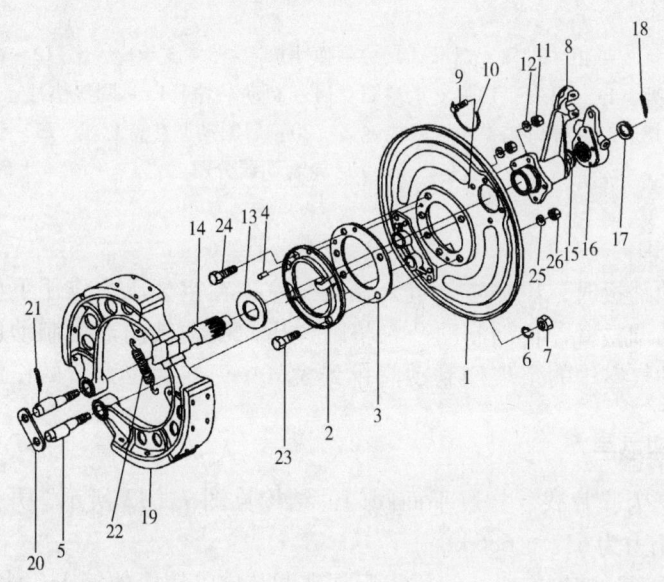

1－制动盘　2－挡油盘　3－密封垫片　4－铆钉　5－支承销　6、12、25－弹簧垫圈　7、11、26－螺母　8－支架　9、23、24　螺栓　10－钢丝锁线　13－支承垫圈　14－制动凸轮　15－调整垫片　16－制动调整臂总成　17－垫圈　18、21－开口销　19－制动蹄片　20－垫板　22－回位弹簧

图 7－29　前轮制动器分解

2. 制动气室

（1）结构特点

制动气室为长箍夹紧膜片式，见图 7－31。前制动气室有效面积为 90 cm^2，后制动气室有效面积为 113 cm^2。制动气室由两个具有梯形断面的长箍将冲压外壳、盖和夹布橡胶膜片紧固在一起。当在自由状态时，膜片与盖紧贴，膜片的另一面与推杆的圆盘相接触，推杆的另一端有一连接叉，用以连接制动凸轮调整臂。

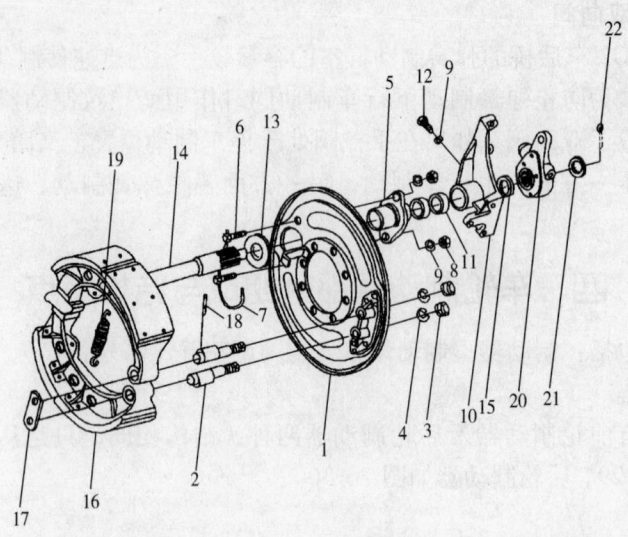

1-制动盘 2-支承销 3、8-螺母 4、9-弹性垫圈 5-支承座 6、12-螺栓 7-钢丝锁线 10-支架 11-衬套 13-支承垫圈 14-制动凸轮 15-调整垫片 16-制动蹄片 17-垫板 18、22-开口销 19-回位弹簧 20-后制动调整臂总成 21-垫圈

图7-30 后轮制动器分解

(2) 工作原理

当踩下制动踏板时,压缩空气进入制动气室,在空气压力作用下使膜片变形,推动推杆,并带动调整臂,转动制动凸轮将蹄片压向制动鼓而产生制动作用。当放松制动踏板时,制动气室中的空气经制动阀排到大气中,在回位弹簧的作用下,推杆和膜片恢复原状态。

3. 气压调节器

气压调节器为膜片式、橡胶平面阀门,结构见图7-32所示,开启压力为784~833 kPa,关闭压力为637~686 kPa。

气压调节器通过控制空气压缩机松压阀来调节储气筒内的气压,使之保持在637~833 kPa范围内。当储气筒内气压升高到784~833 kPa时,膜片4带动心杆5上升,回位弹簧7把阀门顶起,将大气通孔关闭,此时储气筒内的压缩空气通过心杆通道进入空气压缩机,使空气压缩机松压阀起作用。

当储气压降至637~686 kPa时,平衡弹簧3推动膜片下移,心杆下端与膜片总成接触,心杆通道关闭,切断储气筒到空气压缩机的通道,松压阀即关闭。

4. 制动调整臂结构特点

制动调整臂为蜗轮蜗杆结构,分解见图7-33所示。

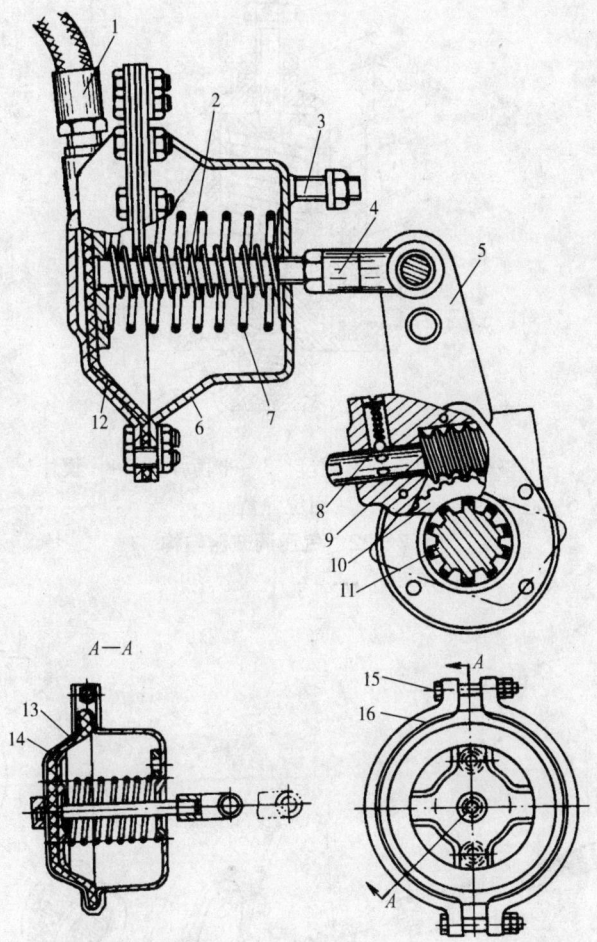

1—气管接头 2—推杆 3—固定螺栓 4—推杆连接头 5—凸轮轴调整臂 6—壳体 7—膜片弹簧 8—调整蜗杆锁球 9—调整蜗杆 10—蜗轮 11—凸轮轴 12—膜片 13—盖 14—制动室膜片 15—紧固螺栓 16—卡箍

图7-31 膜片式制动气室

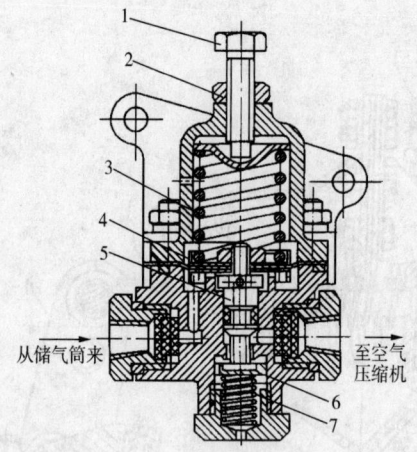

1-调整螺钉 2-锁紧螺母 3-平衡弹簧 4-膜片
5-心杆 6-阀门 7-回位弹簧

图7-32 气压调节器结构

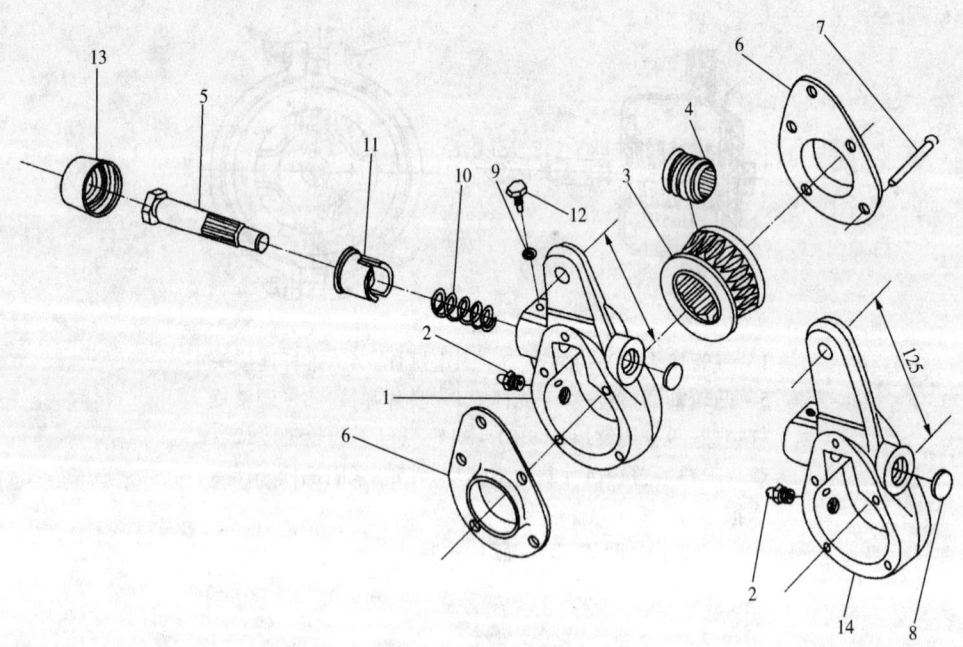

1-前调整臂外壳 2-润滑脂加注嘴 3-蜗轮 4-蜗杆 5-蜗杆轴 6-外壳盖 7-铆钉 8-堵塞 9-弹簧垫圈 10-弹簧 11-锁止套 12-限位螺钉 13-防尘罩 14-后制动臂外壳

图7-33 制动调整臂

五、挂车制动部分组成与结构特点

1. 挂车制动阀

挂车制动阀为橡胶膜片式,安装在主车上,有 3 个通气孔:一个接储气筒,一个接制动阀,一个接分离开关(见图 7-34)。功用是用来连接挂车制动管路。

在汽车制动时,从制动阀来的压缩空气进入挂车制动阀下气室 B 腔,作用在膜片上,压缩平衡弹簧使心杆下移,在阀门弹簧的作用下,阀门与上壳体接触,关闭湿储气筒的进气通道,切断气源;心杆继续下移,与阀门脱开,使通向分离开关的通气口经心杆中的通道与大气相通,因此挂车制动阀至分离开关空气管中的压缩空气被迅速排出。此时挂车分配阀因断气而起作用,使挂车储气筒中的压缩空气进入挂车制动气室而起制动作用。

在解除制动时(放松制动踏板),来自制动阀的压缩空气被排入大气,膜片在平衡弹簧的作用下带动心杆上移,心杆接触阀门,关闭心杆中的通道。心杆继续上移顶起阀门,使来自储气筒的压缩空气经上气室 A 腔、分离开关、挂车分配阀而向挂车储气筒供气。

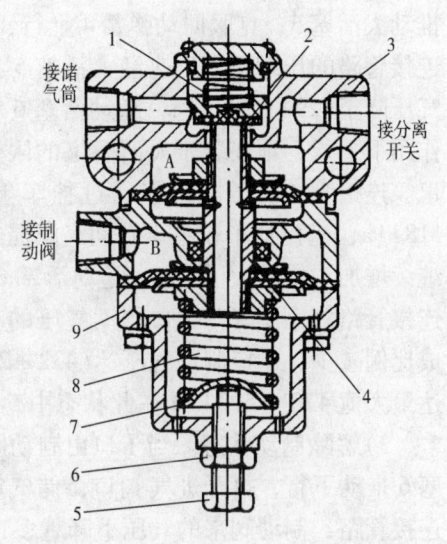

1—阀门弹簧 2—阀门 3—上壳体
4—心杆 5—调整螺母钉 6—锁紧螺母
7—弹簧座 8—平衡弹簧 9—下壳体
图 7-34 挂车制动阀

2. 单管路断气制动

(1) 单管路断气制动系统组成

EQ2100E6D 为单管路断气制动系统。它由制动阀前腔、制动阀后腔、双向阀、前回路储气筒、挂车制动阀(挂车分配阀)、分离开关、连接头组成。

由于它可使挂车较主车制动气压提前施压 68.6 kPa,而且随着制动气压的增加,提前量逐渐减少为零的特性,对汽车的制动稳定性甚为有利,且结构简单,质量轻,体积小,调整方便。

在正常行驶(不制动)情况下,前回路储气筒通过挂车制动阀等向挂车储气筒供气。制动时,来自双腔制动阀两腔的输出气压经过双向阀的选择,把气压较高的那一腔的压缩空气输给并作用于挂车制动阀后,连通管路(挂车制动阀至挂车分配阀之间的连接管路)中的压缩空气即由挂车制动阀排气口释放,释放后的气压作用于挂车分配阀上,使挂车产生制动,当主车某一回路失效时,双向阀可保证另一回路的制动气压仍能控制挂车制动,从而提高了安全性。

(2) 单管路挂车制动阀工作原理

1) 未制动充气状态。前储气筒来的压缩空气进入Ⅱ入口,经进气阀口 B,接通口

Ⅲ（连接接头到分配阀），并通过主、挂车连接管路，经挂车分配阀向挂车储气筒充气，当气压达到471～520kPa时，平衡活塞16下行关闭进口，保持主、挂车连接管路和挂车储气筒压力为上述规定值。

2）制动状态。制动阀输出气压经双向阀至Ⅰ口，当制动气压达到49～69kPa时，推动大活塞5，克服回动弹簧4上行，排气阀口A打开，进气阀口B仍关闭，主、挂车连接管路的压缩空气迅速经大活塞5内孔道从上体排气口排出，当主、挂车连接管路气压降至(294±20)kPa，随动活塞6在主车储气筒气压与主、挂车连接管路气压差的作用下下行，顶在装于大活塞上的限位螺母的座垫7上，使大活塞也下行，关闭排气口。连接管路气压陡降，通过挂车上分配阀的作用，使挂车制动气室气压为98～118kPa，满足挂车较主车制动气压提前施压49～69kPa。Ⅰ口由制动阀来的制动气压继续增加，推动大活塞5，随动活塞6又上行，打开排气口，连接管道气压继续下降。连接管路气压下降与Ⅰ口制动气压的上升量成反比例，挂车对主车的制动气压提前量成比例减少，Ⅰ口制动气压达(432±20)kPa时，连接管路气压降为零，挂车制动气压达最大值470～520kPa在此状态中，进气阀口一直关闭。

3）解除制动状态。当Ⅰ口由制动阀来的气压下降时，大活塞被回动弹簧4、随动活塞6推动下行，打开进气阀口，储气筒来的压缩空气经Ⅱ口、进气阀口进入主、挂车连接管路，制动阀来的气压下降越多，连接管路充入气压越高，制动气压降为零，主、挂车连接管路气压如前述充气状态，重新充至470～520kPa。

(3) 单管路保护阀

1）结构特点。单向阀的作用是防止气体倒流，单向阀的结构见图7-35所示。

2）工作原理。压缩空气由进气口1进入A腔，当气压升至开启气压值时，顶起膜片3，气压通过B通道和单向阀7从输出口2输出。当输出口2后面的管路泄漏时，A腔气压随着下降，降到关闭气压值时，膜片3在弹簧5的作用下关闭阀口，使进气口1前的管路保持一定的气压值。

单管路保护阀用于汽车主车制动系统中，当挂车制动管路发生漏气时，仍能够使主车制动系气源保持380～450kPa的制动气压。

单管路保护阀的额定工作气压为(800±50)kPa，工作温度为-30℃～+70℃，静关闭气压≥380kPa，开启气压≤450kPa。

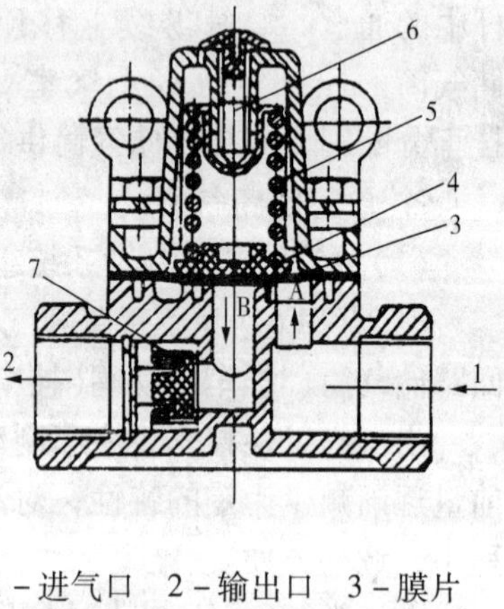

1—进气口　2—输出口　3—膜片
4—膜片夹盘　5—调压弹簧
6—调整螺钉　7—单向阀
图7-35 单向阀

3. 双管路充气制动

(1) 双管路充气制动优点

EQ2102采用双管路充气制动，充气制动较断气制动有以下优点：

1）主、挂车制动无论是在制动时间，制动气压上完全同步和基本同步，提高了行车制动的可控性和制动稳定性。

2)充气制动系统主车储气筒向挂车储气筒充气,保持了车辆连续制动后,突然紧急制动的制动效能。

3)当主车与挂车连接管路断裂或漏气时,挂车能自行制动,主车制动能满足其应急制动效能。

(2)双管路挂车制动阀结构特点

双管路挂车制动阀的结构原理如图7-36所示。

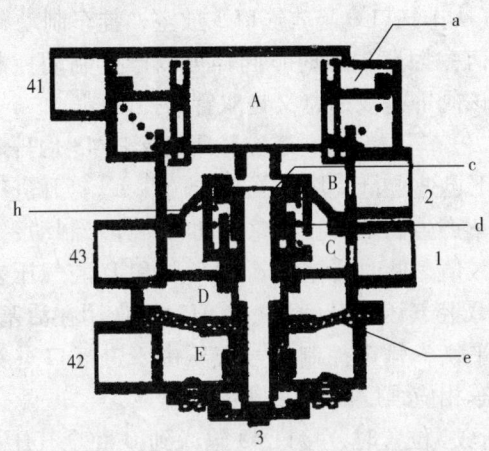

1-接挂车充气管线接口 2-接挂车制动控制管线口 3-放气口 41-接制动阀上腔口 42-制动阀下腔口 43-接停车制动阀口 a-活塞 c-排气门 d-活塞体 h-进气门 e-膜片
A、B、C、D、E-腔室

图7-36 挂车制动阀原理

(3)双管路挂车制动阀工作原理

双管路挂车制动控制阀安装在主车上,其主要作用是主车通过它持续不断地向挂车充气。无论是主车前制动、(中)后制动还是停车制动,只要其中一个或全部动作,制动阀都向挂车制动阀输出一个制动信号,使挂车产生相应强度的制动。当制动控制管线断、漏时,它同样能使挂车与主车同步产生制动。

无论是在正常行驶,还是在制动状态,前桥储气筒总是经由接口1输入到C腔,再由2接口和充气管线向挂车储气筒充气。

在汽车正常行驶时,来自停车制动阀的全气压经接口43进入D腔,该气压作用在膜片e与充气气压在C腔作用在活塞d上的力平衡(活塞有效面积与膜片有效面积相同)。

当制动阀动作时,来自(中)后制动回路的气压信号经接口41通向A腔,使活塞a下行,同时来自前制动回路的气压信号经接口42通向E腔作用在膜片e的下面,从而使活塞体d打破平衡状态而上行。活塞a下行和活塞体上行的结果,首先将排气口c封闭,进而将进气阀顶开打开进气口h,如此C腔的气经进气口通向B腔,经接口2输出,当这一输出的制动控制信号气压达到主制动信号气压值时,B腔气压对活塞a的作用力与 A 腔制动信号气压对活塞 a 的作用力以及弹簧力相平衡、B 腔气压对活塞体 d 的作用力与 E 腔制动信号气压对膜片 e 的作用力相平衡,此时活塞体下行、活塞 a 上行,进气口 f 重新关闭,使输出给挂车的制动信号气压不再增加,从而使挂车产生与主车同等强度的制动。

主车制动阀解除制动时,A 腔与 E 腔制动信号气压经制动阀放空,活塞 a 在 B 腔气压与回位弹簧作用下上行,活塞体 d 在 B 腔气压作用下下行,从而迅速打开排气口 c,挂车制动控制管线气从排气口 c 与放气口 3 放空,挂车制动解除。

双回路主制动阀任何一回路失效时,同样可以产生制动控制信号气压输出。因此对于主制动系统而言,该阀即是双回路又是双管路控制阀。

当停车制动手柄置"停车"位置时,D 腔气压经接口 43 由停车制动阀放空,活塞体 d 在 C 腔充气气压作用下迅速上行,从而关闭排气口 c、打开进气口 h,通过接口 22 输出全压制动信号,使挂车产生制动。在应急制动时,停车制动手柄置某一需要位置,D 腔气压则相应降至某一数值,此时活塞体 d 在 C 腔和 D 腔气压差作用下上行,关闭排气口、打开进气口,当 B 腔气压上升到某一数值时,作用在活塞体 d 上的力与 C 腔、D 腔压差作用其上的力相平衡,输出控制信号气压由于进气口重新关闭而不再增大,从而使挂车产生一个与主车相应强度的应急制动。

当停车制动阀置"行驶"位置时,接口 43 输入到 D 腔全气压,使活塞体 d 下行,关闭进气口、打开排气口,使挂车控制信号气压放空,挂车制动解除。

4. 分离开关

(1) 结构特点

分离开关起往挂车制动系统送气的开关作用。分离开关的结构原理见图 7-37 所示。

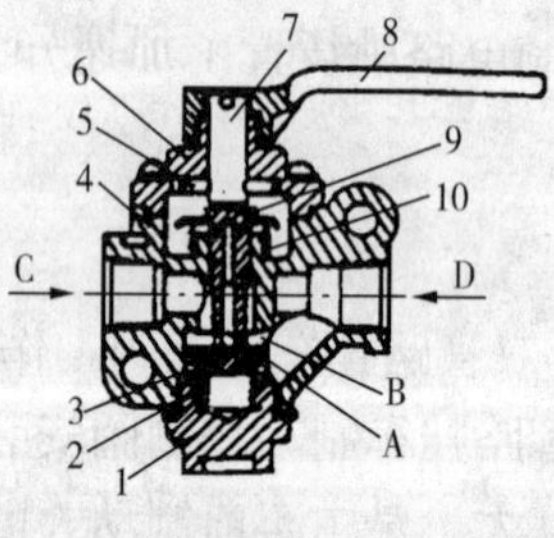

(2) 工作原理

当手柄 8 转到纵向位置时,轴 7 沿上盖 6 上轴销 5 的弧形轨道被强制下移,压下心杆 9,顶开橡胶阀门 3,心杆端头的排气阀口 A 关闭,进气阀口 B 打开。

当手柄转到横向位置(手柄与阀体垂直),进气阀口 B 关闭,排气阀口 A 打开,主、挂车连结管路的压缩空气从排气阀口沿心杆至上部(盖 6 与本体 4 所形成的空腔)排出。

1—底盖　2—阀座弹簧　3—阀门
4—本体　5—轴销　6—盖　7—轴
8—手柄　9—心杆　10—回动弹簧
A—排气阀口　B—进气阀口　C—接连接头　D—接复合制动阀

图 7-37　分离开关

在使用过程中,如手柄运动不灵活,可将上盖 6 拆下,将轴 7 及轴销 5 的污锈在煤油中仔细清洗干净,并在轴及轴销的表面上涂上一层石墨润滑脂。

解体维护时应检查阀门 3 的工作情况,如有较深的凹痕影响密封性时,需更换阀门。

5. 挂车连接头

双回路制动系统汽车采用了国际通用标准的挂车连接头装于分离开关后，用作连接汽车与挂车的空气管路。挂车连接头的结构见图7-38所示。

这种挂车连接头由防尘盖、橡胶接口座和本体、盖板组成，两个同样的连接头，向侧面推开防尘盖子，相互卡在盖板上，即能通气。橡胶接口座相对贴合保证了密封，相互卡着的盖板十分紧，可保证汽车行驶中，接头不会自动松脱。使用中只需经常用压缩空气清洁连接头，若两接头卡接后漏气，应检查和更换接口座。

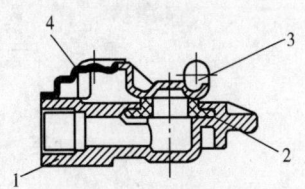

1—本体　2—橡胶接口座
3—防尘盖　4—盖板

图7-38　挂车连接头

六、排气制动及信号指示

1. 排气制动

利用发动机来作为辅助制动，以减轻汽车在下长坡时因频繁使用脚制动而出现制动器热衰退现象，也延长了摩擦片的使用寿命。EQ1108G6D、EQ1141G2、EQ2100E6D和EQ2102采用了图7-39所示的排气制动阀，排气制动系统原理如图7-40所示。

驾驶人使用排气制动时，通过操纵排气制动开关，使电磁阀向排气制动阀充气，排气制动阀上的碟形阀开关关闭排气管，增加发动机运转的阻力。

控制电路中设置了加速开关和离合器开关，使驾驶人在踩油门和离合器时，能自动解除排气制动。

2. 信号指示部分

前后回路储气筒的压力情况分别由两个气压表在驾驶室仪表上给出指示。在前、后回路储气筒上各装一个低压报警信号开关，当其中一个储气筒压力低于400 kPa时，向驾驶人发出报警。在手制动阀输出口上接有一个低压报警开关，当手制动阀输出压力低于550 kPa时，向驾驶人发出报警，汽车不能起步。

制动灯开关由脚制动踏板控制，为机械式开关，在常用制动出现部分回路失效时，制动开关仍可接通。

排气制动、停车制动各自设有一个指示灯，当驾驶人使用排气制动或停车制动时，仪表板上的指示灯都能发出指示。

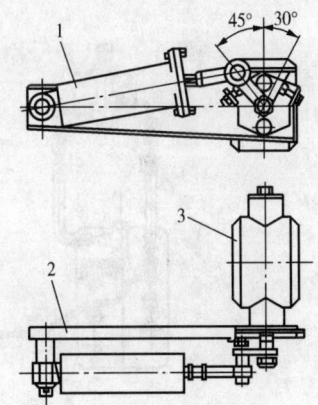

1—操纵气缸　2—支承板
3—排气制动阀体

图7-39　排气制动阀

七、辅助制动部分结构特点

1. 发动机排气缓速式辅助制动系

增大发动机的排气阻力，控制汽车的行驶速度，称为发动机排气缓速制动。增大与控制发动机排气阻力的系统，称为发动机排气缓速系统。由于柴油机的压缩比大，缓速效果明显，燃油切断容易实现，大型运输车辆都设有发动机排气缓速系统。

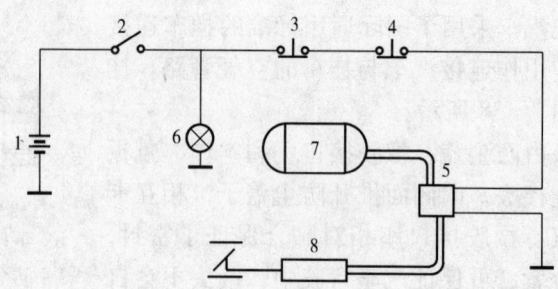

1—电源　2—排气制动开关　3—加速开关　4—离合器开关
5—电磁阀　6—指示灯　7—储气筒　8—排气制动阀

图7-40　排气制动系统

(1) 发动机排气缓速系统的组成

发动机排气缓速系统主要由安装在发动机排气管的排气节流阀和气压操纵控制系统等组成，如图7-41所示。

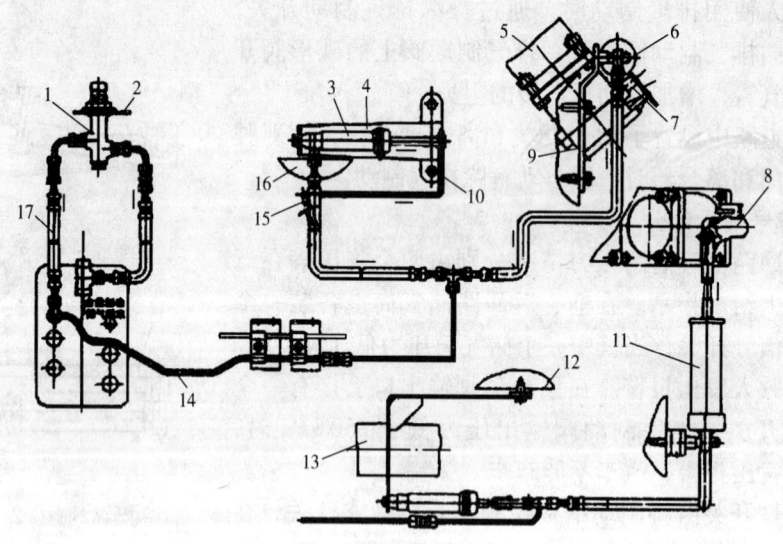

1—排气缓速操纵阀　2—驾驶室底板　3—断油操纵气缸　4—支架　5—发动机排气阀排气节流阀壳体　6—排气缓速操纵气缸　7—排气节流阀门轴　8—排气节流阀门轴操纵臂　9—支架　10—发动机缸体　11—排气缓速操纵气缸　12—缸体　13—喷油泵壳体　14—钢管　15—摇臂　16—喷油泵壳体　17—软管

图7-41　发动机排气缓速系统

排气节流阀为转阀结构，平时处于打开状态。需要时，通过操纵系统使其转动而关闭排气管，增大发动机的排气阻力。气压操纵控制系统主要由前桥储气筒、排气缓速操纵阀、气压管路、排气缓速操纵气缸、排气节流阀门操纵臂和喷油泵断油操纵系统等组成。

(2) 发动机排气缓速系统的工作过程

需要排气缓速时，变速器处于挂挡位置，离合器处于接合状态。此时，通过操纵阀将储气筒与排气缓速操纵气缸的气压回路接通，储气筒内的压缩空气通过操纵阀进入排气缓速操纵气缸内。气缸内的活塞移动，通过操纵臂使阀门转动而关闭排气管。在气体进入排气缓速操纵气缸的同时，压缩空气进入断油操纵气缸内，将喷油泵油量调节拉杆移动到断油位置，喷油泵停止喷油。

进行排气缓速时，发动机由汽车带动而空转，由于排气阻力的作用，使得发动机成为汽车的制动源，起到控制汽车速度的作用。

2. 电涡流缓速式辅助制动系

电涡流缓速系统由电涡流缓速器和控制系统等组成，缓速器安装于变速器输出端或者驱动桥的输入端。与发动机排气缓速系统相比，电涡流缓速系统的缓速强度可以调整，而且与 ABS 系统的电脑连接，使其工作性能更加可靠。

(1) 电涡流缓速器的结构特点

见图 7-42 所示，缓速器主要由定子与转子两部分组成。定子安装固定于变速器壳体，转子通过凸缘安装于变速器输出轴，与输出轴同步转动。

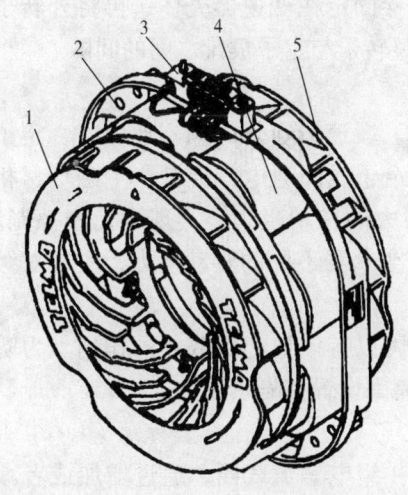

1-外转子　2-定子　3-线束插座　4-定子线圈　5-内转子

图 7-42　电涡流缓速器

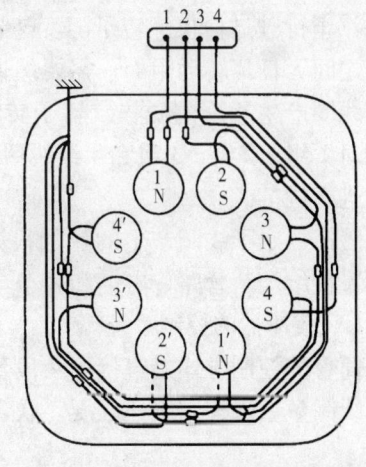

图 7-43　定子总成结构与线圈的接线与布置

1) 定子总成由定子体、定子线圈和极靴板等组成。4 对电涡流磁场线圈安装于定子体上，沿定子体圆周均匀分布。线圈的两侧安装有极靴，4 对线圈的布置与接线方式如图 7-43 所示。

2) 转子总成由内转子和外转子组成，分别位于定子极靴的前后两侧。定子极靴与转子之间的间隙(气隙)为 1.40～1.55 mm。内外转子通过凸缘安装成为一体结构。

转子的结构见图 7-44 所示。

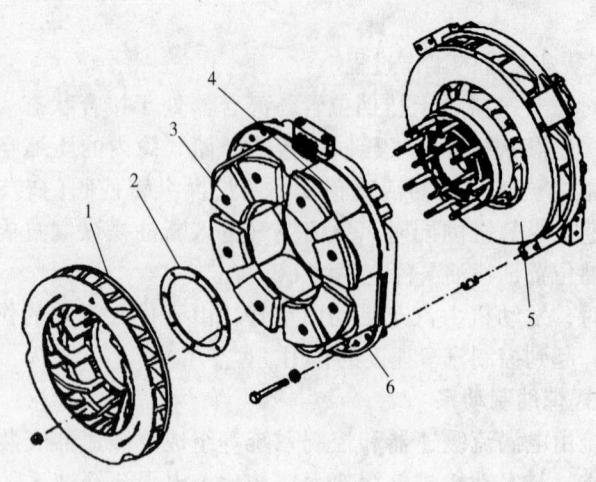

1—外转子 2—气隙片 3—极靴 4—线圈 5—内转子 6—定子总成
图 7-44 电涡流缓速器结构

缓速器安装时，应先将内转子固定于凸缘，再将凸缘连同内转子一起，安装固定于变速器输出轴凸缘盘。将定子总成通过连接螺栓固定在变速器壳体，再将外转子固定于凸缘。在安装过程中，通过气隙调整垫片调整转子与定子极靴之间的间隙。

(2) 电涡流缓速器的工作原理

汽车行驶过程中，转子随变速器输出轴转动。缓速器定子线圈不通电时，定子与转子之间无任何转动阻力。需要缓速控制时，给定子线圈通电，极靴产生磁场，相邻两组线圈产生相反的磁极。转子转动时，受到很大的转动阻力，实现了无摩擦制动。分别对 1 组、2 组、3 组和 4 组线圈通电，就会产生 4 种不同的转动阻力，实现对缓速强度进行调节。

缓速器定子线圈产生的热量很大，转子叶片可以有效地起到散热的作用。为防止将热量传给塑料管路、电缆和客车车厢，缓速器周围设置有隔热板。

(3) 缓速器的控制系统

简单的控制方式是直接用 4 段位电开关控制 4 组电涡流线圈，通过增加或者减少通电线圈数量来控制缓速强度。联合控制的缓速器控制电路如图 7-45 所示，有以下功能：

1) 手控功能通过手控开关，驾驶人直接控制通电定子线圈的数量，实现不同的缓速强度。

2) 脚控功能通过脚控开关受前桥气压制动回路的控制，4 个脚开关在不同制动气压时实现闭合，实现缓速器与气压制动共同工作，减轻制动蹄片的磨损。

3) ABS 控制功能有以下几项：

a. ABS 电脑在汽车速度低于 3 km/h 时，自动将缓速器电源断路。这样，当驾驶人在汽车停车状态下踩住制动踏板时，不会出现缓速器线圈通电造成缓速器线圈发热和蓄电池电量消耗。

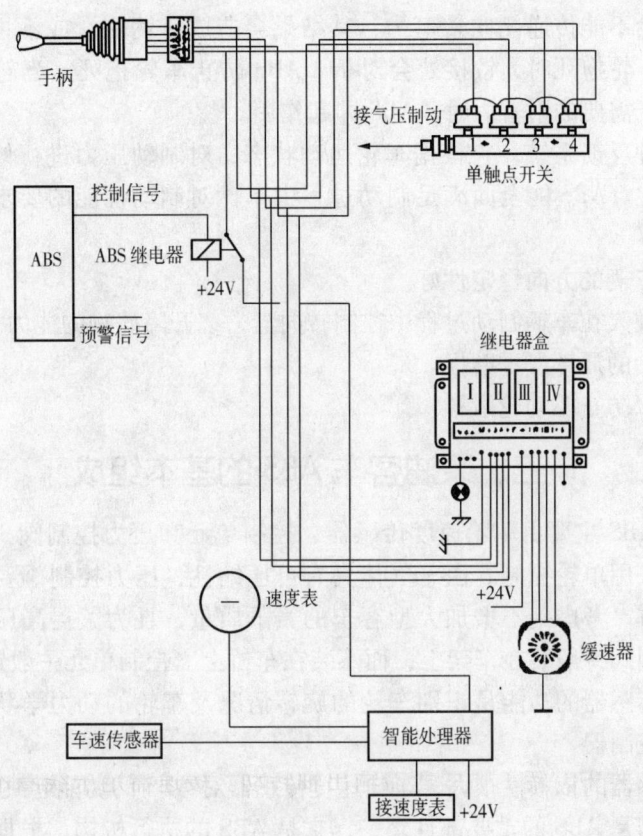

图 7-45 电涡流缓速器控制电路

b. 当 ABS 系统工作时,电脑将继电器触点断开,解除缓速器的缓速作用;当 ABS 系统退出工作时,电脑将继电器触点闭合,恢复缓速器的功能。

c. 当 ABS 系统出现故障时,电脑自动去掉气制动控制缓速器的功能。此时,缓速器只能用手控开关进行控制。

第三节 ABS 结构特点与维修

一、ABS 的构成与特点

1. ABS 的概述

防抱死制动装置又称防抱死制动系统,简称 ABS,既是德文 Anti blockirr svstrm 的缩写,也是英文 Anti blocking system 或 Anti-lock brake system 的缩写。

防抱死制动装置还称为 ASB、ALB、ESC、4W-ABS、4WAS、4WAL、RWAL 等。ABS 可以防止驱动轮滑转,特别是能有效地防止车辆在加速、转弯等情况,以及在非对称路面上行驶时驱动轮的滑转,以保证车辆在行驶过程中的安全性。

2. ABS 的特点

抱死的车轮不能传递侧向转弯力,其结果会造成车辆侧滑或不再有可转向性。如果铰接客车,车轮抱死时,铰接处会对折。ABS 防止车轮抱死,当轮胎和路面间能传递的附着力小于需要的附着力时,ABS 即起作用。

ABS 是一种反馈系统,它根据车轮运动状态,对制动压力进行修正,使车轮运动状态趋于理想化。ABS 能全面满足制动过程中车辆对制动性能的要求,具有以下几个特点:

1) 制动时车辆的方向稳定性好。
2) 增强驾驶人在车辆制动过程中控制转向盘,绕开障碍物的能力。
3) 避免轮胎的局部严重磨损。
4) ABS 可以防止驱动轮滑移。

二、柴油客车 ABS 的基本组成

柴油客车 ABS 主要由车轮速度传感器、控制单元和压力控制阀 3 大部分组成。客车前、后轮均采用单轮控制。由于气体具有可压缩性,压力控制阀要求布置在离制动气室最近的地方。考虑到不增加大型客车的簧下质量,且为了提高压力控制阀的使用寿命,压力控制阀一般装在车架上,而不装在车桥上。控制单元一般置于车身内部。

车轮速度传感器的功能是识别车轮的旋转情况及车轮的动力学状态,并将它变为数据信号送给控制器。

ABS 对传感器的依赖性很大,车轮速度传感器对 ABS 的功能起决定性作用。

压力控制阀是 ABS 的重要部件之一,它是 ABS 的执行机构,根据控制单元的指令实现对制动压力的控制。控制单元是 ABS 的 3 大部件之一,它判断由传感器传送来的数据信号并向压力控制阀发出控制信号。控制单元简称 ECU,也称电子控制单元。

三、轮胎和路面的附着力

除道路表面、气候状态和轮胎型号外,附着系数取决于制动滑动率。自由转动车轮的滑动率为 0,完全抱死的车轮滑动率是 100%。当滑移率在 5%～20% 之间时,车辆将获得理想的制动效能和良好的转向能力,即获得良好的操纵稳定性。

四、客车 ABS 的工作原理

1. ABS 的逻辑信号

当制动过急时,电子控制单元 ECU 根据从车轮速度传感器获得的信号,发现有一个或一个以上车轮抱死的倾向时,会启动压力控制阀,控制 ABS 每个通道的压力减小、保持不变或增大,以使制动相对于车轮运动状态、轮胎和道路间的摩擦条件保持在一个平均的最佳水平上。

ECU 按下列方式进行压力控制阀的启动计算:根据车轮的速度和运动状态,在最佳车轮滑动率的区域内,建立一个略低于车辆速度的速度参考变量。根据车轮的速度参考变量,产生下面的基本逻辑信号:

1)减速度:车轮圆周减速度超出了规定的极限值。
2)加速度:车轮圆周加速度超出了规定的极限值。
3)负的车轮滑动率极限值:车轮圆周速度低于规定的速度参考变量的极限值。
4)正的车轮滑动率极限值:车轮圆周速度超出了规定的速度参考变量的极限值。

这些独立的极限值都和其具体车速相适应。这些逻辑信号限定了每个车轮的运动状态,根据这些逻辑信号,ECU可以决定每个车轮上的制动压力是减小、保持不变或者增大。

除了具有适应性外,ECU还具有记忆性的特点,也就是说,随着一个控制循环的进行(例如,由于1个车轮不稳定),最重要的信号都储存在ECU中,并被用作优化下一个控制循环。以上两种适应性算法总是处于工作状态,即ECU可以对突然的变化立即进行优化反应。

2. ABS 的控制方法

客车ABS的区别是它有以下几种控制:独立控制、低选控制、修正的独立控制和智能选择控制。

(1)独立控制

当独立控制时,每个车轮的最佳制动压力是由相应的车轮制动缸独立实施的。因此,每个单独控制的车轮需要有专用的控制通道,即一个车轮速度传感器和一个压力控制阀。这种独立控制方式可使制动距离最短。然而如果一个桥的左右车轮的附着系数不同(对开路面)时,制动时独立控制会使大型客车产生绕垂直轴线的横摆力矩,使其难以控制。通常独立控制应用在后桥上。

(2)低选控制

低选控制是通过一个单独的压力调节阀成对地控制一个桥上的两个车轮,即每一个低选控制车轮的制动压力是相等的。同桥上的每个车轮上分别装有一个速度传感器,制动压力取决于最先有抱死倾向的车轮的状态。

前桥选用低选控制的一个优点是可以减少横摆和转向力矩,甚至可以减少到零。因此驾驶人的压力较小,即使在非对称路面上紧急制动时,驾驶人也不需要反向的打转向盘。

在非对称路面上制动时,附着系数高的一侧的轮胎和路面间的附着力不能完全被利用,导致其制动距离比独立控制时长。在相同附着系数的路面上,制动距离同独立控制时没有明显的区别。

低选控制仅能应用在一些特定的 ABS/TCS 中。

(3)修正的独立控制

所谓修正的独立控制是为了实现在非对称路面上的可控制性和比前桥采用低选控制的制动距离短。

修正的独立控制方式应用在前桥上,和独立控制一样,每个前轮有一个压力控制阀和速度传感器。

启动压力控制阀的特殊的运算法则,只允许左右车轮制动缸的压力差限定在一个规定的范围内,这就使横摆力矩和转向力矩被限定在一定的可提高大型客车可控制性的水平。

附着系数高的一侧车轮的缓速性能比低选控制时高，又比独立控制时低，这种控制方法同独立控制相比，反向转向要求的转向轮的转向角急剧减小，而制动距离只是略有增加。

如果左右两侧附着系数相同，控制时修正功能就不起作用，转向桥的控制实际上是独立控制，制动距离也不增加。

(4) 智能选择控制

相当数量的 ABS 在一个桥只装备一个单独的压力控制阀，即作用在该桥上的每个车轮的制动压力是相等的。

纯粹的低选控制会导致制动距离过长，智能选择控制即是用来缩短制动距离的。智能选择控制是低选控制和高选控制的有机结合。低选时，制动压力根据附着系数较低一侧的车轮的运动状态而确定；高选时，制动压力根据附着系数较高一侧的车轮的运动状态而确定。高选时，附着系数较低一侧的车轮通常会抱死。

为充分利用各种附着情况，在 ABS 起作用时，智能选择控制根据附着情况和车轮运动状态作出判断，选择应用哪一种控制方式。

在附着系数相同的路面上制动时，制动控制趋向低选控制；同样在非对称路面上制动时，如果低附着力一侧的附着系数值相对较高时，也趋向低选控制。在非对称路面上制动时，如果低附着力一侧的附着系数值相对较低时，趋向高选控制。因为高选控制通常伴随着附着系数较低一侧的车轮抱死，所以在较高的附着系数路面制动时，不选高选控制以使轮胎的磨损量小。

3. ABS 控制循环的工作过程

图 7-46 概述了 ABS 控制循环的工作原理，包括车轮最主要的变量：车轮制动力、车轮加速度、制动压力及车轮速度。参考速度是根据客车全部车轮的速度估算得出的。

当制动力增加时，车轮的制动作用随之增强。

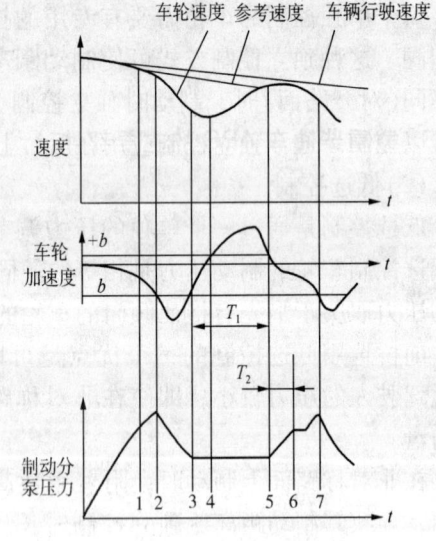

图 7-46 ABS 控制循环的工作过程

在点 1，车轮制动后所达到的速度，对整个客车来说达不到这一速度水平，在该点上，参考速度与车轮速度大体相近，此后车轮速度降低得更快些。

在点 2，车轮加速度位于制动临界点 $-b$ 以下，进入到曲线图中不稳定区域（滑移率数值过高）。此时，尽管制动力矩增加，但只能提高车轮的制动作用，而不能增加整车的制动效能，这就是制动压力迅速下降以至于车轮制动作用降低的原因。

在点 3，制动作用下降后，车轮加速度又位于临界 $-b$ 以上，这时制动压力将在一

段时间间隔 T_1 内保持一稳定的水平。

在点 4，T_1 区间内车轮正常的加速度超过加速度临车轮界点 $+b$，如果未达到加速度的临界点，制动压力将进一步降低。

在点 5，加速度值位于临界点以下，制动压力一段时间间隔 T_2 迅速增加，并且加速了控制循环。对于第一个控制循环时间 T_2 是预先设置的，而对于其后的每个控制循环 T_2 是经计算得到的。

制动压力在首次迅速增加之后（在点 5），在压力保持和压力增加（在点 6）脉冲的作用下，制动力逐渐增加。脉冲将持续作用，直至制动加速达到位于 7 点处的极限值（$-b$）。然后制动压力又开始下降，新的一个控制循环开始。

图 7-46 所示的控制曲线适用于摩擦系数高的路面。对于不同的摩擦系数，控制曲线的形状将有所区别。

车轮加速临界值以及车轮制动力都不是固定的，而是由一些变量决定的。控制循环的次数可达到 3～5 次/s。

4. 缓速制动系统控制

当轮胎和路面之间的附着力很低时，缓速器的应用导致驱动轮的滑动率很高，这对大型客车的稳定性将产生不利影响。为避免此不利影响，一旦 ECU 发现一个或一个以上车轮有抱死趋势时，或一个后轮滑动率过高时，ABS 会关闭缓速器。也就是说，如果只有缓速器起作用，滑动率是由缓速器的启动和关闭来控制的。如果缓速器和行车制动系统同时起作用，当 ABS 起作用时缓速器被关闭。

5. 载重柴油车 ABS 的主要部件

（1）车轮速度传感器

防抱死制动系统一般采用磁感应式速度传感器。传感器固定于每个车轮旁。在车轮轮毂上安装有极轮，其旋转速度与车轮速度相同。脉冲传感器的安装位置与极轮齿轮相对，旋转的极轮产生交变电流，并使传感器感应得到与车轮速度成比例的频率。

每个车轮速度传感器都有一个永久磁铁和一个线圈，如图 7-47 所示。若改变磁阻（如空气间隙）的大小，则磁通量随之变化。磁路通过的感应线圈，当磁通量发生突变时，感应出一定幅度的脉冲电势。该脉冲电势的频率等于磁阻的变化频率。为了使空气间隙变化，脉冲环随制动盘（鼓式制动器的脉冲环安装在轮毂上）一起转动，而永久磁铁和线圈安装在车轴壳上，不随车轮转动，脉冲环一般用磁导率、电导率均比较高的铁质材料制成。当车轮转动时，脉冲环也跟随转动，脉冲环上的齿轮间隙交替通过永久磁铁的磁场，从而不断改变磁路的磁场，使线圈中的磁通量发生变化，在线圈中产生一个脉冲电动势，频率与车轮转速成正比。

（2）压力控制阀

1）构造。客车 ABS 压力控制阀一般采用博世公司生产的气压式控制阀，固定在制动分泵的支架上。当车轮有抱死趋势时，控制阀可调节制动压力。

ABS 压力控制阀主要由阀体、进气阀（膜片、弹簧、阀座、阀盖）、排气阀（膜片、弹簧、阀座、阀盖）、进气电磁阀（常闭）和排气电磁阀（常开）等所组成。它与制动阀和制动气室的关系如图 7-48 所示。将它安装在距制动气室较近的制动管路中。从图

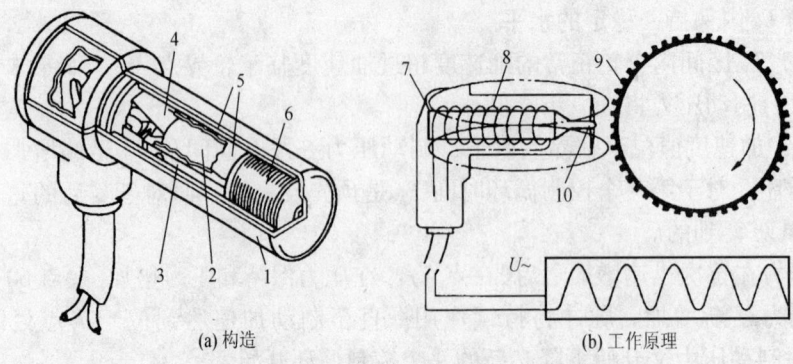

(a) 构造　　　　　　　　　(b) 工作原理

1—金属套　2—磁铁　3—导线杆　4—延伸器　5—绝缘体　6、8—线圈
7—磁心　9—齿形转子　10—磁极尖

图 7-47　车轮速度传感器的结构及安装

7-48中可以看到压缩空气的流动路线。

2) 工作过程。

a. 压力升高时。图 7-49(a)为调节器使制动气室制动压力增加的工作状态，进气电磁阀线圈和排气电磁阀线圈均不通电，进气电磁阀处于关闭状态。进气电磁阀芯切断了进气先导气室的供气通道，进气阀在气压差的作用下打开，制动阀到制动气室之间的制动管路畅通无阻，排气电磁阀处于开启状态，排气电磁阀接通了排气先导气室与气源之间的通道，排气阀在气压差的作用下处于关闭状态，切断了制动气室到大气之间的通道，制动气室处于制动压力增加的状

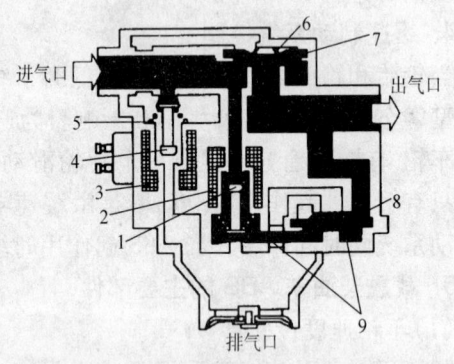

1—排气电磁阀　2—排气电磁阀线圈　3—进气电磁阀线圈　4—进气电磁阀　5、6、9—弹簧
7—进气阀膜片　8—排气阀膜片

图 7-48　博世压力控制阀的构造

态。图 7-49(a)中调节器增加制动压力的工作状态，也是制动时 ABS 不工作的工作状态。当 ABS 电器出现故障时，保证调节器的工作状态恢复到图 7-49(a)所示的状态。

b. 压力下降时。图 7-49(b)为调节器降低制动气室制动压力时的工作状态。两个电磁阀线圈均通电，进气电磁阀处于开启状态，进气电磁阀芯使进气先导气室的供气通道畅通，进气阀在气压差的作用下关闭，切断了制动阀到制动气室外之间的制动管路，排气电磁阀处于关闭状态，排气电磁阀芯切断了排气先导气室与气源之间的通道，排气阀在气压的作用下开启，使制动气室与大气相通，制动气室中的压缩气体排到大气，制动气室的制动压力降低。

c. 压力保持时。图 7-49(c)为调节器使制动气室的制动压力保持不变时的工作状态。进气电磁阀线圈通电，进气电磁阀、进气阀的工作状态同图 7-49(b)所示降低制动压力时工作状态一致，排气电磁阀线圈不通电，排气电磁阀的工作状态同图 7-49

第7章 柴油车制动系结构与维修

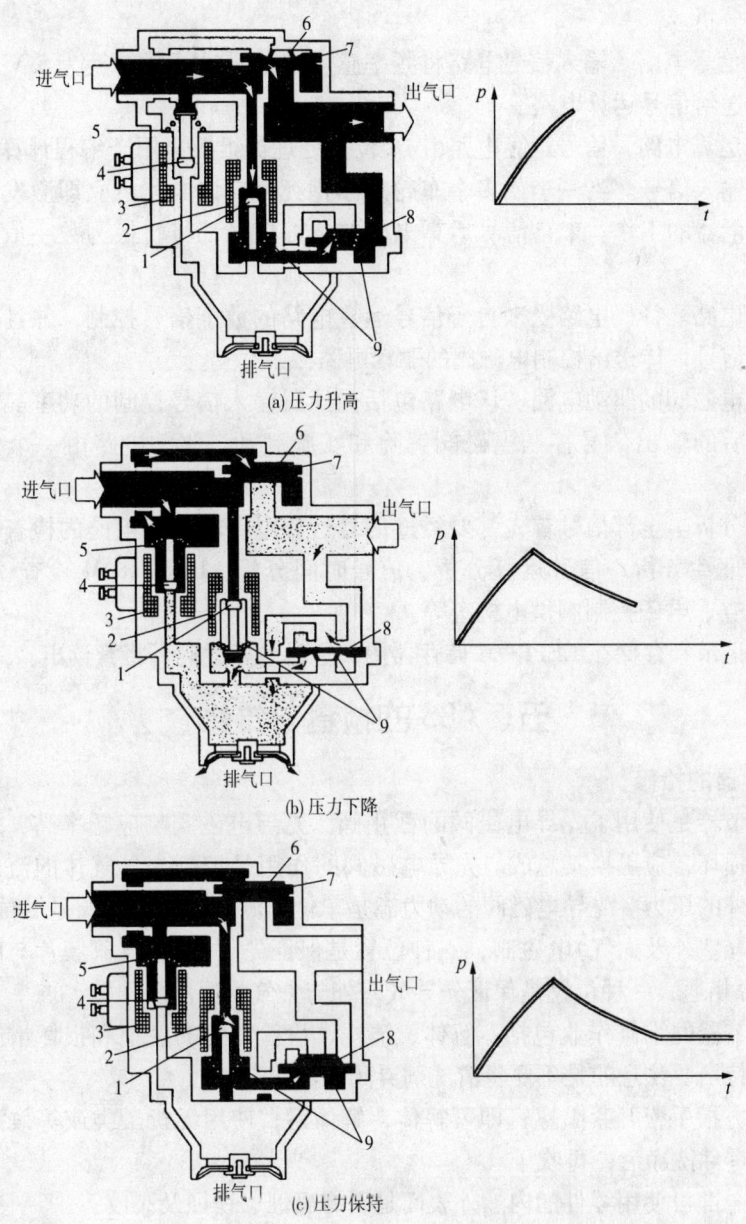

1-排气电磁阀 2-排气电磁阀线圈 3-进气电磁阀线圈 4-进气电磁阀 5、6、9-弹簧 7-进气阀膜片 8-排气阀膜片

图7-49 博世压力控制阀的工作过程

(a)中所示的增加制动压力时的工作状态一致,即进气阀和排气阀均处于关闭状态,切断了制动气室与外界的联络,因而制动压力保持不变。

(3)电子控制单元

控制单元由电子元件组成。这些元件构成两个对角电路。每一对角电路具有5个功能块:输入信号电路、信号运算电路(中央处理器)、译码电路、控制电磁阀的驱动

261

电路、故障分析。

1）输入信号电路。输入信号电路将频率感应器信号过滤并转换为 5 V 的数字输入信号，并传送给信号运算电路。

2）信号运算电路。信号运算电路由 16 位微处理器组成，用于编程计算和判断车轮速度的数字输入信号。当一个或多个车轮趋于抱死时，该电路将立即激发或撤消电磁控制阀和继电器的工作。来自信号运算电路的全部信号都将转换为数字信号传送给译码电路。

3）译码电路。译码电路受来自于信号运算电路的数字信号控制，并且将之分解为不同的控制信号，传送给控制电磁阀的驱动电路。

4）控制电磁阀的驱动电路。该电路包括受译码输入信号控制的功率晶体管。功率晶体管放大后的输出信号控制电磁阀解除和实施制动。驱动电路由一个外部继电器供电。

5）故障分析。全部信号首先都要经过信号运算电路和译码电路的检查。所作的分析包括：合理性分析、信号运算分析、信号时间分析、RAM/ROM 检查、阻抗检查、EKPROM 检查、电磁控制阀供电检查等。

故障被记录和存储在 EEPROM 储存器内，通过故障代码可将其读出。

五、ABS 的检查与维修

1. 调节器的检修

ABS 调节器是使用了先导电磁阀的截止阀。先导电磁阀响应频率高，加工精度要求高，一旦损坏，应更换其总成。先导电磁阀的作用是控制先导气体的流向，从而调控制动气室外的压力。先导电磁阀的动力源是车辆电源。先导电磁阀是二位三通式（通气源、先导气室外及大气）电磁阀，一种位置是保证先导气室（气阀膜片与阀盖之间的空间）与气源相通，一种位置是保证先导气室外与大气相通。

气压调节器的维修作业包括：解体、清洗、检验零件的磨损和损坏情况以及装配等。维修时特别要注意的是不要将清洗剂弄到电磁阀上。

1）用六方扳手松开紧固螺钉即可解体，解体后，使用无机酸类或等效溶液将需要重复使用的零件洗净后，再吹干。

2）检查全部可使用零件的内、外表面是否有腐蚀、锈蚀及裂纹。

3）检查孔道是否有严重的损坏及磨损。

4）阀体及阀盖上的孔道应畅通无阻。

5）检查气阀膜片、密封圈、弹簧等的性能是否完好。

6）选取完好合格的零件，按与解体相反的次序进行组装。

组装后的调节器应密封良好不泄漏，反应灵活。有条件的应进行性能检验，不合要求的调节器不得使用。

7）调节器的检验。调节器的检验项目较多，维修后主要检验灵活性指数、工作压力范围、密封性等。ABS 调节器的进气阀和排气阀的灵敏性能指数大于 50 Hz。密封性能指数 <30 kPa。工作压力范围为 0.08～1.00 MPa。

2. ABS 电气系统故障的诊断方法

大型客车 ABS/ASR 电气系统出现故障，ABS 警示灯和 ASR 指示灯均会提醒驾驶人注意，小心驾驶。要查找电气系统出现故障的原因，需使用厂家提供的专用仪表，从控制器自诊断触发线处插接，查找故障原因。有些 ABS 的电气故障是容易修复的，如连接导线松开、破损、连接不良及短路、断路等，有些则是难于修复的，如电子控制器、传感器及电磁阀等的内部故障，特别是电子控制器，是各制造厂家 ABS 的保密关键，一旦出现故障，就必须更换。ABS 的电子控制单元（ABSECU）以及传感器到 ABSECU 间的连线易受电磁场的不利影响。一旦 ABS 受到电磁场的干扰，工作便会失常。因此在设计 ABS 时，均设计有一定的抗电磁干扰的能力，但是在强电磁场区域，ABS 仍会受到电磁场的干扰，电磁场会使 ABS 失常。因此为防止 ABS 工作紊乱，在强电磁场区域最好脱开 ABS。

人工寻找 ABS/ASR 电气系统故障原因的方法如下：

（1）蓄电池电压检查

检查蓄电池电压是否符合技术要求。

（2）线路检查

断开点火开关，查找线路是否符合技术要求，可用电阻表进行检查。电缆不得有破损，特别是传感器电缆，其绝缘电阻应符合要求。电缆连接要可靠、不松动，电缆插头不得破裂、插接牢靠、不松动。

（3）ABS 传感器检查

1）ABS 传感器圈电阻值为 $800 \sim 1500\ \Omega$。可将传感器电缆从插座处分开，用电阻表检查。如发现线圈有短路或断路，就应更换新件。

2）传感器输出电压检查。让车轮以 60 r/min 的转速运转，传感器输出的交流电压应 $>0.15\ V$。检查时，断开点火开关，将车辆顶起，用手转动车轮，将传感器电缆从插座处分开，用电压表进行测量。车轮转速应均匀，输出交流电压应无大的变化。否则表明传感器与脉冲环的间隙有变化，如车轮轴承松旷、车轮发摆等均会出现上述现象。

传感器输出交流电压应随转速的增加而增高，否则，应更换传感器。

（4）调节器检查

1）泄漏检查。如发现调节器有泄漏，就应排除故障。如果泄漏是因零件破损所引起，就应更换。

2）电磁阀线圈阻值检查。电磁阀线圈电阻值约为几欧姆，可用电阻表进行检查。

3）电磁阀功能检查。将车顶起，支撑牢靠。将调节器的电缆线从调节器插座上断开，闭合点火开关，踏下制动踏板，车轮不能转动，让电磁阀通电，应能听到排气声，且车轮可转动；让电磁阀不通电，然后松开制动踏板，车轮可转动。

3. ABS 工况检查

闭合点火开关，ABS 警示灯 A 亮，当车速超过 5 km/h 时，警示灯熄灭，表明 ABS 电气系统技术状态正常。当车速超过 6 km/h 时，ABS 进入准备工作状态，此时踩下制动踏板，如果车轮有抱死滑移趋势，ABS 进入工作状态，可听到调节器的排气声；如果车速降至 6 km/h 以下，ABS 就退出控制状态，此时车轮就会抱死滑移。

4. 故障码的读取与清除

ABS系统能满足最高的安全性和可靠性要求。在车辆起步之前，控制器先自检。整个ABS受到监控，一旦发生故障，ABS即完全或部分停止工作（取决于故障的类型），警示灯亮。此时行车制动系统仍发挥常规功能。

除安全监控系统外，ABS控制元件的自我诊断机构还能迅速、可靠地显示故障。当ABS控制元件识别出某个故障时，其代码就被储存起来。如在以后车间维修时，这个代码还可以调出，采用这种方法甚至连插接件接触松动这种微小故障也能迅速排除。具体的故障码读取方法和操作步骤因车型和检测仪器的不同而有较大的区别，读者可参考各车型的维修手册。

第四节 制动系检查调整与维修

一、制动系清洗与表面检查

1. 清洗

由于部件被脏油和污泥所覆盖，所以清洗是强制性的。适用的清洗方法包括蒸汽清洗、轻油清洗、酸或碱性溶液清洗、中性介质清洗、三氯乙烯蒸汽清洗、马格纳斯溶液清洗。在清洗过程中能露出损伤，因此在清洗过程中应密切注意检查。

（1）金属部件

1）轻油。与某些溶液不同，轻油没有渗透或溶解污泥的能力。因此除精加工表面外，用金属丝刷子或其他工具除去污泥，并用上述方法刷洗两遍。

2）碱性溶液。如果部件为合金制品，不要使用碱性溶液清洗。碱性溶液适合于清洗钢和铸铁零件。

注意： 如果使用碱性溶液清洗，应准备好中和介质，如硼酸溶液。如果皮肤或眼睛与碱性溶液相接触，应立即用中和介质清洗掉碱性溶液。

（2）橡胶部件

不要用矿物油清洗。用中性洗涤液或用干净的擦布抹掉油泥。

（3）气道

可将一根金属丝穿过小气道，并确保气道畅通，用喷嘴将清洗溶液喷进气道加以清洗。

（4）防腐蚀

在零件的表面除掉旧的油脂之后，应涂上一层清洁的油脂以防止锈蚀。

2. 表面检查

1）应使用专门的测量仪器或工具来检查零件并断定零件是否能继续使用。损坏的零件按要求进行修理或更换。如果在配对零件中有一个被磨损，间隙超出了所规定的值，按有关要求来更换此零件以及配对零件。

2）有时从预防维护的观点出发，某些仍在修理或磨损极限内的零件，根据具体情况在超出极限之前就应更换。

3)通过肉眼或红色颜料渗透等方法,仔细检查所有零件的外观。如果零件的外表面有以下异常现象,有关零件应按要求进行修理或更换。

常见的异常现象有:

①不均匀磨损;②偏磨;③擦伤;④裂纹;⑤畸形;⑥失效或变弱(指弹簧而言);⑦弯曲变形;⑧松旷。

4)所有的橡胶件,如 O 形圈、油封、垫密片等在拆下之后不准再使用。

二、气源部分检查与维修

1. 空气压缩机检查与维修

(1)皮带张力的检查和调整

加 29~39N 力于 V 带上时,挠度应在 10~15mm 范围内。张力不合适可用移动空气压缩机的方法来调整(见图 7-50)。

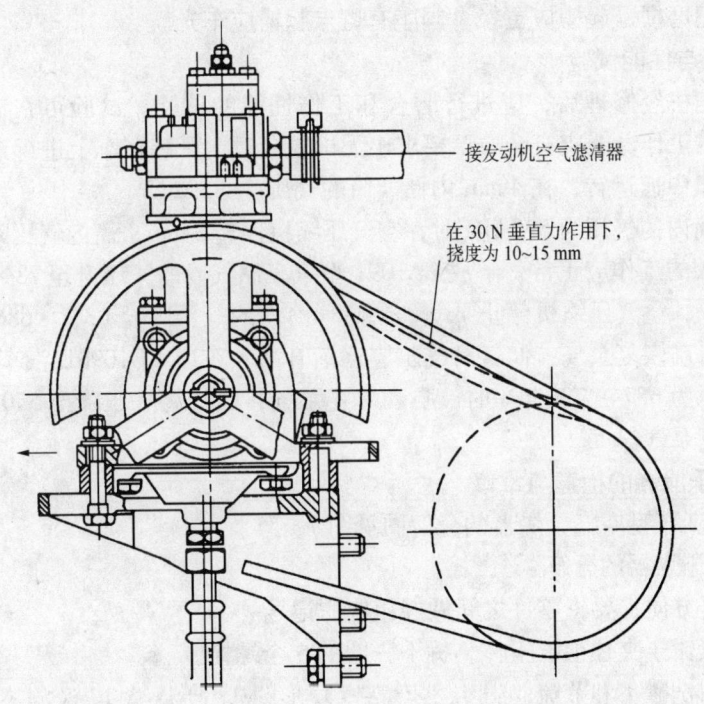

图 7-50 空气压缩机 V 带张力的检查、调整

(2)装配与检修

以解放牌汽车这为例进行阐述。

1)装配时所有的零件要符合标准,并清洗干净。

2)曲轴装入曲轴箱内应由后向前进行,曲轴由前、后滚珠轴承压进曲轴箱(此时滚珠轴承的内圈应紧压到曲轴的支承面上),直至后轴上的锁环顶靠在曲轴箱后端面为止。

3)曲轴及油封的表面涂上油,油封压入前盖内应检查油封的唇口有无缺口伤痕。

4)前后盖装好,轻动曲轴应轻松灵活。

5)活塞连杆组的装配。装活塞环时,第一气环内圈有切口应朝上,第二气环外圈有切口应朝下。两边油环带有弹簧及销口装在活塞下边的两槽中,4个环应成90°交叉分布。

6)检修轴颈与轴承配合公差为 0.02～0.03 mm,轴承松旷应换新件。

7)连杆轴颈的圆度或圆锥度超过 0.03 mm 应光磨,轴径不得缩小 1 mm。

8)缸体上装滚珠轴承的孔与轴承外径的配合间隙如超过 0.06 mm,应按标准镶套修复。

9)选配的新活塞与气缸的配合间隙应为 0.03～0.06 mm;换新活塞环时,端隙应为 0.1～0.15 mm(允许不大于 0.35 mm),侧隙 0.04～0.08 mm。旧活塞间隙不超过 0.10 mm。

活塞销与连杆衬套的配合间隙为 0.005～0.01 mm,活塞销与座孔间隙为 0.006 mm。连杆衬套与连杆上端孔的过盈应为 0.06～0.15 mm。

排气阀门磨损、起槽应更换,阀座有斑点起槽应车光。

(3)磨合与性能试验

空气压缩机经修理后,应进行磨合和工作性能的试验。试验可在试验台上进行,空气压缩机的工作性能应符合原厂要求。无试验台时,可装在车上进行充气效率试验。

1)发动机中速运转,在 4 min 内储气筒的气压应 >392 kPa。

2)储气筒内的气压为 590 kPa 时,空气压缩机停转 3 min,筒内气压降应 <9.8 kPa。

3)卸荷阀的工作应正常。解放 CA1091 型汽车储气筒的气压升至 784～833 kPa,卸荷阀开始工作,空气压缩机停止泵气;当储气筒内的气压降至 637～686 kPa 时,空气压缩机应能自动恢复泵气,储气筒气压应逐渐升高。东风 EQ1090E 汽车空气压缩机应在储气筒气压为 687～726 kPa 时,自动停止泵气;储气筒气压降至 550～589 kPa 时,应能自动恢复泵气。

2. 空气干燥器的检查与维修

EQ1141G2 车型空气干燥器的分解图见图 7-51。

(1)空气干燥器的分解

为了装复方便,要将零件之间做好相应的记号。

1)用夹紧钳子夹住上、下体,拆下一圈的6个螺栓。

2)拆下清洗罐1和节流阀盖3、弹簧4、O形圈2、干燥盒12及滤芯9总成、垫圈15。

3)分解干燥盒总成,将里面的干燥剂9倒掉,取出滤纸6、10和过滤网板5、11。

4)用夹簧钳拆掉下体下部的弹性内挡圈29,拿下排水口盖28,取出排放阀总成。

5)用开口扳手和内六角扳手,来分解排放阀总成。

6)先拆下恒温器32和加热器30和垫圈31。

(2)空气干燥器的装配。

1)将排放阀的运动部位及橡胶件均匀涂上一层润滑脂。

2)按分解的相反顺序进行重新装配,干燥剂必须使用480 g 新的干燥剂。

3)拧紧力矩:10～15 N·m

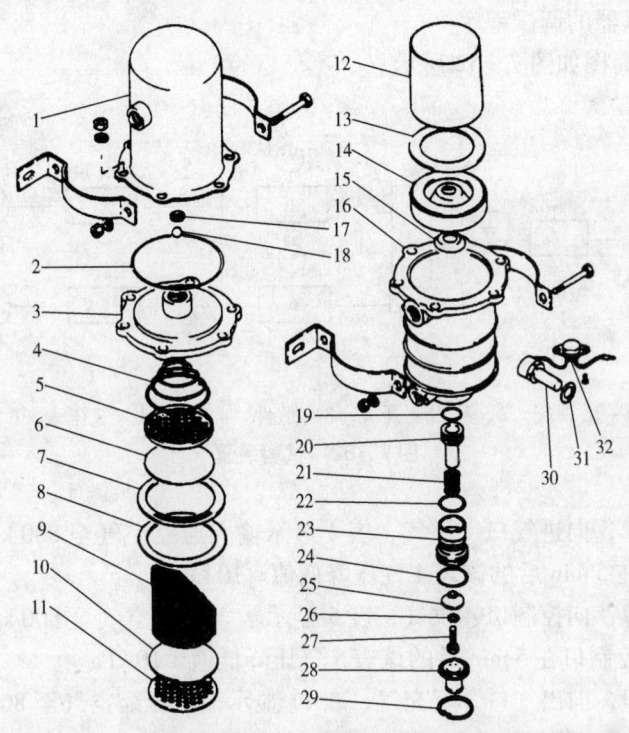

1—清洗罐 2、19、22、24、26—O形圈 3—节流阀盖 4—压紧弹簧 5、11—过滤网 6、10—滤纸 7、8—滤纸衬板 9—干燥剂 12—干燥盒 13—过滤网垫 14—过滤板 15—密封垫圈 16—下本体 17—隔板 18—钢球 20—活塞 21—阀门弹簧 23—阀门体 25—阀门 27—螺栓 28—排水口盖 29—挡圈 30—加热器 31—垫圈 32—恒温器

图7-51 空气干燥器分解

(3) 空气干燥器的检修

1) 检查干燥功能。检修储气筒时,排空筒内空气,若发现筒内有凝结物聚集,则表明应更换干燥剂。通常干燥剂每隔一年更换一次,但是在一定行驶条件下此间隔有必要缩短。对于长途运输客车,应该在冬季之前及时更换干燥剂。空气消耗少时,水沉淀物会在系统内长时间存留。

2) 检查空气筒切换功能。当车辆供气开关在驱动位置时,检查回路上的电磁阀。借助于万用表或相应的仪表,测量电磁阀在至少2 min期间的功率消耗。在约1 min间隔时,功率消耗应该在0~0.4 W(线圈电阻约为70 Ω)之间变化,切换听起来像"咔嗒"声。如果消耗相同,电磁切换功能就有故障,需要更换电磁阀。

3) 检查反馈流量(吹净)。如果反馈空气流量过大,需用空气流量计进行测量,其步骤如下:

a. 湿储气筒排放最大压力为0.7 MPa,将压力表连接到湿储气筒测试接头上。

b. 将空气流量计连接在空气干燥器排气管上,为了精确测量,空气流量计应直立安装。

c. 启动发动机，怠速运转，观察压力表与空气流量计的读数。

（4）空气干燥器的调试程序

1）试验装置简图如图7-52所示。

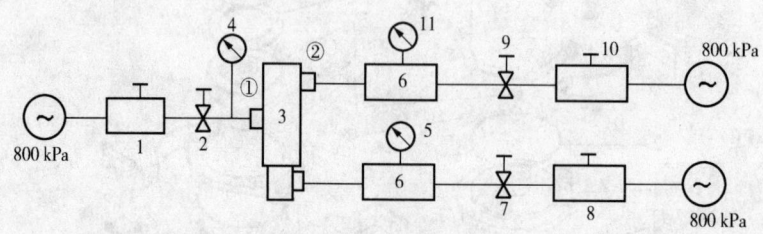

1、8、10-微调阀　2、7、9-开关　3-试件　4、5、11-气压表　6-储气筒

图7-52　试验装置

2）打开开关2，向进气口①供气，表4显示输入压缩空气至800 kPa，关闭开关2，测定空气干燥器在5 min后的该表4气压降低值≤10 kPa。

3）打开开关7，向控制口④供气，表5显示输入压缩空气至800 kPa。关闭开关7，测定空气干燥器控制口在5 min后的该表5气压降低值≤10 kPa。

4）打开开关9，向出气口②反充气，表11显示输入压缩空气至800 kPa，关闭开关9，测定空气干燥器出气口在5 min后的该表11气压降低值≤10 kPa。

3. 卸载阀的检查与维修

（1）卸载阀的分解

卸载阀分解图见图7-53。

为便于装复，拆卸时，应将各个零件的相互位置做好标记。

1）将调压阀固定在合适的夹具上，松开调节螺钉26。

2）用十字螺丝刀取下4颗十字螺钉27，小心取下上盖25。

3）从上盖25下部取下调节螺母23，再取下其上的O形密封圈24、皮碗17上的平衡弹簧座压板22、弹簧21及弹簧座20。

4）取下皮碗总成上13～19各件。

5）取下防护盖35，旋出外螺纹管接头34、垫密圈33，再依次取下附加阀杆32、阀门31、回位弹簧30及滤网28。

注意：不要碰伤阀门31及滤网28。

6）取下螺塞37、垫密圈36，取出锥簧3、单向阀门2。

7）将阀体1的排气口朝上并适当固定，用内卡簧钳取下孔用挡圈12之后，取出下体11、O形密封圈10，然后取出排气门弹簧座9、弹簧8及调整垫片7。

8）取出阀体1中的活塞6，并将活塞上的排气阀5、O形密封圈4取下。

（2）卸载阀的装配

1）首先应将运动及光滑表面、阀门及O形密封圈涂一层润滑脂，螺钉27端头涂少许中等强度黏接剂。

第7章 柴油车制动泵结构与维修

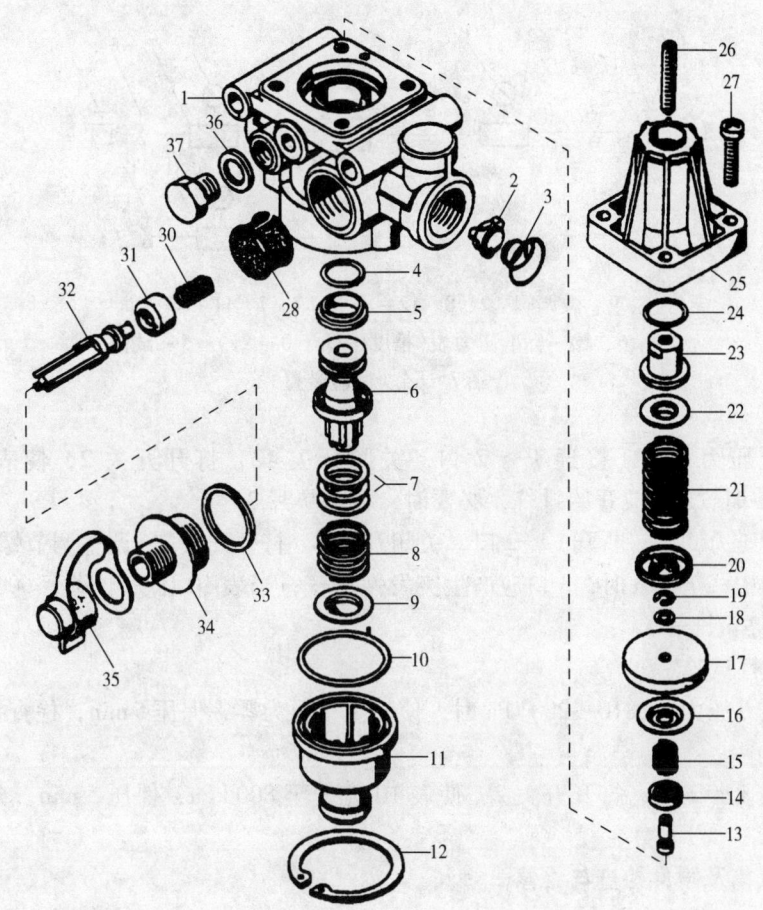

1-阀体 2-单向阀门 3-锥簧 4-O形密封圈 5-排气阀 6-活塞 7-调整垫片 8-弹簧 9-排气门弹簧座 10、24-O形密封圈 11-下壳体 12-挡圈 13~19-皮碗总成 17-皮碗 20-弹簧座 21-弹簧 22-平衡弹簧座压板 23-调节螺母 25-上盖 26-调节螺钉 27-十字槽盘头螺钉 28-滤网 30-回位弹簧 31-阀门 32-阀杆 33-垫密圈 34-外螺纹管接头 35-防护盖 36-垫密圈 37-螺塞

图7-53 卸载阀分解

2)其次按拆卸步骤相反顺序进行装配。

拧紧力矩:

螺塞37:20~25 N·m。

外螺纹管接头34:80~100 N·m。

调节螺钉26:1~5 N·m。

(3)卸载阀的调试

1)试验装置简图如图7-54所示。

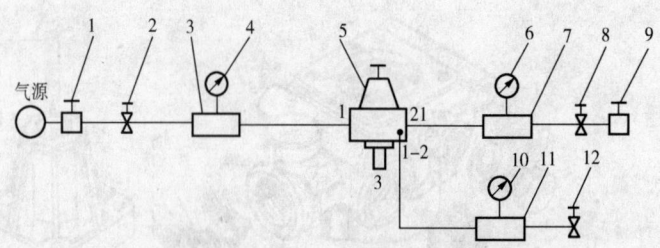

1、9—微调阀　2、8、12—开关　3、7、11—储气筒
4、6、10—标准压力表(精度不低于0.4级)　5—试样

图7-54　试验装置

2) 安全压力调整。接通1~2口,关闭开关12,打开开关2,使表4充气至 $1.50_{-0.2}^{0}$ MPa时,3口应开始排气,必要时,调整垫片7。

3) 切断压力调整。断开1~2口,关闭开关8,打开开关2,调整调节螺钉a,当表6压力为(810±20)kPa时,3口应产生突发性排气;当表10压力下降至600~670 kPa时,3口应停止排气。

4) 密封性试验。

a. 当表6压力为(810±20)kPa时,使表4气压为零,保压5 min,检查排气口,允许有轻度泄漏。

b. 接通1~2口,打开开关2,使表10充气至800 kPa,保压5 min,允许有轻度泄漏。

4. 储气筒及附件检查与维修

(1) 湿储气筒

湿储气筒的作用是将压缩空气中的水和油从压缩空气中分离出去,所以要求每天收车后,打开放水阀将存在湿储气筒中的水和油放尽,以保证管路中的压缩空气洁净。

在湿储气筒上装有放气阀、放水阀、单向阀、安全阀,其中放气阀及放水阀与一般阀的结构相似,只要保证关闭后不漏气即可;若漏气,可更换有关密封元件,或更换整个阀。安装阀时,连接螺纹处要涂密封胶。

(2) 干储气筒

干储气筒(即主储气筒)分前、后两室,分别供应前、后轮制动器用气。在干储气筒上装有放水阀和单向阀,结构与湿储气筒上所装的放水阀和单向阀相同。

见图7-55所示。干储气筒前、后两腔分别装有放水阀。驾驶人每天收车时,应放掉储气筒中的水和油,以免水和油窜入空气管路中结冰,堵塞空气通路,使制动失灵和腐蚀制动系统零件。在干储气筒上装有低压警报开关,当干储气筒内气压低于411 kPa

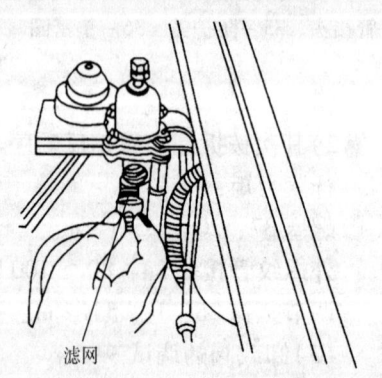

图7-55　检查出气接头滤网

时，低压警报开关接通，立即发出信号。

一般情况下可以不拆下整个储气筒；如要拆下，装复时应注意安装位置，保证放水阀在最低位置。

(3) 安全阀

汽车在维护时，一般情况下不要拆卸安全阀。当有漏气现象时，可将阀座拆下，取出钢球（或橡胶阀门）及弹簧等，在煤油中仔细清洗。阀座工作面及钢球（或橡胶阀门）不应有划伤或其他损伤，否则换用新件。

在汽车行驶中，若安全阀经常放气存在两种可能：气压调节器或空气压缩机松压装置失效；安全阀排气压力过低。若安全阀排气压力过低，可用拧进调整螺钉的方法来增加弹簧的张力，使之达到规定的排气压力。

解放 CA1091 型汽车安全阀的开启压力为 882 kPa，东风 EQ1090E 型汽车为 833 kPa。维护时可用肥皂水来检查安全阀的密封性。当排气孔出现气泡时，说明安全阀密封不严。

(4) 单向阀

二级维护时，应将单向阀从储气筒上拆下并清洗，然后检查阀门和阀座的密封情况，如有损坏则更换损坏件。安装垫片时应两面涂胶，单向阀装到储气筒上时也应在螺纹部分涂胶，以防漏气，并使连接空气管端恢复原位，便于空气管的安装。由于阀体为锌合金压铸件，故拧紧时不可用力过猛，以免损坏螺纹。

(5) 放水阀

放水阀装于每只储气筒的最低处，应密封严密。每天停车后，应及时放掉储气筒各腔的油与水，以免结冰或锈蚀。

三、行车制动部分检查与维修

1. 制动阀的检查与维修

制动阀失效会使制动不灵，其失效的原因是膜片破裂或变形，以及进、排气阀磨损及老化，弹簧弹力减弱。

(1) 制动阀主要零件的检修

1) 膜片变形、破裂，应更换新件。

2) 弹簧的长度和弹力应符合规定，否则应更换新件。

3) 排气阀密封不严，应研磨或更换新件。

4) 壳体有裂纹或各接合面不平应更换新件。

(2) 串联双腔气制动阀的检修

制动阀在使用中最为常见的损伤是密封不良、零件运动不灵活或调整不当等。汽车停驶后，如发现储气筒气压下降过快，并且可以在制动阀下方排气口听到漏气的声音，可拆检制动阀，检查的重点为上、下阀门与壳体接触的工作面。

应清除橡胶件表面的积存物，用砂布轻轻磨去压伤痕迹，还应检查活塞上下运动是否灵活，有无卡滞现象。若活塞松旷，应考虑更换橡胶密封件。若制动阀上部的挺杆运动不灵活，应注意检查橡胶防尘套的密封性。若零件老化和裂纹，使尘土、泥沙进入摩擦表面，将影响制动阀的正常工作。

装配制动阀时，密封件和运动表面应涂工业二硫化钼润滑脂。制动阀中的平衡弹簧总成不得随意拆卸和调整，因为制动过程的随动作用完全取决于平衡弹簧的调整品质。如预紧力过大，制动过于粗暴；如预紧力过小，则气压增长缓慢制动不灵。只有出现上述不良现象时，才可按修理技术条件的要求进行平衡弹簧的调整。这种串联双腔制动阀只有一个调整部位，即通过调整拉臂上的调整螺钉来调整上阀门的排气间隙，上活塞总成下端距上阀门之间的间隙应为 1.2～1.4 mm。此间隙反映到制动踏板，即为制动踏板的自由行程。

装配后，应对制动阀的性能进行试验。试验时，在制动阀上、下进气口与储气筒之间各串入一个 1 L 的容器和气压表，并用一个阀门控制气路的通断。首先通入压力为 78 kPa 的压缩空气，待压力表的读数稳定后，将阀门关闭。此时只有串入的小容器中压缩空气与进气腔相通，压力表用来显示进气腔压力的变化。经 5 min 试验后，气压表读数的降低应 <24.5 kPa。否则，应检修或更换进气阀。打开阀门，使储气筒与制动阀相通，拉动制动拉臂至极限位置不动，然后关闭阀门，以小容器内的压缩空气检查两出气腔的密封情况，在 5 min 内，气压表读数降低应 <49 kPa，否则应检查制动气室、心管和排气阀是否漏气。

(3) 并联双腔制动阀的检修

当汽车大修时，制动阀应解体清洗并更换橡胶膜片和各部橡胶密封圈和阀门，不需更换的零件应清除油污、锈蚀，修整轻微磨损伤痕。装配时，应在各运动表面涂上二硫化钼锂基润滑脂。在清洗中，应注意检查前后两腔的圆柱形阀门。阀门的圆柱形导向表面容易生锈，使运动受阻卡滞，必须认真清洁，消除锈迹，以确保阀门上下运动灵活。阀门上的轴向小孔使阀门上下连通，起平衡作用。如有堵塞，阀门下方形成真空，解除制动后阀门不能复位，将导致储气筒压缩空气的泄漏，汽车将失去制动能力。因此，组装前向阀门涂润滑脂时，绝对不能将此小孔堵住。

(4) 制动阀的装配与调整

解放 CA1091 制动阀的调整，如图 7-56 所示，主要调整拉臂的极限回位位置，方法是通过拉臂上的调整螺钉进行调整，同时还要调整排气间隙和踏板自由行程。在上、下排气间隙中，下阀门至芯管间的排气间隙为 1.7 mm，由零件尺寸保证，不需调整。而上活塞心管与上阀门的排气间隙为 $[(1～2)\pm 0.2]$ mm 是制动踏板自由行程 10～15 mm 的反映，拧进调整螺钉 17，其间隙及踏板自由行程减小；反之则增大。调整方法是在 D 腔接压缩空气，拉动拉臂 19 使滚轮 4 压动挺杆上下移到刚好能从 A 腔开始进气，在慢慢放松拉臂至挺杆回升 (1.2 ± 0.2) mm 时，转动调整螺钉 17 到抵住壳体再锁定即可。

东风 EQ1091E 制动阀的调整主要内容是排气间隙、最大制动气压及前、后腔压力差的调整。

1) 排气间隙的调整方法。见图 7-16 双腔并列膜片式制动阀所示，拆下前、后腔柱塞总成 21，测量心管到阀座平面的距离，应为 $1.5_0^{0.3}$ mm，若间隙不在规定范围，调整拉臂上的螺钉 34 进行调整。拧紧螺钉排气间隙变小，反之排气间隙变大。调整完毕应将调整螺母 33 锁紧。该间隙反映到踏板上，即为踏板自由行程，标准值为 10～

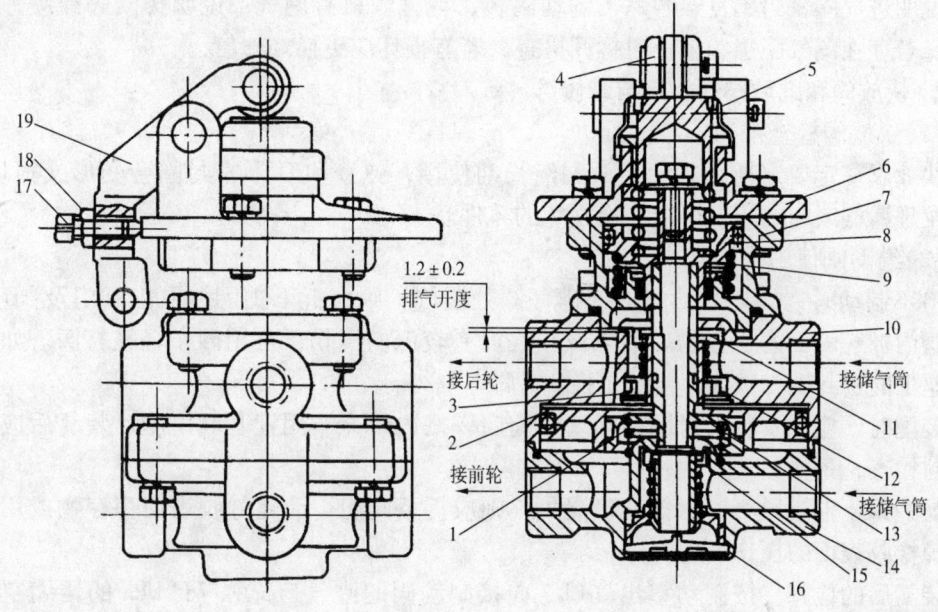

1—小活塞回位弹簧 2—大活塞 3—通气孔 4—滚轮 5—挺杆 6—上盖 7—上壳体 8—上活塞总成 9—上活塞回位弹簧 10—中壳体 11—上阀门 12—卡环 13—小活塞总成 14—下壳体 15—下阀门 16—排气阀 17—调整螺钉 18—锁紧螺母 19—拉臂

图 7-56 制动阀(解放牌 CA1092 型双腔串联活塞式)

15 mm。

2)最大制动气压的调整方法。将制动踏板踩到底,调整螺钉 32 应与拉臂上的限位块 A 接触,这时最大制动气压应为 539～589 kPa。若不符合规定,则应调整螺钉 32,直到合格为止。

3)前、后腔压力差的调整方法。在制动阀的前、后腔上各接一个气压表,踩下制动踏板到任一位置不动,旋转后腔滞后弹簧下的调整螺母 24,拧紧时,可使弹簧弹力增大,可以降低后腔的输出气压,应使后腔的输出气压较前腔低 9.8～39.2 kPa。再踩制动踏板检查,直到符合规定后将锁紧螺母 23 拧紧。

(5)制动阀的密封性检查

制动阀装配调整后要进行密封性检查,对于解放 CA1092 汽车控制阀的检查方法如下(见图 7-56):

1)在制动阀上、下腔进气口与储气筒之间各串入一个 1 L 的容器和气压表,并用一个阀门控制气路的通断。

2)通入压力为 784 KPa 的压缩空气后再关闭阀门,检查进气腔的密封性,5 min 后,气压降低但应 >24.5 kPa。

3)拉动拉臂到极限位置不动,用上述方法检查排气口的密封性,5 min 后压力降低应 <49 kPa。

制动阀的密封性也可随车进行检查,停车后,若不踩制动踏板,在排气口处有漏气,说明进气阀密封不良;若踩下制动踏板,在排气口有漏气,说明排气阀或膜片不密封。若存在漏气隐患,应及时拆开检查,若有损坏应更换。

2. 快放阀和继动阀的检查与维修

(1) 快放阀检查维护

快放阀一定要定期维护。快放阀经长期使用,弹簧和 O 形密封圈会变形或损坏,如果发现漏气或密封不严,应更换损坏的零件。

(2) 继动阀使用维护

1) 不制动时,如果继动阀下部排气阀处漏气,则应拆下挡圈,取出阀门及阀座,清除阀门橡胶表面的积存物。如果橡胶表面有较深的压伤,可用砂布轻轻打磨。如果阀门座上的密封圈有损伤,应予更换。

装配时,应在安装密封圈的活塞、阀门座槽内填充车用锂基润滑脂,装复后应进行密封检查,不得漏气。

2) 当踩下制动踏板时,排气口漏气,则应拆下阀门,清除橡胶表面积存物或用砂布磨掉橡胶表面的压伤痕迹。

装复后的检查。按制动室出气口,向接制动阀的进气口充入 784 kPa 的压缩空气时,各部位都不应有漏气现象。

3) 二级维护时,应拆检清洗继动阀,更换损坏的零件,按技术要求进行装配。

(3) 装复后的试验

向制动阀的进气口充入 784 kPa 的压缩空气,将制动气室出气口进行密封,任何部位都不能有漏气现象。

3. 感载阀检查与维修

1) 将全部零件应清洗干净,检查更换损坏的零件,再进行装配。

2) 感载阀、快放阀、阀门阀座工作面都不应有划痕。

3) 装配时,应在安装密封圈的活塞、阀门座槽内加注锂基润滑脂,多余的润滑脂应清除。

4) 感载阀的调整。阀门顶杆的位置对于调节制动压力至关重要,带扇形片的活塞在阀门开始工作之前,必须走一段与阀门顶杆位置相应的行程,通过这段行程,膜片的有效面积发生改变。在满载位置情况下,接口输入控制压力以 1:1 的比例关系进入继动活塞,承受压力冲击,活塞使进气阀门保持常开,输入控制压力不产生任何调节。

当感载阀工作不良时,可用调整钢丝绳的长度进行压力调节,只到符合要求为止。

四、驻车制动部分检查与维修

1. 驻车制动器技术参数

EQ1108G6D 驻车制动器的技术参数见表 7-1,EQ2100E6D 和 EQ2102 的技术参数见表 7-2。

表7-1 EQ1108G6D 驻车制动器技术参数

形 式	简单平衡式、鼓式、机械操纵
制动鼓尺寸(内径×宽)(mm)	280×62
摩擦片尺寸(内弧半径×宽×厚)(mm)	132×60×9
安装位置	驻车制动器总成通过连接法兰(驻车制动底板支座)安装在变速器壳后端,制动鼓通过凸缘与变速器输出轴(第2轴)连接

表7-2 EQ2100E6D 和 EQ2102 驻车制动器技术参数

形 式	简单平衡式、鼓式,由手控阀控制弹簧气室操纵
制动鼓直径(mm)	320
摩擦片宽(mm)	60
安装位置	手制动器支座与分动箱后轴承盖制成一体,以此为基础件组装成驻车制动器总成

2. 驻车制动器维修标准

EQ1108G6D 维修标准见表7-3。

表7-3 EQ1108G6D 驻车制动器维修标准 (mm)

项 目	尺 寸	配 合	使用极限值
制动蹄轴支承孔	$\phi 22_{0}^{+0.033}$	间隙	0.3
制动蹄轴外径	$\phi 22_{-0.085}^{-0.025}$	0.025~0.118	
制动凸轮支座承孔	$\phi 228.5_{+0.110}^{+0.135}$	间隙	0.3
制动凸轮轴轴颈	$\phi 28.5_{-0.021}^{0}$	0.11~0.156	
驻车制动鼓与蹄片间隙	0.2~0.4		

3. 驻车制动器拧紧力矩

EQ1108G6D 驻车制动器拧紧力矩见表7-4,EQ2100E6D 和 EQ2102 驻车制动器拧紧力矩见表7-5。

表7-4 EQ1108G6D 驻车制动器拧紧力矩

项 目	拧紧力矩(N·m)
驻车制动凸缘与变速器二轴紧固螺母	196~245
驻车制动底板紧固螺栓	70~90

表7-5 EQ2100E6D 和 EQ2102 驻车制动器拧紧力矩

项 目	拧紧力矩(N·m)
驻车制动凸缘与中、后桥输出轴紧固螺母	245~300
驻车制动底板紧固螺栓	70~90

4. 驻车制动器的拆装、检查与调整

以下以 EQ1108G6D 车型为例介绍驻车制动器的拆装、检查与调整。

(1) 拆卸

EQ1108G6D 驻车制动操纵机构和驻车制动器分解图如图 7-57 和图 7-58 所示。

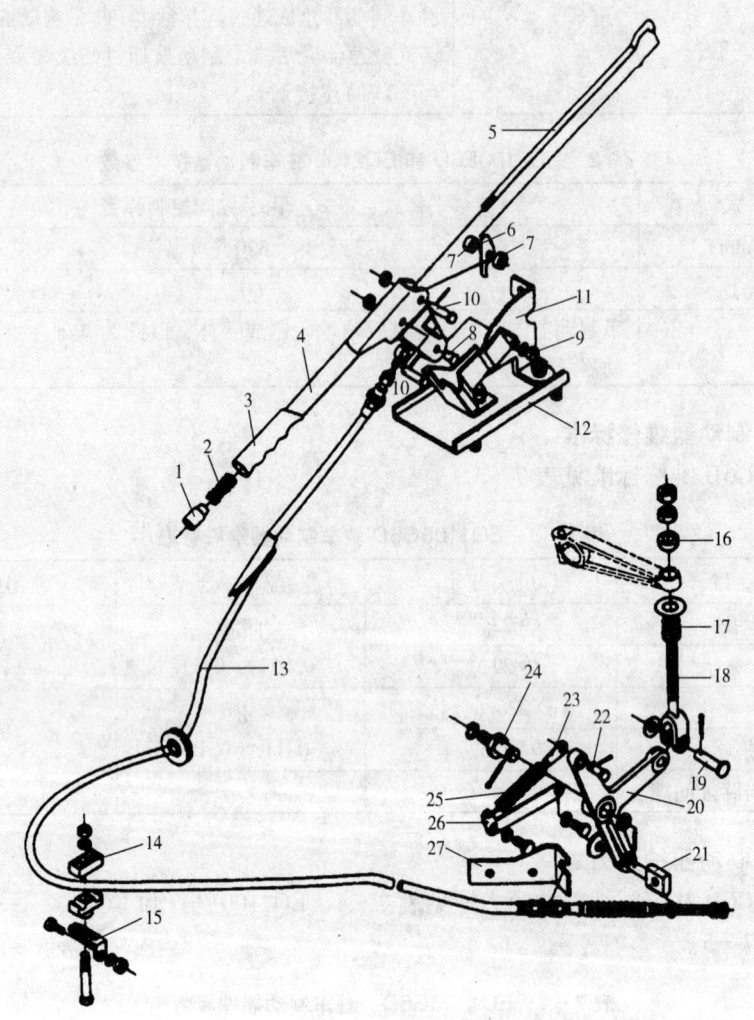

1—按钮 2—按钮回位弹簧 3—操纵把 4—手制动操纵臂总成 5—棘爪拉杆 6—棘爪 7—阻位塞 8—扁圆头半空心铆钉 9—支承衬套 10、19、22—平头销 11—支承齿板总成 12—底板焊接总成 13—手制动钢丝绳总成 14—单管夹上支架 15—管夹支架 16—球面垫圈 17—回位弹簧 18—手制动拉杆总成 20—摇臂及衬套总成 21—销轴 23—钩环 24—销轴(手制动摇臂用) 25—回位弹簧 26—弹簧支架 27—支架

图 7-57 EQ1108G6D 驻车制动操纵机构

在拆卸变速器的同时拆卸驻车制动装置。

1) 驻车制动操纵机构的拆卸。

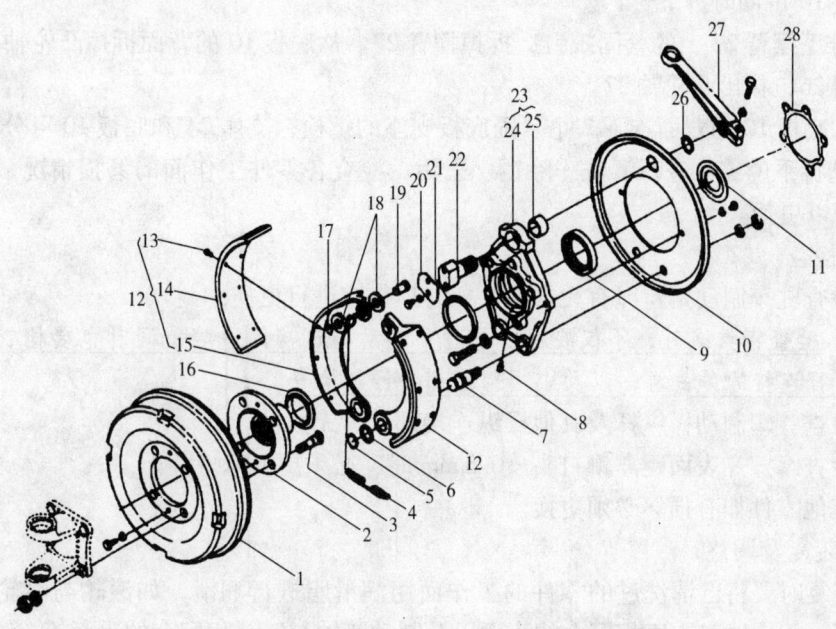

1—手制动鼓 2—凸缘 3—定位螺栓 4—回动弹簧 5—挡圈 6—垫圈 7—制动蹄轴 8—泄油塞 9—油封 10—制动底板 11—甩油圈 12—制动蹄总成 13—铆钉 14—摩擦片 15—制动蹄 16—甩油环 17—挡圈 18—滚轮 19—滚轮轴 20—限位片 21—挡油盘 22—凸轮轴 23—底板支座总成 24—支座 25—衬套 26—挡圈 27—凸轮摆臂 28—支座衬垫

图7-58 EQ1108G6D驻车制动器

a. 取下回位弹簧25。

b. 把驻车制动钢丝绳13与支架27的夹紧螺母松开。

c. 把钢丝从轴销上卸下。

d. 将手制动拉杆18与凸轮摆臂27拆开。

一般情况下,驻车制动操纵机构只需清洗或更换,不必全部解体。

2)驻车制动器的拆卸。

a. 拧下传动轴总成与制动鼓的连接螺母,拔出传动轴总成。拧下制动鼓1上的两个定位螺钉,取下制动鼓。

b. 拧下凸缘2固定在变速器输出轴上的锁紧螺母,取下止推垫圈,凸缘2(带定位螺栓3)可从变速器第2轴花键端拔出(甩油环16可能同时带出)。

如果定位螺栓3的滚花部分在凸缘孔中松动,允许局部进行电焊。

c. 拆掉凸轮22的限位片20,拆掉蹄片回动弹簧4。从制动底板10的背面拧下蹄片轴7的锁紧螺母,蹄片带蹄片轴可以从支座上取下。拆掉蹄片轴7前端的挡圈5,从蹄片上取下蹄片轴7。从蹄片另一端的滚轮18外侧面,拆掉挡圈17,滚轮18、滚轮轴19均可从蹄片上取下。

d. 拧下将底板支座总成23固定变速器第2轴轴承座上的5个螺栓,支座总成23

连同底板10可同时拆下。

e. 拧下摆臂27上的紧固螺钉，拆掉摆臂27。从底板10的背面拆掉凸轮轴22上的弹性挡圈26，拔出凸轮轴22。

f. 从底板10的背面拧下2个紧固底板支座的螺栓，支座24和底板10可分离。

g. 把拆下的零件进行清洗、除锈、去污。检查各零件工作面的磨损情况，将损坏的零件予以更换。

（2）检查

1）检查驻车制动钢丝绳有无损伤，如有损伤应进行更换。

注意：检查钢丝绳时，不仅要检查与驻车制动器连接的一端，同时也要检查与驻车制动操纵杆连接的另一端，以及中间部分都要仔细检查。

2）检查驻车制动操纵杆及其他操纵连接部件有无损伤。

3）检查摩擦片表面距离铆钉头<0.5mm时，必须更换摩擦片。

4）其他零件如有损坏必须更换。

（3）装复及调整

在装复时要将已清洗过的零件的工作面用润滑脂进行润滑，如滚轮与滚轮轴相配合的表面，凸轮轴与支座相配合的表面以及制动蹄轴与蹄孔相配合的表面等。

1）驻车制动器底板、支座的装复。

a. 把新油封9（见图7-58）、挡油盘21压入支承座总成23。装上泄油塞8，把底板10与支承座总成23用两个螺栓紧固在一起。把蹄片轴7插入支座总成23的轴孔中，放上弹簧垫圈，拧上锁紧螺母，但不要拧紧。

b. 装上凸轮轴22，装上弹性挡圈26。

c. 先把滚轮18及滚轮轴19装在蹄片12上，装上挡圈17，把分装好的蹄片套在蹄片轴7上，并用弹性挡圈5锁住。

d. 在两个制动蹄片之间挂上回动弹簧4。

e. 把摆臂27装在凸轮轴上，使它与底板的对称面的夹角大致为105°，并用螺栓将摆臂紧固。

2）手制动器底板总成和变速器第2轴轴承座的装复。

a. 把甩油圈11最先套在变速器的第2轴上。

b. 在轴承座以及支座的结合面上涂上密封胶，放上衬垫28，再抹密封胶，把已分装完的底板总成装配在轴承座上。

3）凸缘的装复。

a. 把甩油环16套在凸缘轴颈的外缘。

b. 用工具压住甩油环16的外缘，使凸缘2的内花键与变速器第2轴的外花键对正，用专用工具或铜棒把凸缘敲击到变速器第2轴上，务必装配到位，并且使甩油环进入挡油盘21的后面。在变速器第2轴上装上4个碟形垫圈，并使它们方向一致（凹面向内）。用锁紧螺母锁紧，拧紧力矩为196~245N·m。

4）手制动鼓的装复。把手制动鼓1套入凸缘的4个定位螺栓上，并用两个紧固螺钉固定在凸缘上。

5)驻车制动操纵机构的装复。

a. 将驻车制动拉杆与凸轮摆臂 27 装上。

b. 把驻车制动钢丝绳与轴销连接适当拧紧并调整。

c. 钢丝绳与支架适当夹紧并调整。

(4)驻车制动器的调整

在拆装时,如果驻车制动器总成没有更换零件,而且蹄片轴也没拆下支座,蹄片轴的锁紧螺母也没有松动,可以不作任何调整。

若驻车制动蹄的零件或总成已更换或蹄片轴从支座上拆卸过或蹄片轴已松动,则必须对制动器进行调整(调整时先不要把钢丝绳同轴销连接,如果已经连接则需拆开)。

1)制动器的调整。先拧松蹄片轴锁紧螺母,再用扳手转动蹄片轴,使得当在摆臂末端用力转动摆臂(≤29.4 N·m)张开凸轮时,两个蹄片的中部必须同时与制动鼓接触。然后用扳手固定蹄片轴,同时拧紧蹄片轴的锁紧螺母,在拧紧锁紧螺母时,蹄片轴不得转动。否则,必须重新调整。

注意:蹄片轴务必锁紧,不得松动。

2)操纵装置的调整。每行驶 12 000 km 保养时,应检查驻车制动器的效能。将驻车制动器操纵杆从放松的最低位置向上拉,其空行程应只有两响,第 3 响开始有制动的感觉,拉起 7~9 响时,汽车满载时应能可靠地停在规定的坡道上(见图 7-59),如空行程增大而不能达到规定的停坡要求时,应进行调整。调整方法是如下:

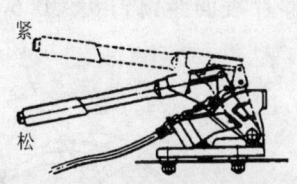

图 7-59 检查驻车制动器的效能

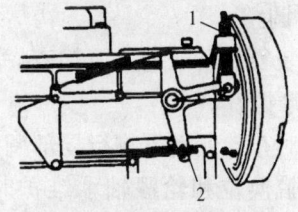

1—锁紧螺母 2—软轴锁紧螺母

图 7-60 调整驻车制动器方法

a. 将车辆水平放置,用三角木塞住车轮。

b. 将操纵杆放至最低位置,拧动软轴调整螺母,使摇臂与地面成 15°的夹角,再用锁紧螺母锁紧(见图 7-60)。

c. 将操纵杆拉起 7~9 响,拧紧驻车制动拉杆的调整螺母,使驻车制动处于完全抱死状态,检验驻车制动器效能是否达到要求,若达到要求,用锁紧螺母锁紧。

d. 完全放松驻车制动操纵杆,汽车在行驶过程中驻车制动器应无发热现象。

(5)润滑要求

支座的凸轮轴支承孔内、滚轮的孔内、蹄片轴支承孔内均需加入少量润滑脂,凸轮的工作面抹微量润滑脂,摆臂的花键孔内加入适量润滑脂等。

五、车轮制动器部分检查与维修

1. 解体检查

1)拆下轮毂和制动器总成后,拆下回位弹簧、蹄片支承销上两个开口销和垫板,取下两个制动蹄总成。

检查摩擦片磨损情况,若工作表面距铆钉头<0.5mm,应更换摩擦片;如左、右制动器中有一个摩擦片需要更换,则需将同轴的制动器摩擦片全部更换。在特殊情况下,允许暂时更换一个摩擦片,但必须相应更换另一制动器中对应位置的摩擦片,且不能长期使用。

2)拆下蹄片支承销螺母和弹簧垫圈,取下蹄片支承销,检查磨损情况,必要时更换。

3)拆开制动气室与调整臂之间的连接,拧下制动软管,拆下制动气室。

4)拆开固定调整臂的开口销和垫圈,拿下调整臂总调整垫片,并存放好。

取出制动凸轮,拆下前制动气室凸轮支架(后制动气室是凸轮支承座和凸轮支架),检查支承孔磨损情况,必要时更换衬套。

2. 装复

装配前,除制动鼓和制动蹄外,其他零件均应清洗干净,然后按解体的相反顺序装复。将蹄片装到轴上时,蹄片支承销的工作面应涂上一薄层润滑脂,并将多余的润滑脂清除干净。选配合适的凸轮调整垫片,保证凸轮的轴向间隙<1mm,且转动自如。

3. 调整

1)装复制动鼓前,应检查蹄片的磨损情况。若摩擦片表面距铆钉头<0.5mm时,应更换摩擦片。

2)对车轮制动器进行局部调整(见图7-61)。在进行轮胎换位和轮毂轴承维护时,装复制动鼓总成后,应通过制动鼓上的检查孔测量制动鼓与制动蹄片之间的间隙,靠近蹄片支承销一端应为0.2~0.5mm,靠近凸轮轴一端应为0.4~0.7mm。如间隙不在此范围内,则应取下调整臂防尘罩,推进调整锁止套,露出蜗杆的六方头,用扳手转动蜗杆轴,使制动鼓与制动蹄片之间的间隙在上述范围。

局部调整时不要拧松制动蹄片支承销的紧固螺母和改变轴的安装位置,以免破坏制动时蹄片与制动鼓的接触面。一旦蹄片支承销的安装位置改变,就必须进行全面调整。

禁止用转动连接叉改变推杆长度的方法来调整制动器。

3)车轮制动器的全面调整。

a. 拧松紧固蹄片支承销螺母(位于车轮内侧)和

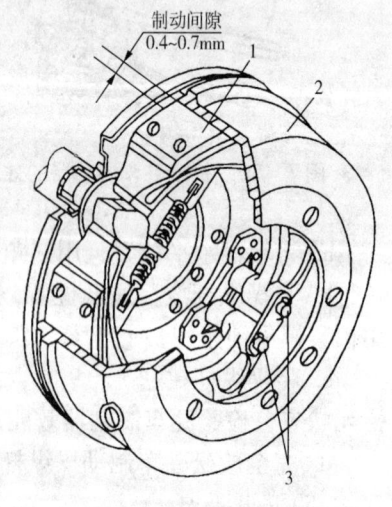

1-制动蹄片 2-制动鼓
3-蹄片支承销

图7-61 车轮制动器的调整

凸轮支承座紧固螺栓的螺母(前制动器是制动凸轮支架螺栓、螺母,后制动器是制动凸轮支架和凸轮支承座螺栓、螺母)。

　　b. 拆开制动气室推杆与调整臂的连接(拔下开口销,取下垫片和销钉),存放好垫片。

　　c. 转动蹄片支承销,使轴端的标记处于相互靠近的位置。

　　d. 取下调整臂防尘罩,将锁止套推进至露出六方头,用扳手转动蜗杆轴的六方头,使蹄片压向制动鼓,通过检查孔用塞尺检查每个蹄片两端与制动鼓是否贴紧,如果蹄片支承销端有间隙,可转动蹄片轴来消除。

　　e. 在调整好的位置上拧紧蹄片支承销螺母和凸轮轴承座紧固螺栓、螺母。凸轮轴承座紧固螺栓、螺母的拧松是为了让凸轮自动定心,保证制动蹄片受力均匀。

　　f. 将制动气室推杆连接叉和调整臂连接好。

　　g. 用扳手转动蜗杆轴,使制动鼓与制动蹄片的间隙为:靠近蹄片轴一端 0.2～0.5 mm,靠近凸轮轴一端 0.4～0.7 mm。

　　h. 调整后用锁止套锁住蜗杆轴,并装上防尘罩。

　　4. 制动气室检查与维修

　　制动气室中的膜片是制动气室的重要零件,更换里程一般为 6 万 km 或汽车行驶一年。为确保行驶安全,到期即应更换。重装制动气室时,膜片的安装位置要变换。因为制动气室膜片在入气口正对处容易老化,因此,应定期(建议每次二级维护)变换其装置位置。

　　制动气室弹簧变形、断裂或弹力减弱应更换,膜片有裂纹、破损、老化应更换,外壳有裂纹、变形或推杆磨损严重应更换。

　　(1)装配

　　1)装配膜片时,表面应完好无割伤及裂口。装配时推杆托盘及弹簧位置放正。连接叉在推杆上应拧紧。

　　2)前后制动室卡箍紧固螺栓的装配方向应与拆前相一致,注意进气管接头方向。

　　3)压缩空气进入或排出时,制动室推杆应能迅速地推出和返回原位。

　　制动室推杆行程,前制动气室为 20～25 mm,后制动气室为 25～30 mm。为使左、右车轮具有相同的制动效果,应尽量做到左、右制动气室行程在同一桥中差别最小,不应超过 5 mm。

　　解除制动时,蹄片应迅速回位,否则要检查回位弹簧和传动零件的工作情况。

　　(2)零件的检修

　　膜片如有裂纹、变形或老化等损坏,应予更换。弹簧明显变形或严重锈蚀时,应更换。壳、盖裂纹应焊修,推杆孔磨损可堆焊修复。

　　(3)调整

　　将弹簧套在推杆上,再将推杆插入壳的孔中,装回推杆叉。按记号合拢壳盖,均匀对称地拧紧螺母,以防膜片变形漏气。壳、盖螺母拧紧后,再将推杆叉拧紧至推杆螺纹的底部为止。用压力为 883 kPa 的压缩空气试验,不得有漏气现象。最后装回车架,并装上制动气管。

5. 气压调节器检查与维修

1) 气压调节器的检修壳。盖破裂应焊修,膜片阀门、心杆、弹簧损坏应更换。

2) 阀门与阀座应密合。用嘴做吸气试验,如漏气,可用机油或少许研磨膏进行研磨。阀门锥面上如有沟槽,应先车光然后与座研磨。

3) 调整平衡弹簧预紧力。由膜片顶杆下端至衬套上支承平面的距离应为 61.8～62 mm,用弹簧试验机测量,弹簧的顶紧张力应为 294～343 N。否则,可在弹簧上端与衬套之间增减垫片来调整。如果没有弹簧试验机,可用手拧紧螺母至拧不动为止。此时,心杆下端至衬套上端面的距离应符合要求,最后将螺母锁紧。

六、挂车制动部分

1. 挂车制动阀装配检查与调整

装配前,心杆与中壳体的密封圈应涂油润滑,上、中、下壳体用螺栓要拧紧并保证密封,橡胶件表面刮伤,应更换新件。

挂车制动阀必须保证储气筒气压在 490 kPa 以上。用拧进或拧出调整螺栓调整气压。

用涂肥皂水检查密封性。当解除制动时,通气孔处出现气泡,而当制动时又停止冒气泡,说明阀门不密封。为消除漏气,应拆下阀门检查,如果阀门表面有 >0.5 mm 深的凹痕时,必须更换新阀门。当解除制动时,通气孔处无气泡,而制动时,通气孔处一直有气泡,说明下膜片与心杆密封不好,应拧紧螺母予以排除。

为了保证正常工作和安全,所有管路应密封。前轮制动软管不可与车轮发生摩擦。应定期检查软管的安装位置,检查时应将车轮转到最大转角,以观察是否有间隙。为确保行车安全,软管应定期强制性更换,以免因橡胶老化而发生爆裂。

2. 分离开关、连接头检查

分离开关为平面橡胶阀门式,位于车架后方,装在连接头之前,用以控制对挂车的供气。

当手柄转到接通位置时(即与汽车纵梁相垂直),心杆压下推开阀门,使挂车制动阀来的压缩空气通过连接头,经挂车分配阀进入挂车储气筒;当手柄转到与汽车纵梁平行切断气源。

连接头是用来连接汽车与挂车空气管路的。当汽车不带挂车时,连接头盖应处于关闭状态。当汽车拖带挂车时,先打开盖再与挂车连接头相接。若有漏气应检查橡胶密封圈是否正常。

制动管路由钢管和橡胶软管组成。从气源开始,前、后轮各有自己独立的一套管路,当一套管路失效时,另一套管路仍能正常工作,从而提高了行车安全性。

分离开关和连接头的维护要求在使用中应经常检查密封性,如果发现其中一项漏气,应更换阀门和橡胶密封圈。

第五节 制动系常见故障诊断与排除

一、气源部分

(1) 制动系统充气速度慢或完全不充气

这一故障主要是空气压缩机进、排气阀封闭不严或烧损所致,拆检更换进、排气阀即可排除。

(2) 干燥器不能反充排气

干燥器不能反充排气的故障一般在调压阀,应对调压阀进行拆检。干燥器排气阀常出现漏气的故障是由于排气阀密封件损坏,或是在阀与阀座之间存有异物,使其封闭不严。

(3) 四回路某一回路不充气

斯太尔汽车四回路保护阀把全车分成前桥制动回路、(中)后桥制动回路、驻车制动回路和辅助用气回路。在实际运行中,往往发生某一回路不充气,遇有这种故障应对四回路阀进行拆检,如果阀卡死则清理后重新装配即可排除。如果阀损坏则应用修理包更换损坏的部件。

二、行车制动部分

1. 五十铃 NI-IR 型汽车后轮制动不灵

(1) 故障现象

一辆五十铃 NHR 型汽车以 15~20 km/h 速度试车制动时,发现两后轮制动力均不足。表现为制动不灵,但不跑偏。

(2) 诊断与维修

经分析,引起两后轮制动不灵的原因多为:① 两后轮制动器有故障;② 制动液压感载阀有故障。

这是因为从液压制动总泵送出的液压油,必须经过液压感载阀确定其分配比例后,再送往两前轮和两后轮制动分泵。如果液压油分配不当,就会导致两前轮或两后轮同时出现制动不灵的故障。

从故障现象分析,两后轮制动器有故障的可能性不大。这是因为不可能刚好两后轮制动器产生同样程度的故障,而导致制动不灵,因此判断故障原因多数与感载阀工作不良有关。

经检查和了解,该车液压制动系统的制动液已使用近 10 万 km 没有更换过。制动系统内杂质、油泥和水分等都较多,显然会使油道堵塞,零部件滑动受阻。拆检感载阀,发现柱塞活动受阻,故引起分配给两后轮制动分泵的液压油量不足,而达不到规定的制动力矩,使两后轮制动不灵。

彻底清洗液压制动系统,更换制动液,并检修感载阀后再试车,故障排除。

2. 继动阀的技术性能变差

(1) 故障现象与原因

中、重型柴油车制动管路中的继动阀的技术性能变差时，将产生如下故障：

1）中、后轮主制动器不起制动作用。原因是继动阀卡在上限位置。这时活塞顶部虽受控制气压的作用，但却不能下行关闭排气阀和打开进气阀门，则储气筒内压缩空气不能经进气阀门充入中、后轮制动气室，故中、后轮制动器不起制动作用。

2）中、后轮制动器不解除制动作用。原因是继动阀活塞卡在下限位置所造成。当活塞卡在下限位置后，由于不能上行打开排气阀门和关闭进气阀门，中、后轮制动气室内的压缩空气不能由排气阀门排入大气，故中、后轮制动器不能解除制动作用。

3）中、后轮制动器的制动力不足。原因是继动阀的排气阀漏气所致。因排气阀门漏气后，继动阀便不能保证中、后轮制动气室有足够的空气压力，故中、后轮制动器产生的制动力不足。

4）中、后轮制动器产生的制动力与踏板至某一位置所应有的制动力不相应。原因是由进、排气阀门弹簧张力过小或过大所造成。当制动踏板踩至某一位置而使制动器产生制动力时，若活塞下腔制动气体的作用力与进、排气阀门弹簧张力的合力等于活塞上腔室控制气体的作用力时，活塞便处于进、排气阀门均关闭的平衡状态。这时充入制动气室的气体压力（与活塞下腔室的气体压力相等）使制动器产生的制动力，即是踏板在此一位置所应有的制动力。若进、排气阀门的张力过小或过大，则下腔室的气体压力（亦即制动气室的气体压力）必然要相应增大或减小，才能使活塞保持平衡状态，因而中、后轮制动气室使制动器这时产生的制动力，也就大于或小于踏板在此一位置所应有的制动力了。

（2）故障维修

如果出现进、排气阀门弹簧弹力过大或过小，或阀门关闭不严，或活塞卡在极限位置不能移动时，应该首先考虑到是因为汽车制动管路中的继动阀的技术性能变差造成的，维修时应更换新件。

3. 主制动阀

（1）故障现象

1）当踩下制动踏板时，主制动阀从排气口处漏气。如果踩下制动踏板时，主制动阀从排气口漏气，故障主要在主制动阀本身。

2）不踩制动踏板时，主制动阀漏气。如果在制动解除之后，主制动阀从排气口 3 处向外漏气，一般是上腔或下腔进气口 j 和排气口 h 密封件破损，或是在阀与阀座之间存有异物，导致主制动阀漏气。进气阀杆与壳体之间密封圈破损也会产生漏气。

3）解除制动后，制动气室膜片不回位或回位太慢。如果发现全车制动"发咬"，制动气室膜片都不回位，显然是制动踏板与主制动阀连接杠杆连接过紧，使制动踏板没有自由行程，主制动阀总处于打开的位置，因此全车制动回路总有一定的制动气压存在。虽然该气压不高，但使制动总处于制动状态，气室推杆总以一定的力迫使制动蹄片贴在制动鼓上，从而产生"发咬"的现象，这种故障往往发生在更换或安装主制动阀时。因此，在安装主制动阀，连接制动拉杆与主制动阀拐臂时一定应注意，安装后，连接拉杆后端应与主制动阀拐臂连接销存有一定的自由间隙，这一间隙可通过调整拉杆长度来实现。换句话说，安装主制动阀后应保证制动踏板有一定的自由行程。

制动解除后，前轮"发咬"，待行驶一段距离"发咬"现象才会消失。

(2) 故障检查与维修

1) 如图7-62。应首先检查上腔与下腔进气口 j 和 g 与活塞 c 和 f 的接触面上有无异物，密封件有无破损。如果活塞与进气阀接触封闭不严，就会产生制动时漏气的现象。其次应检查进气阀杆 e 与中腔活塞 f 之间的密封圈是否磨损和破损、下腔进气口 g 的阀杆与壳体之间密封圈是否磨损和损坏。因为这些密封圈损坏都会造成漏气故障。另外，应检查主制动阀中腔活塞 f 的两个 O 形密封圈是否磨损和损坏。因为这两个密封圈破损同样会造成漏气故障。

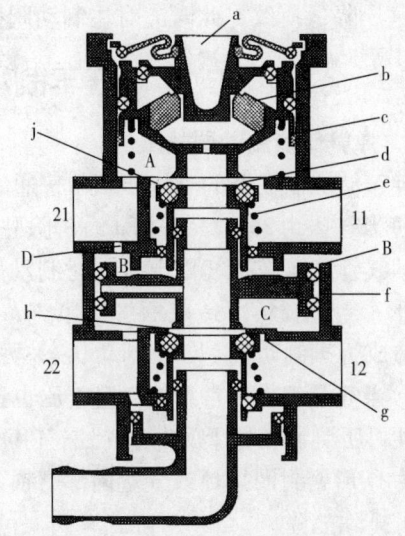

a-顶杆　b-橡胶弹簧　c-活塞　d-排气口　e-阀杆　f-活塞　j-进气口　g-进气口　h-排气口　B-腔　D-小孔　11、12-接口　21、22-接口　3-排气口

图7-62　主制动阀结构

2) 前制动气室膜片回位太缓慢。这一般是由于主制动阀下腔放气不畅造成的。主制动阀下腔进气口 g 密封件中腔活塞 f 之间有油污和脏物堵塞，上行回不到位（活塞卡住）都会产生这一故障。

3) 前制动回路管路部分被油泥堵塞、前气室弹簧失效也会产生这一故障。如果是单边"发咬"，很可能是制动机械部分的问题。例如制动凸轮轴锈蚀、制动凸轮轴弯曲变形等都会产生制动后"发咬"的故障。制动蹄回位弹簧断裂或弹力太小显然也会产生此故障。

4) 制动解除后，(中)后桥制动"发咬"，随汽车行驶一段后制动都能完全解除。这种故障原因较多。首先主制动阀上腔回气不畅、继动阀回气不畅、制动管路部分堵塞都会产生"发咬"现象。主制动阀回气不畅主要是进气口 j 与活塞 c 之间被油污或脏物堵塞，或是活塞 c 在制动解除后回不到位，使排气口 d 形成节流，造成放气缓慢（如图7-62）。继动阀放气不畅也是这种问题。

如果(中)后桥仅是个别车轮制动"发咬"很可能是该部位机械部分的故障，制动蹄片回位弹簧折断，制动凸轮轴与衬套锈蚀，凸轮轴弯曲变形，桥壳变形，制动气室回位簧失效都会产生制动后"发咬"故障。如果是某个车轮突然"发咬"，很可能是制动蹄片脱落或者是破碎。

如果(中)后桥车轮持续"发咬"，显然问题出在驻车制动系统上。驻车制动阀漏气或者是(中)后桥某一弹簧储能制动气室漏气，都会造成(中)后桥全部车轮持续"发咬"的故障。应急制动继动阀漏气也会产生上述故障。

5) 前轮制动效果差，经检查前轮制动气室制动气压偏低。这一般是由于主制动阀上腔与中腔的控制气孔 D 被油泥或脏物堵塞而使压缩空气节流，使前轮制动的活塞 f 上腔 B 气压降低所致。此时应对主制动阀拆检清洗。

三、驻车制动与应急制动回路

1. 弹簧储能制动器故障

弹簧储能制动器的工作原理与普通的制动气室不同，常见故障有以下几种：

1）当气压为 350～400 kPa 时解除驻车制动，但后分泵仍处于制动状态，当拆下行车制动气管若有高压气排出，同时制动解除，这说明驻车制动气室与后制动气室之间的 O 形密封圈损坏，造成两气室窜气，即压缩空气从驻车制动气室窜入脚制动气室，从而造成行车制动气室处于制动状态。只要更换 O 形密封圈，即可消除故障。

2）当气泵工作正常，储气筒气压也正常时，行车时有"发咬"现象，此时若将车停下，便可听到制动器上有"吱吱"漏气声，用手触摸也能感到，这表明储能弹簧气室活塞体为 O 形密封圈损坏或气室内部磨损，间隙过大导致密封不严。解体更换 O 形密封圈即可排除故障。

3）使用驻车制动时，驻车制动不起作用，这说明驻车制动气室中的鼓形弹簧折断，导致驻车制动失去作用，将分泵拆下摇晃时可听见撞击声。

2. 驻车制动阀漏气故障

（1）故障现象

当驻车制动阀置驻车制动位置时，驻车制动阀从排气口 3 持续漏气，一般是阀的进气阀与阀座封闭不严，或是阀与阀座之间存在异物，或是进气阀密封件损坏所致。

（2）故障诊断与维修

在驻车制动时，驻车制动阀漏气不会产生其他故障。然而当把驻车制动阀手柄置行驶位置时，驻车制动阀漏气，将会产生汽车行驶时（中）后桥车轮"发咬"的故障。这是由于驻车制动阀的阀杆与气阀的接触封闭不严所致。造成该排气口封闭不严的原因，可能是密封件的损坏，或是由于阀杆与气阀之间有异物或油污的隔开而造成排气口封闭不严。拆检清洗或更换进气阀密封件，故障就可排除。

3. 弹簧储能气室漏气故障

（1）故障原因

弹簧储能气室活塞密封圈损坏、拉伤，气室气缸拉伤等，都会造成气室漏气。因（中）后桥车轮的各弹簧储能制动气室都是气路联通的，因此只要有一个气室漏气，就会造成各个气室气压的降低。因此，导致行驶时（中）后桥车轮"发咬"的结果。

（2）故障维修

遇有这种故障，则需将漏气的制动气室拆检修理。拆卸和安装弹簧储能制动气室时，必须在压床上进行，以确保安全。

四、挂车制动系

1. 挂车没有制动故障诊断与维修

当主车踩制动踏板时，挂车没有制动。遇到这种故障应首先检查当踩制动踏板时，挂车制动控制管路有没有气压（可以用手按下挂车制动控制管路接头的单向阀，然后踩制动踏板，观察是否出气）。如果没有气压输出，则说明故障在主车上安装的挂车制动控制阀；如果有气压输出时，则说明问题在挂车上安装的制动阀上。应分别对其进行拆检修理。

2. 挂车储气筒不充气故障诊断与维修

遇有挂车储气筒不充气的故障，首先应检查主车至挂车的充气管路有没有气。如果充气管路没有气（可用按下充气管接头的单向阀来检查），说明故障在挂车制动控制阀（安装在主车上）上；如果充气管路有气，主车与挂车连接接头也没有问题，说明故障在挂车制动阀（安装在挂车上）上。需分别对其进行拆检。

3. 挂车制动"发咬"故障诊断与维修

在正常行驶时，挂车车轮"发咬"、制动鼓发热，一般是由于充气管路或接头漏气，挂车制动阀自动产生制动造成的，应对充气管路与接头进行检查，酌情更换新件。

第8章 柴油车取力器和绞盘结构与维修

第一节 取力器结构特点与使用维修

一、取力器结构特点

1. 斯太尔系列柴油车取力器结构特点

（1）N200型取力器主要结构

N200型取力器主要有后壳1、前壳19、驱动轴3、球轴承4、轴套6、拨叉7、隔套9、O形圈11、压簧12、活塞13、啮合套16、连接法兰20、压力开关23等主要机件组成，见图8-1所示。N200取力器为单轴式后置取力器，一种是安装于VG1200分动

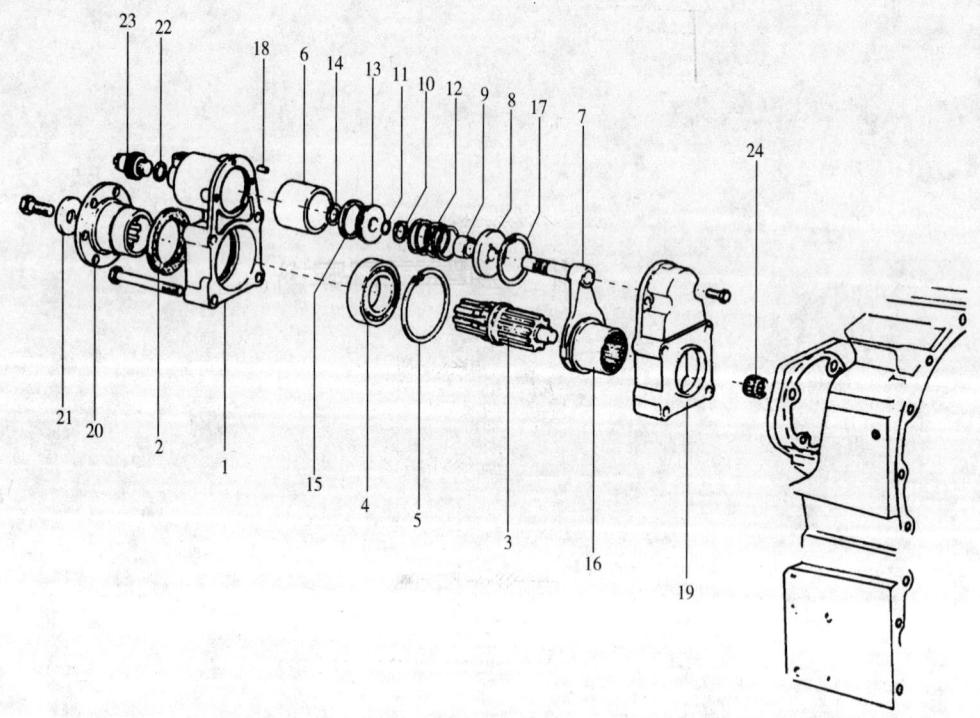

1-后壳 2-垫圈 3-驱动轴 4-球轴承（槽型外圈） 5-开口弹性挡圈 6-轴套 7-拨叉 8-垫片 9-隔套 10、14、17-卡簧 11-O形圈 12-压簧 13-活塞 15-活塞密封圈 16-啮合套 18-定位销 19-前壳 20-连接法兰 21、22-垫圈 23-压力开关 24-带保持架的滚针轴承

图8-1 N200型取力器结构

器后部，动力由分动器输入轴输入，通过驱动轴经连接法兰输出。联接关系见图8-2。另一种是安装于ZFAK6—90和ZFS6—90型变速器后部，联接关系见图8-3。

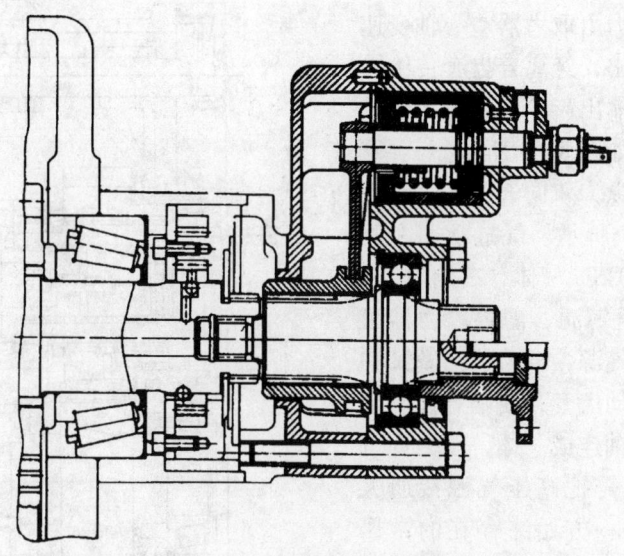

图8-2　N200型取力器在斯太尔分动器上的安装

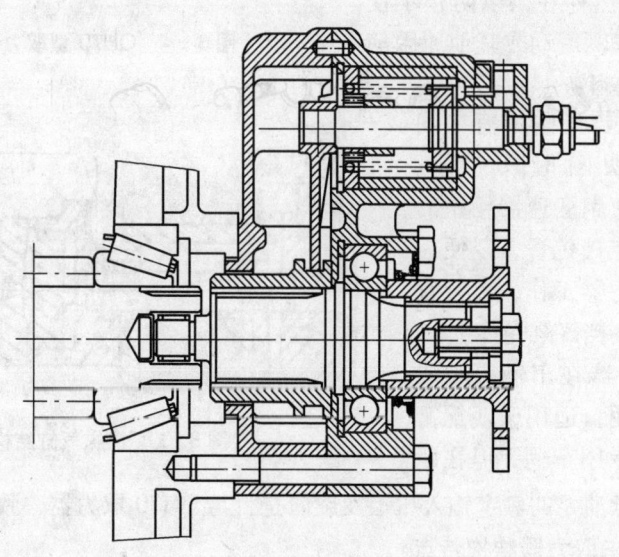

图8-3　N200型取力器在ZFAK6—90T和ZFS6—90的安装

该取力器为气压式操纵，当气压开关打开时，压缩空气由进气道进入，推动活塞克服压簧弹力向左移动，同时带动拨叉及啮合套与输入轴啮合，动力即可取出。不工作时，只需将供气源与大气接通，活塞在压簧的作用下向右移动，使啮合套处于分离状态而切断动力输出。

（2）QH70 型取力器主要结构

QH70 型取力器为双轴式后置取力器，安装于富勒系列变速器后部的右下方中间轴上。动力由取力器空心轴变速器加长中间轴取出，经离合齿套传给输入轴齿轮，再经输出齿轮轴、输出法兰盘把动力输出。如图 8-4 所示。

该取力器操纵为双向气压操纵，操纵气缸如图 8-5 所示。气缸活塞左侧为常压 410～440 kPa 气体，右侧为 700～800 kPa 的高压气源，需要取力器工作时，接通高压气源，取力器活塞叉轴将带动拨叉，拨动齿套，使啮合齿套把输入齿轮和空心轴连成一体，动力即可取出。退挡时只需把高压气源接通大气，则活塞左侧一方始终存在的常压 410～440 kPa 的气体将使离合齿套处于分离位置。分离后气缸左侧面 410～440 kPa 的气体依然存在，以防止不使用取力器时，因车辆震动或其他原因使取力器误处于工作状态。

QH70 型取力器还附带有中间位置气缸总成，见图 8-6 所示。该装置的作用是使副变速器箱中的同步器滑套处于空挡位置，以便在停车时仍可使取力器工作，此装置安装在副变速器换挡气缸壳体上。

QH70 型取力器在车辆行驶或不行驶时均可使用，适用于匹配富勒变速器的各类专用车辆，但在匹配油泵时，要注意油泵的额定输入扭矩及旋向是否与 QH70 取力器一致。

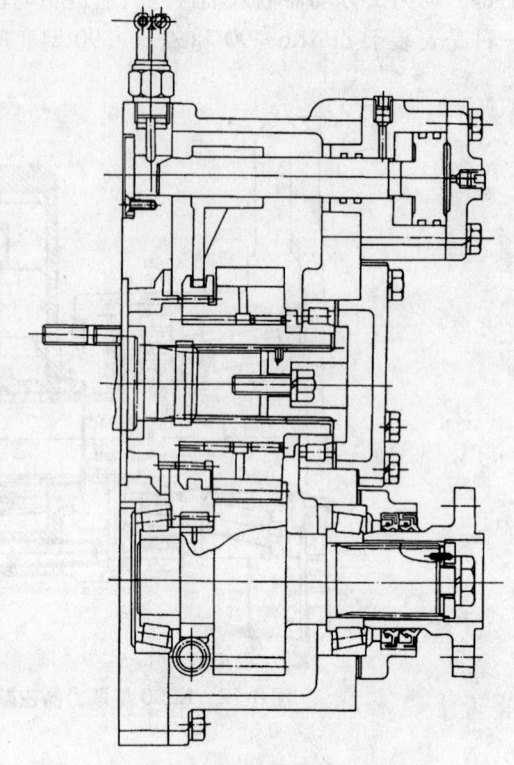

图 8-4 QH70 型取力器结构

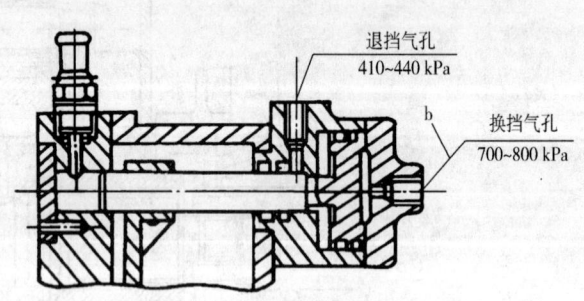

图 8-5 操纵气缸结构

2. 东风柴油车取力器结构特点

取力器是从变速器上提取一部分功率供绞盘或其他特种装置使用的传动装置。EQ2100E6D、EQ2102 等汽车装用的取力器结构大同小异，但是齿数不同，因而不能互换。

EQ2102、EQ1141G 车型在驾驶室内通过电控气操纵系统进行操纵。下面以 EQ2100E6D 为例，介绍取力器的结构。

取力器用螺栓紧固在变速器壳上，并通过圆柱销定位。其主动齿轮与变速器的中间轴4挡齿轮相啮合。取力器结构见图8-7。

主动齿轮10的大齿轮和中间轴齿轮5的小齿轮为斜齿轮，其他齿轮为直齿轮。

主动齿轮及中间轴齿轮轮毂端面与取力器外壳间装有铜质止推垫圈，以防止取力器的孔端面磨损。

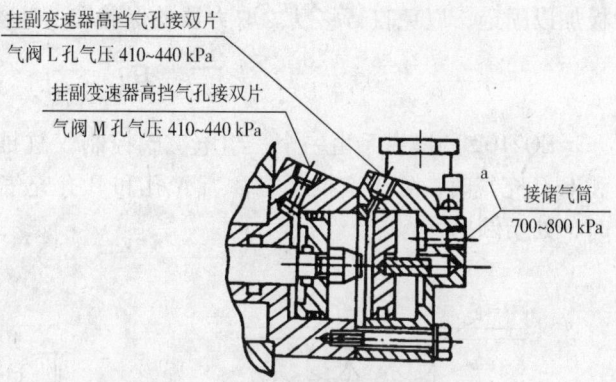

图8-6 附带有中间位置的气缸结构

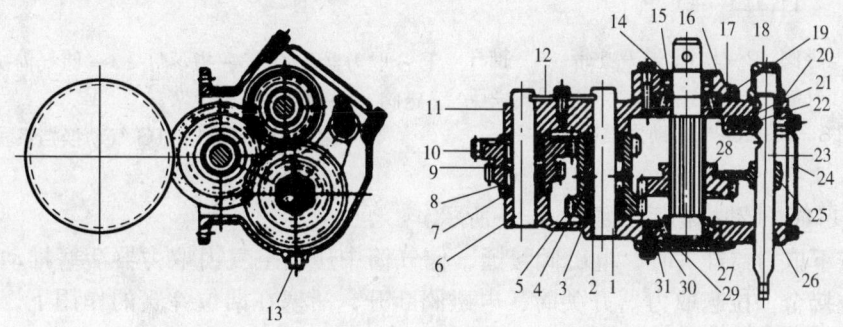

1-中间轴 2、7-止推垫圈 3、8、19、29-滚针轴承 4、9-轴承隔套 5-中间轴齿轮 6-主动齿轮轴 10-主动齿 11-取力器壳 12-锁片 13-放油螺塞 14-挡尘罩 15-油封 16-前轴承盖 17-调整垫片 18-换挡轴螺塞 20-密封垫圈 21-自锁钢球弹簧 22-钢球 23-换挡叉轴 24-取力器盖 25-换挡叉 26-油封 27-输出轴 28-滑动齿轮 30-后轴承盖 31-衬垫

图8-7 EQ2100E6D取力器结构

输出轴装在两个滚锥轴承上，滚锥轴承的预紧度应为0.4～1.0N·m。预紧度的调整由装在前轴承盖下面的调整垫片来调整，调整垫片的厚度为0.05、0.1、0.2、0.5、1 mm共5种。

取力器在变速器上装配时，用两个定位销定位，保证了取力器的正确安装，避免取力器在柱螺栓上装置歪斜，引起齿轮噪声的增大和加速齿轮的磨损。

变速器和取力器之间装有原来在取力孔盖板上的纸质垫密片，以防止漏油。垫密片的厚度应在0.7～0.9 mm范围内，以避免齿轮中心距过大或过小。

取力器有空挡和两个使用挡，使用挡一为前进挡——绞盘鼓筒缠绕钢丝绳（取力器输出轴旋转方向与发动机曲轴旋转方向相反），一为倒挡——绞盘鼓筒放松钢丝绳用（取力器输出轴旋转方向与发动机曲轴旋转方向相同）。

EQ2100E6D的取力器操纵杆在中间位置(空挡)时,应用安装在驾驶室地板上的锁板加以固定,以免自行移动。取力器的保养和变速器相同。

二、取力系

EQ2102的操纵系由一个三组电磁阀控制气缸推杆运动,如图8-8所示。当A孔和C孔充气时,处于空挡状态;当A孔和B孔充气时,处于前进挡状态;当C孔充气时,处于倒挡状态。

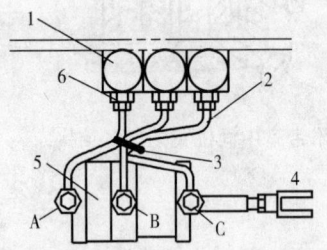

1-三组电磁阀 2-软管 3-扎带 4-推杆
5-高低挡气缸 6-管接头 A、B、C-接口

图8-8 EQ2102助力器操纵系

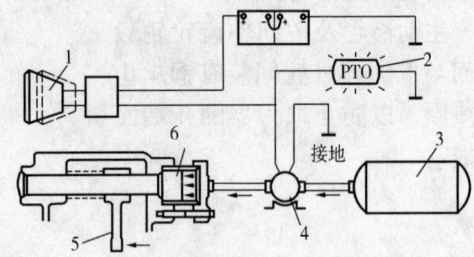

1-取力器开关 2-指示灯 3-储气筒 4-电磁阀 5-拨叉 6-活塞

图8-9 EQ1141G气动换挡系

EQ1141G气动换挡系图见图8-9所示。

当按下取力器开关时,电磁阀接通,储气筒中压缩空气由取力器活塞推动换挡拨叉,挡位接合。拉起取力器开关时,电磁阀断开,活塞在回位弹簧的作用下,使换挡拨叉脱开,挡位分离。

三、取力器使用维修

1. QH70型取力器使用注意事项

(1)车辆静止不动时取力器的使用

1)先将变速器操纵杆必须放在低挡区的空挡位置。

2)接通A气孔,使副变速器处于空挡位置。

3)接通B气孔,使取力器处于挂挡位置。

4)根据整车要求,将变速器操纵杆扳至低挡区所规定挡位,此时取力器进入工作状态。

(2)车辆行进时取力器的使用

1)首先将变速器操纵杆放在低挡区空挡位置。

2)接通B气孔,使取力器处于挂挡位置。

3)根据整车要求,将变速器操纵杆扳至低挡区所规定挡位,此时取力器进入工作状态。

2. QH70型取力器维修注意事项

1)应注意按规定添加或更换润滑油。

a. 取力器单独注有润滑油,牌号为 18 号馏酚双曲线齿轮油。

b. 油面高度为加油孔下沿到距下沿 20 mm 处为宜,不足此油面高度应加至标准刻度。

c. 新取力器工作 20 h 后应换加新油,以消除由于磨合产生的杂质。

d. 取力器每工作 500 h,应换加新油,以防止润滑油变质失效。

2)取力器如有故障或产生异响声时,应及时检查,更换损坏零部件,以保证取力器正常工作。

3)将拆卸的零件清洗干净,按序摆放整齐。

4)检修需要更换的零件。

3. QH70 型取力器装配注意事项

1)检查要装配的零件是否符合装配标准。

2)全部使用新的衬垫。

3)将要装配的所有零件清洗干净。

4)将要涂抹密封胶的纸垫、零件涂上密封胶。

5)按拆卸的相反顺序、标记装配。

4. 常见故障与排除

(1)漏油

表 8-1 漏油故障与排除

故 障 原 因	排 除 方 法
(1)油封或纸垫损坏 (2)装配时纸垫双面未涂密封胶 (3)侧盖与变速器后盖壳体装轴承处发生干涉,使侧盖与变速器后盖壳体端面未压紧	(1)检修更换 (2)检修涂胶重新装配 (3)拆下检修后重装

(2)挂不上挡或退不下挡

表 8-2 挂挡困难故障与排除

故 障 原 因	排 除 方 法
(1)气路各接头漏气或气压不足 (2)气缸各底部纸垫破损 (3)拨叉止动螺钉松脱或拧断 (4)拨叉脱出变合齿套叉槽 (5)变速器加长中间轴磨损	(1)检修气路,使气压保持正常 (2)更换破损纸垫 (3)检修或更换新件 (4)检修或更换新件 (5)检修或更换新件

(3)异常响声

表 8-3 异响故障与排除

故障原因	排除方法
(1)齿轮严重点蚀或断齿	(1)检修或更换
(2)轴承严重点蚀或滚针、滚锥挤碎	(2)检修或更换
(3)空心轴端部的 MIO 细牙小六角头螺栓松动	(3)检修或更换

(4)指示灯开关不起作用

表 8-4 指示灯开关故障与排除

故障原因	排除方法
(1)指示灯开关接线柱碰坏	(1)检修更换新件
(2)指示灯开关的安装高度位置不对,挺杆顶不上触点或顶起过度	(2)检修、重新调试

第二节 绞盘结构特点与使用注意事项

一、结构特点

1. 斯太尔 YJ10HC 组成与结构特点

(1)YJ1OHC 组成

YJ1OHC10t 后置液压绞盘由 YJ10QF 气阀、YJ10F 控制阀、CB40JB 齿轮泵、YMY70 液压马达、HJ10C 减速器(内含 YJ10HCYZ 液压制动器、YJ10LZ 联轴器)等部件组合而成。

汽车发动机输出的动力通过取力器传给液压油泵。从油箱来的液压油通过油泵增压,由输油管经控制阀使液压马达工作。液压马达输出的扭矩通过减速器得以放大,最后由卷筒绞紧或松开钢丝绳,进行牵引或滑溜工作。工作原理图见图 8-10 所示。

绞盘与马达采用分离形式,安装于车架纵梁外侧,并在马达与制动器之间增加弹性联轴器及相应的传动支承装置,而液压控制阀则通过管道与液压马达、液压制动器相连接。其中弹性联轴器的作用是补偿安装时的偏移,并减缓机械部分的冲击。

(2)各部件的工作情况

油泵是一个外啮合式齿轮泵,通过齿轮的持续工作,完成输油的任务,在负载的作用下建立工作压力,为系统工作提供油源。

控制阀是一个液压组合阀,它由溢流阀、先导安全阀、双向球阀、差动锁止阀、手动换向阀等组成,具有换向、稳压、过载保护、"滑溜"限速、"中位"卸荷等功能,是液压绞盘的重要操纵控制部件。对绞盘的操纵可用阀上的手柄进行手动操作,也可

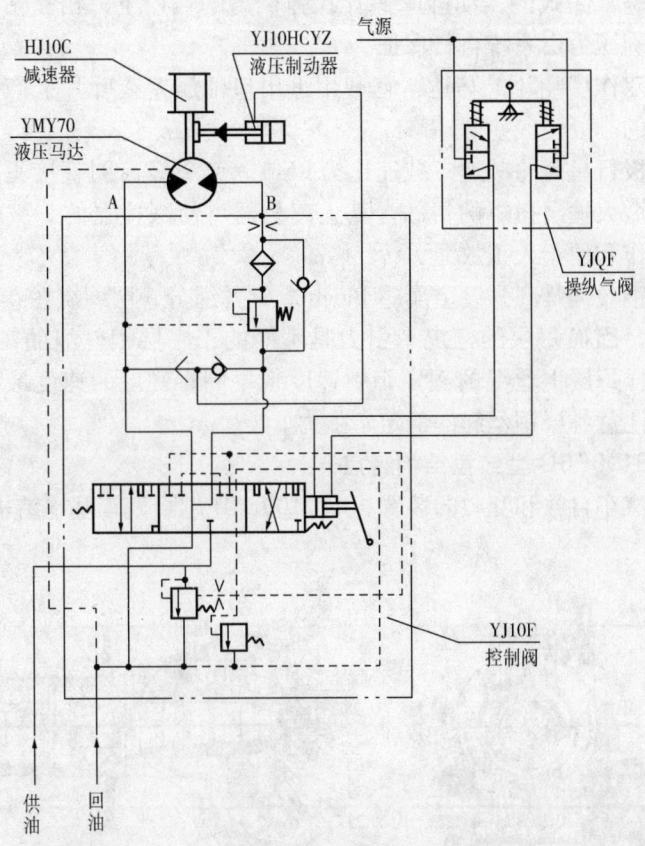

图 8-10 YJ10HC 10t 后置液压绞盘液压气动原理

用装在驾驶室中的操纵气阀进行远程气动操作,见图 8-11 所示(此开关一般位于驾驶坐椅右侧)。

将控制阀手柄置于牵引工况,钢丝绳被绞紧,绞盘作牵引负载运动。

将控制阀手柄置于中位工况,制动器刹车,绞盘处于制动状态,液压泵通过控制阀卸荷。

将控制阀手柄置于放绳工况,卷筒反转,放出钢丝绳。如果在斜坡上拉着负载进行放绳,通过控制阀中的差动锁止阀进行限速控制,防止负载超速下滑。

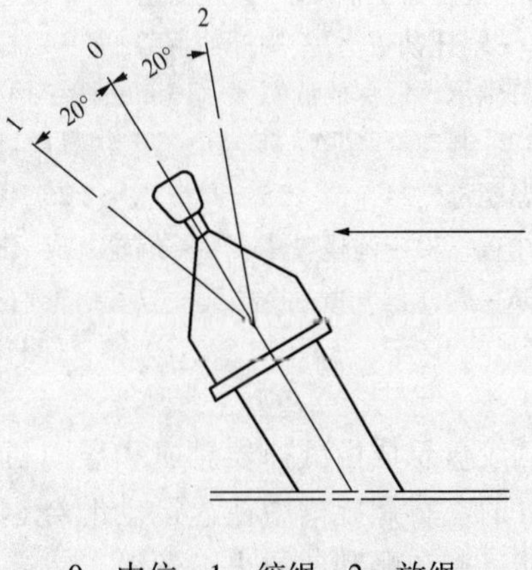

0—中位 1—绞绳 2—放绳

图 8-11 YJ10HC 液压绞盘操纵开关

当外加负载超过绞盘额定载荷 1.25 倍时,高压油压力达到一定值后,即通过先导安全阀、溢流阀进行卸荷,使绞盘停止工作,保护绞盘机械及各元件不受损坏。

液压制动器是常闭式的，动静摩擦片在弹簧力的作用下，相互贴紧，达到制动刹车的目的。其松刹压力由系统自行保证。

液压马达为双作用叶片式马达，它利用进出口油压差在叶片上产生旋转力矩，达到输出扭矩的目的。

减速器为两极行星齿轮减速，减速比为96∶1。第2级齿圈直接驱动卷筒转动，以达到降低转速，增大输出扭矩的目的。其上离合器可使减速器的1级轮系与2级轮系脱开，防止误操作和便于人工放绳。

绞盘采用的钢丝绳是高强度金属芯 Baichl。钢丝绳分5层缠绕在卷筒上，由于每层的缠绕半径不同，因而每层的额定牵引力是不同的，底层钢丝绳的额定牵引力最大，外层的最小。同样每层钢丝绳的额定牵引速度也不同，底层的速度最小，外层的速度最大，使用时应注意各层钢丝绳的额定牵引力。

2. 东风 EQ2100E6D 型绞盘结构特点

绞盘是用于汽车自救和互救的装置，EQ2100E6D 越野汽车基本结构与装置见图 8-12 和图 8-13。

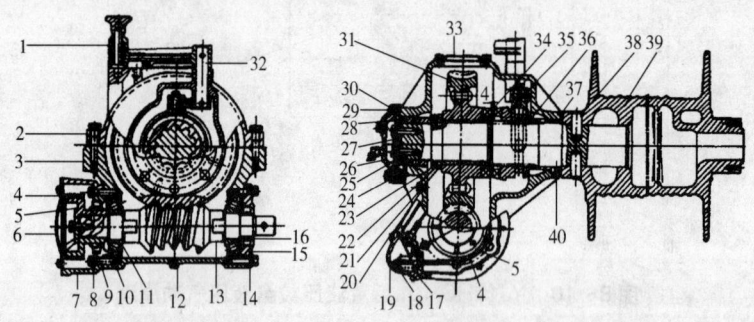

1-离合器手柄 2-减速器盖 3-减速器外壳 4-减速器制动带及摩擦片总成 5-制动毂 6-蜗杆轴盖 7-蜗杆轴承盖 8-蜗杆前油封 9-调整垫片 10-密封垫圈和衬垫 11-蜗杆轴承 12-放油螺塞 13-蜗杆 14-调整垫片 15-蜗杆后轴承盖 16-蜗杆后油封 17-制动带张紧弹簧 18-调整螺母 19-弹簧盖 20-螺塞 21-螺母 22-垫圈 23-锁紧螺母 24-销 25-调整垫片 26-蜗轮轴盖 27-挡板 28-蜗轮轴右衬套 29-毛毡防尘盖 30-调整垫片 31-蜗轮总成 32-离合器拉杆轴 33-观察孔盖 34-蜗轮止推环 35-离合套 36-换挡叉 37-蜗轮轴左衬套 38-固定销 39-鼓筒 40-蜗轮轴

图 8-12 绞盘减速器

绞盘总成由减速器总成和导向机构组成。导向机构利用导向架座内的叉子在导向丝杠的左右螺旋槽中往返运动缠绕钢丝绳，使钢丝绳有秩序地缠绕，以保证下次使用时能迅速和顺利地放出钢丝绳。

绞盘由取力箱通过带万向节的传动轴来驱动，取力箱有两个使用挡，使绞盘鼓筒有两个速度，一个缠绕钢丝绳的速度，一个放松钢丝绳的倒车速度。绞盘由一对蜗杆蜗轮组成，减速比为30∶1，动力由蜗杆输入。

铸有螺旋槽的鼓筒的扭矩是利用离合套传给的。离合套装在减速器内用花键与轴

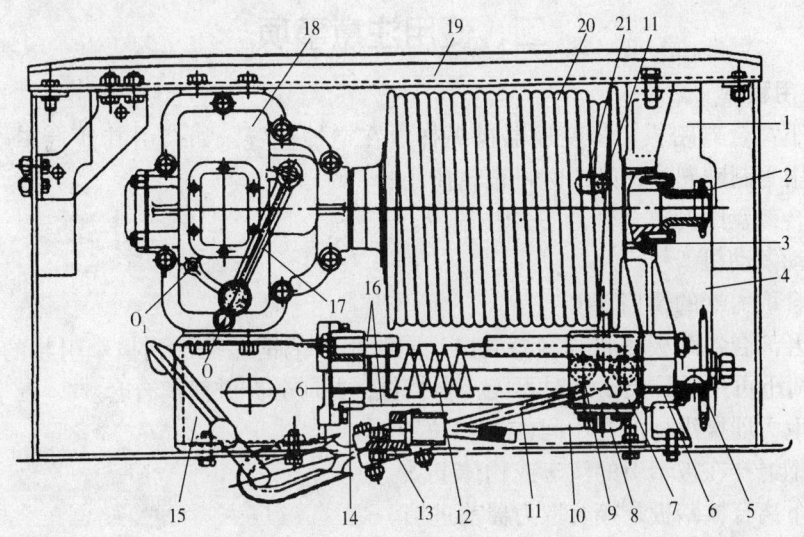

1—鼓筒左支架 2—小链轮及轮毂总成 3—衬套 4—链条 5—大链轮及轮毂总成 6—衬套 7—导向架座 8—导向架座盖 9—滚子与滚子轴 10—导向滚子总成 11—钢丝绳 12—导向丝杠 13—导向滚子支架 14—导向丝杠右支承梁 15—导向丝杠右支承梁座 16—导向杆 17—手柄与手把 18—减速器总成 19—绞盘横梁 20—鼓筒 21—钢丝绳末端楔铁 O—分开 O_1—接合

图 8-13 钢丝绳导向装置

联接，并能在键上滑动。鼓筒用两个销子固定在轴上。减速器中的蜗轮是空套在轴上的，当转动离合套手柄，使离合套向左移动时，离合套端面和蜗轮端面的接合齿相啮合，使鼓筒轴与蜗轮一同旋转。

绞盘减速器盖上有观察孔，以供调整时检查蜗轮上的接触印迹以及加油用。

自动制动器的制动带包在制动鼓上，其一端固定在轴承盖上，另一端利用弹簧浮动地装在轴承盖中。弹簧的力量经常把制动带拉紧。当缠绕钢丝绳时，制动鼓随同蜗杆一起逆时针旋转（从汽车的后方向前看），制动带在摩擦力的作用下压缩弹簧，使制动带放松。当鼓筒反转时，由于制动带的另一端是固定的，制动带在摩擦力的作用下自动拉紧，产生制动作用。当蜗杆在正常运转时，自动制动力还不太大，不致妨碍钢丝绳的放松。但如果绞盘牵引力过大，导致传动轴的安全保险销被剪断时，鼓筒在钢丝绳的作用下，达到较高的倒转速度，其制动作用大大增强，以保证安全。

在附件中，备有绞盘滑车以供增大绞盘牵引力或改变牵引力方向用。

钢丝绳的总长度为 59 m，工作长度为 54 m。钢丝绳的直径 13 mm，用 6 股钢丝绳和剑麻的芯线搓成。

绞盘最大牵引力为 45 000 N，如负荷过大，会将与蜗杆相连接的传动轴万向节上的保险销剪断，以避免绞盘受到损坏。

二、使用注意事项

1. 使用程序

1）踩下离合器踏板，将变速器操纵杆放在空挡位置，如牵引其他汽车或物体时，应将汽车用手制动刹住，必要时将车轮掩住。

2）接合绞盘鼓的离合套。

3）启动发动机。

4）接合取力器的倒挡。

5）松开离合器踏板，此时钢绳放出，同时用手把钢绳拉出到被牵引物的前面。钢绳在无负荷下可用手拉出，此时不能接合挡位，并应分开鼓筒离合套。

6）将取力器操纵杆放在中间（空挡）位置。

7）将钢绳挂在被牵引的汽车或物体上。

8）踩下离合器踏板，接合取力器前进挡。

9）松开离合器踏板并同时适当轻踩油门踏板，使发动机转速在 1 100～1 200 r/min 范围内，收卷钢绳开始牵引。

10）牵引完毕后，必须踩下离合器踏板，把取力器操纵杆放在中间位置，并用锁板将其锁住，以防在汽车行驶时取力器自动接合挡位。

11）使用绞盘自救，在必要时允许接变速器1挡，使用驱动桥同时进行自拖。

使用绞盘时，必须严格控制钢丝拉钩上负荷的大小，如负荷大于许可限度，则将导致蜗轮的迅速磨损及绞盘的早期损坏，此时应使用滑车来增加力量，滑车结构见图8-14所示。当汽车用滑车自行拖出时，滑车应固定在紧固的支柱上，而钢绳的拉钩则钩在被拖的汽车前拖钩上。如为了增加牵引力而使用滑车时，见图8-15所示，则滑车应固定在被拖汽车的前拖钩上，而拉钩则钩在支柱上。

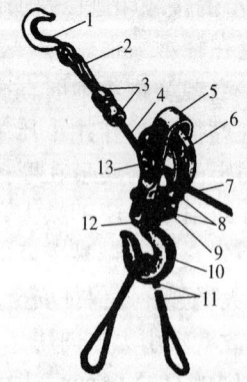

1—拉钩 2—垫环 3—夹套 4—钢绳 5—夹板 6—滚轮 7—锁环 8—吊耳环 9—固定吊耳 10—拉钩 11—牵引钢绳 12—活动吊耳 13—滚轮轴

图8-14 滑车结构

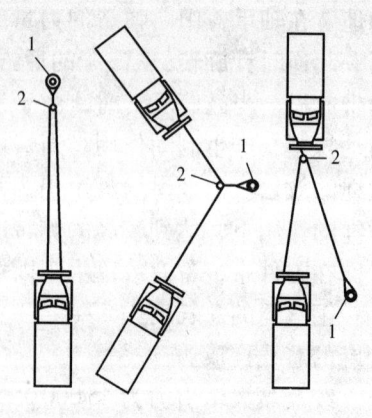

1—固定支柱 2—滑车

图8-15 滑车使用方法

使用绞盘时必须注意钢绳的方向,以保证钢丝绳正确地缠绕在鼓筒上。钢绳收卷速度必须根据钢绳拉钩上的负荷大小、负荷性质和所在地而定。

2. 注意事项

1) 作用在钢绳上的力应 <45 000 N,若需要更大的牵引力,则应使用滑车。

2) 钢绳的工作长度不应超过 54 m,剩下的钢绳应缠绕在鼓筒上(不少于 5 圈),以保证和鼓筒连接处不致损坏。

3) 绞盘鼓筒的转速应 <15 r/min(发动机曲轴 1 200 r/min)。

4) 绞盘工作时,减速器中润滑油的最高允许温度为 130 ℃。

5) 放出钢绳时应用手将绳拉出,亦允许使用取力器倒挡来放出,但此时必须用手拉紧钢绳,以防钢绳松乱。

6) 钢绳牵引的方向应在水平方向内,对汽车中心线的左右偏斜均不得超过 15°,如角度太大,会使绕绳的导向丝杠受轴向力太大,导致丝杠导向齿变形和工作时发卡。

7) 使用绞盘前,鼓筒上钢绳必须预先用 8 000～10 000 N 的负荷缠紧,也可以在重载时将钢绳挂在固定处,用绞盘缠紧钢绳。

8) 绞盘工作时,在鼓筒上钢绳位置与导向架上钢绳移动的位置必须同步,即始终保证在一直线方向。

9) 如鼓筒上的钢绳预先没有缠紧,在使用绞盘时,会出现上层钢绳勒入下层,使钢绳缠乱和使鼓筒上钢绳位置与导向架钢绳移动位置不一致或引起发卡。为避免钢绳挤扁,在重绕钢绳时,鼓筒上的斜铁孔位与导向丝杠齿槽端头(即齿槽起始的过渡曲线处)必须在一个水平面内,并保证钢绳在一直线方向时开始缠绕。

3. 严禁下列各项操作

1) 不接合绞盘机构而用钢绳拖拉汽车。

2) 绞盘工作时接合汽车的倒挡。

3) 在绞盘工作时站在钢绳旁边或钢绳之间(使用滑车时)来整理钢绳的缠绕。

4) 以螺栓或其他零件来代替保险销。

5) 取力器变速操纵杆放在中间(空挡)位置时不用锁板锁住。

要察看钢绳缠绕和绞盘的工作情况时,应站在远离 12 m 的地方,若发现钢绳绕不正或机构工作不正常以及需检查润滑油温度时,均需先停止使用绞盘;要停住绞盘时,应先松开离合器,然后脱出取力器的挡位。

第三节 绞盘拆卸方法

一、拆卸绞盘传动轴

分别从绞盘端和取力器端将传动轴凸缘叉的销子拆掉,取下传动轴。

二、从车上拆卸绞盘总成

绞盘导向机构的分解图见图 8-16。

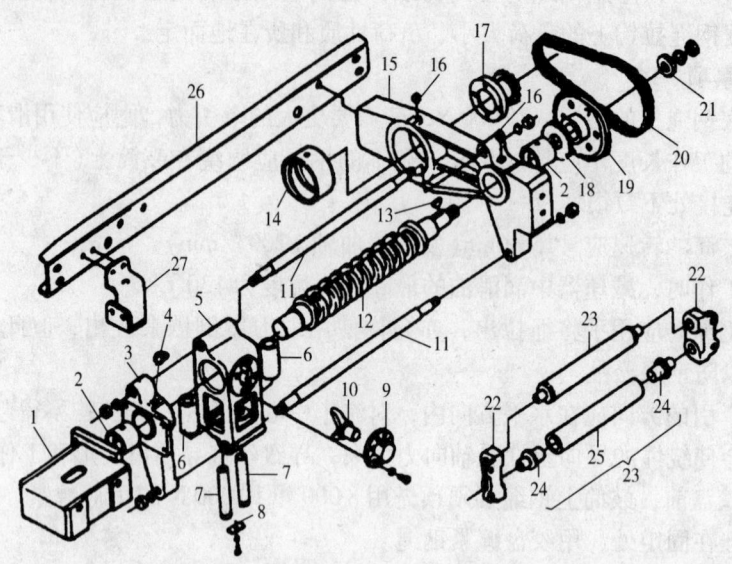

1—导向丝杠右支承梁座 2—导向丝杠衬套 3—导向丝杠右支承梁 4—弯颈润滑脂加注嘴 5—导向架座 6—导向架座滚子 7—滚子轴 8—滚子轴压板 9—导向架座梁 10—导向架座叉子 11—导向杠 12—导向丝杠 13—半圆键 14—鼓筒支架左横梁衬套 15—鼓筒支架左支承梁 16—直通润滑脂嘴 17—小链轮及轮毂总成 18—导向丝杠挡板 19—大链轮及轮毂总成 20—链条 21—大链轮压板 22—导向滚子支架 23—导向滚子总成 24—导向滚子支承销 25—导向滚子套管 26—绞盘后横梁 27—绞盘后横向角撑

图 8-16 绞盘导向机构

1）从前保险杠上拧下导向滚子支架 22 的连接螺栓，拆下导向滚子总成。

2）拧下减速器放油螺塞，放尽润滑油。

3）拆下绞盘后横梁 26 与左、右加长梁的连接螺栓，拧下 15 和 1 与前保险杠的连接螺栓，整个绞盘的导向机构即可拆下。

三、分　解

绞盘、绞盘钢索及滑车分解图见图 8-17 和图 8-18。

1. 拆下钢丝绳

1）从鼓筒上放完钢丝绳，敲出固定楔铁 47（见图 8-17），拖出钢丝绳。

2）拆除钢丝锁线 2、钢丝绳夹套 3（见图 8-18），取出拉钩 5、钢丝绳 1（见图 8-18），即可从导向架座 5（见图 8-16）内的两个滚子 6（见图 8-16）之间抽出。

2. 拆下鼓筒左右支承梁 15、导向丝杠 12 和导向架座 5（见图 8-16）。

1）解开链条锁扣，取下链条。

2）拆下小链轮和轮毂总成 17。

3）拆下大链轮 19 和半圆键 13。

<u>注意</u>：<u>拆大链轮时，应用铜棒轻轻敲出，或用拉力器拉出，切勿损坏链轮和导向丝杠。</u>

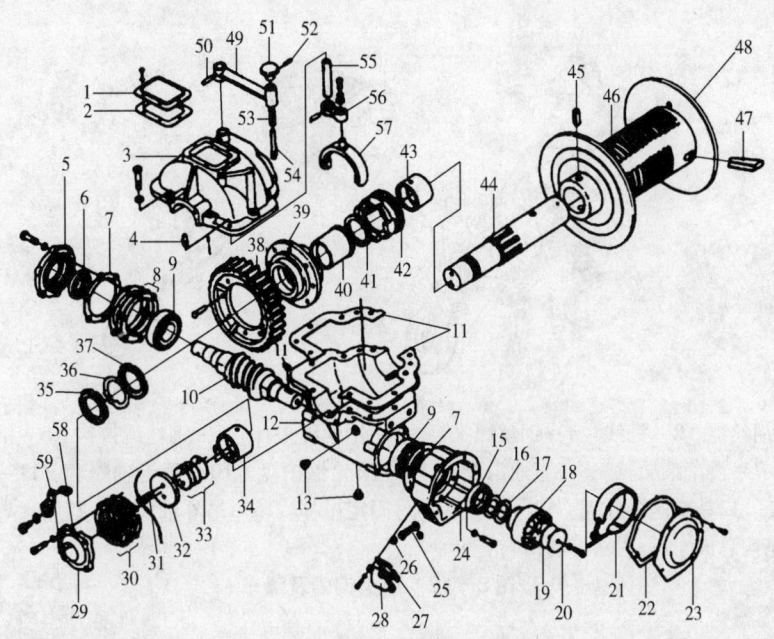

1—观察孔盖 2—衬垫 3—减速器上盖 4—定位销 5—蜗杆后轴承盖 6—油封总成 7—衬垫 8—调整垫片 9—蜗杆轴承 10—蜗杆 11—半圆键 12—减速器外壳 13—螺塞 14—衬垫 15—油封 16—制动鼓垫圈 17—制动鼓密封垫圈 18—制动鼓 19—制动鼓垫板 20—制动鼓压板 21—减速器制动带 22—摩擦片 22—衬垫 23—制动鼓盖板 24—蜗杆前轴承盖 25—制动带拉紧弹簧 26—弹簧支承垫圈 27—衬垫 28—制动带拉紧弹簧盖 29—蜗轮轴盖 30—调整垫片 31—螺栓及钢丝锁线 32—蜗轮轴挡板 33—调整垫片 34—蜗轮轴右衬套 35—锁紧螺母 36—锁紧垫圈 37—螺母 38—蜗轮轮圈 39—蜗轮轮毂 40—蜗轮轮毂衬套 41—蜗轮支承环 42—离合套 43—蜗轮轴左衬套 44—蜗轮轴 45—固定销 46—鼓筒 47—楔铁 48—盘 49—离合器手把 50—圆柱销 51—手柄 52—圆柱销 53—定位销弹簧 54—离合器手柄定位销 55—离合器轴 56—离合器拉杆 57—离合器拨叉 58—毛毡 59—防尘罩

图 8-17 绞盘分解

4) 拆下两根导向杆 11 左端的螺母，及 15 和 22 之间的连接螺栓，然后取出左支承总成，同时导向丝杠连同导向架座，沿导向杆取出。

5) 拧下导向杆右端的螺母，取下导向杆。

6) 从右支承梁座 1 上拆下右支承梁总成 3。

3. 拆下减速器总成

1) 拆下右支承梁座和减速器壳的连接螺栓，即可取下右支承梁座。

2) 拧下减速器与绞盘后横梁的紧固螺栓，减速器即可与后横梁分开。

4. 导向丝杠带导向架座总成的解体（见图 8-16）

1) 拆下导向架座盖 9，取出叉子 10，取出导向丝杠。

2) 拆下压板 8，取出滚子 6 和滚子轴 7。

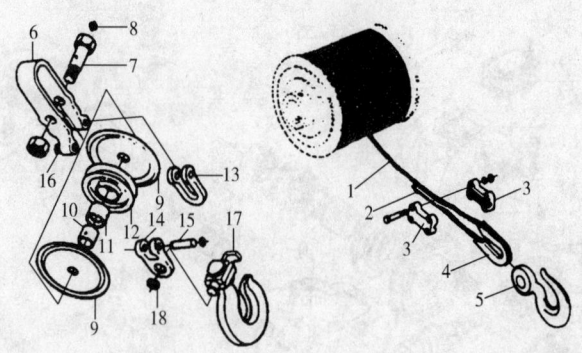

1-钢丝绳 2-锁线 3-钢丝绳夹套 4-钢丝绳垫环 5-钢丝绳拉钩 6-滑车夹板 7-滑车滚轮轴 8-直通滑脂嘴 9-滚轮保护盘 10-滚轮轴隔套 11-滚轮衬套 12-减速器外壳 13-衬垫 14-固定吊耳 15-吊耳轴 16-挡圈 17-滑车拖钩总成 18-拉钩座开口销垫圈

图 8-18 绞盘钢索及滑车

5. 减速器总成的解体（见图 8-17）

1）将离合器手把 49 放于分开位置。

2）拆下加油和观察孔盖 1，拧下减速器上盖与下盖间的连接螺栓，则上盖总成组件即可拆下来。

3）打出两个圆柱销 50 和 52，则上盖组件即可解体。

4）拆下盖 29 和挡板 32，取出蜗轮轴和鼓筒总成、蜗轮总成及离合套 42。

5）从蜗轮轴上取下右衬套 34，拧下螺母 35 和 37。

注意：拆卸蜗轮轴左、右衬套 34 和 43 时应作上记号，以便按原位装复。

6）拆下制动带和摩擦片总成 21 和制动鼓 18。

a. 拆下制动鼓盖板 23 和拉紧弹簧盖 28，拆下制动带两端的螺母，即可取制动带。

b. 拆下制动鼓压板 20 后，从前轴承盖 24 侧面的方孔中撬出制动鼓 18，取出半圆键 11 和密封圈 17。

注意：切勿损坏油封 17。

c. 取出蜗杆带轴承内圈总成，同时取下轴承外圈，若需要更换内圈，需用拉力器将内圈拉出。

注意：拆下轴承内、外圈时，应作好配对标志，以便原样装复。

第四节 绞盘的装配、调整与维修

一、装配前清洗

1）彻底清洗减速器内的零件，调整垫片必须无锈斑、皱折。

2）制动摩擦片若有油污严重，应更换；若油污较轻，可用煤油清洗干净，烘干后月砂纸擦掉油污层。

3）橡胶油封不许在汽油中清洗。

二、减速器的装配与调整

按拆卸时的相反顺序装配减速器总成，装时必须在所有配合轴孔处涂少量润滑油。

1. 蜗杆轴承预紧度的调整

蜗杆轴承预紧度的调整参见图 8-19。蜗杆轴承预紧度用前、后轴承盖 1 和 2 下面的调整垫片来调整。每次改变垫片的总厚度后，应轻敲轴承盖，使轴承外圈能轴向移动。

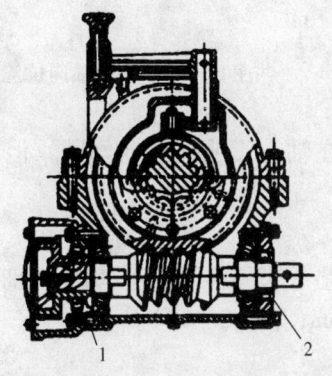

1-蜗杆后轴承盖 2-蜗杆前轴承盖

图 8-19 蜗杆轴承预紧度调整

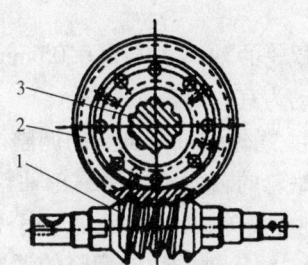

1-蜗杆 2-蜗轮 3-蜗轮轴

图 8-20 蜗杆轴向位置的调整

在不装制动鼓和油封以及轴承涂以薄层润滑油的情况下，转动蜗杆的预紧力矩应为 0.1～0.6 N·m（以蜗杆没有轴向间隙又能灵活转动为宜）。检查预紧力矩应在拧紧轴承盖上全部螺栓并将蜗杆向同一个方向均匀转动不少于 5 圈后进行。

调整完后，前调整垫片的总厚度与后调整垫片的总厚度一般要求相等。

2. 蜗杆轴向位置的调整

蜗杆轴向位置的调整见图 8-20 所示。蜗杆轴向位置的调整应在轴承预紧度调整好后进行。

蜗杆的轴向位置的调整必须保证轴承的预紧负荷不变，因此，当蜗杆前端轴承盖下垫片增加（或减少）时，在后端轴承盖也应增加（或减少）同等的垫片厚度，见图 8-19。

蜗杆的轴向位置应调整到使蜗杆中间截面（球面中点）与蜗轮中心对准，偏差 <0.1mm（由设计尺寸保证，当磨损大以后，调整应以蜗轮、蜗杆能正常工作为准）。

3. 蜗轮轴向间隙的调整

蜗轮轴向位置的调整见图 8-21 所示。蜗轮的轴向间隙用调整螺母 3 进行调整，调整好后用锁紧螺母 1 锁紧，止推垫圈的棘爪应打入调整螺母的槽中。

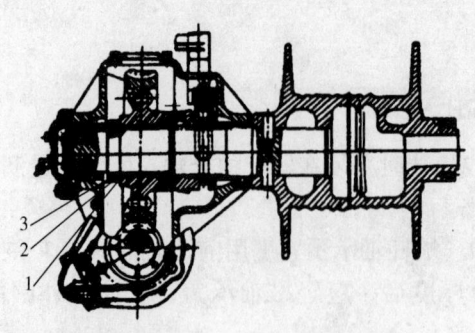 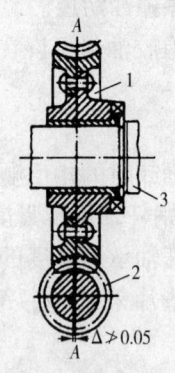

1－锁紧螺母　2－蜗轮　3－调整螺母
图 8-21　蜗轮轴向间隙的调整

1－蜗轮　2－蜗杆　3－蜗轮轴
图 8-22　蜗轮轴向位置的调整

蜗轮的轴向间隙为 0.05mm（最小处），以蜗轮在轴上无明显轴向间隙，但又能自由转动为宜。

4. 蜗轮的轴向位置的调整

蜗轮的轴向位置用蜗轮轴与挡板 32 之间的调整垫片 33 进行调整。蜗轮的轴向位置应调整到蜗轮的中间截面与蜗杆中心的偏差 <0.05mm（见图 8-22）。

5. 蜗轮轴的轴向间隙的调整

蜗轮轴的轴向间隙用蜗轮盖 29 下的调整垫片 30 进行调整，轴向间隙为 0.05～0.10mm。

6. 蜗轮与蜗杆啮合的调整

蜗轮与蜗杆的轴向位置调好后，应检查它们的啮合情况，这可以根据蜗轮轮齿工作面上接触印迹的位置来检查。

检查时先在蜗轮的几个轮齿上涂一薄层颜料，然后转动蜗杆并制动蜗轮，即可看到蜗轮轮齿上的接触印迹。

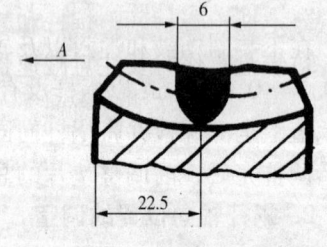

图 8-23　正确的接触印迹

接触印迹的位置应位于轮齿的中部，略偏于进入啮合端。正确的接触印迹见图 8-23 所示。

若接触印迹的位置不正确，应重新调整蜗轮或蜗杆的轴向位置，直到符合要求为止。

接触印迹在蜗轮轮齿左、右方向（轴向）的位置可以改变蜗轮轴与挡板之间的调整垫片的总厚度来调整，但不能改变蜗轮轴盖下的调整垫片的总厚度，以保护蜗轮轴（鼓筒轴）的轴向间隙不变。

接触印迹在蜗轮轮齿高度方向上的位置可用蜗杆的轴向位移来调整。调整时应保持蜗杆轴承的预紧度不变。

调整蜗轮与蜗杆的啮合很重要，若调整不合适，就会使减速器温度升高，蜗轮迅速磨损。

上述所有项目调整完后,可在调整垫片和轴承盖的固定螺栓上涂以密封胶,以防漏油。装配蜗杆及制动鼓时,应在与油封配合的表面上涂一薄层润滑油。

三、安装要求

1)装导向架座时,应能在导向杆上自由滑动,不能有卡住现象。

2)导向架座内的叉子在导向丝杠的螺旋槽中应能自由转动,自动换向灵活,不能有发卡现象。导向丝杠转动要灵活,不能与导向架座碰撞。

3)装钢丝绳固定楔铁时,必须注意鼓筒和导向丝杠的相对位置,即鼓筒的楔铁孔与导向丝杠的换向曲线应位于平行于地面的平面内,此时导向架座与叉子必须位于导向丝杠左端(从汽车后方向前看)的起始位置。此外,固定楔铁的两端不应超出鼓筒孔之外(见图8-24)。

4)鼓筒既是轴又是滚筒,装配时先将整个绞盘总成装好,试运转无发卡现象后,再装在车架上,以免鼓筒装配有别劲现象。

5)离合器套在轴上应能自由滑动,不得有发卡现象。当扳动离合器手柄时,应能分离彻底,结合灵活。

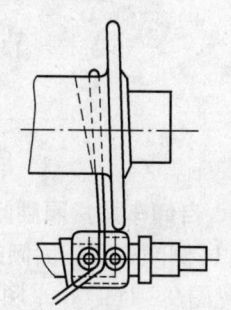

图8-24 钢绳导向机构

四、维护

1)定期检查绞盘上螺栓的紧固情况,润滑油面高度、质量,若润滑油不足应添加;若润滑油脏污变质,应及时更换。发现漏油要及时维修。

2)定期检查、调整蜗杆和鼓筒的轴向间隙以及蜗轮与蜗杆的啮合情况。

3)绞盘工作时要注意减速器是否过热,如出现不缺油而发生过热现象,应立即检查蜗轮蜗杆的紧固情况,可能是蜗轮蜗杆的轴向松动,如间隙过大引起,应先拧紧端盖紧固螺栓,如仍不能消除,应进行轴向间隙和啮合调整。

4)绞盘传动轴万向节和滑动叉、鼓筒轴承和导向丝杠两端应定期加注润滑脂。

5)钢绳应抹二硫化铝锂基润滑脂。

6)绞盘使用以后应维护钢绳一次。维护方法为将钢丝绳完全放开,用人力牵着钢丝绳(即加负荷)。钢丝绳缠绕返回滚筒时,也应用人牵引着返回,不加负荷,钢绳会乱。

第9章 柴油自卸车举升系结构与维修

柴油自卸车(以下简称自卸车),它能将车厢倾斜一定角度卸货,并靠自身质量使车厢自行复位的汽车。它是工矿企业和建筑工地用于装载散装原料、砂土并能使货箱自动倾翻卸货的汽车。

第一节 自卸车类型与举升系结构

一、自卸车类型

1. 自卸车按货厢翻倾方式分

(1)侧倾式及三面倾卸式

见图9-1(a)。车厢多为方底,其栏板为向上开启,形式为自由悬垂,多用于有侧倾功能要求的中型自卸车上。侧倾式适用道路狭窄、卸货方向变换困难的地方。当自卸车拖挂自卸车时,多采用侧倾式自卸车,以方便卸货。单侧倾式自卸车卸货时必须对着货堆倾车厢,因而要求自卸车按一定方向驶入货场,造成很大不便,也降低了运输生产率,所以很少应用。

(2)后倾式

见图9-1(b)。这种形式广泛用于轻、中、重型自卸车上,左右两侧栏板固定,后栏板为向上开启。

(3)簸箕式

见图9-1(c)。多用于矿用自卸车和工程自卸车。运输对象为砂石、矿石等。

自卸车对货物的接近性是很重要的,这种性能取决于自卸车的机动性和倾卸方向。显然三翻式自卸车比后翻式要实用得多,如Tatra—148S3M型自卸车装载质量为15 t,驱动形式为6×6,虽然最小转弯直径为21 m,但由于可以在三个方向倾卸,因此接近货物相对方便。三翻式自卸车结构复杂,应用不多。

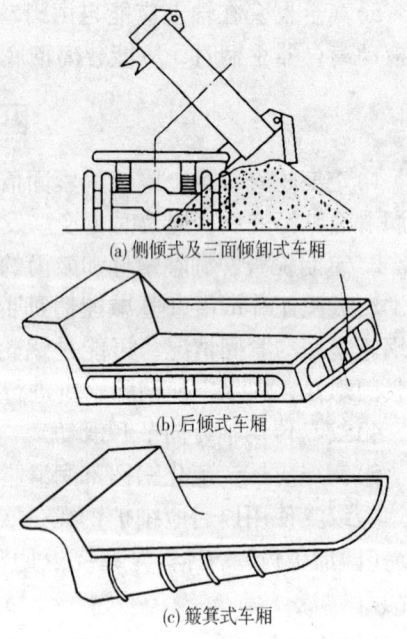

图9-1 自卸车车厢结构形式

2. 自卸车按用途分

分为矿用自卸车、建筑用自卸车、农用自卸车、专用自卸车。

3. 自卸车按传动系统结构形式分

分为机械传动自卸车、电传动自卸车、静液压传动自卸车。最多应用的是机械传动自卸车，电传动在装载质量 30 t 以上的矿用重型自卸车上有采用，它是柴油机、交流发电机、整流机组和直流电动机的组合。

各种自卸车装载质量相差很大。普通自卸车装载质量以 4～8 t 居多，矿用重型自卸车的装载质量一般都在 15 t 以上，以 30～50 t 居多。

二、自卸车举升系结构特点

自卸车的特点是货厢可以倾斜一个角度，使货厢内的货物自动卸出。货厢的倾斜动作是由液压倾卸机构完成的。液压泵借发动机动力，经变速器驱动。

自卸车由汽车发动机、底盘、取力器、液压泵、副车架、车厢举倾机构、车厢、锁钩机构等组成（见图 9-2）。

自卸车的取力多数从变速器取得，对变速器而言，有前取力、后取力、侧取力、全功率取力，自卸车常用侧取力。左侧和右侧都有使用，但右侧居多，如 EQ3090、CA3091 自卸车。取力轴大多为中间轴，这样要求自卸车既能在行驶状态取力，又能在停驶状态取力。多为 4 挡齿轮取力，有时专门设置取力齿轮，也可用倒挡轴取力（注意旋转方向）。

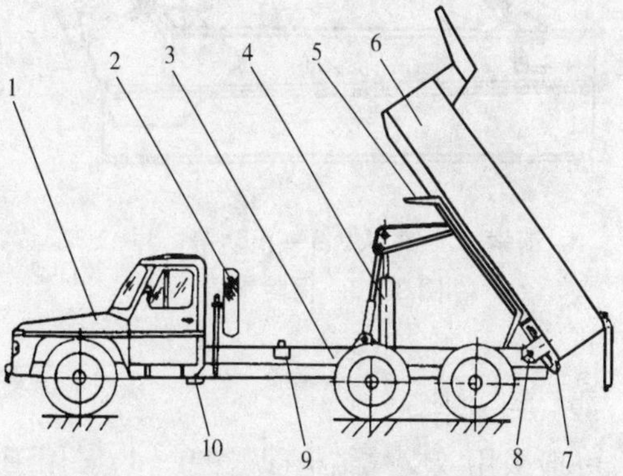

1—汽车底盘　2—备胎　3—副车架　4—车厢举倾机构　5—挡泥板　6—车厢　7—锁钩机构　8—旋转结构　9—定位块　10—取力器

图 9-2　TZ3160 自卸车

自卸车一般均采用发动机前置后轮驱动的布置形式。自卸车车头形式有 4 种：长头式、短头式、平头式和偏头式。矿用重型自卸车的车头部采用偏头式，驾驶室布置在发动机旁，这种布置形式除具有平头式的优点外，还可以免去驾驶室内闷热的缺点，便于维修发动机及油箱的布置，并改善了视野。

发动机不仅是自卸车行驶的动力源，也是驱动举倾机构液压泵的动力源。普通自卸车仍然采用机械传动系统，在装载质量为 80 t 以上的矿用重型自卸车上，普遍采用电传动系统，也有采用静液压传动系统。在大吨位矿用重型自卸车上采用油气悬架，以改善驾驶人劳动条件，提高车速。

车厢举倾机构实现货物倾斜成卸货的必须角度，车厢前部伸出足以遮住驾驶室的护板。

自卸车使用条件比载重车恶劣得多，车架要承受较大的动载荷和扭转载荷，尤其是驾驶室后至后轴一段更为严重。所以，必须在车架之上增加一个副车架，它与车架用螺栓连接。另外，自卸车还设有保险绳索、安全支撑、旋转机构、导向定位与减振机构、栏板锁钩机构、废气预热装置等。

(1) 保险绳索

控制车厢倾翻角度。当车厢大于倾翻角度时，保险绳索拉紧，限制车厢继续倾翻（见图9-3）。

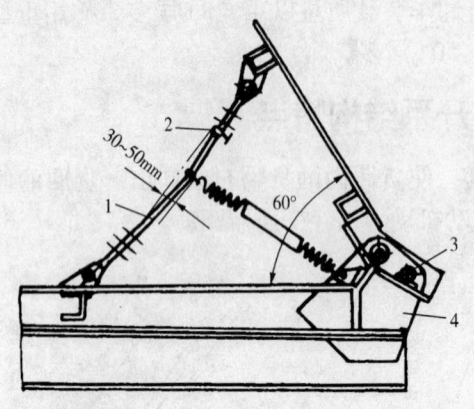
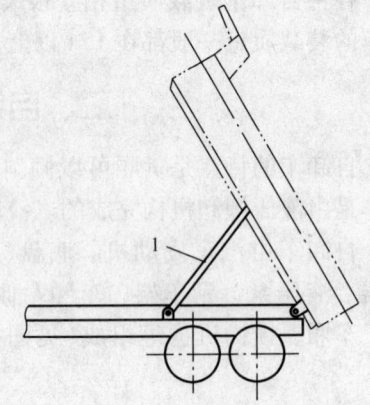

1-钢索　2-索夹　3-止动销　4-支架

图9-3　保险绳索

1-安全支撑

图9-4　安全支撑

(2) 安全支撑

一般采用双支撑结构（见图9-4）。用于在车厢下检修时起安全保护作用。车厢倾翻一定角度后支起支撑，顶在车厢下端，车厢下方能站人进行检查或修理，防止车厢自滑发生意外人身事故。

(3) 旋转机构

一般是指副车架与车厢连接处的铰接轴，通过液压举升力进行旋转运动，从而达到举升效果（见图9-5所示）。

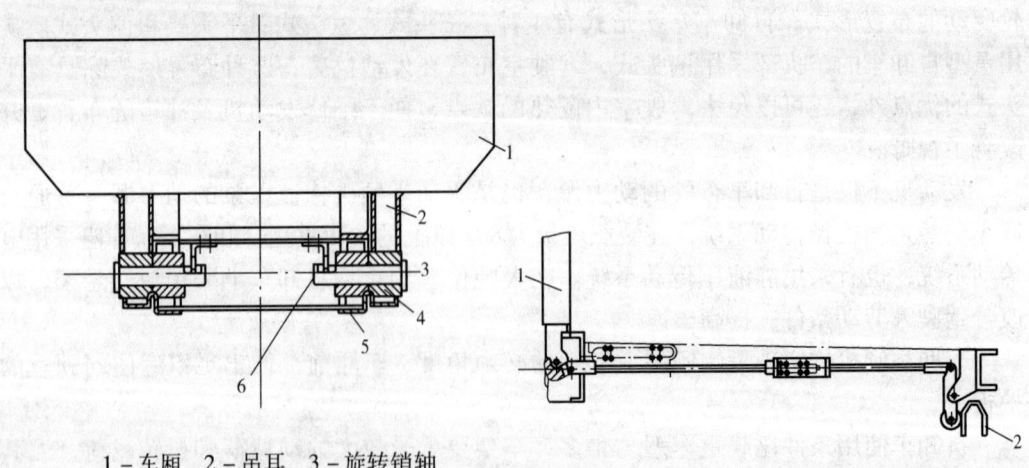

1-车厢　2-吊耳　3-旋转销轴
4-轴套　5-副车架　6-定位弯铁

图9-5　TZ3160自卸车旋转机构

1-后栏板　2-凸铁

图9-6　TZ3160自卸车后栏板锁钩机构

(4) 导向定位与减振机构

导向定位主要用于车厢落下时自动复位，避免车厢与副车架错位而造成其他机件的损坏。减振机构主要采用橡胶块缓冲，避免车厢落下时撞击车架。栏板锁勾机构见图 9-6 和图 9-7 所示。

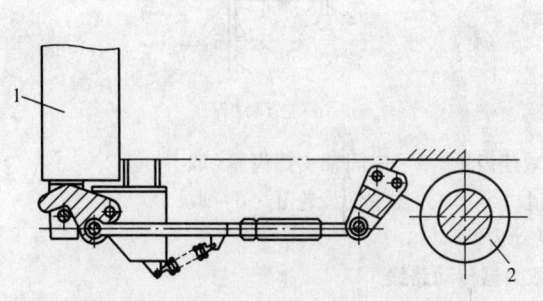

1-后栏板　2-旋转套

图 9-7　卡玛斯 5511 自卸车后栏板锁钩机构

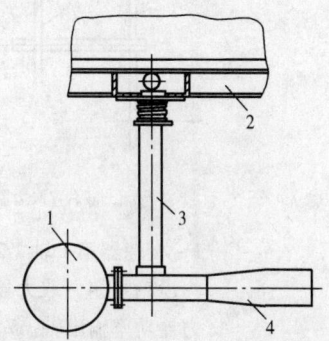

1-汽车排气消声器　2-预热管道
3-上排气管　4-下排气管

图 9-8　卡玛斯 5511 自卸车废气预热装置

(5) 废气预热装置

在严寒的冬季运输潮湿货物时会出现结冰现象，造成卸料困难。为此部分自卸车（如卡玛斯 5511，见图 9-8）设置了利用主车发动机排出的废气进行预热。车厢用废气加热，使车厢全部凸筋内腔接通来自发动机排气管的高温废气。

按我国行业标准规定，自卸车的液压油滤清器颗粒应≤50 μm，这是对滤油精度的要求。油箱的容量应能满足货厢举升、降落时油路的油量要求，同时还应满足散热的要求。系统的温度不得超过 70 ℃。举升泵出口处的单向阀与油路中设置的直动式安全阀在形式上几乎相同，但安全阀弹簧刚度要比单向阀大得多，另外，前者是常闭的，后者是常开的。

1. 解放 CA3091K2B 自卸车取力器及动力传递

见图 9-9 所示（左、右取力器对称，结构相同），取力器通过手控气阀控制，由气制动系统提供气源，通过压缩空气操纵以提高操作的轻便性。取力器输出轴 6 不需要输出功率时，手控气阀处于断气位置，取力器从动齿轮 7 被拨叉控制在空挡位置上。

取力器输出轴需要输出功率时，手控气阀处于充气位置，拨叉使从动齿轮 7 与齿轮 5 啮合，发动机动力经变速器第 1 轴传递至中间轴取力齿轮 2，再经过同轴的取力齿轮 3（4 挡齿轮）传递至取力器主动齿轮 4（齿圈Ⅰ）和 5（齿圈Ⅱ），在输出轴 6 上便有功率输出。取力器工作时，取力器开关在拨叉轴的作用下被接通，此时指示灯亮或蜂鸣器鸣叫。

停止取力器工作时，手控气阀回复到断气位置，取力器气缸中的压缩空气迅速排入大气，以使从动齿轮 7 在气缸弹簧张力的作用下通过拨叉的控制而回复到空挡位置。

解放 CA3091K2B 自卸车发动机至取力器输出轴之间的传动比为 1.198，取力器齿轮的主要参数见表 9-1。

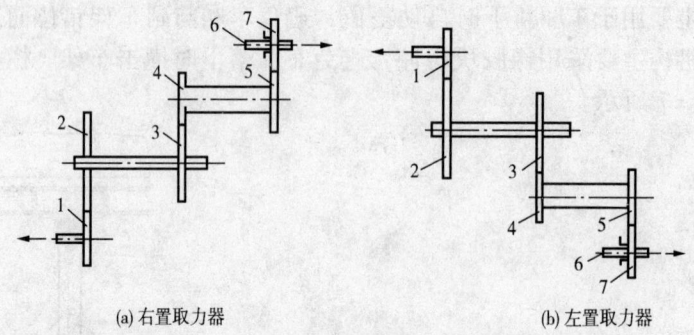

(a) 右置取力器　　　　　(b) 左置取力器

1—变速器第 1 轴　2—中间轴减速齿轮　3—中间轴 4 挡齿轮(取力齿轮)　4—取力器主动齿轮Ⅰ　5—取力器主动齿轮Ⅱ　6—取力器功率输出轴　7—取力器从动齿轮

图 9-9　取力器传动路线

表 9-1　解放 CA3091K2B 自卸车取力器齿轮的主要参数

	变速器中间轴取力齿轮	主动齿轮		从动齿轮
		Ⅰ	Ⅱ	
齿数	33	23	25	22
法向模数	3.5	3.5	4	4
分度圆法向压力角	22°30′	22°30′	20°	20°
径向变位系数	—	—	—	—
分度圆螺旋角	23°	23°		
螺旋方向	右	左	—	—
配对齿轮齿数	23	33	22	25
安装中心距齿宽(mm)	107.066(理论值) 实际为 107+0.48(忽略密封垫的压缩量)		962±0.05	
	27	16	15	15

拆装取力器时应注意,取力器外壳与变速器之间的密封垫厚度必须保证在(1±0.1)mm 的范围内,以免使取力器主动齿轮与变速器中间轴 4 挡齿轮之间的齿侧间隙过大或过小。

取力器输出端的连接尺寸是针对 CB 系列齿轮泵设计的,以取力器输出端凸缘上的止口径向定位,用 4 个 M10 螺栓将泵紧固在取力器凸缘上,取力器输出轴为矩形花键孔,通过与泵的花键轴连接实现动力输出。

2. 车厢举倾机构

自卸车车厢(货厢)的自动举升和倾卸是靠专门设置的举倾机构来实现的。车厢举倾大都采用液压传动装置,将发动机的动力从变速器取出,驱动液压泵,液压泵将压力油输送到举升油缸,从而推动车厢举升、倾斜。而车厢回复至原位一般是靠其自身的重力,有的为了加速车厢的复位,也采用液压推动车厢复位。

按货厢举倾机构结构分为连杆组合式和直推式两大类。

(1) 连杆组合式举倾机构

也称为连杆放大式举倾机构,典型的连杆组合式举倾机构常用的有两种结构形式(见图9-10):

1) 油缸前推连杆组合式。

2) 油缸后推连杆组合式。连杆组合式举倾机构举升转动圆滑平顺,横向刚度好,油缸行程小,油缸制造工艺简单。举升油缸采用活塞式,结构简单,成本较低,密封性好。但整个举倾机构较复杂,总布置困难。连杆组合式多用于中、小型自卸车上。

对液压举倾机构的要求是操纵方便、灵活、安全可靠,车厢在举升及降落全过程应平稳。在举升或降落过程中可以停留在任意高度上。为限制车厢的最大举升角度,在液压系统中设置了举升限位装置,车厢的最大举升角度在 $50°\sim 60°$。举升时间:中、小型自卸车为 $12\sim 20$ s,重型自卸车为 $15\sim 30$ s。

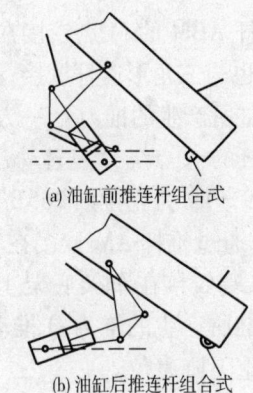

图9-10 单级活塞缸连杆组合式举倾机构形式

自卸车靠车厢自重使举升油缸缩回的采用单作用油缸,也有的举升机构采用双作用油缸,双作用油缸可以缩短车厢降落时间,可以消除车厢举升后不易降落或降落缓慢等情况。

在油缸前推连杆组合式、油缸后推连杆组合式两种典型结构基础上加以改进,又可得到多种不同形式的举倾机构,如油缸前推式杠杆组合式、油缸后推式杠杆组合式、油缸浮动连杆组合式、俯冲式等(见图9-11)。

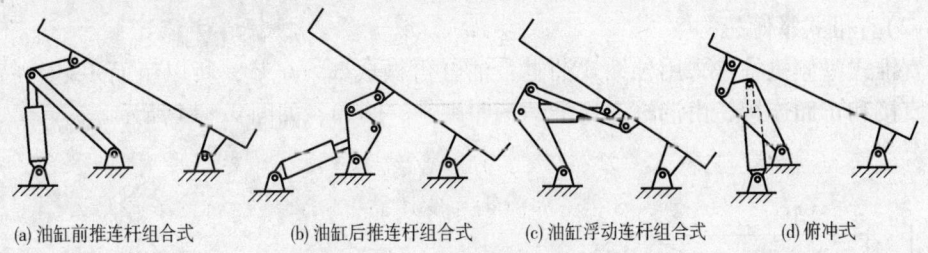

(a) 油缸前推连杆组合式　(b) 油缸后推连杆组合式　(c) 油缸浮动连杆组合式　(d) 俯冲式

图9-11 连杆组合式举倾机构

a. 油缸前推连杆组合式(马勒里举升臂式)。应用车型为五十铃 TD50A—D、QD362、HF352、SX360 等。这种结构举升力系数小,省力,油压特性好,构件受力改善,油缸摆角大,活塞行程稍大,见图9-11(a)所示。

b. 油缸后推连杆组合式(加伍德举升臂式)。应用车型为五十铃 TD50A—D、

QD352、HF352、东风 LZ340、日产 PTL81SD 等。该结构举升转轴反力小，举升力系数大，举升臂较大，活塞行程短，结构紧凑，但布置集中后部，车厢底板受力大，见图 9-11(b) 所示。

c. 油缸浮动连杆组合式。应用于 YZ—300 车型。该结构举升油缸进出油管活动范围大，油管长，见图 9-11(c) 所示。

d. 俯冲式。结构该举升杆系统结构简单，造价低，但油缸必须增大容量，见图 9-11(d) 所示。

图 9-12 为东风 LZ340 型汽车和日本五十铃 TD50ALCQD 型汽车举倾机构简图。三角形连杆 ABM 的 M 点铰接在车厢底板的骨架上，B 端则与三角形连接铰接，拉杆 AD 的 A 端也与三角形连杆铰接，D 端则铰接在车架底架上。当举升车厢时，压力油进入油缸，油缸所产生的推力 Q 一方面使三角形连杆绕 A 点转动，另一方面，拉杆 AD 又使三角形连杆的 A 点绕 D 点转动，此时三角形连杆产生复合摆动，通过 M 点举升车厢。

图 9-13 为克拉斯 265B 型汽车和日产 PTL81SD 型汽车连杆组合式举倾机构。三角臂 AGD 通过推杆 AM 铰接在车厢底板的骨架上，三角臂 D 点铰接在车架底架上，油缸 BE 的 E 端铰接在车架底架上，B 端则与三角臂铰接。当举升车厢时，压力油进入油缸，油缸所产生的推力 Q 推动三角臂绕 D 点转动，三角臂通过推杆 AM 举升车厢。车厢靠自重下降复位。

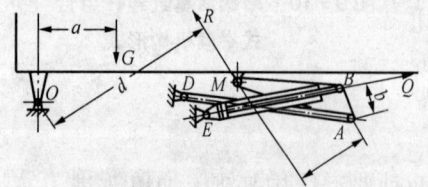

图 9-12 连杆组合式举倾机构
（东风 LZ340 型汽车）

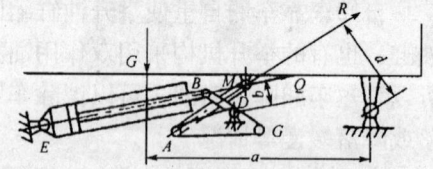

图 9-13 连杆组合式举倾机构
（克拉斯 256B 型汽车）

(2) 直推式举倾机构

直推式举倾机构常采用伸缩式油缸，油缸可做成 3~6 节，所以粗而短是其特点。油缸直接和车厢连接，由油缸直接推动车厢举升、倾卸，如图 9-14 所示。

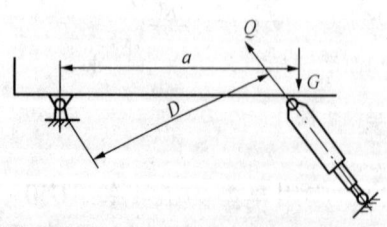

图 9-14 直推式举倾机构

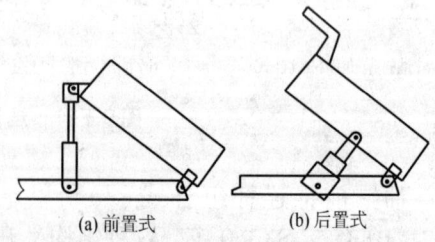

图 9-15 直推式举倾机构形式

多级缸直推式举倾机构按油缸布置不同，分为前置、后置(也可称中置)两种，见图9-15所示。前置多采用单缸，后置既可采用单缸也有采用双缸；前置时举升力小，油缸行程大，举升时横向刚度较大；后置时举升力大，油缸行程小，举升时横向刚度小。

直推式举倾机构结构简单、紧凑，举升效率高，工艺简单，成本低，易于实现三翻倾卸，安装位置小，但总的升降长度较大。在装载质量相同的条件下，油缸所需推力小于连杆组合式。当油缸垂直布置时(依发W50L/K型汽车采用)，油缸的推力可全部作为车厢的举升力。但是，直推式举倾机构的横向刚度较差(特别是单缸后置)，如果采用双油缸，若液压油不同步或两油缸磨损不一，则造成车厢举升力不均。伸缩式油缸的制造工艺复杂，随缸级数的增加会使造价更贵，密封性要求也很高。

重型自卸车大多数都采用直推式，也有的中型车上采用。直推式车厢举倾机构按操纵方式有气控、电控、液控及手动等多种不同形式。

直推式举倾机构的应用车型如下：
1)前置单缸直推式：斯太尔1291.280/K38、卡玛斯5511车型。
2)后置单缸直推式：斯太尔991.200/K38、依发50L/K、解放CA340车型。
3)后置双缸直推式：东风EQ340、黄河QD351车型。

三、我国前举升自卸车的发展

近年来前举升自卸车得到很大发展。我国绝大多数自卸车采用机构式举升方式来卸货，而欧美等国早已淘汰了这种机构的举升自卸，大都采用前举升自卸方式。以前的国产自卸车中，只有北方奔驰重型自卸车采用前举升方式，液压系统为荷兰HYV进口整机，产品成本高，销量少。近来，纷纷推出8×4自卸底盘，原来机构不适用，只好采用前举升方式。由于超长(有的车厢长达7.5m)、超大自卸车发展，使前举升方式得到发展。国产自卸车目前使用前举升自卸的车型有：解放CA3260 8×4、重汽ZZ3382 8×4、川汽CQ3300 8×4。前举升自卸车组成：二类底盘、上装副车架、车厢及多级油缸。

1. 前举升自卸车结构特点

1)整车重心低，行车稳定性好，只要后挡不干涉，副车架纵梁可以做得很低，最小可以与载货车相同。

2)在机构式自卸车设计中经常会发生机构与底盘横梁干涉，从而需对底盘横梁改制。前举升自卸方式不必考虑与底盘干涉的问题，因而设计者不必再做校核图，大大提高产品开发速度。

3)传统的T式机构一般应用在载重8t或以下的自卸车中，F式机构应用在15t左右的自卸车中。这种机构的自卸车在超载时由于液压系统的压力过大，经常发生烧油泵、密封件损坏和根本不举升等问题。而前举升自卸车不需将油缸的推力放大到举升架和拉杆上便可以将车厢举升起来，因而前举升的油压特性非常好。液压元件不会因压力过高而损坏，液压系统的使用寿命更长，液压系统的故障更少。

4)结构简单，成本低，工艺性好，安装维护方便。机构式举升由三角架、拉杆、举升油缸及其安装联接的座和轴组成,结构复杂,前举升是一种用多级油缸直推车厢前部从而达到卸货的一种方式,只有油缸而无其他零部件。

5)由于以前国内加工工艺落后,这种液压缸容易出现漏油、不密封等现象。近年来,生产多级缸技术已成熟。

常见液压油缸主要技术参数见表9-2。

表9-2 液压油缸主要技术参数

缸径(mm)	活塞杆直径(mm)		工作压力(×10N)				最大行程(mm)
	速比:1.46	速比:2	速比:1.46		速比:2		
			推力	拉力	推力	拉力	
50	25	35	3 141	2 355	3 141	1 602	1 000
63	35	45	4 987	3 448	4 978	2 443	1 500
80	45	55	8 042	5 498	8 042	4 241	2 000
90	50	63	10 179	7 036	10 179	5 190	3 000
100	55	70	12 566	8 765	12 566	6 406	2 000
110	63	80	15 205	10 218	15 205	7 160	2 000
125	70	90	19 635	13 477	19 635	9 450	2 000
140	80	100	24 630	16 588	24 630	12 060	2 000
160	90	110	32 170	21 991	32 170	16 960	2 000
180	100	125	40 715	28 150	40 715	21 080	4 000
200	110	140	50 266	35 060	50 266	25 630	4 000
220	125	160	60 820	41 186	60 820	28 650	4 000
250	140	180	78 540	53 910	78 540	37 820	4 000

2. 液压油缸结构特点

1)单级油缸

单级油缸(见图9-16)适应于连杆组合式举倾机构和浮动油缸连杆放大组合式举倾机构。

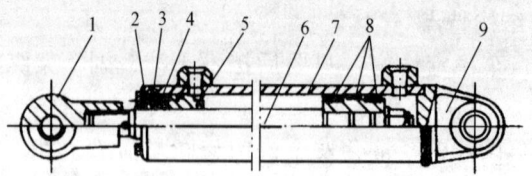

1-上耳环 2-端盖 3-半圆卡圈 4-密封圈
5-导向套 6-活塞杆 7-缸筒 8-密封胶圈
9-下耳环

图9-16 单级油缸

2)多级油缸

多级油缸大多应用在直推式举倾机构的自卸车上,油缸级数根据车厢最大举升角确定,油缸直径根据举升质量而定。结构见图9-17和图9-18所示。

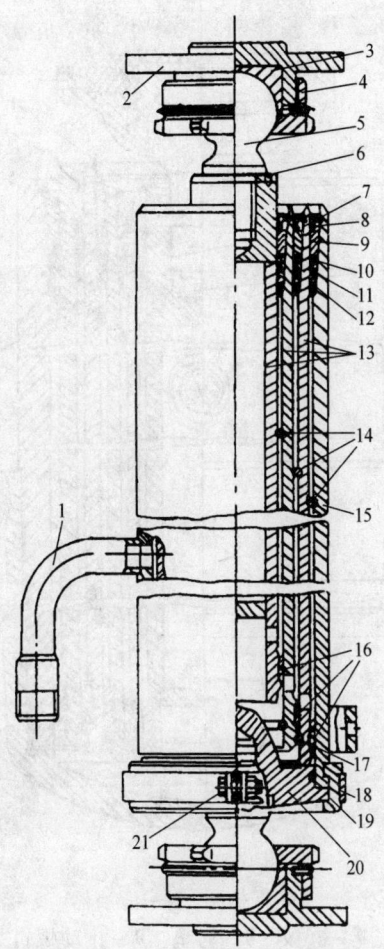

1-弯管 2-液压缸支撑 3-衬垫 4-螺母 5-球头 6-止动垫圈 7-开口圈 8-清洁器 9-导管 10-保护圈 11-皮碗 12-坐垫 13-顶柱 14、17-止推环 15-缸筒 16-半圆环 18-箍圈 19-夹圈半环 20-缸底 21-螺栓

图 9-17 三级油缸

3. CB—E5☆型液压齿轮泵

CB—E5☆型液压齿轮泵型号表示：

以 CB T—E5☆☆—F△※◇—口为例。

CB——齿轮泵；

T——结构代号（T_1：双型代号）；

E——压力级别（16 MPa）；

5——齿轮模数（$m=5$）；

☆☆——公称排量（分别为 20、25、32、40、50、63 mL/r）；

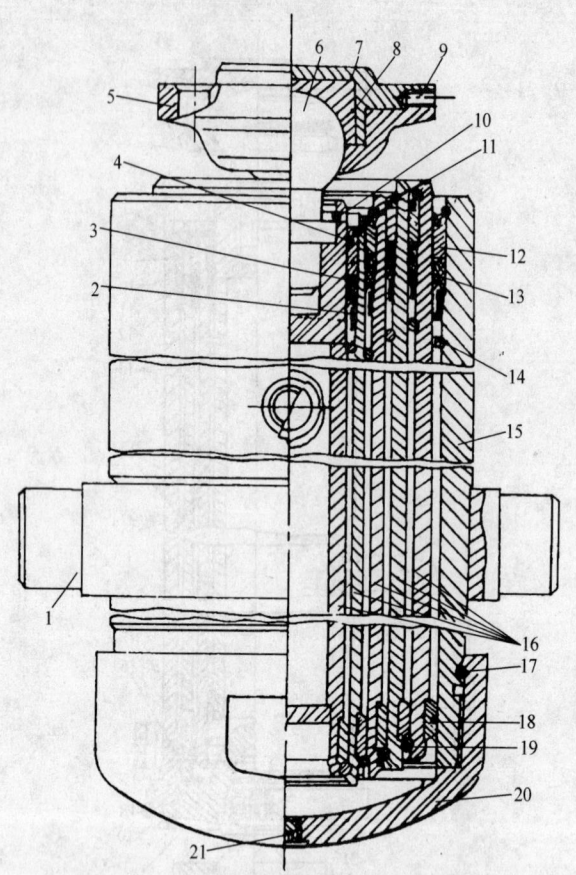

1—轴 2—坐垫 3—保护圈 4—清洁器 5—油缸支撑
6—球头 7—嵌板 8—衬垫 9—止动螺钉 10—球
头固定圈 11—开口圈 12—导管 13—皮碗 14—上
止动圈 15—缸筒Ⅰ 16—顶柱 17—密封圈 18—下
导管 19—下止动环 20—缸底 21—放出螺塞

图9-18 五级油缸

F——油口连接形式(F：法兰连接)；

△——安装法兰连接形式(A：100A 2HW GB2353 1-80；无：CB321法兰)；

※——轴伸形式(H：矩形花键轴伸 6-2520.16；无：平键圆柱轴伸25；J：渐开线花键轴伸 EXT15Z 1.5m 30p5d GB3478 1-83)；

◇——旋向(从轴端看，L为左旋，R为右旋)；

口——特殊定货(A：进出油口都带大弯接头；B：进油口带大弯接头，出油口带小弯头；AB型暂供50、63排量的油泵)。

CB—E5☆型液压齿轮泵性能参数见表9-3。

表9-3 CB—E5☆型液压齿轮泵主要技术参数

型 号	公称排量(mL/r)	额定压力(MPa)	最高压力(MPa)	公称转速(r/min)	最低转速(r/min)	输入功率[①](kW)	质量(kg)
CBT—E520	20	12.5	16	2000	1100	10.04	5.1
CBT—E525	25	16	20	2000	900	16.06	5.3
CBT—E532	32	16	20	2000	900	20.56	5.5
CBT—E540	40	16	20	2000	900	25.70	5.7
CBT—E550	50	16	20	2000	900	31.75	6.1
CBT—E563	63	12.5	16	2000	900	31.25	6.5

① 额定工况下。

4. 自卸车上液压操纵阀结构

液压操纵阀大多采用三位四通阀，用来控制举升油缸的举升、停止和下落3个动作。操纵阀的控制方式有手动机械杠杆式、手动液压伺服式和气动操纵式3种。

1）机械杠杆式操纵方向阀（见图9-19）可靠性好，通用性强，维修方便，但杆件繁多，布置复杂。

2）手动液压伺服式操纵阀（见图9-20）是依靠手动阀建立油压来关闭或打开举升方向阀，控制油路实现车厢举升和下降。这种阀没有中停位置，靠切断动力实现中停。图示的手动伺服操纵式方向阀液压系统用于斯太尔系列重型自卸车上。

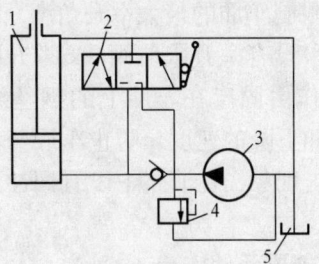

1—油缸 2—操纵方向阀 3—液压泵
4—溢流阀 5—油箱
图9-19 机械杠杆式操纵方向阀液压系统

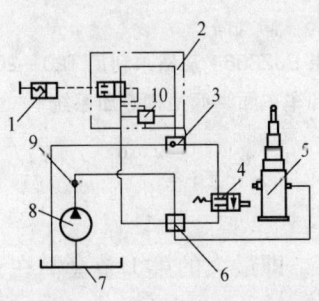

1—手动阀 2—举升阀 3—三通 4—限位阀 5—举升缸 6—四通 7—油箱 8—液压油泵 9—单向阀 10—安全阀
图9-20 手动液压伺服式操纵阀液压系统

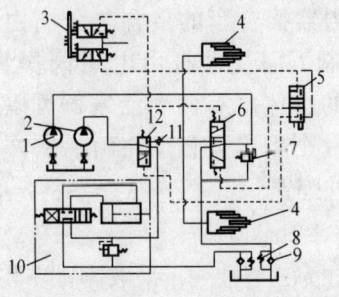

1—举升泵 2—转向泵 3—双向控制阀 4—举升油缸 5—限位阀 6—气控换向阀 7—举升溢流阀 8—旁通阀 9—滤清器 10—转向助力器 11—单向阀 12—气控合流阀
图9-21 气动操纵方向阀液压系统

3) 气动操纵式方向阀依靠汽车储气筒内的压缩空气，通过控制气阀操纵气控液压换向阀，控制油路实现车厢举升、下落和中停。操作简便，功能齐全，属于较先进的结构，用于中、重型自卸车上(见图9-21)。

四、气控直推式车厢举倾机构

图9-22所示为北京BJZ3364型及佩尔利尼T20—203自卸车车厢举倾机构组成及液压系统图。

两个举升油缸8的两端分别与车架和车厢作铰链连接。举升油缸的工作由分配阀6控制，而分配阀则由驾驶人通过手控操纵阀12用压缩空气操纵。为限制车厢的最大举升角度，在液压系统中设有举升限位阀9。举升限位阀的工作由固定在车厢上的钢丝绳11控制车厢下降的速度，防止车厢与车架发生冲击现象，在油路中设有回油节流阀7。

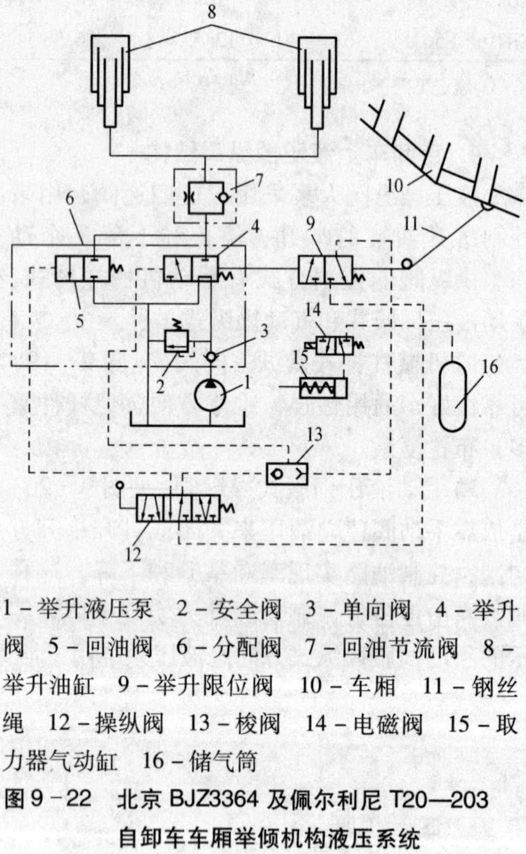

1．主要元件构造

(1) 举升液压泵

佩尔利尼T20—203自卸车举升液压泵是轴向间隙自动补偿齿轮式液压泵。液压泵额定流量为200 L/min(转速1 000 r/min)；最大工作压力为9 806 kPa；额定工作压力为7 844 kPa。

(2) 举升液压泵取力器气动缸

取力器接合套的接合与分离由气动缸控制，而气动缸由电磁阀操纵。气动缸的缸体内有两个活塞，可以相对滑动一个固定行程，在两活塞之间装有缓冲弹簧。

1-举升液压泵 2-安全阀 3-单向阀 4-举升阀 5-回油阀 6-分配阀 7-回油节流阀 8-举升油缸 9-举升限位阀 10-车厢 11-钢丝绳 12-操纵阀 13-梭阀 14-电磁阀 15-取力器气动缸 16-储气筒

图9-22 北京BJZ3364及佩尔利尼T20—203自卸车车厢举倾机构液压系统

(3) 举升油缸

油缸为三节柱式，采取倒置安装，以防止尘土侵入，即最大的第1节套筒在上面，上、下吊耳用球关节分别连接于车厢与车架上。

3节套筒与柱塞缸筒按直径大小依次套装。在第2、3节套筒之间，以及第3节套筒与柱塞缸筒之间，在上端有锁止环，以防止第2、3套筒脱落。在3节套筒下端内孔中均镶有铜套，并装有油封。

在上盖上装有排气螺钉，事先需将油缸内空气通过排气孔排队干净，然后将排气螺钉拧紧，以保证油缸正常工作。

(4) 操纵阀

手控操纵阀安装在驾驶室仪表盘上,通过它用压缩空气来控制分配阀,以便根据需要接通或切断举升油缸的进、回油通道,以控制车厢的举升、停止或下降。

操纵阀为一个三位五通换向阀,其中一条通道与储气筒连通,两条通道分别与分配阀的举升阀和回油阀连通,另外两条通大气。

操纵阀位于中间位置时,从储气筒来的压缩空气通过梭阀进入举升阀,而通往回油阀的通道通过操纵阀与大气连通。位于举升位置时,通往举升阀和回油阀的通道通过操纵阀都与大气相通。位于下降位置时,从储气筒来的压缩空气通操纵阀分别进入举升阀和回油阀。

(5) 分配阀

安装在举升液压泵与油缸回路之间,作用是接通或切断举升缸的进、回油路,从而实现车厢的举升、下降或停止在某一位置上。分配阀是用压缩空气通过手控操纵阀来操纵的。分配阀由举升阀、回油阀、单向阀及安全阀4个部分组成。

单向阀设在进油回路中,其作用是在车厢举升过程中,若举升液压泵停止供油,防止举升油缸中的压力油流回液压泵。单向阀所引起的压力下降不得超过500 kPa。安全阀对液压系统起安全保护作用,使油路中油压不致过高。

(6) 举升限位阀

作用是限制车厢的最大举升角度(50°)。从限位阀至举升阀一段钢丝绳在正常情况下应不起作用,仅在控制气路出现故障、限位阀失去作用时,才通过此段钢丝绳直接拉动举升阀的滑阀,对车厢举升限位起到安全保护作用。因此在安装时,此段钢丝绳不应拉紧,应松出10～14 mm。

(7) 梭阀

功用是使来自两个控制系统(操纵阀和举升限位阀9)的气流能够进入同一个用气部件(举升阀)而且不互相干扰,即接通一个系统时,关闭另一个系统。

(8) 回油节流阀

安装在分配阀与举升油缸油路之间,作用是在车厢下降时,限制举升油缸回油时的流量,保证车厢能缓慢平稳地降落,防止车厢与车架发生冲击现象。

2. 车厢举倾机构工作过程

(1) 车厢举升

操纵阀手柄放到举升位置,举升阀和回油阀气室通过操纵阀与大气相通。回油阀关闭,举升阀开启,液压泵输出的压力油通过举升阀不断地输入举升油缸,使举升油缸节节上升。当车厢举升到最大举升角度时,钢丝绳拉紧,举升限位阀动作,储气筒内压缩空气通过限位阀、梭阀进入举升阀气室,使举升阀动作,切断液压泵通往举升油缸的油路,液压泵输出的工作油经举升阀回油箱。车厢停止举升,处于最大举升角位置。

(2) 车厢下降

操纵阀手柄放在下降位置,储气筒内压缩空气通过操纵阀进入举升阀和回油阀气室。举升阀动作,液压泵输出的压力油经举升阀流回油箱;回油阀动作,使通往举升油缸的油路与回油路接通,举升油缸内的压力油通过回油阀流回油箱,车厢在自身重力作用下缓慢平稳地下降。

(3) 车厢停止

车厢在举升或下降过程中,若需将车厢停止在某一所需的位置上,则需将操纵阀手柄放在中间位置上。此时储气筒内压缩空气通过操纵阀、梭阀进入举升阀气室,而回油阀气室则通过操纵阀与大气相通。液压泵输出的压力油流回油箱,而回油阀将回油路切断,车厢便停止举升或下降,停止在某一需要的位置上。

车厢举升机构在使用中,车厢未降至底,严禁汽车行驶。汽车在行驶中,也不允许举升机构工作。此时,电磁阀应断电,通过气动缸使取力器脱开,举升液压泵停止运转。操纵手柄位于中间位置,即停止位置。

五、电控直推式车厢举倾机构

卡玛兹55111型汽车车厢举倾机构的操纵采用电控气动遥控式,由驾驶人在驾驶室内按压装在仪表板上的开关来实现。车厢举升机构技术特性参数如下:

1) 液压系统:额定油压为15.7 MPa;安全阀限定的最高油压19.6 MPa。

2) 液压泵流量:56 L/min(转速为1 900~2 200 r/min)。

3) 举升油缸套筒直径:第1级95 mm;第2级75 mm;第3级56 mm。

4) 举升油缸工作行程:第1级1 100 mm;第2级1 140 mm;第3级1 160 mm。

5) 举升油缸最大举升力(油压为15.7 MPa):第1级110.8 kN;第2级69.6 kN;第3级38.2 kN。

6) 举升载货车厢的时间(发动机转速为2 200 r/min)为19 s;车厢下降时间18 s。

液压举倾机构由取力器、举升液压泵、举升油缸、控制阀、车厢举升限位阀、电磁阀等主要部分组成,见图9-23所示。

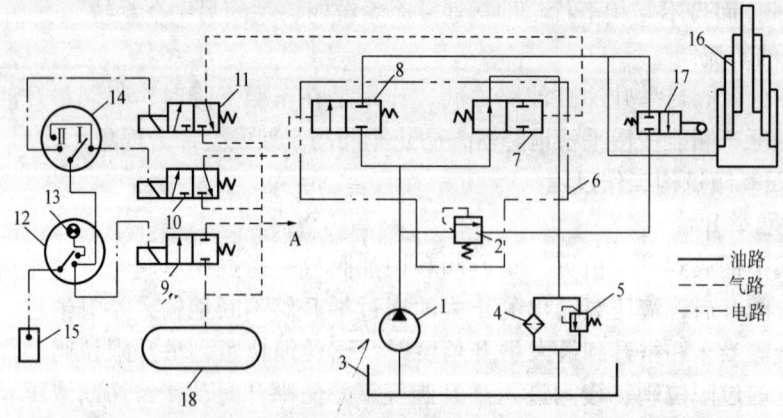

1—液压泵 2—安全阀 3—油箱 4—滤油器 5—旁通阀 6—控制阀 7—回油阀 8—举升阀 9、10、11—电磁阀 12—取力器开关 13—取力器信号灯 14—车厢举升、下降开关 15—电源 16—举升油缸 17—举升限位阀 18—储气筒 A—取力器气动缸

图9-23 卡玛兹汽车车厢举倾机构液压系

1. 液压系统工作原理（见图 9-23）

车厢举升机构工作时，先接通举升液压泵取力器。为此，将开关 12 置于接通位置（此时信号灯 13 亮），电磁阀 9 通电，储气筒内压缩空气经电磁阀 9 从管路 A 输入取力器气动缸。当驱动液压泵的取力器齿轮啮合时，液压泵 1 开始工作。从液压泵输出的压力油经回油阀 7、回油管、滤油器 4 返回油箱。液压油的这种循环在冬天可促使其加热，以改善举倾机构液压系统的工作条件。

（1）车厢举升

将开关 14 移至位置Ⅱ，此时电磁阀 10、11 通电，储气筒内压缩空气经电磁阀 10、11 分别进入举升阀 8 和回油阀 7，使回油阀的回油路切断，举升阀的进、出油路接通。液压泵输出的压力油经举升阀进入举升油缸 16，将车厢举升。随着车厢的举升，当单作用伸缩式举升油缸举升到最大角度时，举升油缸缸体按压举升限位阀 17，举升限位阀换向，一部分压力油通过举升限位阀返回油箱，车厢便停止举升。

安全阀 2 起安全保护作用，当液压系统过载时，一部分压力油通过安全阀返回油箱。

（2）车厢下降

将开关 14 移至位置Ⅰ，电磁阀 11 断电，电磁阀 10 通电，举升阀及回油阀的进、出油路接通，举升油缸压力油经举升阀及回油阀返回油箱，车厢在自重的作用下降落。

（3）车厢停止

车厢在举升或下降过程中，如需将车厢停留在某一高度位置上，则需将开关 14 移到中间位置。此时，电磁阀 10、11 断电，回油阀进、出油路接通，举升阀进、出油路被切断，车厢则停留在任意所需的高度上，液压泵输出的油则经回油阀返回油箱。

2. 车厢举倾机构主要元件构造

（1）液压泵及取力器

举升液压泵为齿轮式，取力器由变速器驱动。取力器齿轮啮合通过气动缸由压缩机操纵，齿轮啮合时应踩离合器，切断发动机的动力。汽车的气压系统中气压 >490 kPa 和取力器开关闭合时，取力器才接通工作。

（2）控制阀

主要由阀体、举升阀、回油阀、举升控制气室、回油阀控制气室、安全阀（调定压力为 19.6 MPa）组成。控制阀不工作时，回油阀在弹簧作用下常开，举升阀在弹簧作用下常闭，从液压泵输出的压力油经连接管、回油阀返回油箱。

六、液控直推式车厢举倾机构

别拉斯 540 型自卸车车厢举倾机构采用液控操纵系统。该车车厢举倾机构与液压动力转向系统共同组成联合液压系统，见图 9-24 所示。

联合液压系统主要由转向液压泵 1、举升液压泵 2、操纵阀 7、控制阀 8、分配阀 9 和举升油缸 14 组成。当车厢举倾机构工作时，由举升液压泵和转向液压泵联合向车厢举升机构供油。举升油缸的工作由控制阀 8 和分配阀 9 控制，而控制阀则由驾驶人通过手动操纵阀 7 操纵。

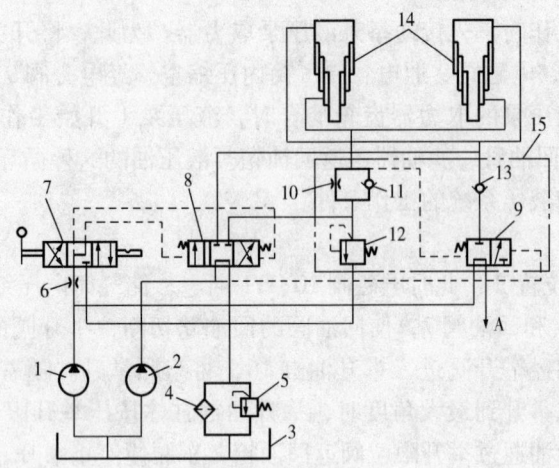

1—转向液压泵　2—举升液压泵　3—油箱　4—滤油器　5—旁通阀
6、10—节流阀　7—操纵阀　8—控制阀　9—分配阀　11、13—单向阀
12—限压阀　14—举升油缸　15—组合阀　A—至液压动力转向系统

图9-24　别拉斯540型汽车举升、转向联合液压系

1. 油压系统主要元件构造

（1）液压泵

液压系统设有两台高压齿轮液压泵，这种液压泵的结构与我国CB系列齿轮泵完全相同，它广泛应用于各种工程机械上。液压泵固定于液力机械变速器增速箱体上，由增速器齿轮驱动。下面的液压泵是向左旋转的，给转向系统供油用；上面的液压泵是向右旋转的，给车厢举升机构供油用。

（2）举升油缸

双作用伸缩套筒式，举升油缸由三级活动套筒和固定活塞杆组成。压力油通过球头和油管进入油缸活塞上腔，使油缸举升。当车厢进行动力下降时，由液压泵输出的压力油经活塞杆腔及活塞杆上的径向油孔进入活塞杆与第3套筒之间的环形空腔，在油压的作用下第3套筒缩回并强制车厢下降。

（3）操纵阀

是一个三位四通手动换向阀，用作操纵控制阀，使车厢举升或降落。操纵阀固定在燃油箱横梁支架上。操纵阀通过安装在驾驶室内的操纵手柄来操纵，手柄用连接管与操纵阀传动卡板的轴连接，用球形定位器定位。

（4）控制阀

安装于车架右纵梁下操纵部件的支架上，它是一个三位四通液控换向阀。功用是将举升液压泵的压力油管与举升缸的举升或降落主管接通，使车厢举升或下降。

（5）组合阀

安装在车架纵梁下，固定在操纵部件支架上。功用是在车厢举升时，举升液压泵和转向液压泵联合向举升油缸供油，以加快车厢的举升速度。组合阀中的分配阀是一个二位三通换向阀，它主要由阀体、阀套、阀芯及弹簧组成。

2. 车厢举倾机构工作原理（见图9-24）

(1) 车厢举升机构不工作

当操纵阀7手柄在中位时，转向液压泵1输出的压力油经分配阀9进入转向油路A，供汽车转向时用，同时经节流阀6通过操纵阀进入控制阀8左右两弹簧腔，由于两弹簧腔油压相等，控制阀在两端弹簧作用下位于中位。举升液压泵2输出的压力油经控制阀返回油箱，车厢举升机构处于不工作状态。节流阀6用来消除压力波动，使控制阀稳定工作。

(2) 车厢举升

将操纵阀7手柄置，操纵阀位于左位。此时控制阀8右弹簧腔通过操纵阀与回油管连通，控制阀左弹簧腔通过操纵阀与压力油道连通，转向液压泵输出的压力油经操纵阀进入控制阀左弹簧腔，控制阀滑阀右移，控制阀位于左位。

举升液压泵2输出的压力油经控制阀、举升油路进入举升油缸，从而使举升液压泵压力管路内油压升高。当举升液压泵压力管路内油压达到2.45～2.94MPa时，作用在分配阀9右腔室的压力油克服分配阀左端弹簧力，使分配阀处于右位，从而切断至液压转向系统的通路。转向液压泵输出的压力油经分配阀、单向阀13进入举升油缸，此时两个液压泵处于联合工作状态，从而提高了车厢的举升速度。

当举升油缸第3级套筒开始伸出时，活塞杆腔的油液经节流阀10通过控制阀返回油箱。此时节流阀10起背压阀作用，使活塞杆腔油压升高，使车厢举升更为平稳。与此同时，也使分配阀有弹簧腔油压升高。

当车厢继续举升时，重载车厢重心相对移动。因此，举升车厢所需的举升缸油压减小，举升液压泵压力油管的油压也下降。当分配阀弹簧腔内油压作用力及弹簧作用力之和超过了无弹簧腔内的油压作用力时，分配阀阀芯右移，分配阀位于左位，转向液压泵压力油管与举升缸举升管路的通路被切断，并使其与转向系统油路接通。因此，在车厢举升的后期，只有一个液压泵向车厢举升机构供油，使车厢举升速度减慢。

当举升油缸全部伸出时，举升油缸的旁通阀打开，此时车厢停止举升，车厢位于最大举升高度位置上。

(3) 车厢下降

当操纵手柄于下降位置时，操纵阀位于右位，控制阀也位于右位，使举升液压泵压力油管与举升油缸下降管路相通，而举升油缸举升管则与回油管路相通。

从举升液压泵输出的压力油经控制阀、单向阀11进入举升缸活塞杆腔。在油压的作用下，举升缸挺杆往上移动关闭旁通阀，第3套筒缩回，强制车厢下降。

在进行动力下降时，分配阀左右两腔油压平衡，分配阀阀芯在弹簧作用下始终位于左位。因此，车厢动力下降时，只有一个液压泵向举升油缸供油。当举升油缸活塞杆腔油压升高至一定数值时，限压阀12开启，一部分压力油经限压阀返回油箱。

在举升油缸第3套筒缩回后，车厢靠自重继续下降。

车厢在举升或下降过程中，只要将操纵阀手柄置于中位，由于控制阀将举升油缸的举升管路和下降管路封闭，所以车厢可以停留在所需的任意高度位置上。

七、手控直推式车厢举倾机构

1. 尤克里德 R170 型汽车车厢举倾机构

见图 9-25 所示，尤克里德 R170 型汽车车厢举倾机构主要由液压泵 12、控制阀 8、举升油缸 13、浮动下降阀 9 及运动控制阀 10 组成。车厢举倾机构由安装在驾驶室内的手柄，通过连接杆由驾驶人直接操纵。

举升油缸为 3 级双作用伸缩式套筒油缸，倒置安装，即底座端与车厢为铰链连接，活塞杆端则支承在车架上。

（1）举升

将操纵手柄提到最高的举升位置，控制阀 8 处于右位，液压泵 12 输出的压力油经控制阀通过浮动下降阀 9 的单向阀进入举升油缸 13 活塞上腔，同时压力油也经过浮动下降阀上的先导油路进入到运动控制阀 10 的先导口。

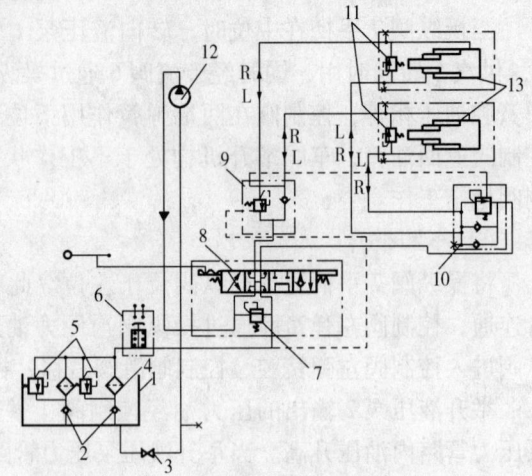

1—油箱　2—防虹吸阀　3—截止阀　4—滤油器
5—旁通阀　6—压力指示开关　7、11—安全阀
8—控制阀　9—浮动下降阀　10—运动控制阀
12—液压泵　13—举升油缸

图 9-25　尤克里德 R170 型汽车车厢举倾机构液压系

只有当举升管路的压力足够大时，才能打开运动控制阀，将举升油缸活塞杆腔通过运动控制阀与回油管接通。此时，举升油缸开始举升，举升缸活塞杆腔的油液返回油箱。

运动控制阀起背压阀作用。在车厢举升的整个过程中，监督和控制举升缸活塞杆腔的回油速度，并产生足够的背压，有效地保持车厢运动平稳。满载车厢被举起，由于矿物的移动引起重心的改变或车厢已卸空，有可能加快车厢的举升速度。这时运动控制阀敏感到这一加速。由于举升缸活塞上腔油压的降低，先导管路的油压也随之降低，从而使运动控制阀开度减小，使举升缸活塞杆腔背压升高，回油速度减低，将减缓车厢举升的速度。在整个举升、倾卸过程中，运动控制阀能在全开到全闭之间进行调节，以达到平稳和精确地调节车厢的运动速度。

为防止过载，在控制阀内装有安全阀 7。安全阀的开启压力调整为 17.2 MPa。当油压过高时，安全阀开启，一部分压力油通过安全阀返回油箱。

在控制阀中还装有一个单向阀，作用是当车厢举升时，一旦发动机熄火或液压泵发生故障，以防止车厢降落而发生事故。

（2）保持

当操纵手柄放在保持位置，液压泵输出的压力油通过控制阀返回油箱，通往举升缸活塞上腔及活塞杆腔的通路被切断。车厢既不能举升，也不能下降，可以保持在任何所需的位置上。

(3) 浮动

将操纵手柄放在浮动位置，液压泵的压力管路、举升油缸的举升管路、下降管路及回油管路互相连通，液压泵输出的压力油通过控制阀返回油箱。

如果车厢已被举起，则车厢靠自重就会下降。此时，举升油缸活塞上腔的油液则通过浮动下降阀返回油箱，浮动下降阀对回油进行节流，防止下降速度过快，使车厢平稳地降落到车架上。

必须指出，汽车在行驶过程中，不管是重车还是空车，操纵手柄一定要放在浮动位置，使液压元件不承受过大的应力。

(4) 动力下降

将操纵手柄放在动力下降位置，从液压泵输出的压力油经控制阀通过运动控制阀中的单向阀进入举升缸的活塞杆腔，强制车厢下降。举升缸活塞上腔的油通过浮动下降阀经控制阀返回油箱。

注意：决不能用动力下降使车厢全程降落到车架上，以防止液压元件受到过大的应力而损坏。当车厢开始下降后，应将操纵手柄放在浮动位置，靠车厢自重降落到车架上。

在油箱1内安装有滤油器4、旁通阀5和防虹吸阀2。若滤油器过脏堵塞，旁通阀开启，从举升油缸返回的油液经旁通阀回油箱。防虹吸阀实质是一个单向阀，其作用是当检修拆下某些元件时，防止液压油因虹吸作用从回油管中流出。

当回油管回油压力过高时，压力指示开关6闭合，电路接通，指示灯亮，警告驾驶人滤油器过脏应进行维护。

2. 伟步75B型自卸车车厢举倾机构

图9-26为伟步75B型矿用自卸车车厢举升机构与液压动力转向系统联合液压系统。由于车厢举倾机构与液压动力转向系统共用一个液压泵，为介绍方便起见，将动力转向液压系统一并绘出。该系统油路由3个基本部分组成：车厢举倾油路、液压动力转向油路、紧急转向油路。

车厢举倾机构油路由油箱1、液压泵4、举升安全阀7、分流阀6、举升控制阀14、单向节流阀15、举升油缸5组成。从液压泵输出的压力油进入分流阀6。分流阀6用作将从液压泵来的压力油分配给两个并联的举升和转向油缸，并使这两个系统以不同的压力工作。

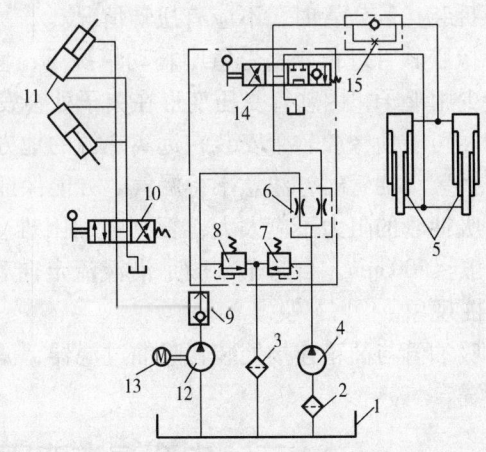

1-油箱　2、3-滤油器　4-液压泵　5-举升油缸
6-分流阀　7-举升安全阀　8-转向安全阀　9-梭阀
10-转向控制阀　11-转向油缸　12-紧急转向液压泵　13-电动机　14-举升控制阀　15-单向节流阀

图9-26　伟步75B型矿用自卸车举升、转向联合液压系

为防止过载,举升时举升安全阀7起安全保护作用,转向时转向安全阀8起安全保护作用。举升安全阀的调定压力为 12.45 MPa。

举升油缸采用双作用伸缩式套筒油缸。举升时,液压泵输出的压力油经分流阀、举升控制阀14、单向节流阀15中的单向阀进入举升油缸活塞上腔,举升油缸活塞杆腔油液经控制阀返回油箱。

进行动力下降时,液压泵输出的压力油经分流阀、控制阀进入举升油缸活塞杆腔,举升油缸活塞上腔的油液经节流阀、控制阀返回油箱。单向节流阀15的功用是车厢下降时,提高举升油缸回油路的压力,控制回油的速度,使车厢能平稳地降落到车架上。

分流阀6、举升控制阀14、举升安全阀6及转向安全阀8安装在同一个总成中,称为控制阀与分流阀总成。

第二节 柴油自卸车举升系检修与故障诊断

一、自卸车液压管路安装注意事项

1)自卸车上液压管路一般在所连接的元件安装完毕后进行,管路安装前应进行酸洗,然后尽快进行循环冲洗,以保证清洁及防锈。

2)根据工作压力及使用场合选择管件,管子必须有足够的强度、内壁光滑、清洁、无砂、无锈蚀、无氧化铁皮等缺陷。

3)安装的橡胶软管应避免急转弯,弯曲半径 $R \geqslant (9 \sim 10)D(D$ 为软管外径),不要在靠近接头根部弯曲,软管接头至开始弯曲处的最短距离 $L = 6D$。

4)拆装橡胶软管时,不应有扭转情况。

5)橡胶软管过长或承受急剧震动情况下,宜用夹子夹牢。但在高压下使用的软管应尽量少用夹子,因软管受压变形在夹子处会发生摩擦。

6)尽可能使橡胶软管安装在远离热源的地方,以保证使用。

7)拆装吸油管时,注意不得漏气,方能保证液压系统工作正常(此项非常重要)。

8)吸油管的阻力不应太大,否则吸油困难会产生空蚀现象。对于液压泵的吸程高度,一般≤500 mm。自卸车一般是沿液流走向朝下可适当加长吸油管路,但不能产生急剧弯曲现象。

9)吸油管与油箱连接处装置吸油过滤器,滤网的精度为60目以下。拆装方便,应经常清洗。

二、自卸汽车液压系测试要求

(1)压力调试

系统的压力应按压力调定值调整溢流阀或压力阀,压力调定后必须将调整螺杆锁紧。压力调定值及压力联锁动作应与自卸车的使用说明书要求相符。

(2)液压泵的转速调试

在空载状态启动,再从低速至高速逐步调试,并注意空载排气,然后反复运转,同时应检查壳体温度和噪声是否正常。等空载运转正常后，再启动操作阀从低速至高速负载运转。如出现低速爬行现象，可检查工作机构的润滑是否充分，液压系统排气是否彻底，或有无其他机械干扰。

(3) 液压油缸的速度调试

油缸的速度调试与液压泵的速度调试相似，对带缓冲调节装置的油缸，在调速过程中应同时调整缓冲装置，直到满足该缸所带机构的平稳性要求。如油缸带内缓冲且为不可调式，则必须将该油缸拆下在试验台上调试处理合格后再装车调试。双缸同步回路在调速时应先将两缸调到相同的起步位置，再进行速度调整。

(4) 系统的速度调试

在系统调试过程中所有元件和管道应无漏油和异常震动，所有联锁装置应准确、灵敏、可靠。速度调试完毕，再检查油缸和液压泵工作情况，要求在启动、换向及停止时平稳，在规定低速下运行时不得爬行，运行速度应符合设计要求。速度调试应在正常工作压力和工作温度下进行。

三、液压油缸拆卸的注意事项

1) 拆卸之前使液压回路内的压力降低为零。
2) 拆卸时应防止损伤活塞杆顶端的螺纹、接口螺纹和活塞杆表面。
3) 由于液压油缸结构和大小不同，拆卸的顺序也稍有不同。一般应先松开端盘的紧固螺栓，拆法兰端盖时必须用螺钉顶出，不允许锤打或硬撬。在拆除活塞杆时不应硬性从缸筒打出，以免损伤缸筒内壁。

四、佩尔利尼 T20—203 汽车举倾机构检修

由于自卸车的结构、性能和使用工况等均与普通货车不同，在自卸车使用时出现一些特殊问题，必须引起注意。同样是自卸车其损坏工况与形式也不同，如普通自卸车是倾卸工况下的损坏，而矿用自卸车则主要发生在行驶工况下的损坏。

1. 车厢举倾机构的性能检查

可以通过测定车厢举升时间和测量油压来检查。这两项检查，就是举倾机构的快速检查法。

(1) 车厢举升时间的测定

测定车厢举升时间应在车厢负重、发动机和液压油工作温度正常、发动机转速为 $1\,800\,r/min$ 时进行。从操纵阀手柄扳到举位置，车厢从车架上升时开始，至车厢限位阀刚开启时为止，举升时间应为 $15\sim16\,s$。

(2) 油压检查

使取力器脱开，车厢落在车架上，切断举升缸的进油管。将管子的一端用堵头堵上，液压泵出口端接上压力表。接上取力器并将操纵阀置于举升位置，油压表上的读数应为 $(9\,806\pm980)\,kPa$。

若车厢举升时间或油压不合规定，在查找故障时首先检查油箱的油面高度，滤油器堵塞情况，排气孔旋塞上的孔是否堵塞。此外还要检查管路、管接头的渗漏情况。

2. 液压泵、分配阀技术状况检查

对举倾机构进一步检查,可采用液压试验器就车按规定的顺序进行。

(1) 液压泵技术状况检查

将车厢落到车架上,取开取力器,在液压泵出口管上接上三通管。将三通管一头堵死,另一头接上液压试验器,试验器的出油管与油箱连通。

液压试验器由流量计、压力表及可调节流阀3部分组成。液压泵的负荷通过节流阀调节,流量和油压由流量计和压力表确定。

试验时,接合取力器并提高发动机转速。在正常温度下,使液压油通过试验器,调节节流阀,就可以知道液压泵在各种负荷时的流量。

应注意液压泵的转速,在试验过程中应尽可能将转速维持在 1 000 r/min 左右额定转速上。

试验时,油压从 2 940 kPa 开始,每次增加 980 kPa,直达到举升系统的最大工作压力 9 806 kPa 为止。每次都要记下液压泵的流量,液压泵的流量应接近于额定流量 200 L/min。

如果当油压增加时,流量大幅度下降,此液压泵便不能使用。如果流量低于额定流量,但当油压增加时流量不变,这说明液压泵进油孔堵塞或液压泵磨损了,但还可以使用。

(2) 分配阀技术状况检查

将车厢落到车架上,取消三通管接头,接上分配阀,卸掉回油节流阀,并堵上分配阀上出油孔。接上取力器并提高发动机转速,将分配阀的控制开关扳到举升位置,并保持在这一位置上。

在正常温度下,使液压油进入试验器。

注意: 在试验过程中应使液压泵尽可能在额定转速 1 000 r/min 下运转,记录液压泵无负荷时流量。

调节试验器节流阀,从 2 940 kPa 开始,每次增加 980 kPa,直达到举升系统的最大工作压力 9 806 kPa 为止。如果分配阀安全阀已调好,流量应保持恒定,大约等于额定流量 200 L/min。如果安全阀过早被打开,流量就达不到规定值,部分液压油通过安全阀返回油箱,就需调整安全阀。如工作正常,但流量始终达不到规定值,说明分配阀内大量漏油,或是分配阀滑阀卡住,使油流回了油箱。

经检查,如液压泵及分配阀技术状况良好,但举升机构还是不好使,应检查举升油缸。

3. 举倾机构主要零件检修

我国行业标准中明确规定,自卸车在连续举升 3 000 次后,要保证液压倾卸装置中各零部件不出现任何损坏,而且货厢沉降量仍应保持原来水平。在对液压装置进行 2 万次台架模拟耐久性试验时,内泄漏不得超过进油量的 15%。

当举升液压泵的流量只有额定流量的 70% 时,必须拆开液压泵进行检查、检修。液压泵分解、零件检查、装配后应进行试验。修复好的液压泵,技术状况应接近于新泵。试验时,接上液压试验器,开始低速运转 3～5 min,排除里面的空气,然后用试验器给液压泵加负荷，使油压达额定压力，此时检查液压泵维持压力的情况，并记录液压泵流量。是否漏油可在液压泵刚开始低速运转时检查。

五、自卸车常见故障诊断与排除

1. 取力器常见故障

（1）取力器不启动

气压不足 0.44 MPa，气动开关损坏，取力器复位弹簧损坏，气动操纵阀及管路堵塞。

（2）取力器运转不灵

取力器主动齿轮与变速齿轮啮合间隙过大或过小，取力器传动轴承损坏，取力器内油少，联接螺栓松动，取力器内机件损坏。

2. 液压系统油温过高

液压系统是以油液为介质来实现能量转换的。在能量转换过程中，油液沿管路流动并流经各控制阀，由于黏性摩擦产生压力损失；由于泄漏产生容积损失的同时也产生压力损失；运动件间摩擦产生机械损失。这些能量损失均将转化为热能，其中一部分散到大气中，大部分传给液压元件和油液，使液压系统温度升高。

液压系统的工作温度一般在 30～80℃ 范围内较好，温度过高将引起一系列故障。造成油温过高原因如下：

（1）压力损失大引起的油液发热

管路长期未清洗与保养，内壁附着污物或局部堵塞，增加油流动时的阻力而产生的压力损失；使用黏度过高的液压油，使液压泵的负荷增大，效率降低，输入功率中的相当一部分转换为热能。

（2）容积损耗大而引起油的发热

属于这方面的原因有液压泵、控制阀、工作缸的磨损及各连接处密封不严所引起的内、外泄漏。

（3）压力控制阀失调而引起的油液发热

通油箱或蓄能器的卸荷阀堵塞，使液压泵不能卸荷；系统背压阀调定压力过高，造成回油时发热；安全阀失调，使一部分油液经安全阀回油箱，造成节流损失而发热。

（4）机械损失大引起的油液发热

液压元件修理或装配质量差，相对运动件润滑不良，密封件质量差或因泄漏而调整过紧，使摩擦阻力增加而发热。

3. 液压系统泄漏

泄漏有内泄漏和外泄漏两种：

1）内泄漏是指液压元件内部有少量油液从高压腔泄漏到低压腔。如油液从液压泵及工作缸高压腔向低压腔的泄漏，换向阀从压力通道向回油通道的泄漏等。对于举升缸，内漏表现为货厢固定在某一举升角度保持位置的性能变差，可用货厢沉降量来检查。货厢在超载 10% 状态下，举升到举升角 10° 时，停留 5 min，货厢的自降量应不超过 3°；在举升角 20° 时，停留 5 min，货厢的自降量也应不超过 3°。

2)外泄漏是指少量油液从元件的内部向外泄漏,液压件外部渗油和泄漏,从地面上的油迹中容易观察到。

外泄漏一般容易发现,但小的泄漏却不太引人注意。因此检查时应仔细,合理的检查顺序是从液压泵开始,从高压回路到低压回路,最后返回油箱。

最常见的泄漏处是管接头,一般是拆开重新紧固就好转。如果管接头在初次装配时损伤,则需对管接头进行修磨。

外泄漏的各种故障排除后,若系统工作仍有明显的压力降低和执行元件动作缓慢,则表明存在大量内泄漏。

系统的内泄漏部位查找较为麻烦,一般应仔细地研究液压系统图。系统图可以指示出哪些元件可能构成压力油通道与油箱回油之间的泄漏渠道。

4. 自卸车工作装置速度下降

油缸工作速度下降只是故障的征兆,原因是多方面的,如供油系统、控制阀及油缸本身方面的问题。

使用经验表明,预防故障发生的最好办法是加强设备的定期检查。在检查中,只要细心,很多问题都可凭肉眼观察、手的触摸、鼻的嗅觉而发现(见表9-4)。

表9-4 日常检查的主要项目

检查项目	检查方法	检查内容	处理方法
外部状况	肉眼观察	有无伤痕、破损、生锈、漆层有无脱落	如有碍正常工作应立即修理,否则可留待保养时处理
油箱油位及液压油状况	肉眼观察	油位是否正常,液压油污染程度	油量不足应加注,查明污染物质,必要时换油
泄漏、脏污	肉眼观察	有无泄漏,脏污是否严重	查明泄漏原因并排除,如脏污严重,应加以清除
震动、噪声	手、眼、耳检查	是否正常	如比正常时大,应查明原因并加以排除
温度	手摸或用温度计测量	是否正常	温度超过正常值时,应查明原因,加以排除
压力	观察压力表	是否正常	压力不正常时,应进行修理

液压系统出现故障原因很多,一般情况下,不一定可以立即找出故障的部位。为了避免盲目地查找故障,维修人员必须根据液压系统图及其基本原理进行分析,逐步找出故障原因。

5. 液压泵常见故障及其原因

(1)液压泵要求正常的工作条件

1）温度范围 -20～80℃。

2）推荐使用普通液压油 YA—N68 GB2512—81 或夏天使用 11 号，冬天使用 8 号柴油机油。

3）过滤精度不低于 25 μm。

4）油液温度 0～80℃，推荐使用 40～65℃。

5）进油口压力连续工作最低压力 17 MPa，连续工作最高压力 100 MPa。

(2) 液压泵工作中常见故障

1）油箱中产生大量气泡，噪声增大。油封损坏，泵进油口连接螺栓松动，进油管路漏气。

2）中间体与前、后端盖接合处漏油。连接螺栓松动或中间体与前、后端盖之间密封圈损坏。

3）齿轮泵出油口连接处漏油。连接螺钉松动或中间体与接头间密封圈损坏。

4）系统建立不起正常工作压力。密封件失效，运动零件严重损坏，其他液压元件失灵。

5）液压泵噪声。液压系统主要噪声源是液压泵。

(3) 引起液压泵噪声原因

1）液压泵的吸空。液压泵的吸空现象主要指液压泵吸进的油液中混有空气。油液中混有过量空气，将导致气穴、气蚀和噪声。

防止空穴和气蚀的产生，主要应尽量减少空气的侵入，除在设计上采取相应措施外，使用中还应注意以下几点：

a. 及时向液压油箱加油，使油面保持在规定平面。如油箱油面过低，回油管回油时会溅起泡沫，使空气混入。吸油管如果离油面太近，也会形成旋涡，使空气进入系统。

b. 低压区要密封可靠。液压系统正常工作时，在泵的入口和某些阀附近会造成低压（低于大气压），如果密封不严，就会有空气侵入。

<u>注意：因为这些地方内部油压低，如密封不严，可能并不漏油，因而不易被发现，所以在使用中一定要注意。</u>

c. 有的油箱上部有放气螺塞，加油时应注意拧松放气。有的液压缸上也装有放气螺塞，当发生系统中有空气时，应拧松螺塞进行放气。

d. 及时清洗及更换滤油网，避免液压泵吸油腔产生过大的阻力。

2）油箱呼吸器吸油时油管路堵塞。油箱呼吸器滤网堵塞，进油管路堵塞使吸油管流通截面过小，从而造成液压泵吸油管真空度过高，空气极易进入系统。

3）使用不符合规格的液压油。液压油黏度太高，油的流通性减低，液压泵吸油困难。油的抗泡沫性差，混入油中的空气不易逸出而形成气泡，造成液压泵抽空，妨碍液压泵稳定工作。

4）由于机械故障引起噪声。液压泵内零件损坏，泵上零件松动，连接泵与驱动环节的联轴器的同轴度误差太大，管路安装不良使机件工作时产生振动而引起不正常噪声。

6. 液压油缸常见故障

(1) 爬行与速度不均匀

1)故障原因。空气侵入，使两端密封圈装得过紧或过松以及泄漏，活塞杆与活塞不同轴，活塞杆全长或局部弯曲，油缸的位置安装偏移，缸内锈蚀和拉毛。

2)故障排除。排出空气多运行几次或在回油管中加背压阀。更换合格的密封件，保证活塞杆拉动而无泄漏即可。校正活塞杆和活塞同轴度，活塞杆全长校正直线度为 0.3/1000 mm 或更换新的活塞杆；修整内孔更换或按间隙配活塞，去除锈蚀毛刺，严重的要更换缸筒。

(2)推力不足

1)故障原因。活塞上两密封槽底直径小，密封间隙过大，泄漏过多无法建立油压。由于活塞杆弯曲增加阻力，密封圈过紧，支承环零件配合过紧增加摩擦力，缸筒局部有腰鼓形造成两端油压互通。

2)故障排除。在低速运行时易造成活塞两端面高低压互通，应单配活塞保证密封间隙即可。消除泄漏处或更换密封圈，校正活塞杆的直线度和与活塞的同轴度或更换活塞杆，更换密封圈，修整支承环，镗磨内孔，单配活塞和更换缸筒。

六、佩尔利尼 T20—203 型自卸车车厢举倾机构故障

举倾机构出现故障，在分析故障时，建议先检查气动装置是否工作良好，然后再去检查液压举倾机构。

检查油箱中油位，滤网是否堵塞及排气旋塞的效能。此外，还检查胶管的磨损或疲劳状况，油管和管接头的渗漏情况，再检查举升机构的主要元件。

(1)车厢不举升

油箱油不足，吸油管堵塞或吸油滤网堵塞，变速器取力器输出轴未挂上挡，取力器操纵拨叉轴断裂，限位阀不回位，液压泵损坏，分配阀卡住或安全阀失调，举升缸卡滞或泄漏。

(2)车厢举升缓慢

1)故障原因。油箱油量不足，液压泵吸油管吸入空气，液压泵供油量不足，安全阀调整压力过低，举升阀卡住，回油阀卡住，举升缸泄漏。

应用逻辑流程图找出故障部位和原因。常用的方法是根据液压系统的基本原理进行逻辑分析，减少怀疑对象，逐步逼近。

2)故障流程图。举升缸举升缓慢——→油箱油面是否正常(不足应加至规定油面)——→液压泵吸油管是否吸入空气(检查吸油管密封性)——→液压泵工作是否正常(修理或更换液压泵)——→安全阀工作是否正常(调整安全阀，若开启压力仍低，再检查安全阀弹簧是否折断)——→举升阀是否卡住(清洗或更换)——→回油阀是否卡住(清洗或更换)——→检查举升缸。

(3)车厢举升后不停

分配阀单向阀有脏物卡住，造成关闭不严；举升阀及回油阀密封不严；举升缸及管路有泄漏。

(4)车厢不能降落

举升操纵机构动作失灵，回油阀卡滞，举升缸卡滞或配合过紧。

(5) 车厢落得慢

气压不足，使分配阀回油阀未全推开，回油管或回油节流阀堵塞，滤油器堵塞，举升缸卡滞或配合过紧。

七、别拉斯 540 型汽车举倾机构常见故障

(1) 车厢不举升

油箱油不足，油箱虹吸管塞松动，液压泵通过油封漏油，操纵阀滑阀卡住，操纵阀传动轴上的连接套管转动，控制阀滑阀卡住，举升缸旁通阀座松动。

(2) 车厢举升缓慢

油箱中油量不足，液压泵供油量不足（由于卸压片密封圈、轴套端面或齿轮磨损，使液压泵内泄漏量增加），液压泵油封与主动轴之间或吸油管凸缘与泵体结合面之间的缝隙漏油，液压泵零件磨损超过极限值，通过举升缸旁通阀或活塞环的内泄漏量过高，举升重载车厢时，由于组合阀卡住，使转向液压泵不能接通组合阀，压力油管路连接处或密封圈漏油。

(3) 车厢举升时有跳动

油箱中油量不足，油箱虹吸管塞松动，吸油管路连接处漏气，液压泵吸油管路堵塞。

(4) 车厢下降速度缓慢

组合阀、限压阀不密封或损坏，或者阀弹簧松弛。

八、尤克里德 R170 型汽车举倾机构故障

(1) 车厢举升时间过长

油箱油不足，液压泵吸油管破裂，接头密封不严，空气进入系统，液压泵过度磨损，举升油缸内部泄漏，控制阀不能完全移动，发动机转速过低。

(2) 车厢举升时有跳动

液压系统渗入空气，液压泵吸油管堵塞，吸油不通畅，举升缸卡住或损坏。

(3) 载重车厢不能举起

液压泵吸油管或吸油滤网堵塞，液压泵过度磨损，安全阀调整压力过低或损坏，装载过分朝前端，举升油缸不动作。

(4) 车厢不能降落或下降速度缓慢

举升油缸卡滞或配合过紧，回油阀卡滞，控制阀卡住，回油管堵塞。

(5) 车厢举起后停不住

管路密封不严、泄漏，控制阀、举升油缸磨损，密封不严。

(6) 车厢降落太快

回油节流阀不起作用。

(7) 液压泵使用寿命过短

油液中有气穴，通过空气滤清器进入污染物，液压油被污染，水进入液压系统，液压油不合格，滤油器滤芯过脏或损坏，由于安全阀损坏，经常溢流，使油温升高。

第三节　柴油自卸车日常维护与正确使用

一、液压系日常和定期检查

1. 日常检查

(1) 车辆启动前日常检查

1) 检查油位、液压元件、操纵开关及电磁阀。是否符合额定油位，是否紧固，是否处于原始状态。

2) 检查车厢举倾机构管路连接处和部件的密封和状况。检查前应查看全部油管和软管并清除上面的油迹。启动发动机后，发动机以中速运转，再查看全部油管和软管的各连接处，并确信没有漏油现象。

3) 检查时若发现某连接处漏油，则需把此连接处拧紧或重新连接。拧紧后，再次检查液压系统的密封性。

4) 检查油管是否有裂纹、压伤和其他缺陷。

5) 出车前必须检查车厢举倾机构，即把空车厢举到最大举升角度并放下，车厢上升和下降均应平稳。

(2) 车辆运行中监视

压力、噪声、震动、油温、漏油、气压。系统压力是否稳定，油温≤65℃，系统有无漏油，是否保持在额定气压范围。

2. 定期检查

液压系的日常和定期检查内容见表9-5。

表9-5　自卸车定期检查项目和内容

项　　目	内　　容
油箱、管道、阀	定期情况，大修时
密封件	按环境温度、工作压力、密封件等具体规定
油污染度	对已确定换油周期的车辆，提前1周取样化验
高压软管	根据使用情况规定更换时间
液压元件	根据使用情况，规定对泵、阀、缸等元件进行性能测定，尽可能采取在线测试办法测定主要参数
螺钉及接头	定期紧固，10 MPa 以上系统每月1次，10 MPa 以下系统每3月1次
过滤器、空滤器	定期清洗每月1次

二、液压油的更换

1. 液压油的更换时间

液压油一般每年更换1次，工作条件恶劣时应缩短换油时间。油箱中的液压油液经常保持正常液面。配管和油缸的容量很大时，最初应放入足够数量的油液，在启动之后，由于油液进入了管道和油缸，液面会下降，甚至使过滤器露出液面，因此必须再次补充油液。使用过程中还会发生泄漏，应在油箱上设置液面计，以便经常观察补充油液。

2. 液压油的清洁保持

检查油液的清洁应和检查油液面同时进行。

1）注油桶不要积聚雨水和尘土，也不直接放在地上。

2）在擦拭泵、阀或装油液的容器时要防止布屑和杂物落入油液中。

3）油箱要经常清洗，在灌油时应通过120目以上的过滤器。

3. 换油时的要求

1）按使用说明书规定，定期清洗液压油箱的滤油器。从油箱上拆下滤油器，用煤油或柴油仔细清洗滤芯。滤油器壳体内表面的脏物和沉淀物也必须清洗干净。若发现滤芯损坏或清洗时损坏滤芯，则更换。

2）检查液压油的污染及氧化变质情况。一般情况下应按设备说明书规定的换油周期进行换油。但厂家提出的换油周期通常是建议，用户应根据工作环境及行驶条件缩短或延长换油周期。

若加注新油，则在加入油箱前应把流入油箱的主回油管拆出，接在临时油桶中接油，启动液压泵使新油将管道内的旧油置换出来。若在液压泵转动时操纵油缸的换向阀，还可将缸内旧油置换出来。

3）换油时对系统要进行清洗，以除去工作油劣化时的生成物、锈垢及沉积于油箱的异物等。换油时将油箱底部的螺塞打开，将油排放干净。拆下油箱的清洗盖，将油箱底部擦洗干净。

注意：不要用棉布擦洗。取下油箱中的滤油器，将其浸泡在煤油中，若有可能最好能泡一夜。

更换油箱中液压油时，应按下列步骤进行：把油箱中的油液放出，用煤油或柴油清洗油箱及滤油器，清洗后不得用脏布擦油箱。把相应牌号液压油通过加油口注入油箱，使油位达到油尺上标记。启动发动机，检查油箱的油位，必要时补充液压油至规定标记。拆卸液压系统时应避免脏物落入，否则将会堵塞管路和加速液压元件零件的磨损。然后使清洗油在整个系统内循环15～20 min，使系统内脏的残留油液冲洗回油箱，再将清洗油从油箱中完全排出。

若是第1次加油，加满后还应启动发动机，发动机以中速1100～1300 r/min运转，举升、放下车厢3～4次，以排除系统中空气。若举升油缸装有排气阀，应打开排气阀进行排气。

为保证油液的清洁，换油时要清洗滤油器。加油时也必须过滤，用清洁的容器并只能通过加油口上的滤油器，以防止脏物进入液压系统。加油至油箱最高油位线后，开动液压泵，将油输入系统，再向油箱补充油液，如此反复进行，直到油箱内油液保持在油位线范围内时为止。

4）经常检查系统工作压力及温度。系统工作压力低，应按维修手册规定进行调整。

若系统压力调整次数多,表明溢流元件可能磨损,应查明压力降低的原因。不仅要检查油箱的温度,而且要检查液压泵轴承的温度。轴承附近温度升高,则反映了液压泵的磨损情况。

5) 蓄能器的充气压力要定期检查,蓄能器油腔压力不能低于规定压力。

4. 更换液压油时防止空气进入回路

气体的体积和压力成反比,如果回路中进入空气,则随着负荷的变动,油缸的运动将受到影响,空气又是造成油液变质和发热的重要原因,所以换油时应特别注意:

1) 为了防止回油管回油时带入空气,回油管必须插在油面以下。

2) 入口滤油器应保持畅通,如果此处堵塞则吸入阻力大大增加,溶解在油中的空气分离出来,产生所谓的空蚀现象。

3) 吸入管与泵轴密封部分等各个低于大气压的地方应注意不要漏入空气。

4) 油箱的液面应尽量高些,吸入侧和回油侧要用隔板隔开,以达到清除气泡的目的。

三、齿轮液压泵使用与维护

1) 注意泵对系统过滤精度要求,一般不低于 $50\ \mu m$,在泵吸油口应另设滤油器过滤精度为 $70\sim150\ \mu m$,应经常清洗滤油器,保持油液吸入通畅。

2) 吸入高度应≤500 mm。

3) 齿轮泵使用较长时间后,齿轮各相对滑动面会产生磨损和刮伤,磨损和拉伤不严重可稍加研磨抛光再用,若磨损拉伤严重则需酌情修理与更换新件。

4) 泵体的磨损主要是内腔与齿轮齿顶圆相接触面,且多发生在吸油侧。如果泵体属于对称型,可将泵体翻转 180° 安装使用。如果属非对称型,则需采用电镀青铜合金工艺或刷镀的方法修整内腔磨损表面或更换泵体。

5) 安装泵时应注意泵的入口和出口的位置,不得接反;泵的转动方向应与取力器一致;在规定的转速内启动和运转;检查吸入口是否漏气;轴端不得承受径向力,安装时与原动机轴心线不同轴度应≤0.1 mm;泵安装就绪后,先转动联轴器,检查转动是否灵活,再断续启动,无异常现象后,即可进入正常运转。

6) 低温下起动液压泵应注意的问题。

a. 启动时,开开停停往复几次,使油温上升,液压装置运转灵活后,再进入正式运转。

b. 不可采取外界加热方法来提高油温,虽然短时间内可提高油温,但泵及其他元件温度仍很低,很容易造成故障,应特别注意。

7) 在液压泵启动和停止时,应使溢流阀卸荷;溢流阀的调定压力不得超过液压系统的允许最高压力;易损零件,如密封圈等,应经常有备品,以便及时更换。

第10章 柴油车驾驶室结构与维修

第一节 驾驶室结构特点

一、平头柴油车驾驶室结构

1. 类型

斯太尔91系列重型车的驾驶室系可以前翻,最大翻转角度转为70°,给发动机的维修、维护提供了方便。采用液压翻转机构,液压油泵为手压泵,操作方便。驾驶室翻至最大角度时限位机构起作用。锁紧机构有锁止装置,用钥匙控制,简单可靠。采用整块的单曲面风窗玻璃,视野开阔;装三臂双速风窗刮水器;标准型驾驶室为两门、单排座,坐椅可以进行调节;暖风装置具有取暖、除霜的双重功能,在不用取暖的地区,能作为通风装置;可以选装空调器,安装方便。室内有照明灯、收录机、点烟器、上车扶手,方便了驾驶人的工作。

驾驶室所有的点焊缝在焊前均抹有点焊密封胶,它有助焊、密封、降低噪声的功能。蒙皮与骨架的非焊接接触面间涂密封胶,用以减震和降低噪声。在大尺寸金属板件上贴有隔音板,在驾驶室底部下表面除不允许喷涂的部位外,均喷涂地板护层以减震、防锈和抗腐蚀。因此,实现了驾驶室密封性好、噪声低。经测试,室内噪声在最高车速时<73dB,为减轻驾乘人员疲劳创造了良好的工作环境。

斯太尔91系列重型汽车驾驶室是系列产品,它由4种基本变型构成:标准型驾驶室、加长型驾驶室、高顶型驾驶室和军用驾驶室。以这4种变型为基础,研制出50多种选用装置,以满足不同车型的需要。

(1) 标准型

标准型驾驶室单排座,设正、副司机两个座位,还可以选装一个中间坐椅。坐椅后面可以选装卧铺:下铺或上铺,也可以同时装上、下两层卧铺。当然,装卧铺时坐椅需适当前移。

(2) 加长型

加长型驾驶室前排为正、副司机两个座位,后排设置上、下层卧铺。若不装卧铺,后排可选装供3~4人的长坐椅,还可以仅装一个下铺。此种驾驶室最适宜长途运输车或连续作业车辆使用。

(3) 高顶型

高顶驾驶室前排也设正、副司机两个座位,后排装一个下卧铺。高顶内还可以选装一个上卧铺,而且还可备有一个容积大的杂物箱。这种驾驶室形状对空气具有理想的导流作用。它和各类车厢组合时,不仅车辆空气阻力系数小,而且使车辆的空气阻力对侧向风不敏感。高速厢式车辆装设高顶驾驶室,将大大减少空气阻力,随之也降

(4) 军车型

军车驾驶室也是单排座双门结构。驾驶室为适应越野和军用作了全面考虑。国内结合斯太尔车研制我国第二代军车，也在相应进行新军车驾驶室的研制。

2. 结构特点与组成

驾驶室总成主要由驾驶室壳体、翼子板、前围、上车装置、车门、窗及玻璃、驾驶室前支撑、后支架及锁紧装置、翻转机构、翻转机构液压系统以及其他附属装等组成。后支架及锁紧装置见图10－1，翻转机构见图10－2，翻转机构液压系统见图10－3。

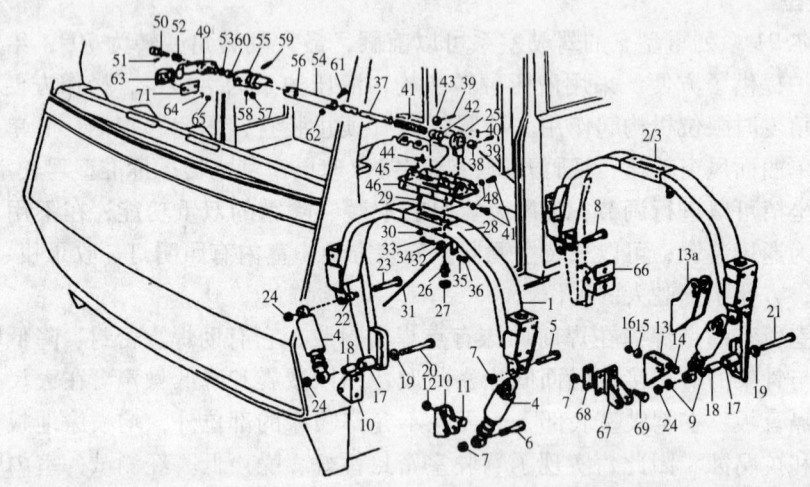

1、2、3－驾驶室固定横梁总成　4－减振器　5、6、8、11、14、20、21、23、29、33、47、61、70－六角螺栓　9－垫圈　7、12、16－自锁螺母　31、32－绳索　10、13(a)右(左)减振器托架　15－轴套　17、18、22－套筒　19、64－大垫圈　24、62、65－2型全金属六角锁紧螺母　25－固定环　26－双头螺栓　27、30、36、57－1型六角螺母　28－半圆头销钉　32－绳索固定卡　34、48、53－小垫圈　35、58－重型弹簧垫圈　37－锁紧轴　38－偏心轴套　39、40－带槽圆柱销　41、52－压缩弹簧　42－挂钩总成　43－锁环　44－驾驶室锁紧信号开关　45－十字槽盘头螺　46－锁紧机构托架总成　49－外手柄　50－锁芯总成　51、59－弹性圆柱销　54－锁紧轴套管总成　55－锁止轴套总成　56－1型全金属六角锁紧螺母　60－间隔衬套　63－内手柄　66－右减振器托架总成　67－支架　68－衬片　69－螺栓　70－垫板

图10－1　驾驶室后支架及锁紧装置

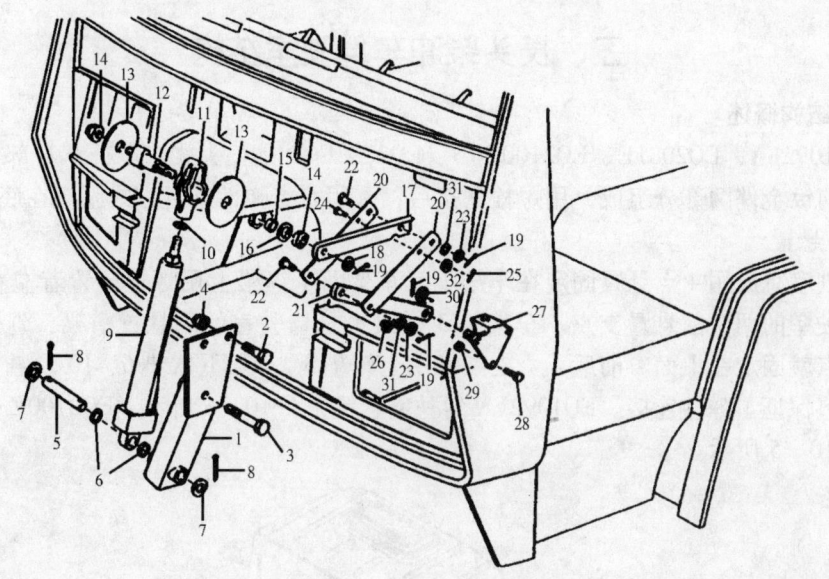

1—轴座托架总成 2、3、28—六角头螺栓 4、14—自锁螺母 5—支撑轴 6—间隔垫片 7—小垫片 8、19、25—开口销 9—驾驶室翻转油缸总成 11—轴吊耳环 12—扁轴 13—垫片 15—夹紧组件 16—小垫圈 17、21—上下撑条 20—中撑条 18、23、30—平垫圈 22—销轴 26—橡胶减震块 27—轴座

图 10-2 驾驶室翻转机构

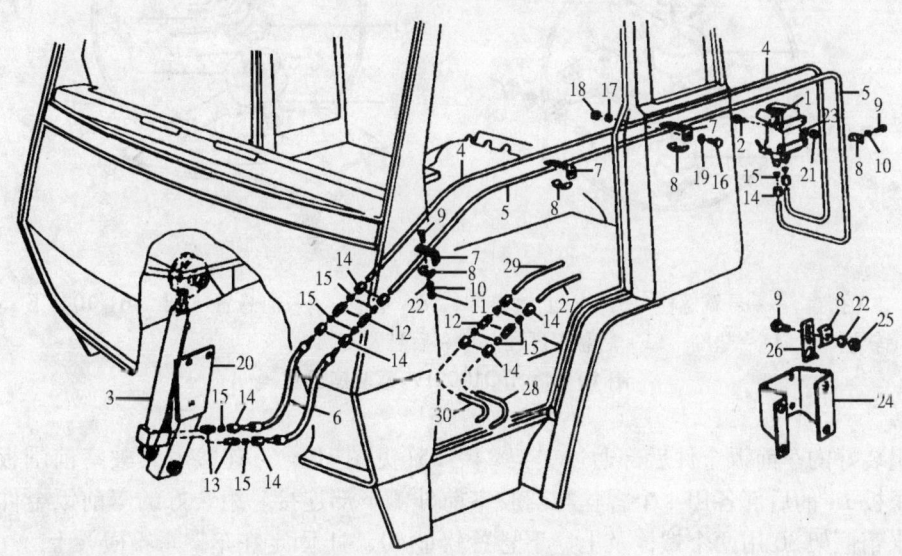

1—液压手动油缸 2、9、16—六角头螺栓 3—驾驶室翻转油缸总成 4、5—输油管 6—高压软管 7—角形支架 8—固定板 10—重型弹簧垫圈 11、18—1型六角螺母 12、13—卡套式直通接头体 14—管接头用螺母 15—卡套 17、23—弹簧垫圈 19—平垫圈 20—轴座托架总成输油管（举升） 21、25—2型全金属六角锁紧螺母 24—托架 26—夹板 27、28—后/前输油管（举升） 29、30—后/前输油管（下降）

图 10-3 驾驶室翻转机构液压系

二、长头柴油车驾驶室结构

1. 结构概述

EQ1092FA、EQ2081E、EQ2100E6D、EQ2082E6D 是长头式汽车,车身部分由驾驶室和车前钣金件两部分组成,用螺栓联接后,采用 6 点弹性悬置方式固定在底盘上。

(1)悬置

驾驶室总成用 4 点悬置固定在车架上,车架两个纵梁上用螺栓装置着左右支架 5,作为驾驶室的两个前悬置支点。车架第 3 横梁也是驾驶室的后悬置横梁,驾驶室的后悬置支点就固定在上面。前后 4 个支点都用上软垫 3、9 和下软垫 6、10 及悬置螺栓固定,软垫保证了弹性连接。EQ1092FA 驾驶室悬置见图 10-4 所示,EQ2100E 驾驶室悬置见图 10-5 所示。

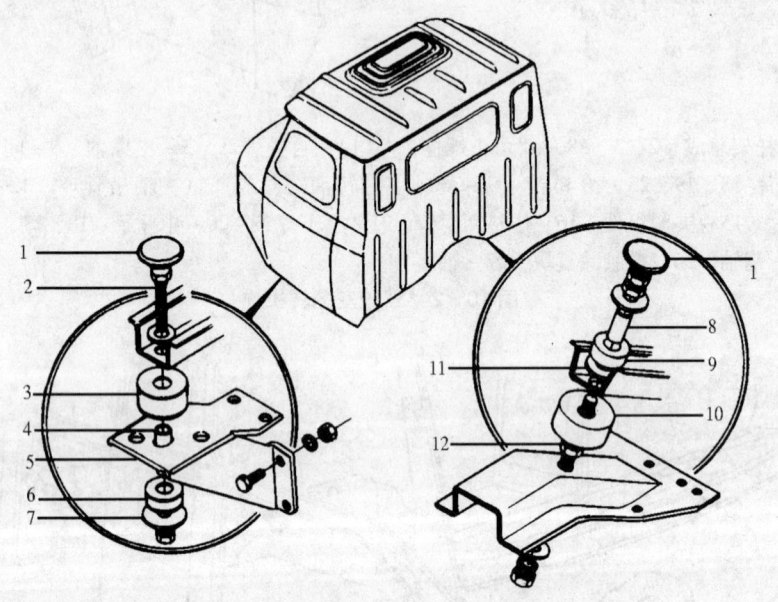

1-孔盖 2-悬置螺栓 3、9-上软垫 4、8-套管 5-前悬置支架 6、10-下软垫 7、11-垫圈 12-后悬置螺栓 13-后悬置支架

图 10-4 EQ1092FA 驾驶室悬置

组装好的车前钣金件后部通过支架 24、25(见图 10-6)连接着驾驶室前围板,左右翼子板 14 的后部各用 4 个螺栓与驾驶室前外侧下部连接。组装好的车前钣金件前部通过水箱框架 30 用两个螺栓及上、下悬置软垫 40、41 固定在车架水箱横梁上。

EQ2100E6D 车前钣金件结构(见图 10-7)。

(2)车门

东风汽车车门结构简单实用。车门里侧的凸筋和弧形的车门外侧增强了车门的刚性和使用寿命(见图 10-8)。

1)车门锁(见图 10-9)。

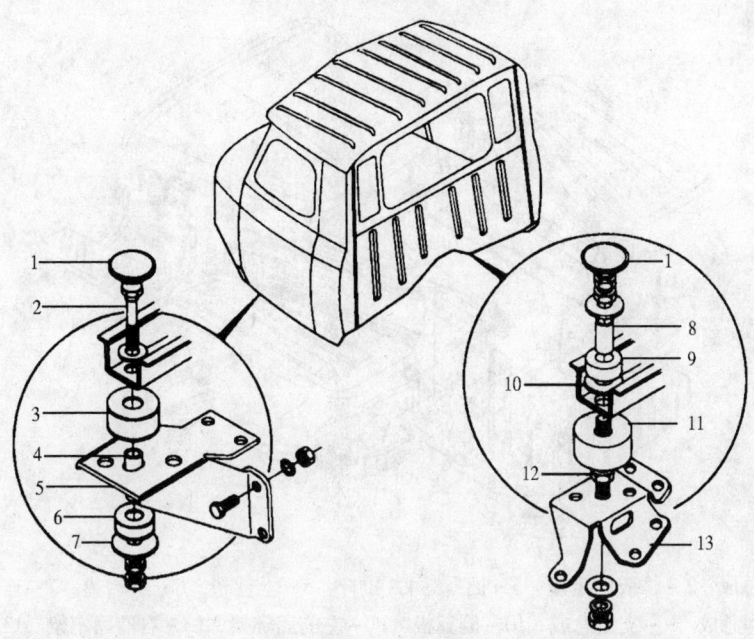

1-孔盖 2-悬置螺栓 3、9-上软垫 4、8-套管 5-前悬置支架 6、10-下软垫 7、11-垫圈 12-后悬置螺栓 13-后悬置支架

图 10-5 EQ2100E 驾驶室悬置

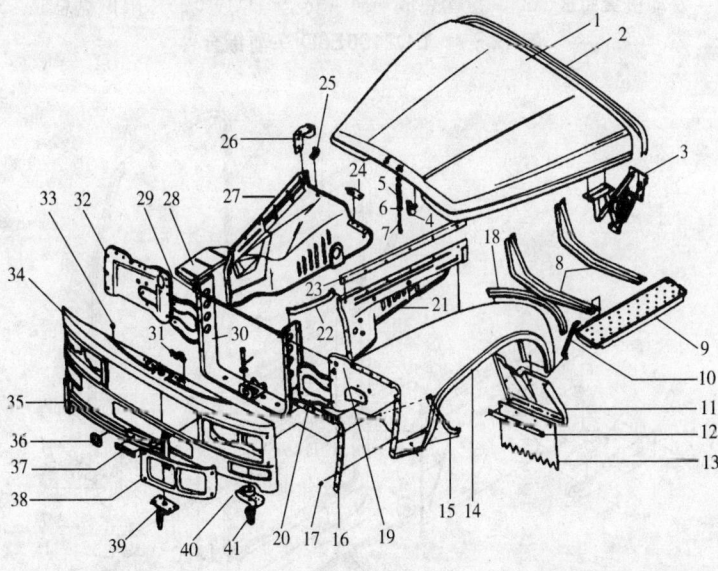

1-发动机罩 2、18-后垫条 3-铰链总成 4-安全钩 5-上锁弹簧 6-弹簧座 7-锥杆 8-托架 9-脚踏板 10、15-撑杆 11-后挡泥板 12-压板 13-挡泥板 14-翼子板 16-前垫条 17-卡扣 19-左支板 20-加强板 21-左挡泥板 22-水箱框支架 23-导水条 24-下支架 25-上支架 26-角支板 27-右挡泥板 28-小挡泥板 29-拉杆 30-水箱框 31-支架 32-右支架板 33-垫块 34-面罩 35-面罩饰板 36-厂标 37-车型标志 38-灯罩 39-下锁 40-上软垫 41-下软垫

图 10-6 EQ1092F 车前钣金件

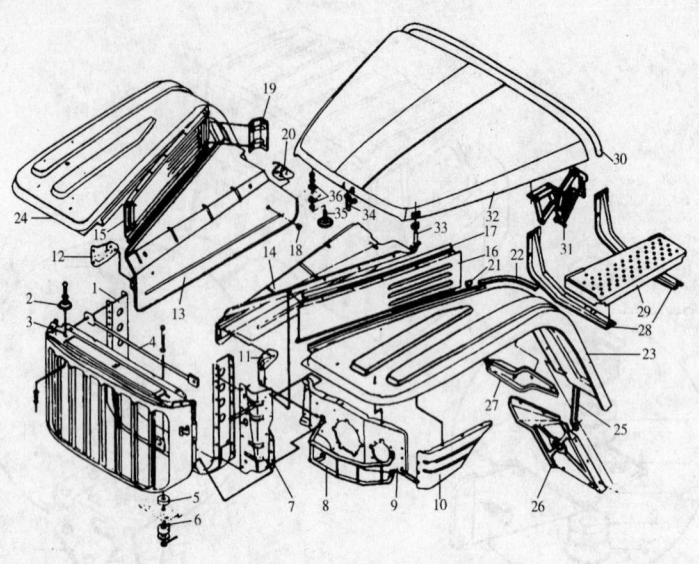

1-水箱框总成 2-橡胶固定座 3-面罩 4-拉杆 5-上软垫 6-下软垫 7-连接板总成 8-大灯护网总成 9-支板总成 10-侧翼板 11-左前固定架 12-右前固定架 13-右挡泥板 14-左挡泥板 15-右边板 16-左边板 17-发动机罩垫 18-堵盖 19-边板固定支架 20-后固定架 21-橡胶垫块 22-橡胶垫条 23-左翼子板总成 24-右翼子板总成 25-后挡泥板撑杆 26-挡泥板 27-翼子板托架 28-脚踏板托架 29-脚踏板 30-发动机罩后垫条 31-铰链总成 32-发动机罩总成 33-拉钩总成 34-安全钩总成 35-限位盘总成 36-垫圈

图 10-7 EQ2100E6D 车前钣金件

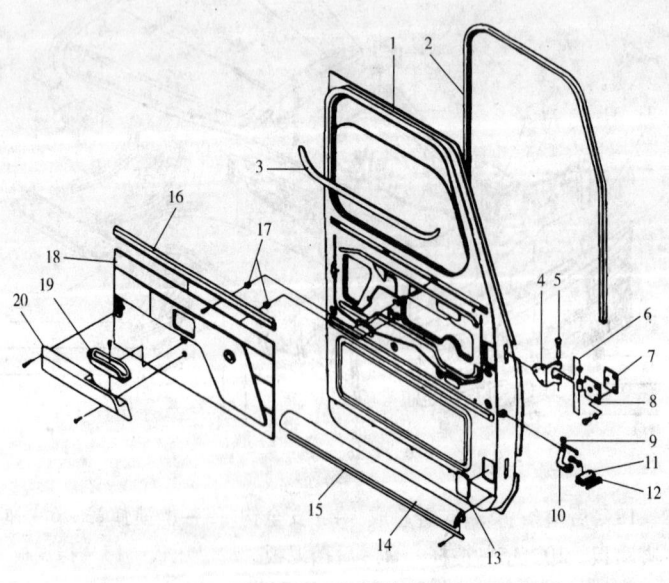

1-车门 2-导轨槽 3-密封条 4-铰链双耳页板 5-铰链轴 6-垫片 7-螺母板 8-单耳页板 9-销轴 10-限止器杆 11-限止器弹性夹子 12-螺母板 13-堵盖 14-密封条 15-压条 16-内护板压条 17-塑料螺母 18-内护板及按扣 19-内拉手 20-扶手

图 10-8 车门结构

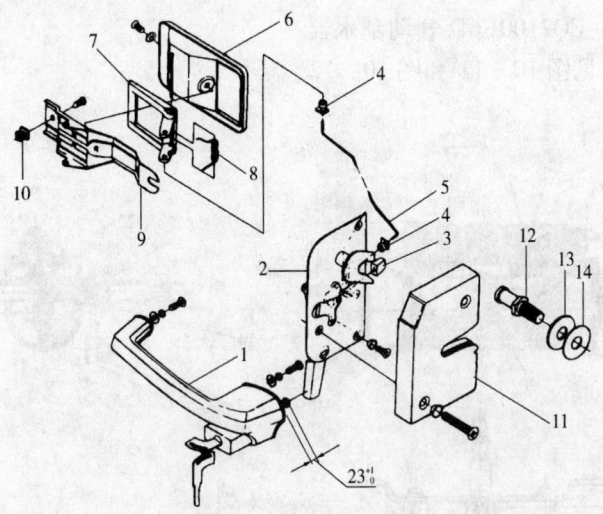

1-拉手 2-门锁 3-内锁柄头 4-卡扣 5-门锁联动杆 6-内手柄护罩 7-内手柄 8-限位弹簧 9-内手柄支架 10-塑料螺母 11-护罩 12-门锁柱销 13-垫圈 14-密封圈

图10-9 车门锁

2）玻璃升降器。玻璃升降器结构见图10-10。

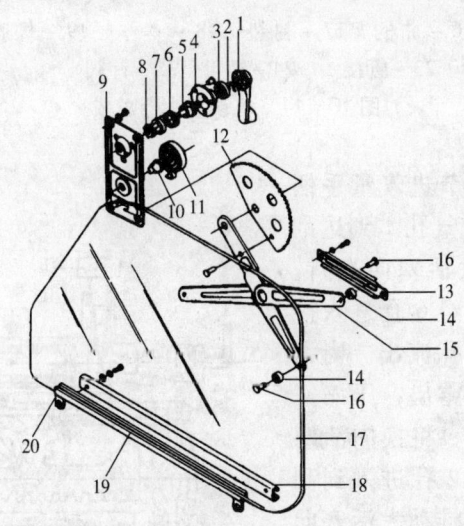

1-手柄 2-卡簧 3-垫圈 4-传动机构壳盖 5-传动轴 6-制动弹簧 7-联动盘 8-小齿轮 9-座板 10-平衡弹簧轴 11-平衡弹簧 12-扇形齿板 13-升降器导轨 14-扁轮 15-交叉臂 16-交叉臂轮轴 17-玻璃 18-滑槽 19-夹框 20-夹框衬垫

图10-10 玻璃升降器

2. 刮水器

（1）EQ2081E、EQ2100E6D 气动刮水器

1）结构原理。见图 10-11 和图 10-12。

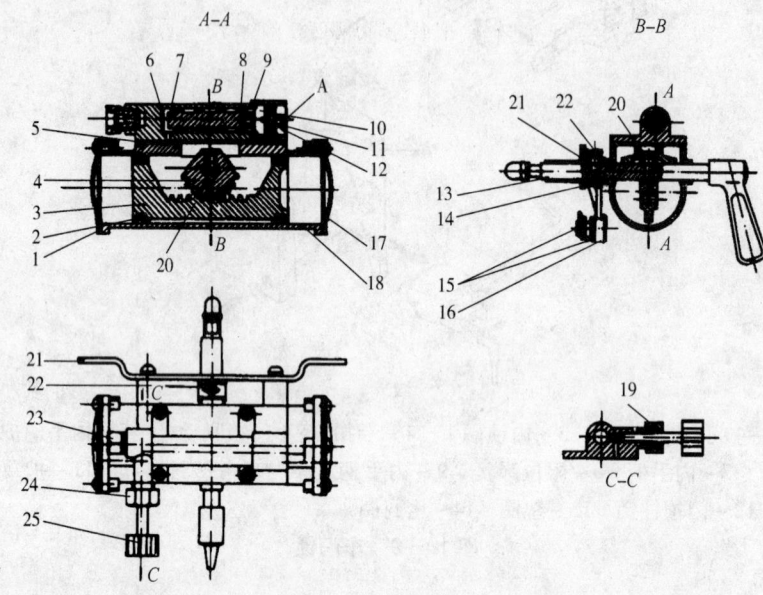

1—本体盖 2—大活塞环 3—齿条 4—扇形齿轮 5—橡胶垫 6—胶垫 7—换向活塞 8—小活塞环 9—换向阀体 10—堵塞 11—毡塞 12—排气螺塞 13—手柄 14—毛毡垫圈 15—垫圈和毛毡垫圈 16—曲柄 17—衬垫 18—本体 19—橡胶垫 20—固定螺栓 21—支架 22—固定螺栓 23—管接头 24—螺母 25—针阀

图 10-11 气动刮水器总成

当压缩空气 A 经调节进气量手柄进入换向阀体 F，并由进气孔 1 到达刮水器本体 G 腔，推动大活塞向右行。此时 M 腔中残余空气则经 6 孔进入换向阀体 F 通过排气节流孔流出。当大活塞向右行至换向孔 5 露出，压缩空气进入换向阀体 F 左端，将换向活塞推向右端使压缩空气经 2 孔进入到刮水器本体右端 M 腔中，推动大活塞向左移动完成换向动作。

2）润滑要求。刮水器的齿轮、齿条、大活塞与本体，小活塞与换向阀体，轴与本体等运动副均用二硫化钼锂基脂润滑。

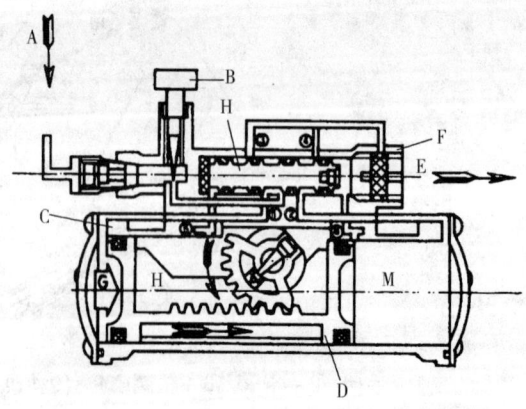

图 10-12 气动刮水器结构原理

3)典型故障及排除。当向气动刮水器通气以后,往往发生刮水器刮片不动作的情况,这时只需反复扳动刮水器手柄至左、右极限位置,一般情况下刮水器都能恢复工作,这是因为这时换向阀活塞处中间位置,密封圈可能正好将3、4两个进气道都堵住,压缩空气进不到体内,不能推动大活塞的缘故。

如果上述操作不能恢复刮水器的工作,就可能是刮水器的零件表面润滑脂干燥,运动发涩所致。此时可将换向阀体右侧的堵头拿掉,用一个M5的螺栓拧入换向活塞右端的螺纹孔内,拔出活塞,进行清洗和润滑,也可排除故障。刮水器有明显漏气声时,是因大活塞1型密封圈损坏,应更换。

(2)电动式刮水器。EQ2082E6D采用的电动式刮水器,在保留EQ2081E气动式刮刷形式、固定支架等结构的基础上,结构有如下更改:

1)取消气泵,增加电动机。
2)将电动机(原气泵)位置由左侧移至中间部位。
3)根据风窗玻璃的改变,改变刮刷长度。
EQ1092FA采用电动式刮水器,结构及安装方式均与EQ1092F基本相同。

3. 驾驶室通风

(1)前风窗的操纵

见图10-13所示,图示位置中滑动钮1(白色)可开启关闭左前风窗,滑动钮4(红色)可开启和关闭右前风窗,滑动钮2(蓝色)和滑动钮3(红色)是备用钮。

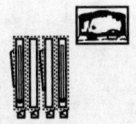

图10-13 前通风窗操纵

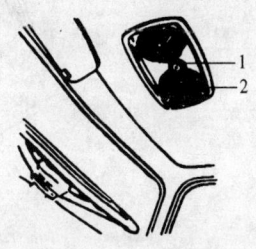

1—白色滑动钮 2—蓝色滑动钮
图10-14 顶风窗操纵

(2)顶风窗的操纵

见图10-14所示,逆时针旋转旋钮1可开启顶风窗,顺时针旋转旋钮1可关闭顶风窗。旋转栅格状风门2可调整进风方向。

EQ2081E和EQ2100E6D风窗及通风口见图10-15所示。EQ2082E6D风窗及通风口见图10-16所示。

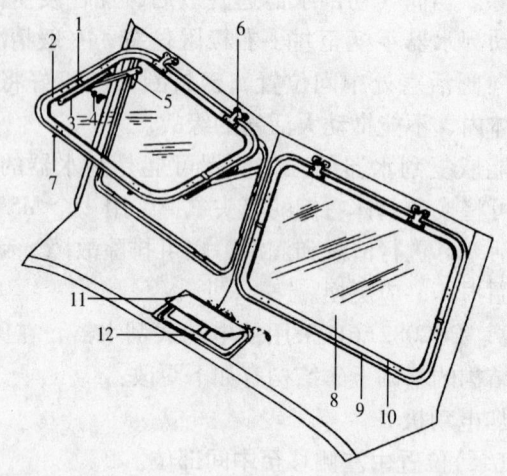

1-装饰片 2-风窗框 3-滑轨 4-垫圈 5-风窗撑杆支架 6-铰链 7-风窗锁紧架 8-前风窗玻璃 9、10、11-密封条 12-通风口盖

10-15 EQ2081E 和 EQ2100E6D 风窗与通风口

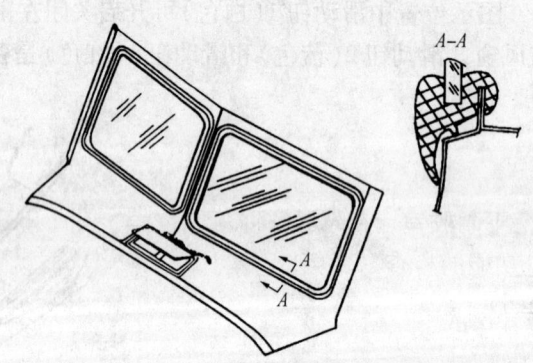

图 10-16 EQ2082E6D 风窗与通风口

第二节 驾驶室使用与维修

一、平头柴油车驾驶室

1. 使用与维护

（1）翻转液压系统使用注意事项

驾驶室翻转液压系统在使用中应注意以下几点：

1）翻转前应将驾驶室内所有没固定的物品搬出，关好车门及散热器面罩。将变速杆置于空挡位置，前牵引销手柄压到底，如果牵引销过长，最好抽出。

2）对于牵引车应松开牵引车和半挂之间的制动器管路及电路接头，并将接头盖上盖。

3)用钥匙打开驾驶室锁止手柄,将手柄拉出,逆时针旋转到垂直的位置。

4)再次检查驾驶室内还有没有未搬出的物品,在翻转驾驶时,任何人不得站在驾驶室前方。

5)将翻转油泵的手柄扳到"f"的位置,将驾驶室锁止手柄拉出,用手压泵进行翻转操作。

注意:<u>驾驶室锁止手柄必须全部拉出,绝对禁止手柄没全部拉出就进行翻转操作。</u>

6)驾驶室处于翻转过程中,禁止任何人进入驾驶室或对发动机及其他机件进行维修工作,以防驾驶室突然回落,出现安全事故。

7)驾驶室翻转到底后,才允许维修人员对发动机及其他机件进行维修。

8)驾驶室翻回原位时,将驾驶室翻转油泵的手柄扳到"l"位置,摇动手压泵将驾驶室翻转回落到位,锁上锁止机构。继续摇转手摇泵,直到感到摇手柄上有明显增加压力为止,此时,检查翻转举升缸间隙应在(18 ± 1.5) mm的范围内。然后将锁止手柄扳到原来的锁紧位置,并用钥匙锁上,将手摇泵手柄扳到中间位置。如果驾驶室没有锁住,仪表板上的锁止信号灯即亮,指示你应重新检查。

(2)翻转液压系统油泵的维护

1)每次一、二级保养均应检查翻转油泵油位,加油前应将加油口处清洗干净。

2)加入的应是清洁、符合标准的液压油并加至标准油平面。

3)将翻转油泵手柄扳到"f"位置,用钥匙打开锁止机构,拉开锁止手柄,逆时针旋转至垂直位置,将驾驶室翻起,一边翻驾驶室一边加油。

4)将驾驶室放下,让多余的油溢出。

5)再一次翻起和落下驾驶室,在驾驶室回落原位后,检查和补充油面至标准位置。

(3)翻转液压系统功能的检查

1)将驾驶室向前翻到上止点,检查驾驶室在越过上止点后的回落情况。如果液压系统工正常,驾驶室应在有阻尼的情况下,慢慢下落,无冲击现象。

2)将驾驶室翻转30°,驾驶室应在此位置保持20 min而不发生下沉。

2. 常见故障

(1)驾驶室变形或位移

驾驶室变形或位移是由于驾驶室纵梁的强度不足,常行驶于凹凸的路面上,驾驶室内载物偏于一侧引起的,由驾驶室变形而导致液压举升缸卡滞。

表10-1 液压缸柱塞弯曲和不好回位

产生原因	排除方法
(1)驾驶室底板的纵梁变形(强度不够)	(1)校正、加固
(2)驾驶室支撑点损坏或牵头减振器失效	(2)检修或更换

表 10-2 液压缸柱塞和活动块接头螺纹处断裂及柱塞杆弯曲

故 障 原 因	排 除 方 法
驾驶室变形	校正、加固、检修或更换

（2）驾驶室液压翻转机构故障

表 10-3 举升速度太慢

故 障 原 因	排 除 方 法
手压泵油面太低	补充液压油至标准油面

表 10-4 驾驶室翻转中停留在任一位置后自动回落

故 障 原 因	排 除 方 法
出油止回阀和阀座密封不严	检修或更换出油止回阀

表 10-5 驾驶室翻转不起来

故 障 原 因	排 除 方 法
(1) 翻转油泵缺油 (2) 翻转油内有空气，管线泄漏 (3) 举升缸故障，调整不当 (4) 翻转油泵损坏 (5) 锁止机构损坏，不能解除锁止状态	(1) 加注合乎标准的液压油 (2) 更换管线，排净空气 (3) 修复举升缸，重新调整使驾驶室 (4) 调整缸间隙符合标准(18±1.5) mm (5) 检查或更换翻转油泵 (6) 修复锁止机构

二、长头柴油车驾驶室

1. 驾驶室的拆卸

拆卸方法见图 10-17 所示。

1）拆下左、右后橡胶挡泥板 1 与轮罩 3 的固定螺钉 2。

2）拆下离合器踏板杆 6 与踏板臂 4 的连接固定螺栓 5。

3）拆下制动踏板拉杆 10 与操纵臂 12 的连接销 11。

4）拆下加速踏板推杆 8 与加速传动摇动片 9 的连接销 7，再拆下加速传动摇动片与发动机挡板的连接固定螺栓(在发动机上)。

5）拆除所有与驾驶室相连接的电线、线束、管路。

6）拆下驻车制动操纵杆密封套与地板孔盖板的连接固定螺钉，拧下变速杆手柄 13，然后拆下地板孔盖板与地板连接的固定螺钉，取下地板孔盖板。

7）解除驾驶室在车架上的悬置点。

a. 从驾驶室内拆下位于地毯下面的 4 个悬置点。

b. 悬置下面拆下 4 个悬置点的开口销 17、固定螺栓的螺母 16，取下软垫总成 10

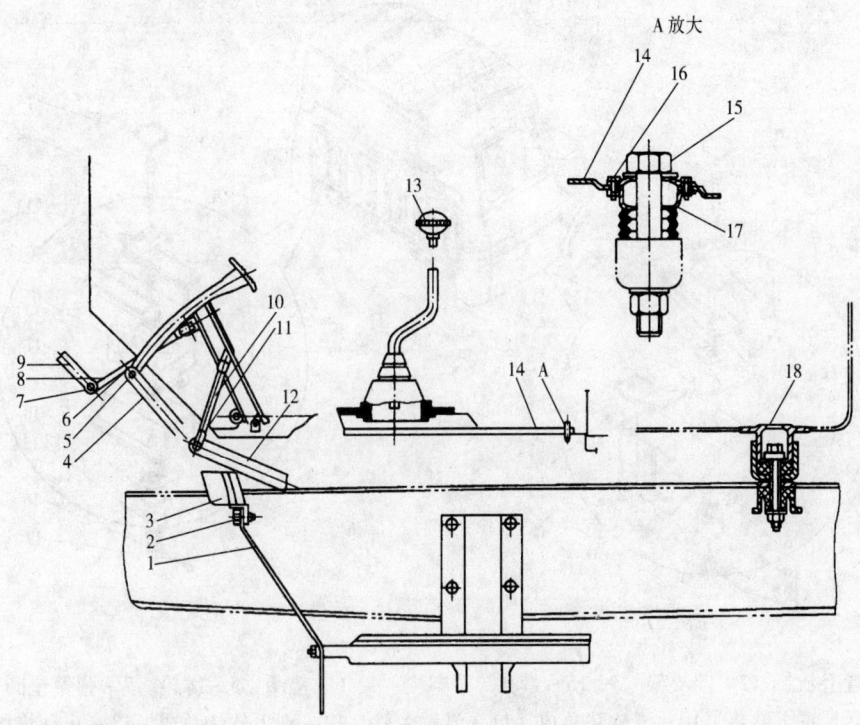

1—挡泥板 2、15、16—固定螺钉 3—轮罩 4—离合器踏板臂 5—固定螺栓
6—离合器踏板杆 7—连接销 8—加速踏板推杆 9—加速传动摇动片 10—制
动器踏板拉杆 11—连接销 12—操纵臂 13—变速杆手柄 14—地板孔盖板
17—密封套 18—堵盖

图 10-17 驾驶室安装连接件

（见图 10-18）。

8）吊起驾驶室，转向系统中两个万向节间的花键自动脱离。

2. 车头的调整

（1）调整散热器拉杆

见图 10-19 所示，当驾驶室与车头之间的间隙较小时，可拧松螺母 3 及 6，将螺母 3 拧到合适的位置，再拧紧螺母 6，即可达到调整的目的。

（2）调整车头锁

见图 10-20 所示，当驾驶室与车头之间的间隙较小时，可逆时针拧转调整螺栓 17；当驾驶室与车头之间的间隙大时，可顺时针拧紧调整螺栓 17。

（3）调整驾驶室位置

见图 10-18 和图 10-19 所示，拆下驾驶室 4 个悬置点的开口销，松开固定螺母，拧松散热器拉杆的螺母，按调整需要将驾驶室向前或向后推动。然后拧紧固定螺母，插好开口销，拧紧散热器拉杆螺母。

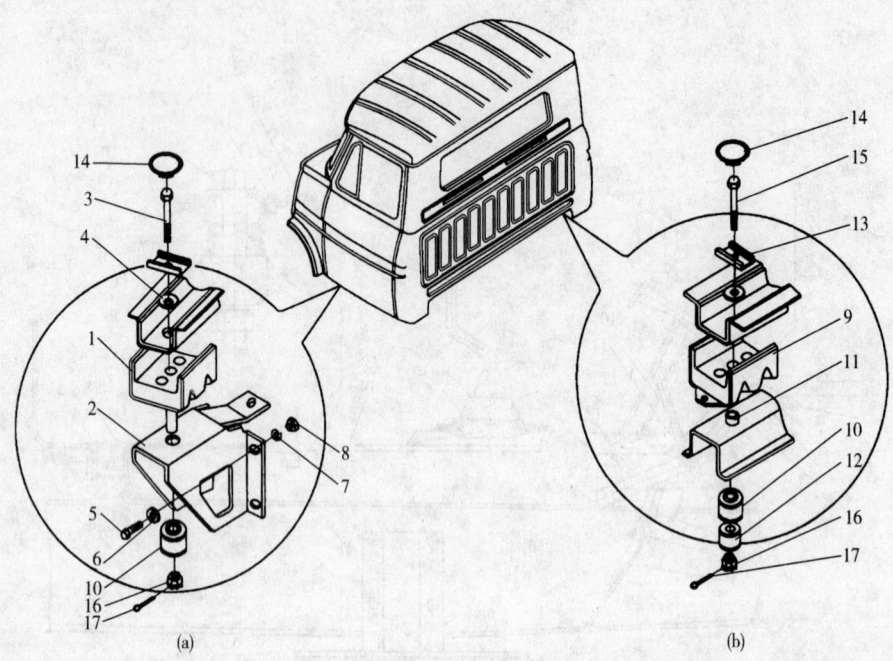

1-前悬置上软垫 2-前支架 3、15-带孔导颈螺栓 4、6-垫圈 5-螺栓 7-弹簧垫圈 8-螺母 9-后悬置上软垫 10-下软垫总成 11-悬置套管 12-副下软垫总成 13-止动垫板 14-堵盖 16-槽形螺母 17-开口销

图 10-18 驾驶室悬置

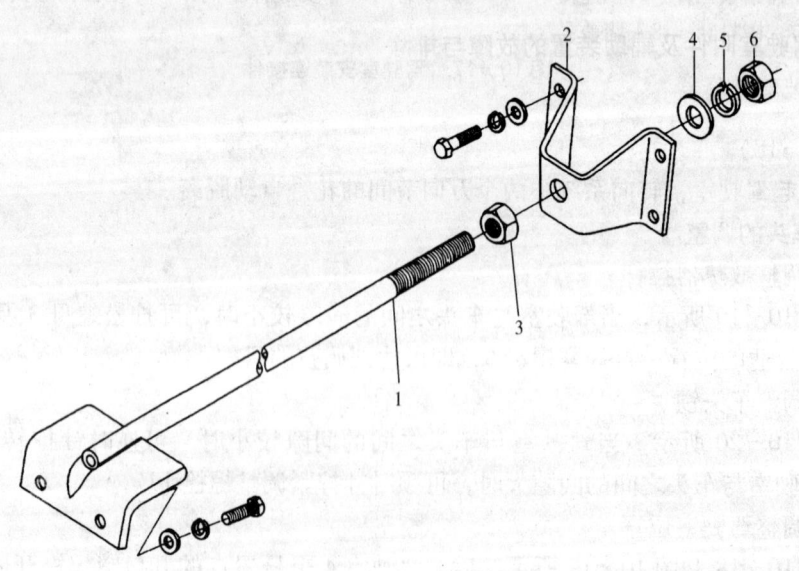

1-拉杆总成 2-后固定座 3-定位螺母 4-平垫圈 5-弹簧垫圈 6-锁紧螺母

图 10-19 散热器拉杆分解

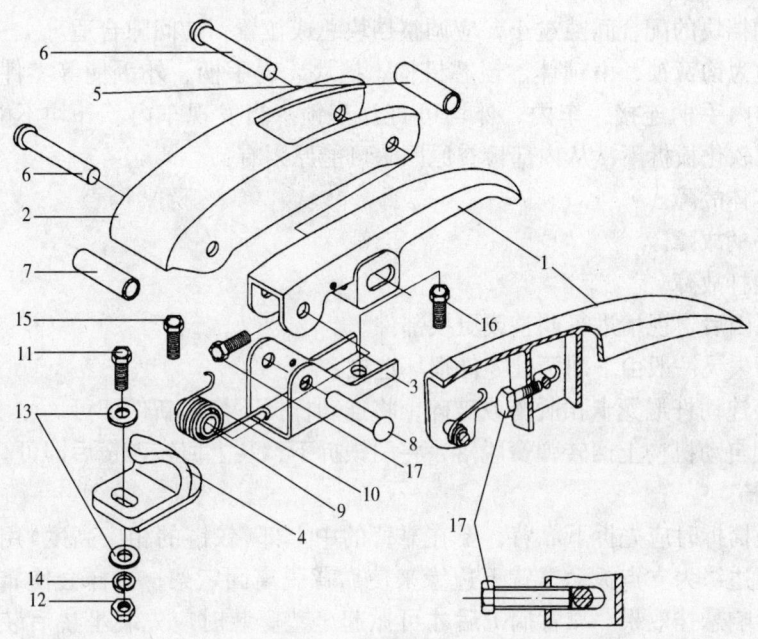

1—手柄 2—连接臂 3—支座 4—锁钩总成 5、7—套管 6、8—铆钉 9—扭力弹簧轴 10—扭力弹簧 11—六角导颈螺栓 12—螺母 13—大垫圈 14—弹簧垫圈 15、16—螺栓 17—调整螺栓

图 10-20 车头锁分解

3. 驾驶室附件及辅助装置的故障与排除

(1) 玻璃升降器

制动机构失灵,不能自锁,可拆开玻璃升降器制动鼓外壳进行检查,步骤如下:

1) 检查制动弹簧弯钩是否断裂,若断裂则更换新件。

2) 玻璃升降器制动鼓外壳内是否有异物而使弹簧不能转动,如有将异物取出即可。

3) 检查小齿轮是否卡死。若小齿轮与传动杆配合过紧发卡,则需更换传动杆。

正常情况下,手柄摇动力为 15~20 N。当手感沉重时,可能有以下原因:

1) 平衡弹簧断裂,失去助力作用,应更换平衡弹簧。

2) 装配平面与玻璃导轨平面不平行,玻璃导轨不平直。应检查车门里盖板的刚度与玻璃导轨的横向及纵向平行度,并进行调整。

3) 传动臂及其他部件变形,应更换变形部件。传动不平稳或产生异响。应拆开玻璃升降器制动鼓外壳,检查有无异物及齿轮的磨损情况。有异物应清除,齿轮磨损应更换,并进行清洗、润滑。

(2) 门锁机构

锁头总成按动费劲。锁头总成按不下去或按动费劲有下列原因:

1) 门锁体上的转臂固定销铆接不好,使转臂转动不灵活,应修理或重铆;转臂活动件润滑不良或夹带杂物,清洗、润滑即可。

2)锁钩或挡块表面粗糙不平,应更换表面粗糙的零件。

3)锁钩挡块的配合间隙过小,应调整挡块总成位置,使间隙合适。

车门锁为钩簧锁,由锁体、锁芯机构、挡块、内手柄、外手柄等零件组成。锁体由连动杆和内手柄连接,车内、外均可打开车锁。当发现车内、外均不能打开锁时,应将车门内软化板拆下,从内部检查原因。可能原因有:

1)锁本体故障。

2)外手柄故障。

3)连动杆故障。

查明原因后,视情进行调整或更换部件。

内手柄失灵一般由下列两处零件损坏造成:

1)门锁连动杆尼龙卡扣脱落或破碎,将连动杆拆下换用新件即可。

2)门锁自动机构上回转弹簧脱落,将门锁拆下,装上回转弹簧后即可。

(3)坐椅

乘客坐椅拆时应先拆下靠背,要在靠背的中上部(铰链的相应高度)用力,而不应以靠背的上边缘为支点扳动靠背下边缘来使靠背脱离固定架,这样会使靠背夹箍的张口增大,影响悬挂效果。靠背摘下后才可掀起坐垫。装时应先装坐垫后装靠背。装坐垫时坐垫的定位孔与坐垫框的定位销要对准;装靠背时必须使两个卡箍同时对准固定杆后才能施加推力,否则容易使卡箍损坏或变形而不能使用,也可能因靠背只有一点悬挂而在行车中脱落。

驾驶员坐椅故障主要在调整机构,容易出现下列问题:

1)滑轨总成运动卡滞,影响前、后调整。

2)高度调整机构运动不灵活。

3)螺纹连接松动,特别是前、后调整机构限位片处螺钉松脱,易造成制动时坐椅前移。

因此对滑轨应定期润滑,有关零件应定期检查,如有否松动、变形、损坏,应及时修理、更换。

(4)暖风装置

暖风装置经常出现的故障大致有3种。

1)暖风不热。可按下列顺序检查:

a. 发动机冷却水温度是否过低。发动机循环水的温度应是在80～90℃,若水温不到此值,可适当关小百叶窗开度,以提高发动机冷却水温度,冬天应加装防寒装置,并检查节温器的工作状况。

b. 暖风装置循环水路是否堵塞。可将暖风装置出水管接头拆开,应有冷却液排出,同时检查进水管是否堵塞。冬天停车放水时,应尽量将暖风装置及排水管路中的水放尽,以免冻结产生堵塞。还应检查供水开关是否打开或全部打开。

c. 暖风开关是否在高挡上(应尽量旋至高挡位置)。

2)暖风装置不送风或风量不够,出现这种情况应检查:

a. 暖风装置电路各接线柱接触是否良好,如松动应紧固。

b. 暖风电机搭铁线是否接触可靠，如松动应紧固。

c. 电机是否运转，如不转则应修复或换新电机。

d. 各送风管是否堵塞或破裂，视情排除堵塞、漏风故障，或换新送风管。

e. 各送风管与风机、除霜器接头是否脱开，如脱开应装牢。

f. 暖风电机叶轮是否松动而使风量不足，如松动应紧固叶轮。

3）暖风电机出现异常声响可按下列顺序检查：

a. 风电机的叶轮是否松动，如松动则紧固；叶轮是否破裂，如破裂则换新叶轮。

b. 叶轮与蜗壳是否干涉。叶轮与蜗壳在前、后方向应有 2～3 mm 的间隙，如无间隙则检查电机固定板是否变形，如变形则校平。

c. 检查电机是否有故障，如磁钢脱落、电刷松动等，如有故障则修理或换新电机。

4）使用注意事项：

a. 冬季停车后，气温在 -35℃ 以下或未使用防冻液时，务必随发动机气缸体内的冷却水一起放尽暖风装置散热器中的循环水，以防冻坏散热器。

b. 暖风装置长期停用后，在重新开始使用前应拆卸、清洗。装复后应检查各部有无渗漏。拧紧风机叶轮与电机轴的螺母时，叶轮与蜗壳内壁不能有干涉。

c. 不使用暖风的季节应关闭开关，切断热水循环。

d. 使用中如发现电机有异响，要立即切断电源，找出故障并排除。

e. 暖风电机工作时温度允许高于环境温度 40～45℃，但若超过 45℃，则应停机检查，排除故障。

为便于读者拆检暖风装置，特将暖风装置分解后示于图 10-21。

(5) 车头锁

车头锁结构简单、工作可靠，在使用中出现的问题较少，但也存在怎样合理使用的问题。合理使车头锁，必须在车头与驾驶室之间留有 8～12 mm 的间隙，超出此范围都不合理。大于此值的间隙，不能依靠车头锁来调整，这样会导致车头锁受力过大而加快损坏。因此，为使车头锁能正常工作，必须使车头与驾驶室保持在规定的间隙内。

(6) 刮水器

气动刮水器固定在驾驶室的前围板上，分解后见图 10-22 所示。使用中刮水器的主要故障有 3 种。

1）刮水器工作时水刮不工作。

a. 雨刮与轴的连接螺母松动，拧紧后即可排除。

b. 连杆球头脱出，应更换球碗或采取其他措施。

2）刮水器不工作。

a. 雨刮过位卡死。由于连杆球碗变形造成间隙过大或因雨刮轴套螺母松动曲柄变形，在启动冲击时，易造成雨刮过位卡死，这时及时消除传动杆间隙，如更换球碗、紧固轴承套螺母等。同时亦应正确启动刮水器，即由慢到快。齿轮固定销的松动也是造成过位卡死的原因之一。

b. 机件损坏。齿轮固定销松动或折断，应紧固或更换销子，齿轮断齿则更换齿轮。这两种零件的损坏多发生于雨刮过位时。

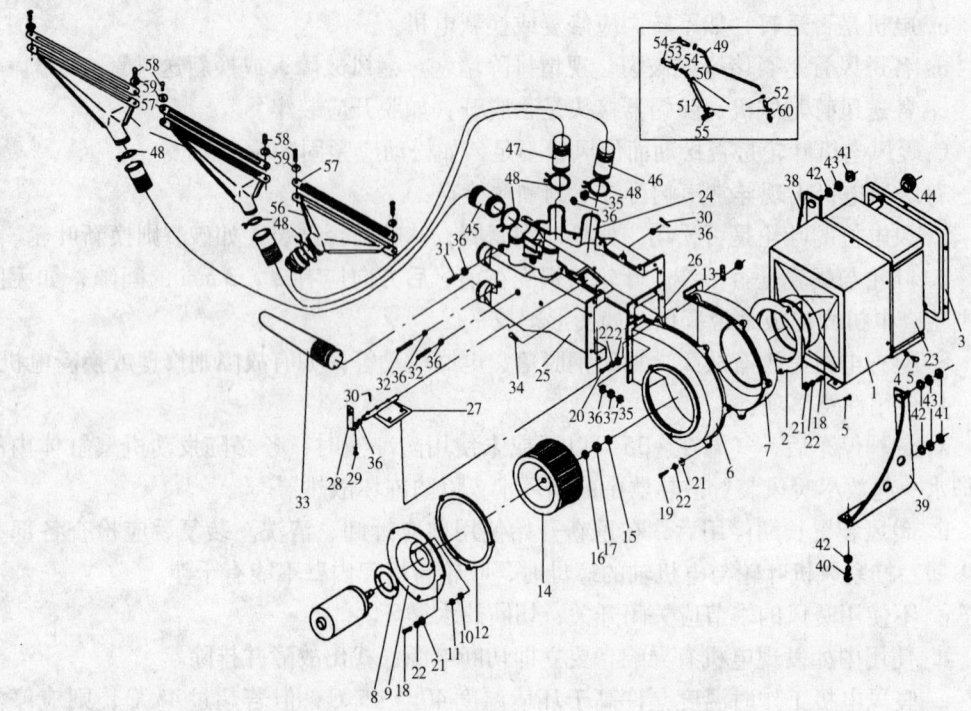

1—箱体总成 2—连接盘 3—压盖 4、8、16、21、36、42、59—垫圈 5—自攻螺钉 6—左蜗壳体 7—右蜗壳体 9—电机固定板 10、15、35、41—螺母 11、17、22、37、43—弹簧垫圈 12—隔震垫圈 13—电线卡片 14—叶轮 18、19、20、29、31、32、34、40、58—螺钉 23—散热器总成 24—右壳体 25—左壳体 26—密封垫 27—下出风口阀门 28—摆臂 30—开口销 33—下导风管 38—暖风机左托架 39—暖风机右托架 44—密封套 45—左送风软管 46—右送风软管 47—中送风软管 48—单钢丝环箍 49—前导水管 50—后导水管 51—导水软管 52—导水管接头 53—后导水管 54—双钢丝环箍 55—开关总成 56—喷嘴总成 57—装饰条 60—暖风出水接头

图 10-21 暖风装置分解

c. 严重漏气造成雨刮不工作，应查找漏气处予以排除。

3）刮水器漏气

刮水器开关与刮水器之间由一根胶管连接，此管是废气排放管，由开关后部的 4 个孔排出，故能听到轻微的排气声是正常现象。但排气不能多，因为是靠旋钮调节排气量来调节刮水器的工作速度的，所以应以不影响旋钮调速为限。此外，尚可能有下列 3 处漏气：

a. 阀体胶垫处漏气。将阀体平面磨平，即可消除漏气现象。

b. 缸体端盖漏气。多因螺钉松动所致，拧紧螺钉即可消除。

c. 气缸 O 形圈漏气。装配时划伤或由于质量不佳而漏气，应及时更换。装拆时勿将 O 形圈通过气缸中部，以免分模面毛刺残痕划伤 O 形圈。

d. 刮水器除启动由慢到快外，最好每周开动 1～2 次，每次运行两三次即可。因

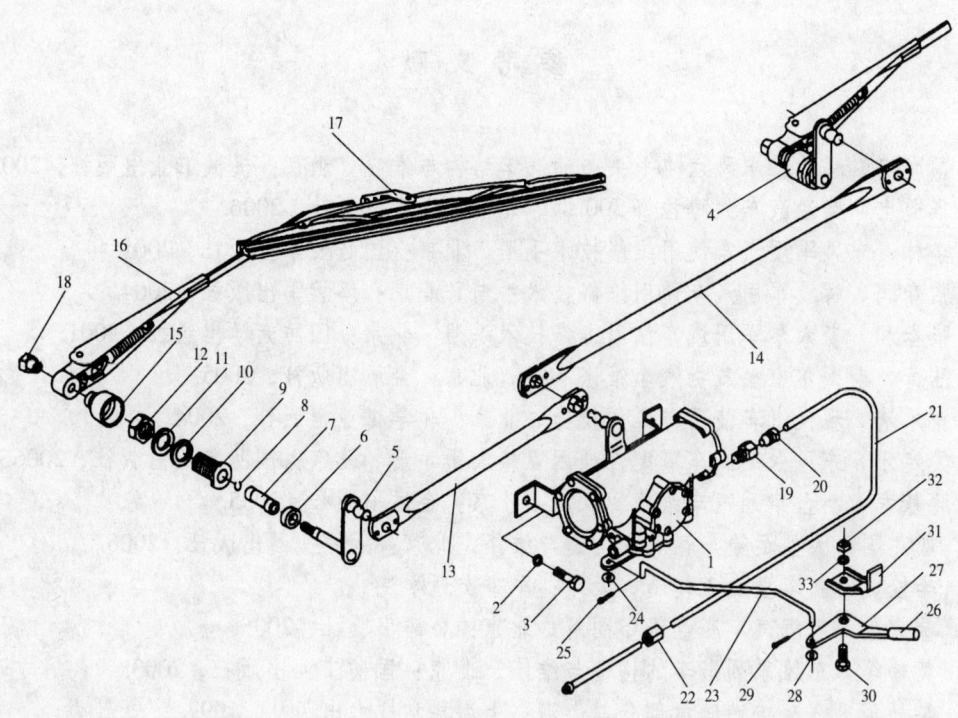

1-刮水器本体 2-弹簧垫圈 3-螺栓 4-雨刮轴分总成 5-雨刮轴焊接总成 6-毡垫 7-衬套 8-钢丝挡圈 9-轴套 10-密封垫 11、24、28-垫圈 12-螺母 13-左连杆分总成 14-右连杆分总成 15-防尘罩 16-刮臂总成 17-刮片总成 18-固定螺母 19-管接头 20-管接头 21-连通管总成 22-连通管螺母 23-操纵杆 25、29-开口销 26-手柄头 27-手柄 30-螺钉 31-操纵杆支架 32-方螺母 33-垫圈

图 10-22 刮水器分解

为 O 形圈与气缸壁的亲和力随停放时间增长而增大,长期不动,静摩擦力将可增加到动摩擦力的 3~5 倍,这时启动刮水器,可能使整个传动系统超负荷,即使速度很慢,启动后也可能出现过位卡死现象。

参 考 文 献

1　顾尚忠．解放、东风六吨平头柴油汽车结构与维修．北京：机械工业出版社，2003．
2　华道生．柴油汽车故障检修300例．北京：金盾出版社，2006．
3　李林．东风军用汽车使用维修技术手册．北京：国防大学出版社，2001．
4　张春润．解放军用汽车使用维修技术手册．北京：解放军出版社，2004．
5　张春润．斯太尔军用汽车使用维修技术手册．北京：国防大学出版社，2001．
6　陆涛．斯太尔重型载货汽车维修手册．北京：金盾出版社，2005．
7　肖永清．现代汽车使用与维护技巧．北京：化学工业出版社，2004．
8　吴定才．东风系列汽车零配件通用互换实用手册．北京：国防工业出版社，2006．
9　蒋耘龙．新型柴油汽车维修800问．北京：金盾出版社，2005．
10　熊建国．大型运输车辆底盘构造与维修．北京：人民交通出版社，2006．
11　李栓成．新车型底盘构造．天津：军事交通学院．
12　徐寅生．新编汽车底盘维修图解．北京：金盾出版社，2006．
13　黄玮等．东风系列汽车的构造与维修．北京：国防工业出版社，2003．
14　吴社强．汽车构造底盘部分．上海：上海科学技术出版社，1997．
15　陆涛．斯太尔王系列载重汽车使用维修指南．北京：国防工业出版社，2007．
16　汪时武．解放柴油汽车维修手册．北京：金盾出版社，2004．
17　侯建生．大型运输车辆底盘构造与检修．北京：电子理工大学出版社，2006．
18　周林福．汽车底盘构造与维修．北京：人民交通出版社，2005．
19　李春亮．新编解放系列载货汽车使用与检修．北京：金盾出版社，2002．